Серия «ДОСЬЕ»

Николай ЗЕНЬКОВИЧ

БЫЛА ТАКАЯ СТРАНА...

Очень личная книга

Москва

«ОЛМА-ПРЕСС»

2000

ББК 66.61 (2)
З-567

Зенькович Н. А.
З-567   Была такая страна... Очень личная книга   —
М.: ОЛМА-ПРЕСС, 2000. — 495 с.: ил. — (Досье).
ISBN 5-224-00760-7

Новая книга Николая Зеньковича тематически примыкает к изданной в 1999 году «ЦК закрыт, все ушли. Очень личная книга», имевшей большой успех у читателей и вышедшей тремя изданиями в течение одного года.

В книге «Была такая страна...» автор, работавший в то время в ЦК КПСС, отвечает на вопрос «1985—1991-й: что это было?» Кому-то его ответы покажутся покаянием, кому-то запоздалым раскаянием «ветерана» перестройки, кому-то свидетельствами очевидца, допущенного к перестроечной кухне. И, пожалуй, никто не ошибется...

ББК 66.61 (2)

О ЧЕМ ЭТА КНИГА

Древние мудрецы, размышляя над предназначением владык мира — фараонов, императоров, королей, — пришли к выводу, что существуют только два критерия, по которым оценивается величие цесаря: во-первых, насколько расширилась территория страны за время его правления; во-вторых, насколько усилилось влияние в мире повелеваемого им народа.

Все. Других критериев нет.

Такая же оценка деятельности монархов существует и на уровне обыденного сознания. Вспомним русских царей. Иван Грозный, Петр Великий, Екатерина Великая, Николай Палкин, Александр Освободитель, Николай Кровавый — такие прозвища народ давал своим правителям по их деяниям.

Эту традицию не прервал и семнадцатый год. Место царей заняли генсеки. Их все равно воспринимали как русских государей. Владимир Красный, Иосиф Мудрый, Никита Смелый, Леонид Ленивый, Юрий Твердый, Константин Болезный, Михаил Блаженный, теперь вот — Борис Крутой.

Из всех правителей советской эпохи лишь один — Горбачев — получил в народе прозвище Блаженный.

Вспомним, сколько надежд появилось у нас, когда у руля государства стал молодой, энергичный генсек. Так хорошо начал и так плохо кончил.

Что это было: 1985—1991-й? В эти годы мне пришлось работать в аппарате ЦК КПСС, много ездить по стране. Как воспринимались на местах новации Горбачева? Почему благие намерения закончились катастрофой?

Об этом моя книга.

Я стремился придерживаться в ней строго исторического подхода, то есть судить о прошедших событиях и фактах не с высоты нынешнего знания, а излагать их так, как они воспринимались тогда.

Этому принципу следовать очень трудно. Но литература факта, в которой я работаю, не допускает иного подхода.

Автор

Боже, какими мы были наивными!..

Возглас прозревшего

Глава 1

НЕ УМЕЮЩИЕ ГОВОРИТЬ ШЕПОТОМ

Как же изменился наш мальчик!

Глаза матери сияли от счастья и радости, она не сводила влюбленного взгляда с сыновней ладной фигуры в хорошо подогнанной военной форме. И у меня пробудилось дремлющее в каждом мужчине юношеское восхищение армейским обмундированием, я с отцовским удовлетворением отметил, что за время, пока я не видел сына, у него и пряжка на ремне стала ярче блестеть, и мундир сидит словно влитой, и в заботливо начищенных ботинках отражаются лучи яркого летнего солнца, чего не мог в свое время добиться мой батарейный старшина. Сын отличился и в воинском звании — на втором году службы заимел две лычки младшего сержанта, по поводу которых я в шутку заметил, что если дело и дальше пойдет такими темпами, то, чего доброго, быть батьке снова обойденному. В ответ услышал, что товарищ майор запаса может не сомневаться, ибо сейчас прожитый год равен пяти, а то и десяти прошедшим.

Мы с супругой смотрели на этого уверенного, разговорчивого, краснощекого парня, который, казалось, только что сошел с картины особо старательного художника студии Грекова, и не узнавали в нем своего сына. Последний раз приезжали к нему на военную присягу полгода назад, в декабре.

Поезд в Иваново ночной, поздний, однако ни в нашем купе, ни в соседних не торопились укладываться спать. Замызганные, облитые какой-то вонючей жидкостью стены, беспощадно вспоротые ножами вандалов кожаные сиденья, грязные, давно не мытые тамбуры создавали далекую от комфортности обстановку.

4

К тому же донимал собачий холод. За постельным бельем надо было идти в самый конец вагона, где в служебном купе, с ненавистью зыркая глазами на выстроившихся в очереди пассажиров с их мятыми рублевками, материлась толстенная, со злым лицом и могучим голосом, небрежно одетая проводница. Белье было влажное, со следами ржавых пятен, но в ответ на мою несмелую просьбу заменить хотя бы один, для жены, комплект, проводница подняла жуткий хай. Смысла понять было нельзя, доносились только отдельные слова и словосочетания — издевательство, алкоголики, милицию вызовет, разъели морды и ездят по железке.

Нет, это не «Красная стрела», сказал я сам себе, вспомнив недавнюю поездку в Ленинград, уют и чистоту вагонов знаменитого по известной песне поезда. Ретировавшись в купе, обессиленно прислонился к плечу родной супруги и с ужасом подумал: а как насчет чая? Неужели снова придется идти к этой мегере? Нет, с меня достаточно. И вообще, мне чаю не хочется. Жена? Пусть она себе и добывает. А вдруг проводница с ней иначе станет разговаривать? Как-никак женщина. Слабый пол. Хотя, стой, разве у меня морда разъетая? Вот уж чем никогда не выделялся. Я повертел головой в поисках зеркала — напрасно, там, где еще совсем недавно оно висело, чернел ровный квадрат.

— Не сердись на нее, сынок...

Ага, вот и чрезвычайный посол объявился. Дошло, видно, все же до мегеры, зашевелилась совесть. Нельзя же, в конце концов, на незнакомого человека помои выливать. Прислала мириться, значит.

У чрезвычайного и полномочного посла необъятный рюкзак за плечами, в руках — сумки, сетки, из них торчат батоны «Останкинской» колбасы, еще что-то, завернутое в газету, которая набрякла и пошла коричневыми пятнами. Посол в весьма уважаемом возрасте, видно, помнит еще Бриана и Керзона, а то и встречался с самим Пуанкаре. Дипломат старой школы и выучки. Что же, послушаем.

— Не ее это вина, что разговаривает так. Беда это, милок. Вообще-то Олечка хороший человек. Жизнь у ней не сложилась. Планида такая, ничего не поделаешь.

Дипломат привычно сбрасывает с себя тяжелый

5

рюкзак, по-хозяйски экономно расставляет вещи в тесном купе — по всему видно, работу это выполняет не впервые, действует заученно. Новичок так быстро не справился бы, отмечаю я, дипломат имеет основательную практику, иначе откуда ему известно расположение купе, его укромные закутки? Устроившись на сиденье напротив нас с супругой, старик продолжал защищать проводницу:

— Весь век одна прожила, без семьи, без мужа. Сорок лет на фабрике. Пенсию заработала, а дома долго ли усидишь, поговорить не с кем, словом обмолвиться. Пошла на железку, проводницей. А что кричит, не обращай внимания. Наши, ивановские, все кричат. От шума фабричного это. Из-за него ткачихи фабричные и разговаривать тихо отучились. Думают, что не слышат их. Теперь, как только услышишь бабий крик, знай: ивановские ткачихи. Не ошибешься.

Ирония постепенно уступала место сочувствию. Я смотрел на старика, на его впалое морщинистое лицо, худые выработанные руки, иссушенную прожитыми годами фигуру, видно, не очень могучую и в молодости. Так это его материла последними словами проводница, когда он пытался протиснуться со своими свертками сквозь толпу здоровенных верзил, бравших вагон штурмом. Платформа была заставлена их невероятных размеров чемоданами и ящиками с металлическими обручами — набойками, картонные коробки и корзины загромождали и без того узкий проход в вагоне, и мы с женой едва пробрались к своему купе. Что же тогда говорить о старом и больном человеке, да еще тяжело навьюченном тюками. Вспотевшее лицо с беззубым ртом и застывшим в глазах страхом мелькнуло раза два невдалеке от нас. Взобраться в вагон ему удалось только с третьей или даже с четвертой попытки, и вот он, целый и невредимый, сидит перед нами. Вместо зла на проводницу — оправдывает ее, хотя, как я понимаю, причин для возмущения у него достаточно, и самая главная из них та, что у дедули имеется законный, приобретенный им в кассе билет именно на этот поезд.

Лука? Вспомнилась ленинградская поездка! Знакомые пригласили на спектакль «На дне» по пьесе Горького — новое, современное прочтение ленинградскими актерами классического произведения. И в самом деле, скучно-хрестоматийные образы, которые мы заученно раскладывали по полочкам в школе, воспринимались совсем иначе, с поправкой на перестроечное время. С любопытством прислушиваюсь к случайному попутчику, стараясь постичь душу русского человека, который издревле ищет оправдание грубости и неуважения прежде всего в самом человеке, в обстоятельствах и деталях его жизни, условиях существования, в тех мифах, которые окружают его с самого рождения.

Если послушать уже не посла, а, скажем, Луку (а что, чем не Лука), то получится, что проводницей следовало не возмущаться, не требовать от нее соблюдения делового этикета, а жалеть ее саму. Как, кстати, и всех ивановских ткачих, ее подружек по несчастью.

Рассуждения Луки в промерзшем купе поезда «Москва — Иваново», прямо скажу, мне было слушать довольно странно. Разговор не обязывал ни к чему, поездка была семейная, частная, мы с супругой ехали к сыну, у него ожидалась военная присяга, у нас в Белоруссии это всегда значительное событие не только для новобранца, а и для его родителей. Едешь себе без командировочного удостоверения, без служебного задания, сам по себе, никому и ничем не обязанный. Говоришь о чем хочешь и с кем хочешь. На какие угодно темы. Прелесть! Голова у тебя ясная, не болит о том, как лучше выполнить задание. Безусловно, кое-что тебе известно о местах, куда держишь путь. И не обязательно перед поездкой читать краеведческую литературу, не всегда время для этого выкроишь, да и поездка может совсем неожиданно случиться. Нет, заранее готовиться, чтобы навестить сына — солдата сразу после призыва, почти невозможно. Неизвестно, откуда придет письмо с армейским штемпелем, из какого города пригласят на принятие присяги. Если бы знать, другое дело, можно было неплохо подначитаться. А так напрягайте память, шевелите мозгами, отец с матерью, вспоминайте, что вам известно о крае, при каждом упоминании которого с экрана телевизора или радиоточки на кухне два долгих года будут вздрагивать ваши сердца.

Когда спустя некоторое время после проводов на сборный пункт от сына пришел простой конверт без марки со штемпелем города Иваново, я не упустил возможности пошутить в разговоре с женой — вот, мол, куда забросило нашего мальчика, ну, мать, готовься к самому неожиданному, Иваново, как известно, город невест. Смотри, вернется через два года солдат, красавицу ивановскую с собой привезет — матери помощницу.

Отмахивалась от таких разговоров супруга, переводила их на серьезные темы. Вместе вспоминали, что нам было известно о местах, где пришлось служить сыну. Я нажимал больше на события историко-революционного характера. Со времен учебы помнилось, что Иваново — родина первого в стране общегородского Совета рабочих депутатов, органа пролетарской власти, созданного текстильщиками в 1905 году. Название города ассоциировалось также с именами Фурманова и Фрунзе. Знал, что в Иваново издается областная газета «Рабочий край». Готовя целевые номера, посвященные годовщинам революционных праздников, мы, журналисты белорусской молодежи, а после и партийной газеты «Звезда», обращались к ивановским коллегам с просьбой подготовить для белорусских изданий материалы с родины первого Совета — прообраза Советской власти. Обычно такие материалы высоко отмечались редакционным жюри, в них была какая-то притягивающая сила, она вызывала гордые и светлые чувства приобщения к героическому прошлому, ко всему, что было и есть на родной земле.

Представления жены о ивановском крае вились вокруг миниатюрных произведений Палеха, волжской жемчужины Плеса, диковинных рисунков тканей, собранных в необычном музее ситца. Есть, есть такой музей в Иваново, утверждала супруга, ссылаясь на подруг, которые бывали там на экскурсиях, путешествуя по знаменитому Золотому кольцу России. Женщины воспринимают окружающий мир более эмоционально, нежели мы, мужчины, вещи и предметы предстают перед ними в многоцветном отражении; кто знает, может, и действительно Ивановская область, одна из пяти центральных областей России, входящих в состав Золотого кольца, чисто, ярко и радостно сверкает-переливается всеми цветами радуги, принося удовлетворение и чувство эстетического наслаждения любознательным туристам. Во всяком случае, послушать жену — именно таким представляется ивановский край.

Позвольте взглянуть на ту представительницу прекрасного пола, которая добровольно признавала бы бесспорный авторитет мужчины в вопросах, которые, по ее мнению, целиком и полностью входят в компетенцию лучшей половины человечества. Большую часть этих вопросов, безусловно, составляют те, которые относятся к культуре и искусству. Вот здесь наши жены специалисты. И я получил разъяснение относительно того, что такое Золотое кольцо. Из какого-то ящика была незамедлительно извлечена ученическая карта сына, палец супруги ткнул на северо-восток от Москвы, и, будто от жениного золотого колечка, рассыпались сверкающие жемчужины — Загорск, Переславль-Залесский, Ростов Великий, Ярославль, Кострома, Иваново, Суздаль. Золотое кольцо проходит по пяти центральным областям России — Московской, Ярославской, Костромской, Ивановской, Владимирской. Его окружность две тысячи километров, а если добавить большие и малые ответвления, те же Углич и Киржач, Александров и Мстеру, Палех и Плес, Городовец и Гусь-Хрустальный, наберется не менее шести тысяч километров. Откуда название «Золотое кольцо»? Впервые заговорила о нем газета «Советская культура» лет тридцать назад, напечатав цикл очерков об огромной исторической и культурной ценности городов, расположенных в северо-восточной стороне европейской части России. Журналисты своими публикациями пунктирно определили и замкнули круг, назвав его Золотым кольцом. Им и принадлежит идея соединить, вернее, закольцевать в единое целое драгоценные памятники культуры.

Краем уха слушая ассоциации жены, возникшие у нее в связи с упоминанием города Иваново, я углублялся в свои, пунктирно очерченные, мысли. Когда впервые услышал название этого города? Оно пришло в мою небольшую деревеньку под Хотимском где-то в начале пятидесятых годов. Помню знойный августовский день, собрание бригады возле колхозной молотилки, аплодисменты, которыми награждали женщины своих подруг после того, как высокий, в полувоенной одежде представитель из района вручал нашим соседкам по небольшому пестрому свертку. Достался сверток и моей маме. Из отреза ивановского ситчика (вот что было в подарке) она сшила себе веселое цветастое платье, которое любила надевать на дожинки. Исколесив на сегодняшний день полмира, немало пожив под чужим небом в далеких краях, я часто вижу свою маму молодой и красивой, она во сне приходит ко мне, как и тогда, в детстве, в той незабываемой цветастой обнове.

Ивановский ситчик отзывается во мне необыкновенной музыкой души, эти слова задевают самые тонкие, самые таинственные ее струны. Получилось так, что продолжительное время, несколько лет, мне пришлось жить без мамы и, конечно же, совершенно случайно тогда осиротевшему и запущенному деревенскому пацану попался «Чапаев» Фурманова. В течение всей захватившей меня книжки я внимательно следил за судьбой отряда иваново-вознесенских ткачей (их, как помнит читатель, рабочие направили на Восточный фронт), за событиями, в которых принимал участие комиссар Клычков, тоже из Иваново-Вознесенска. О жестоких и страшных эпизодах рассказывалось в романе, но слово «ивановцы» неизменно вызывало милый образ мамы в платье из ивановского ситчика. Она летела ко мне с протянутыми вперед руками, словно хотела охватить, прижать к себе, защитить от жестокого, недоброго мира.

Вот такое детское воспоминание. Ниточка из далекого прошлого, она тянется за тобой все время, где бы ты ни жил и чем бы ты ни занимался. Чем дальше от целебного родника детства, тем тоньше ниточка, связывающая с неповторимой порой чистых надежд и радостных открытий. Как же надо беречь эту ниточку, чтобы сохранить в душе все светлое, что в конце концов и делает человека человеком.

Одним словом, мы с супругой ехали в Иваново, еще и еще раз перебирая в памяти все дорогое, заветное, что связано у нас с этим краем. Путешественники мы бывалые, закаленные, отсутствием комфорта нас не испугаешь. И не такое видели, не к такому привыкли. Что нам грубость проводницы, влажное, в ржавых пятнах, постельное белье — наши предки не на кружевных батистах спали, и мы обойдемся. Кстати, а кто, где и когда впервые придумал эти буржуйские штуковины — наволочки, пододеяльники, простыни? Вопрос оказался сложным, и жена сразу не могла на него ответить. Кто, когда и где построил первый паровоз, первую железную дорогу — знала, а вот относительно постельных принадлежностей ей неизвестно.

— А ты, милок, не обижайся на жену. Она у тебя не виновата, хотя и красавица, чистоту и уют любит...

Батюшки, да это же Лука! А мой ты родной, я о тебе совсем забыл, притих в уголочке, словно мышка, и не слышно тебя.

— Женщина у нас ни в чем не виновата, — успокаивающе ворковал дедуля. — Даже в том, что дома не ночует.

Здесь уже и жена не выдержала, засмеялась. Защищать слабых женщин, конечно, самое благородное мужское занятие в мире, но во всем же должна быть мера.

— Я не шучу, — на полном серьезе произнес дедуля. — Знаете, сколько ночей должна отработать ивановская ткачиха за десять лет? Тысячу и одну ночь.

В рассказе Луки-утешителя мало было чего от сказок Шахрезады. Пятьдесят тысяч ивановских невест не ночуют дома — трудятся в ночную смену, женщины только четыре выходных в году проводят в семьях. А всего в стране на заводах и фабриках в ночную смену ежедневно выходят около четырех миллионов женщин. У мужчин, откровенно говоря, статистика куда более привлекательная. Так что некогда работающему прекрасному полу интересоваться происхождением и ассортиментом многих вещей и предметов, призванных украшать жизнь женщин. Достать эти штуковины — тоже проблема.

Медики встревожены огромным количеством патологических беременностей и преждевременных родов, административные органы — ростом детской преступности, демографы — разрушением семей. Кто и когда изучал психологические аспекты привычных сцен: разгар вечера, дети у телевизора, а мать вынуждена собираться в ночную смену, оставлять семью, настраиваться на работу в самое тяжелое для организма время. Абсолютное большинство ткацких станков, сновальных, ровничных, кольце-прядильных машин не соответствуют росту, силе, возможностям работающих на них ивановских невест. От шестидесяти до восьмидесяти процентов своего рабочего времени ткачиха проводит, вытянувшись на носках, иначе до верха станка ей не достать, либо трудится, согнувшись в три погибели. Надо ли объяснять, как утомляет подобная «зарядка», как часто служит она причиной травматизма, как снижает производительность труда? А шум, вибрация, накопление статического электричества?

Было, дорогой Лука, все это было! Сколько строк, полных сочувствия тяжелому труду ткачих и призывов к машиностроителям пощадить своих же матерей, жен, сестер, невест, дать им рассчитанное на женское здоровье текстильное оборудование, написано только мною в молодые годы! А сколько затупили перьев на этой теме мои коллеги? В шестидесятые, семидесятые годы, когда в Белоруссии рождалась и крепла текстильная, новая для республики индустрия, пресса не обходила вниманием ее проблемы. Нам, молодым журналистам, они представлялись проблемами развития, а их решение — делом очередной пятилетки.

И вот, получается, воз на прежнем месте, хотя разговоры об одном и том же шли, по крайней мере, несколько пятилеток. Проблема поставлена, как говорится, в лоб, а сыновья, мужья, братья, женихи, мудрствующие на ватманах над эскизами будущих станков, по-прежнему не думали о своих матерях, женах, сестрах, невестах, которые часами будут простаивать за ними. Видно, им представлялся некий третий пол — личность усредненная, которую без особых усилий можно «вписать» в любую разработанную ими технику. Что же это происходит с нами, мужики? В детстве помогаем поднести портфель по дороге из школы, в молодости любимую едва ли не на руках носим, жене не позволяем нести чемодан, всячески демонстрируем галантность и воспитанность — пропускаем в дверях, уступаем место в общественном транспорте, заботимся о ее хорошем настроении. Вот именно, демонстрируем, горько вздохнул Лука. А приходим на работу, такие орудия труда для них выпускаем, что криком кричать хочется, производство организовываем таким образом, что как ни крутись, а без женщин в ночной смене опять не обойтись. Откуда этакая раздвоенность: внешнее внимание к женщине, закрепленное в многочисленных этикетах, правилах поведения, моральных кодексах, и беспощадная загрузка их физических и нравственных сил в действительности? Виноваты ведомственность, стремление каждого министерства получить максимальную прибыль. Коллективный эгоизм ведомства — вот что в конце концов препятствовал гуманизации личностей в целом и решению женского вопроса в частности.

Никто не будет опровергать ту бесспорную истину, что ни семье, ни самой женщине ночная смена не выгодна. Тогда она, может, была выгодна государству? Или необходимость ночных смен обусловливалась их эффективностью? Но не о том речь: именно на ночное время приходился самый высокий процент простоев оборудования и брака. В Иваново немало умных и смелых экономистов. Перестроечные процессы подтолкнули их к анализу, и вот что выяснилось. На текстильных фабриках области в каждой смене простаивало столько оборудования, что его было бы достаточно для укомплектования двух смен, которые выдавали бы такое количество продукции, что и работавшие три смены. Следовательно, и экономический эффект налицо. В чем же дело?

Тогда мне казалось — в инерции мышления министерских чиновников. В нежелании руководящего персонала разлучаться со своими должностями. В неумении оперативно перестраиваться. Проще всего наклеить, как и в прежние годы, политические ярлыки на мыслящих радикалов, обвинить их в экстремизме, в попытках вбить клин между рабочими и руководителями предприятий, раскачать корабль. Приглашение в Иваново представителей союзных министерств, чтобы они выслушали претензии женщин-ткачих, практически ничего не дало. В ответ на поднятые проблемы охраны труда и здоровья женщин гладкотелые столичные гости в модных галстуках и костюмах заграничного производства снова приглашали зал в «прекрасное далеко», с заметной раздражительностью повторяли, что данный вопрос поручено изучить министерствам машиностроительного комплекса и т. д. Случались и вовсе смешные сюжеты: ткачиха ведет речь о конкретном шуме конкретного станка, а столичный начальник заверяет, что вот новая машина, правда, пока еще не рожденная на свет, безусловно отвечает мировому стандарту.

И этот сюжет не из сказки «Тысяча и одна ночь». Когда Лука утихомирился в своем уголке, я прикинул:

13

сколько понадобилось бы условной невесте сына отработать на фабрике ночей, чтобы выйти на пенсию? Не менее чем дважды по тысяче и одной ночи. Такое Шахрезаде и не снилось.

— Еще в 1948 году на сессии генеральной конференции Международной организации труда была принята конвенция, согласно которой труд женщин в ночное время запрещался, — сообщил Лука.

— Получается, все эти десятки лет мы нарушали международное соглашение?..

— Нет, милок, мы конвенцию не подписывали... Сталин приказал не принимать участия в конференции...

Сказано это было таким тоном, что я не понял, чего больше в его словах: сочувствия или сожаления.

— О том, что такая конвенция существует, и что ее подписали почти все страны мира, мне стало известно только в этом году. А мне, милок, в сорок восьмом было тридцать лет... Так и прожил бы свой век в неведении, если бы не внук. Он у меня грамотный, все знает. Неформал.

Непривычно было услышать из уст семидесятилетнего деда новое, не набившее тогда еще оскомину, слово.

— А я — жертва тоталитарного режима, — саркастически признался дед.

— Это вас так внучек называет? — догадалась жена. Она молча прислушивалась к мужскому разговору.

— Он самый. Что ж, каждое время живет по своим законам. Новое время, и песни новые. Правда всегда за молодыми. Я в их жизнь не вмешиваюсь, не осуждаю внука. Но не осуждаю и Сталина. В смысле конвенции сорок восьмого года, — сделал поправку дед. — Вы, видно, уже после войны родились. А я всю ее прошел, от Москвы до Вены. Знаю, какой след оставила. Мужики на фронтах полегли, а кому повезло, вернулись покалеченными. Какие из них работники? Вот женщины и впряглись в ярмо.

О конвенции, как вы догадались, не знал и я. Конечно, в сорок восьмом брать на себя обязательство перед всем миром не использовать женский труд в ночных сменах было бы, мягко говоря, легкомыслием. Реальность есть реальность, руины и пепелища со счета не сбросишь, отсутствие трудовых ресурсов, как и отсутствие Христа — медицинский факт. И дело не в Сталине, трудно сказать, как поступил бы в той ситуации иной политик, который занимал бы пост лидера. Но ведь с того времени прошло столько лет! А теперь перестройка, следовательно, не должно быть никаких проблем: постановления на ходу переделываются, законы всенародно обсуждаются.

Оно-то так, задумчиво согласился дед неформала и жертва тоталитарного режима. Но вот однажды вызвали его в партбюро домоуправления, там дедуля на партийном учете состоит, и давай полоскать — то в кипятке, то в ледяной воде. Такое указание сверху поступило. Что же это ты, говорят ему, такой заслуженный и уважаемый человек, ветеран войны и труда, а фальсификацию допускаешь? Дед сначала подумал — шутят друзья-товарищи, он ведь каждого знал как облупленного. Да нет, зло трясут бородами, ссохшие кулачки сжимают, некоторые от старательности слюной брызжут. Тут до него дошло, что дело серьезное. Чем проштрафился, спрашивает у долгожителей-пенсионеров. Может, не то когда сказал, выступая перед молодежью? Нет, отвечают, ты выступаешь о войне, коллективизации и индустриализации правильно, не однажды слушали. А вот внук у тебя на чью мельницу воду льет? Признавайся, как дошел он до жизни такой?

Попытался было дедуля оправдаться: у внука, в конце концов, отец имеется, с него и спрашивать надобно, если что натворил непотребное. При чем здесь дед? Внук взрослый человек, студент. Учится хорошо, в стройотряд ездит, родителей и его, деда, уважает. Опять же комсомолец. Плохо знаешь ты своего внука, внушают ему седые аксакалы, давно, видно, с ним не общался. А что случилось? — встревожился дед. Мы же тебе сколько времени уже талдычим, отвечают суровые судьи, фальсификацией занимается твой потомок. Откровенно говоря, не ждали от тебя такого, укоризненно качали седыми головами мудрые старики. Нет, вы мне честно скажите, что он натворил, испугался не на шутку дед. Ну, ему и выложили. Оказывается, внук узнал откуда-то о злополучной конвенции, ну, той, сорок восьмого года, и давай народ баламутить. Понятно, откуда, многозначительно уточнил молчаливый старец с сурово-постным лицом, стыдливо-коротенькой планкой наград на пиджаке и большим, живьем, значком «Отличник внутренних войск», — из забугорных радиоголосов. Они мастера по части клеветы, поддержал другой ветеран, тоже с таким значком, но без орденских колодок. Надо усилить борьбу за нашу молодежь, поставил задачу третий, и все зашумели, заворчали, что давно пора, а то вон что может получиться, и все строго и укоризненно смотрели на деда.

Дедуля сидел ни живой ни мертвый. Ну и любимый внучек! Это же надо, наслушался зарубежных радиоголосов и теперь народ баламутит. А к чему он подбивал народ, спросил дед, к чему призывал? Тот, с колодкой и со значком, важно надул кирпичные щеки, обвел присутствующих суровым взглядом, которого не мог выдержать ни один из них, даже фронтовики и те опускали глаза, и в наступившей мертвой тишине прозвучали слова, от которых предательская дрожь холодными мурашками расползлась по телам прошедших огонь, воду и медные трубы людей, заставив их в страхе затаить дыхание:

— Ваш внук неоднократно допускал речи, из которых вытекало, что нашей стране необходимо присоединиться к конвенции сорок восьмого года.

Что это за конвенция, никто из присутствующих, конечно же, не знал. И ни у кого не хватило смелости спросить, в связи с чем она была принята и что в ней записано. В тесной комнате домоуправления сидело поколение, никому и никогда не задававшее лишних вопросов. Накануне никто не решился поинтересоваться и у тех, от кого исходило указание о проведении профилактической беседы с дедулей неформала, какую цель преследовала конвенция. В комнатке находилось поколение, которое привыкло послушно выполнять распоряжения сверху и не сомневаться в их правильности.

Можно себе представить, какие чувства овладели дедом, когда он, как следует «проработанный» мудрыми ветеранами, перенеся столько горечи и стыда, наслушавшись неприятных слов и упреков, сколько он, пожалуй, не наслушался за всю свою многотрудную жизнь, маршировал на встречу с внуком. Ну, держись, умник! Запятнать рабочую честь, необдуманными поступками зачеркнуть все доброе, что связано у людей с его именем. Что, разве он диссидент какой? Наследник потомственного дворянина?

Лука в холодном купе поезда колоритно рассказывает мне подробности своей истории, и я отчетливо вижу, как он торопливо шагает по Иванову, городу, в котором я ни разу не был, и только завтра утром сделаю первые шаги на его вокзале. Встречные с удивлением смотрят на чудаковатого старика, который уже чуть не бежит по тротуару, что-то бормоча себе под нос и отчаянно размахивая руками.

Ну, наконец он выскажет этому молокососу все, что о нем думает, заводит самого себя дед. Хватит щадить самолюбие щенка, хватит. Прадед — участник революционной стачки девятьсот пятого года, митинговал на Красной Талке, вместе с отрядом иваново-вознесенских ткачей во главе с Димой Фурмановым ушел на колчаковский фронт, вернулся живым, хотя и покалеченным. Лично знал Фрунзе, помогал ему прятаться от полиции в Шуе, воевал под его командованием в Туркестане. В конце сентября 1920 года в Иваново-Вознесенский губисполком из Самарканда прибыл под охраной красных бойцов необычный груз: деревянный ящик, похожий на саркофаг. Там находился бархатный темно-малиновый халат с кружевами из крупного жемчуга и затейливыми цветами из чеканного золота. И вышитая золотой нитью тюбетейка, и сабля, и кинжал были инкрустированы зернами бриллиантов и бирюзы. И записка: «Халат эмира Бухарского, оружие Мадамин-бека и других басмаческих вождей, в подарок ивановскому музею. М. Фрунзе». Толпами собирались ткачи посмотреть на необыкновенные чудеса. Прикинули халат на весах — три с лишним пуда, — рассказывал прадед, которому сначала поручили охрану ценностей — с фронта, в боях раненый, товарищ легендарного Фрунзе, такому можно доверить. Умер он в тридцатом. Открылась рана, не сумели помочь врачи.

Вот какой у щенка прадед. Да и дед честно прожил свой век, не прятался от вихрей неспокойной жизни. Окончил рабфак, комсомолил, преподавал в текстильном училище. Воевал. На фронте в партию вступил. И наградами командование не обделило. После демобилизации — текстильная промышленность. Инженерные должности, преподавание в училище, опять возвращение на фабрику. На пенсию из училища ушел. Безусловно, бога за бороду не хватал, но и в тихой заводи не отсиживался. Не всем же в большие начальники пробиваться, крупными организаторами становиться. Нужны и скромные хозяйственники. Прадед больше к политике склонялся, чутким был к новому, неизведанному, нетрадиционному. В чем-то внук его напоминает: те же чистота, совестливость, неприятие лицемерия, забота о рабочем человеке.

А что, разве его отец не заботился о рабочем человеке? Старший мастер на ткацкой фабрике. До техникума трудился рабочим, дело знает до мелочей. Люди его любят, доверяют ему. Правда, внук часто спорит с отцом: мол, что даст твоя рационализация? Временную экономическую выгоду. Людям будет легче работать год-два, от силы. А дальше? Обвинял отца в узости кругозора. Есть, мол, взгляд из окопа, а есть из штаба. Отец сердился: вот попадешь в штаб, тогда и осуществляй грандиозные преобразования. А ты в окопе не воюешь, в сердцах кричал внук, тебе кажется, что воюешь, а на самом деле ты только заботишься, чтобы в окопе сидеть можно было, чтобы его водой не залило, продолжаешь его существование.

Кому-кому, а деду лучше других в доме видно, какая разница между взглядом из окопа и из штаба. Он единственный, кто в их семье имеет фронтовой опыт, кто знает вкус окопной жизни и близко наблюдал за работающими в штабах. У последних жизнь тоже не мед, факт. Они планируют операции, у них громадные масштабы, гигантские ресурсы, неограниченные возможности. Успех обеспечен в том случае, если между штабами и окопами существует неразрывная связь и взаимопонимание. А ты, ехидно кричал внук отцу, только и знаешь, что одобрять любое указание, которое поступает из штаба. С тобой кто-либо советовался? Твое мнение учитывали? А между прочим, решения принимали от твоего имени, и не одно десятилетие. Сними розовые очки, осмотрись вокруг: в твоих окопах давно уже двигаются по инерции, никому ничего не интересно, господствует равнодушие и застой.

Доля правды в словах внука, бесспорно, была, дед ее нутром чувствовал, однако уж больно смело, нестандартно выражал свои мысли студент. Осторожный дед, а он многое на своем веку повидал, заботился о безопасности человека, которому суждено продолжать его род, жить в новом веке. Сколько их, молодых да горячих, завершили свой путь на Колыме, в далеких заполярных лагерях. За смело высказанное личное мнение, отличавшееся от мнения начальства, за безобидную шутку, в которой находили политический подтекст, хотя его и в помине не было, за переданную товарищу шепотом новость об аресте сослуживца — этого было достаточно, чтобы обвинить самого в симпатиях к изолированному от общества вредителю, а то и в тайном сообщничестве с вражеским резидентом. Тридцатые, конец сороковых и начало пятидесятых годов научили деда держать язык за зубами, не делиться сокровенным даже с женой.

Поймав себя на мысли, что он все же в чем-то симпатизирует рассуждениям внука, дед окончательно рассердился. Надо быть твердым, жестким и не отступать от своей линии. Хочешь жить — не лезь не в свои дела. Он все скажет этому негоднику, что о нем думает. Ишь, материнское молоко на губах не обсохло, а туда же — в политику норовит. Что человеку нужно? Учится в хорошем институте, инженером-технологом будет, трудись себе на здоровье, детей расти.

Как проходил разговор деда с внуком, можно представить уже по настроению заслуженного ветерана. Спор был крепкий. Внук сгоряча обозвал дедулю жертвой тоталитарного режима. Тот также в долгу не остался. И хотя отношения выясняли долго, победителя не было. Озадаченный таким обстоятельством дед, чувствуя незавершенность спора и следуя старой доброй традиции, согласно которой любая дискуссия должна завершиться торжеством победителя и позором побежденного, несколько раз отчаянно бросался в наступление, чтобы поставить последнюю точку над «i», но внук снова и снова терпеливо разъяснял, что он не изменит свою точку зрения и будет всеми силами добиваться демократизации производственных отношений. Хозяйственный расчет, арендный подряд, альтернативные выборы директоров, начальников цехов главных специалистов — вот что ждет впереди. Командно-административным методам пришел конец, они исчерпали свои возможности, пользы от них никакой.

Вот какой попутчик попался нам с женой в купе нескорого поезда номер шестьсот шестьдесят два «Москва — Иваново». Противоречиво-боязливый, с прочно вбитыми в тридцатых годах трафаретными штампами — мерками на все случаи жизни. Правда, под целебным воздействием свежего воздуха обновления, обнародования ранее спрятанных фактов истории зашевелились сомнения в истинности созданных мифов, которым слепо верили и поклонялись миллионы людей. В нашем попутчике словно сплелись вчерашние страхи объявленных «винтиками» миллионов живых существ и их нынешнее внезапное пробуждение, горечь за обман, за напрасно прожитые годы и надежды на лучшее будущее своих внуков. Не потому ли попутчик был такой разный: и момент истины к нему приблизился, но и истина момента не выпускала из черных когтей пережитого.

Поезд между тем приближался к Иваново. В вагоне снова стало тесно и шумно, пассажиры заранее выставляли чемоданы и коробки в проходы, ощупывали, пересчитывали с боем добытые в Москве микропористые апельсины и импортный стиральный порошок, ценнейшие баночки растворимого кофе и неизвестно где приобретенную в столице зубную пасту. Все было дефицитом в «русском Манчестере», все везли домой хозяйственные ткачи и ткачихи, делегированные за товарами и продуктами в Москву товарищами по работе, соседями по дому. На некоторых предприятиях даже списки составляли — планировали на год, кому и когда ехать.

Мы попрощались с дедом, я помог вынести его узлы. Больше с ним встречаться не приходилось, хотя я еще несколько раз ездил в Иваново. Знаю только его имя и отчество — Иван Егорович, а вот фамилией не поинтересовался. Сам он не счел необходимым представиться, значит, так надо, были какие-то на это причины. А может, и не было. Мало ли с кем встретишься в пути? Да и зачем мне знать его фамилию? Откуда у нас эта глупая привычка — приставать к случайному попутчику, допытываться, кто он, откуда родом, где и кем работает. Не с тридцатых ли годов берет начало? Всеобщая подозрительность, синдром шпионажа воспитали у наших отцов стремление бесцеремонно лезть в душу незнакомого человека, едва ли не документы у него проверять. А вдруг вредитель или беглый зек? Позорная привычка передалась и нам, вытеснив интеллигентность и воспитанность, которых так не хватает даже образованным людям.

До военного городка, где служил сын, мы добирались на такси. Возле контрольно-пропускного пункта выстроился табунок «жигуленков» — многие родители прикатили к сыновьям на собственных средствах передвижения. Нас всех пропустили па территорию городка, разрешили присутствовать на торжественной церемонии, познакомили с условиями, в которых придется жить нашим мальчикам два года. Как давно повелось, день присяги — праздник для молодых солдат до самого отбоя. Им можно пойти в город в увольнение, побыть до вечера с родителями.

И вот мы в номере городской гостиницы. Мать хлопочет возле стола, расставляет привезенные из дому кушанья. Сын набрасывается на них с завидным аппетитом, и глаза матери влажнеют. Ничего, ничего, держись, верная подруга, все через это прошли, такова уж материнская доля.

Отец с сыном ведут неторопливую мужскую беседу. О чем? О трудностях армейской службы, придирках старшины (уж больно строг, зараза!), о командирах. О товарищах, отношениях в казарме. Дедовщина есть? Сын замахал руками: что ты, отец, здесь крепкая комсомольская организация, справедливые сержанты, замечательные традиции. Все хорошо, не беспокойся. Особых оснований для волнения вроде бы и нет: парень до армии прошел трудовую закалку в рабочем коллективе, отзывчивый, общительный. В армии включился в общественную работу — выпускает батарейную стенгазету, боевые листки. Что же, для начала неплохо.

Постепенно беседа переходит от тем службы на штатские. Какое впечатление произвел город, водят ли на экскурсии, сколько здесь театров, сохранились ли памятники старины. В ответ была ироничная улыбка. Я все понял: сколько он служит, забыл, что ли? Из карантина да чтобы в город отпускали? Много ты ходил, вспомни-ка свою службу. В самом деле, впервые нам дали увольнительную из городка как раз в день принятия присяги. А не продолжить ли нам добрую традицию отцов, воскликнул я, побродим по городу, познакомится с музеями, вечером, может, в театр попадем. Не сидеть же весь день в гостиничном номере да мамкины пироги уминать.

Предложение было одобрено, но жена внесла поправку: первый объект для осмотра — музей ситца. Поправку тоже единогласно приняли, и я спустился вниз к администратору и попросил разрешения позвонить по телефону, ибо из номера этого нельзя было сделать по той причине, что телефон там отсутствовал. Дежурная недовольно нахмурила брови и тут же на ее лице появилось выражение, будто она только что проглотила нечто очень невкусное. «Это служебный телефон, по нему звонить проживающим запрещено!» — закричала она, и я невольно подумал, не из бывших ли ткачих эта самоуверенная и очень уж неприветливая женщина. За короткое время пребывания в Иваново я уже начал замечать, что действительно женщины разговаривали здесь очень громко. Протянутая суровой дежурной пестрая шоколадка в качестве презента растопила мрачное лицо строгой блюстительницы служебных инструкций, и она милостиво кивнула на телефон — пользуйтесь, только недолго, а то начальство может позвонить, проверить. Я набрал номер из своей старой записной книжки, не очень рассчитывая на успех. Столько лет прошло, помнит ли меня человек, много раз проявлявший внимание к просьбам минского журналиста и присылавший в редакцию, где я работал, добротные материалы о родине первого Совета рабочих депутатов? А вдруг он в отъезде? А если дома, сможет ли еще раз помочь, может, у него свои неотложные дела?

Такие мысли проплывали в моей голове, когда я крутил телефонный диск. К счастью, давнишний знакомый — правда, в лицо я его никогда не видел — был дома и поднял трубку. Узнав, в чем дело, он прервал поток моих извинений, которыми я густо пересыпал свою просьбу, и решительно заявил, что проблем ноль целых, ноль десятых, переспросил номер гостиничной комнаты и пообещал быть у меня через час, не позже. «Гараж далековато от дома, — в оправдание сказал он. — А то приехал бы раньше».

Вот оно, знаменитое русское гостеприимство, готовность прийти на помощь! В воскресенье обычно накапливается множество дел, по себе знаю, хочется побыть несколько утренних часов один на один со стопкой чистых листов бумаги, когда еще выкроишь столько свободного времени подряд, после обеда поступаешь в полное распоряжение жены — помогаешь по хозяйству, летаешь в прачечную, в магазин. И вот нарушил распорядок дня чуткому человеку.

— Главное сделано, — рассмеялся он, когда я встретил его у входа в гостиницу и снова попросил извинения за доставленные хлопоты. — Я имею в виду свое нормозадание. Пять страниц к обеду должен выдать каждое воскресенье, пускай хоть камни с неба падают, хоть землетрясение обрушится. А дальше — по обстоятельствам. Откровенно говоря, ты меня здорово спас своим неожиданным звонком, должен был супругу сопровождать в гости к ее важной подруге. Такая зануда, что передать невозможно. Ну, где твой геройский солдат, где его прекрасная мать?

Они тем временем спускались по лестнице. И жена стала просить извинения за то, что оторвали от домашних дел, но он, заговорщически подмигнув мне, сказал, что все в порядке, никаких неудобств нет и что он всю жизнь мечтал показать белорусским коллегам то, о чем писал для их газет. И вот эта минута наконец приблизилась. В ответ я шепнул, что очень рад оказать ему хоть такую услугу — неожиданным звонком избавить от необходимости целый вечер тосковать в салоне важной ивановской великосветской дамы и слушать разговоры о том, сколько зарабатывает Алла Пугачева и станет ли такой же популярной певицей ее дочь. Он удивился: а мне-то откуда известно, о чем пойдет речь в салоне, куда имела намерение повести его жена, разве я там бывал? Нет, говорю, салоны и женщины что в Иваново, что Москве — везде одинаковы. Мы дружно рассмеялись, и между нами установилось понимание.

Вишневого цвета «жигуленок» моего друга споро мчал нас по ивановским улицам. Хозяин сидел за рулем, и скоро мы убедились, что лучшего гида, чем наш, трудно себе представить. О своем городе он знал буквально все, из его уст струились диковинные были и легенды об ивановской старине, истории площадей, улиц и переулков, происхождении их названий. Мы едва успевали оглядываться по сторонам, когда он, притормаживая возле какого-нибудь старого здания, объявлял, что здесь жил А. К. Воронский, да-да, тот самый, известный критик, редактор журнала «Красная новь», он в Иваново редактировал губернскую газету «Рабочий край», а вот здесь останавливался

А. Т. Твардовский, он дважды бывал в городе — первый раз в 1940 году как депутат Верховного Совета РСФСР, второй — на следующий год, для разбора жалобы, поступившей от ивановских литераторов в Союз писателей. Кстати, в Иваново издавалась его поэма «Василий Теркин», тогда еще в области было свое книжное издательство. И вообще, наш край, восхищался добрый гид за рулем, весьма богат на литературные традиции. Сразу после революции при газете «Рабочий край» группировались талантливые поэты и прозаики. За их творчеством с интересом следил Максим Горький.

— А вы знаете, что существует записка Ленина библиотекарю Кремля? Есть свидетельства, что она написана после встречи с Горьким. Алексей Максимович обратил внимание Владимира Ильича на кружок поэтов при газете «Рабочий край», и Ленин пожелал ознакомиться с их творчеством. Каждый сотрудник «Рабочего края» знает содержание этой записки наизусть. И ваш покорный слуга не исключение. Пожалуйста: «Прошу достать (комплект) «Рабочий край» в Ив. Вознесенске. (Кружок настоящих пролетарских поэтов.) Жижин, Артамонов, Семеновский. Хвалит Горький». Записка датирована 28 января 1921 года. Кстати, судьба названных поэтов необычная. Жаль, времени мало.

В голосе гида явно чувствовались нотки гордости, весь его вид словно говорил: название его газеты знал Ленин, более того, читал целый комплект. Какая из периферийных газет может похвастаться таким вниманием? Мне не оставалось ничего, кроме как молча признать очевидный приоритет ивановских газетчиков. Почему бы не сделать приятное хорошему человеку? И я, заглядывая в лицо собеседника, заметил, что белорусская «Звезда», издающаяся с августа 1917 года, обязана своим рождением Фрунзе, имя которого дорого ивановским и шуйским жителям. Попал в цель! Лицо собеседника расплылось в приятной улыбке, он в восторге от услышанных слов. Любят Фрунзе ивановцы, чтят память о легендарном полководце Красной Армии. Я поведал о его музее, увиденном в городе Фрунзе, столице Киргизии, бывшем поселке Пишпек, где родился революционер, о книге белорусского писателя Н. Чергинца «Приказ № 1» о деятельности Михаила Васильевича на посту первого начальника минской милиции. Наш гид пообещал в следующий раз непременно свозить в Шую, город недалеко от Иваново, где протекала революционная молодость героя. Беседуя о Фрунзе, мы тогда еще не знали, что во время новой встречи будем обсуждать детали невероятной версии таинственной смерти кумира ивановцев.

Читатель уже, видно, обратил внимание на то, что автор до сих пор не назвал фамилию ивановского коллеги. Исправляю небрежность, хотя это и не совсем так. Дело в том, что моего друга в городе и области больше знали по псевдонимам, которых, кстати, у него было несколько и все они довольно популярны. Подлинная фамилия известна лишь редактору, бухгалтеру да разве еще супруге, шутит он, но в этой шутке есть доля правды. Творческая активность коллеги завидная. У него несколько своих книг, они выходили в основном в Ярославле, в Верхне-Волжском книжном издательстве, которое обслуживало и ивановских литераторов, но издавался и в Москве. В его облике, манере говорить было нечто неуловимое от старых русских журналистов, королей московского репортажа, описанных Гиляровским. Писал он циклами: задумает тему, год-два разрабатывает только ее, предварительно апробирует на страницах «Рабочего края». Под каждый цикл — отдельный псевдоним. Тогда он работал над циклом литературно-краеведческих очерков и эссе, которые объединил одной идеей — писатели и ивановская земля. Для нового цикла придумал новый псевдоним — Плесов, на него только и откликался во время нашей экскурсии по городу. Вживался в роль, словно артист. Ну, а имя и отчество оставались неизменными: Иван Сергеевич.

Человек, помогай себе сам, мелькнула в моей голове старая интеллигентская сентенция, когда я узнал о такой необычной периодизации существования одного из ивановских творческих работников. Коллега таким образом умудрялся как бы прожить несколько жизней в течение одной. Создавалась иллюзия, что Кочубей, Мушкетеров, Китаев, Воронин, Сульжин разные люди, а не псевдонимы одного энергичного человека, который таким образом пытался внести разнообразие в скучное провинциальное существование, что было примечательной чертой большинства жителей областного центра. Сюжет из серии «Маленькие хитрости» для периферийных интеллектуалов! Эпоха застоя вынуждала и на такие действия: очень уж пресно и казенно было вокруг, хотелось свежести, новизны, скорейшего таяния льда. Творческие натуры помогали себе сами. А серая посредственность правила бал и стояла на страже старых мифов. Ох, как не хотелось с ними прощаться! И не потому, что искренне в них верили. Дело обстояло глубже. Разрушение старых мифов угрожало многим лично — затрагивало привычное благополучие, брало под сомнение научную обоснованность опубликованных трудов и машинописных диссертаций, они, никому не нужные, пылились в двух экземплярах в архивах ученых советов, что не препятствовало их авторам ежемесячно стричь купоны в виде доплат за научную степень. Сколько наукообразных страниц наклепали местные литературоведы, разные кандидаты и кандидаты в кандидаты на благодарную тему — исследование жизни и творчества Фурманова. Золотая жила! Кто только к ней не рвался. В течение полувека эта тема была настоящим Клондайком для настырных земляков писателя-комиссара. В последние два десятилетия огромный интерес к малоизвестным страницам (так, во всяком случае, говорилось в многочисленных вступлениях, предисловиях, заключениях, рецензиях) Дмитрия Фурманова проявили заджинсованные отпрыски заведующих магазинами, парикмахерскими, ателье и иных уважаемых организаций и учреждений областного центра и городов области. В списках претендентов на самое правильное разъяснение творчества земляка были даже сын мясника из гастронома и привлекательная дочь модной закройщицы. Правда, злые языки утверждали, что это были не обычные мясник и закройщица — каждый свободен выбирать себе дорогу в жизни, и сыну мясника, в конце концов, не заказан путь в науку, — а спецмясник и спецзакройщица. Ну, вы, конечно, догадались, о ком деликатный намек. Плесов расхохотался: у нас ведь самая читающая между строк страна!

С коллегой можно и похохотать. Правда, если он из Москвы. Со своими не очень. Во всяком случае, не с каждым. И не с тем, кто занимал более высокое положение на иерархической лестнице. Даже если это и редакция. Плесов рассказал, какая гроза грянула после опубликования его первого эссе из цикла литературно-краеведческих материалов. Известно, что Фурманов, активный деятель Российской ассоциации пролетарских писателей, чрезвычайно резко отзывался об имажинистах — поэтах формалистического направления. Биографы автора бессмертного «Чапаева», анализируя отношения РАППа с имажинистским кафе «Стойло Пегаса», обычно приводили цитату Фурманова, которая кочевала из одной работы в другую, из одной статьи в другую: «В «Стойле Пегаса» — сброд и бездарности, которые стремятся перекричать всех и с помощью наглости дают знать о себе возможно шире и дальше...» Этим высказыванием утверждали отрицательное отношение Фурманова к имажинистам. А к ним, как известно, некоторое время принадлежал Сергей Есенин. Отсюда делали заключение для подтверждения тезиса о том, что автор «Чапаева» не признавал творчества великого русского лирика. Более того, некоторые вульгарные литературоведы, чтобы угодить командно-административной системе, начавшей складываться в середине тридцатых годов и в литературе, ввели в оборот миф о полярности творчества обоих писателей, чем немало способствовали тому, что произведения Есенина были запрещены на несколько десятилетий и многие поколения молодежи даже не знали о существовании у нас такого замечательного поэта. В больших городах есенинские книги, изданные еще при его жизни, имелись в домашних библиотеках, но те, кто их хранил, многим рисковали: только за одно чтение безобидных лирических стихов Есенина беспощадно исключали из комсомола.

Миф об осуждении Фурмановым творчества Есенина был создан на потребу дня, но оказался на редкость живучим. Его заученно повторяли в учебниках, юбилейных статьях, официальных источниках. Внешне эта версия не вызывала сомнений. Не мог ведь комиссар прославленной чапаевской дивизии, революционер, один из руководителей ассоциации пролетарских писателей, редактор отдела художественной литературы Госиздата положительно оценивать поэта, который сотрудничал в эсеровской газете, относился к «псевдонародническому» направлению. В пору горбачевской гласности наивным анахронизмом представлялись прежние оценки, все понимали, что Есенин —

поэт эпохальный. Неужели Фурманов, чуткая и внимательная, по словам Маяковского, «политакушерка», не сумел заметить, что главное у Есенина — это пронзительно-драматическая в основе своей лирика, с исключительной силой раскрывающая душу человека во времена революционных катаклизмов. Да, Фурманов видел слабости поэта — его политическую наивность, противоречия творчества, личную неустроенность, разгульную жизнь, связь с богемной средой. Безусловно, писателю-коммунисту, пуританину по складу характера, это не могло нравиться. Но он видел в нем и другое — великого поэта, за которого стоило бороться.

Ох уж эти мастера цитат! Иной раз кажется, не возникла ли у нас новая наука — умение найти нужную выдержку, вставить ее в подходящее место, чтобы блеском чужого ума и таланта осветить, подкрепить и свои немощные, слабые, как лапки посиневшей курицы, мысли. Назовем эту науку цитатологией, где, в каком институте или другом научном учреждении не найдется ее верных рыцарей? О, были настоящие виртуозы этой псевдонауки, которая расцвела пышным цветом в тридцатые годы и набрала силу и крепость в застойный период. Цитату могли вырвать из контекста, отсечь начало и конец, оставить только несколько выгодных для своего заключения слов, а вместо пропущенных поставить многозначительное многоточие. Цитату могли пристегнуть за уши по любому поводу, безотносительно к тому, когда и при каких конкретно исторических обстоятельствах была дана та или иная оценка.

Ну и мастаки, удивлялся Плесов, когда прочел слова Фурманова об имажинистах, в течение полувека цитировавшиеся учеными мужами. Как это совсем нередко бывает, вторая часть высказывания автора «Чапаева» была опущена. А в ней сказано: «Он (Есенин. — Н. З.) с Мариенгофом — это недоразумение. Из Есенина будет отличный бытовик — я это в нем чувствую».

Дальше — больше. Талантливый крестьянский поэт, мастерство дается само. В одном из дневников Фурманова Плесов наткнулся на запись от 12 сентября 1925 года. В ней он передавал свой разговор с Есениным в Госиздате о собрании его произведений, о том, что ему необходимо написать свою автобиографию, которой можно было бы открыть трехтомник. Выходит, Фурманов был инициатором выпуска первого собрания сочинений поэта, готовил и редактировал издание? Плесов раскрыл собрание сочинений самого Фурманова, обнаружил дневниковые записи. Сентябрьских строк о беседе с Есениным относительно выпуска его трехтомника там не было. Мифизированный, схематизированный, лишенный живой плоти, иконообразный Фурманов? И это большевистский комиссар? Плохую службу сослужили ему преданные рыцари немощной бабушки-цитатологии: обеднили, упростили образ, вместо присущей ему разносторонности, широты литературных взглядов наделили оглоблевой прямолинейностью, вместо многокрасочности приписали постносерый цвет. Благодаря Фурманову мы имеем ценный документ — собственноручно написанную Есениным автобиографию. Ценность ее в том, что она последняя, поэт писал ее с высоты прожитых лет, выделяя главное, определяющее, и отметая второстепенное, мелочное. Автобиография помещена в шеститомном собрании сочинений поэта, но в комментариях к ней упоминания о причастности Фурманова к написанию этих заметок Плесов не обнаружил. И здесь поработали цитатологи, и снова добровольные помощники создателей мифов упростили образ великого лирика. Фурманов, а этот факт Плесов установил точно, искренне и горько оплакивал смерть поэта, участвовал в его похоронах. Живой образ Есенина стоял перед глазами Фурманова до конца его жизни. Он имел намерение использовать его как прототип при создании задуманного романа «Писатели». Но замысел остался не осуществленным. Фурманов пережил Есенина лишь на два с половиной месяца. Как и сам поэт, Фурманов не увидел собрания сочинений Есенина: в свет оно вышло в 1926—1927 годах.

Эссе Плесова вызвало замешательство у тех, кто помогал создавать миф о Фурманове как о пресном и официальном деятеле литературы, кто десятилетиями нарезал от вкусного пирога, испеченного по заказу великого кремлевского гурмана. Плесову звонили, присылали письма, его обвиняли в деидеологизации, в покушении на авторитет классиков, в попытках фальсифицировать историю советской литературы, высказывали глубокомысленные предположения, по чьему заказу он действовал. Плесов не ожидал, что безобидное эссе, в котором излагались только факты и не критиковались старые воззрения на взаимоотношения Фурманова и Есенина, вызовет такое дружное неприятие. И в редакции кое-кто склонен был считать, что печатать эссе не стоило, это специальная тема, пусть занимаются ею исследователи. Так и до Фрунзе дойти можно, до первого Совета, — на всякий случай, в целях профилактики, бабахнул из тяжелой артиллерии один из редакционных начальников. Стало тихо. В воздухе потянуло, довольно ощутимо, новыми страхами.

Старые были уже позади. Их пережили.

Мне вспомнилась недавняя поездка в Ленинград. Повод был неординарный — снос старой гостиницы «Англетер». Тысячи горожан вышли на улицы в знак протеста. Это была первая не санкционированная властями демонстрация трудящихся после выступлений зиновьевской оппозиции двадцатых годов.

Много версий пришлось услышать в Ленинграде относительно «расправы» с «Англетером». Именно так охарактеризовал снос гостиницы, в которой когда-то покончил с собой поэт Сергей Есенин, незнакомый абонент, позвонивший мне по телефону в гостиничный номер и, не представившись сам, но удостоверившись, что он говорит с тем человеком, с которым намеревался поговорить, сообщил сенсационную новость. Она сводилась к следующему. Против «Англетера» давно существовал заговор.

«Англетер» решено было уничтожить любым способом: организовать пожар, подложить взрывное устройство.

— Кому это было нужно? — переспросили в телефонной трубке. — Как кому, неужели не знаете? И не догадываетесь? Ну и даете! А еще из Москвы. Тем, кто хотел бы уничтожить следы преступления.

— Какого преступления?

Трубка помолчала.

— Гибели русского поэта Сергея Есенина.

— Но ведь он покончил жизнь самоубийством.

— Верьте басням, — хихикнула трубка, — еще чего угодно наплетут, а вы уши развешивайте.

— Но ведь во всех книжках написано, что Есенин покончил жизнь самоубийством, — упрямился я.

— А кто те книжки написал? — не сдавалась трубка. — Самоубийство Есенина — это умело замаскированное убийство. Мы имеем неопровержимые доказательства, что убийцы оставили после себя ритуальные знаки. Они прочитаны настоящими русскими патриотами, и враги зашевелились. А иначе зачем в спешном порядке сносить «Англетер»?

Я стою возле телефонного столика в тесном гостиничном номере, светит настольная лампа, разгоняет темноту поздней ночи, из окна виден сверкающий огнями город, в трубке звучит хорошо слышный молодой мужской голос, слегка хрипловатый. Собеседник на том конце провода знает мою фамилию, имя и отчество, место работы. Хотя что тут особенного? Администратор внизу, дежурная на этаже дают любые сведения о проживающих. Кто же со мной разговаривает? Попытки выяснить были безуспешными. Абонент отвечал, что это не имеет значения, просто он по поручению своих друзей передает мне информацию, которая, по их мнению, может оказаться мне полезной. Во всяком случае, прольет свет на события с торопливым сносом «Англетера», выразил он надежду и, вежливо попрощавшись и пожелав доброй ночи, положил трубку.

Подержав свою возле уха несколько секунд и ничего, кроме частых гудков отбоя, не дождавшись — как будто еще что-то могло последовать за звонком, — я вернулся к прерванным телефонным разговором делам. Чудак какой-то, решил я, а может, больной. В многомиллионных городах их много, я даже не подозревал, сколько психических рецидивов дает стрессовая жизнь в чрезмерно скученных человеческих муравейниках. Увидел я их предостаточно, разговаривал с людьми, один из которых обдумывал, как преодолеть деление населения на богатых и бедных, другой изобрел рецепт, с помощью которого все человечество можно сделать счастливым, третий самостоятельно, притом не традиционным способом, решил основной вопрос философии, четвертый два часа был в веселой компании зеленых инопланетян, прибывших на землю в летающей тарелке, — репортаж о беседах с космическими пришельцами, завизированный командиром экзотического транспортного средства, предлагался для публикации в любом отечественном издании без выплаты авторского гонорара, от которого посетитель благородно отказывался в пользу Фонда милосердия.

31

Когда я поведал утром о ночном звонке и изложил свое суждение относительно личности звонившего, поддержки оно не нашло. Оказывается, действительно по городу ходили слухи о невероятной версии смерти Есенина в гостинице «Англетер» в конце декабря двадцать пятого года. Напрасно специалисты-архитекторы давали разъяснения о переделках, проводившихся в гостинице до войны и после войны, а потому смешно говорить о каких-то таинственных ритуальных знаках, которые якобы остались после смерти Есенина. Напрасно литературоведы еще и еще раз обращались к подробностям трагической кончины поэта, запускали в устный и письменный оборот документальные свидетельства современников о последних днях талантливого жильца гостиничного номера. Версия, кем-то упорно подогреваемая, не исчезала.

Тридцатое апреля 1989 года, газета «Труд». Интервью под заголовком «Сергей Есенин: самоубийство или...». Корреспондент задает вопросы доктору медицинских наук, профессору Ф. А. Морохову, который вместе с исследователем творчества поэта С. Демиденко подготовили доклад «Последние дни Есенина», зачитанный на традиционных Есенинских чтениях в Ленинграде.

Корреспондент. Федор Александрович, давно ли вы занимаетесь изучением творчества и судьбы Сергея Есенина?

Ф. А. Морохов. Более четверти века. И мысль, что Есенин был убит, не покидала меня все время. Очень не укладывается творческий подъем в его последние дни, желание начать новую жизнь. Именно с этими мыслями он буквально убегал из Москвы, где его последовательно преследовали пролеткультовцы, подогревавшиеся самим наркомом просвещения А. Луначарским и Л. Троцким. Как известно, в числе критиков Есенина была и такая крупная политическая фигура, как Н. Бухарин. Известно, при всей своей боевитости Сергей такую нагрузку на психику не мог выдержать. Поэтому периоды «черной» меланхолии у него были, особенно в состоянии алкогольного опьянения, но сам он в петлю от этого не полез бы, я уверен.

Продолжительное время у меня не было вещественных доказательств версии об убийстве. Но после того, как я познакомился с С. Демиденко и он показал мне оригинал акта судебной медицинской экспертизы, фотографии мертвого Есенина, мы с С. Демиденко пришли к единому мнению: было осуществлено убийство. Как врач, я попытаюсь это доказать.

Корреспондент. Давайте рассмотрим акт экспертизы с точки зрения врача-патофизиолога. У вас именно такая специализация?

Ф. А. Морохов. Да. Акт составлен 23 декабря 1925 года в Обуховской больнице Ленинграда и подписан медэкспертом Гиляровским. В нем мы читаем: «Над переносицей вдавленная полоса длиной четыре сантиметра и шириной полтора сантиметра. Под левым глазом небольшая поверхностная царапина, правая глазница — большое пятно. На шее под гортанью красная полоса, вторая тянется слева вверх и теряется возле ушной раковины спереди. Справа полоса идет вверх к затылочной области и тоже теряется, ширина полосы с гусиное перо. В нижней трети правого плеча имеется рана кожи с ровными краями четыре сантиметра длиной. В нижней трети левого предплечья имеется одна рана горизонтальная и три вертикальные...»

Это не весь акт, а лишь его фрагмент. Но обращаю ваше внимание, нем есть пропуски и стертые фразы.

Как в акте описано лицо Есенина? Следы удара в лоб тяжелым узким предметом и синяки в сфере глаз хорошо видны на фотоснимке. Кстати, фраза из акта «вдавленная полоса над переносицей» — это просто поврежденный череп.

Получается, Есенин был сначала сильно избит, об этом же свидетельствуют «кровоподтеки на легочный плевре» — так говорится в акте. После драки, — я думаю, Есенин оказывал сопротивление, — он был задушен, скорее всего, подушкой. Читаем акт медэкспертизы: «Признаки удушения есть: в гортани замечена характерная розоватая пена».

Корреспондент. Почему вы заключаете, что он не покончил с собой?

Ф. А. Морохов. Обратите внимание на фразы в акте: «...красная полоса над гортанью теряется возле ушной раковины». Дело в том, что если нет «мертвой петли» вокруг шеи, то человек не сможет умереть. Тем более что хрящи гортани у Есенина были целы.

В акте экспертизы написано, что на шее поэта было

четыре петли из ремня от чемодана. Мне кажется, что этот штрих — еще одно доказательство инсценировки самоубийства. Повеситься на ремнях очень тяжело, если не совсем невозможно.

Корреспондент. В заключении судмедэксперта Гиляровского написано: «Смерть пришла от дефиксии (удушения). Вдавление на лбу могло произойти от вдавления в трубу отопления при повешении. Раны на верхней конечности могли быть нанесены самим умершим». Как вы прокомментируете заключение врача?

Ф. А. Морохов. Совсем неправильное и, я сказал бы, тенденциозное заключение. Я уже говорил, что смерть, судя по патологическим характеристикам трупа, произошла от удушения, но не от повешения. Трактовка вмятины на лбу как последствия ожога от контакта с трубой отопления тоже несостоятельна. Почему же тогда нет следа на правой руке, которой Есенин держался за трубу? Кроме того, на фотоснимке видно темное пятно на лбу, которое может быть кровоподтеком от удара еще при жизни. Ибо каждый врач знает: когда человек мертв, кровь на нем не выступает.

Если принять утверждение Гиляровского о том, что раны на правой руке нанес сам себе Есенин, то тогда остается признать, что он сам повредил себе череп, наставил синяков на лицо, порезал руку, а затем взобрался на высокую табуретку и повесился на ремне от чемодана. Но я вас уверяю как врач, что человек с такими травмами физически не может взобраться на тумбочку и повеситься. Более того, он и руку не сможет поднять, чтобы укрепить петлю, да еще из ремня для чемодана.

Все вместе взятое наводит на мысль о подтасовке выводов в пользу версии самоубийства. Об этом же свидетельствуют и купюры в тексте акта: что-то важное оттуда вытравлено. Предполагаю, что версия разрабатывалась и осуществлялась под чьим-то руководством. Об этом свидетельствует и такой факт: все ленинградские газеты 28 декабря вышли в свет с сообщением о самоубийстве Есенина, несмотря на то, что акт медэкспертизы был написан лишь 29 декабря.

Корреспондент. Вы утверждаете, что Есенин был убит. Но как можно объяснить, что, по мнению многих, номер в «Англетере» был заперт изнутри?

Ф. А. Морохов. По моему мнению, это одно из навязанных предположений. В воспоминаниях Е. Устиновой, жившей с мужем в номере, соседнем с номером Есенина, говорится: «28-го я пошла звать Есенина завтракать, долго стучалась. Подошел Эрлих, и мы вместе стучались. Я попросила, наконец, коменданта открыть дверь отмычкой. Комендант открыл и ушел...»

Обратите внимание, что в воспоминаниях, написанных 3 января 1926 года, все весьма неконкретно. Не сказано, что ключ был замке с обратной стороны. Не говорится, что дверь взломали. Но ведь в том случае, если ключ находится в замке, а замок заперт изнутри, то отмычкой дверь без взлома не открыть. Тем не менее «комендант открыл дверь и ушел...».

К этим туманностям следует добавить следующий факт, который передается устно. Е. Устинова и Г. Устинов были в числе друзей Есенина и в последние дни жизни много времени проводили с поэтом. Они первыми вместе с Эрлихом вошли в номер, где произошла трагедия. Так вот, Г. Устинов тоже был обнаружен в петле на следующий день после того, как в частной беседе пообещал рассказать об обстоятельствах смерти Есенина. Я думаю, что это звено в одной цепи... Вспомним, единомышленники Есенина в поэзии друг за другом были репрессированы, погибли. Это Н. Клычков, Н. Клюев, П. Орешин и другие.

Зашатался еще один миф, который врос в историю литературы и прочно держался в ней. Против официальной версии самоубийства Есенина выступил журнал «Человек и закон». Его автор Сергей Куняев вынес на суд общественности аргументированную хронику журналистского расследования тайны смерти поэта. Появились другие публикации, основанные на новых свидетельствах, архивных данных.

Однако вернемся в Иваново. С разрешения читателей слегка нарушу хронологию описываемых событий и расскажу историю, о которой узнал от... от... Нет, не могу назвать имя Смелого и Ироничного Гражданина, потому что, хотя случай, о котором пойдет речь, произошел довольно давно, а если хотите знать точно, то зимой семьдесят восьмого года, в Иваново тогда проживали в добром здравии некоторые главные действующие лица этой комедии, а им, по словам Смелого и Ироничного Гражданина, было весьма неприятно каждое лишнее упоминание на ту смешную тему. Правда, многие из них давным-давно на пенсии, но, учитывая их уж больно деликатный, обидчивый характер, лучше не дразнить гусей. Поэтому, пока Плесов крутил баранку своего вертлявого «жигуленка» и одновременно предлагал посмотреть то направо, то налево, а ехали мы среди ивановских небоскребов — двадцатиэтажных домов, о которых особенно нечего сказать, они все одинаковые, что в Иваново, Москве или Минске, я и начну свой неторопливый рассказ, услышанный вечером. А чтобы не подумали, будто эту историю мне рассказал Плесов, а не Смелый и Ироничный Гражданин, как я уже утверждал, хочу обратить внимание на следующую деталь: подъезжая к шестнадцатиэтажному сооружению, секции которого словно вырастали из красивого мраморного основания, Плесов, как примерный экскурсовод, сообщил, что сооружение напоминает одновременно развернутое знамя и развернутую книгу, левую страницу которой занимает герб СССР, а правую строки из Государственного гимна. Подобная архитектура показалась мне несколько странной, и я уточнил, не жилой ли это дом. Прилежный экскурсовод подтвердил, что дом жилой и обитают в нем, в его комфортабельных уютных квартирах, славные ивановские труженики. Для чего же тогда здесь герб и гимн, дилетантски спросил я, ну, если бы учреждение какое, тогда понятно. На что прилежный экскурсовод замялся и пробормотал что-то невразумительное относительно экспериментов архитекторов и разных там градостроителей.

Смелый и Ироничный Гражданин после поделился со мной страшной тайной города, которую в горбачевские времена многие хотели бы забыть, и я наконец узнал о происхождении поразившего меня мраморного сооружения. Оказывается, оно появилось здесь еще до возникновения первого ивановского небоскреба. Только первоначально левую страницу алевшего знамени-книги занимал исполненный маслом портрет четырежды Героя Советского Союза и Героя Социалистического Труда Л. И. Брежнева, а правую — его цитата, вылитая из бронзы. Согласно замыслу отцов города, первый ивановский небоскреб из шестнадцати этажей должен был создавать впечатление, будто он вырастает из этого известного иллюстрированного издания. В те времена расчувствованные и благодарные высокопоставленные читатели сразу же назвали книгу фундаментальным произведением, по которому, с момента его появления на свет, они принялись овладевать ленинской наукой побеждать. Правда, после ноября 1982 года между отцами города будто черная кошка пробежала: те, кто еще недавно гордо называл себя инициатором прекрасного сооружения, ожидая, что их старание будет замечено наверху и незамедлительно отмечено, почему-то не выпячивали больше своих заслуг в строительстве такого необходимого ивановцам объекта и стремились стать как можно менее заметными. Как обычно происходит в таких случаях, начали думу думать, что делать с замечательным памятником, верноподданническая идея которого — каждому большому делу в Иваново предшествовало вдохновляющее слово Леонида Ильича — была так мастерски воплощена в мраморе и бронзе, что должна быть понятной каждому ребенку. Во всяком случае, так считали отцы города. Несознательные же горожане, не поняв всей глубины верноподданнических чувств начальства, окрестили памятник по-своему. Поскольку помпезное сооружение появилось на улице Станционной, то местные острословы мгновенно обыграли топографическую привязку, назвав памятник «станционным смотрителем». Кличка прилипла прочно, она стала надежным ориентиром для блуждавших по городу бестолковых бабушек из окрестных сел.

Словом, долго думали-гадали и те, кто проявил в свое время активность и изобретательность, и те, кто не препятствовал проявлению верноподданнических чувств в монументальной форме. Неизвестно, кому первому пришла идея, но все дружно одобрили ее, и работа закипела. Короче говоря, не одним прекрасным утром приезжие крестьяне недоуменно блуждали возле «станционного смотрителя»: и ориентир вроде прежний, о нем говорили компетентные односельчане, и вместе с тем уже не тот. Куда девался портрет четырежды Героя Советского Союза и Героя Социалистического Труда? Вместо него появился Государственный герб. Где иллюстрированная часть памятника — бессмертная цитата бронзового литья из бессмертного произведения, названного престарелыми соратниками мудрого автора просто и скромно — сводом ленинских норм жизни и поведения? На месте цитаты из дорогого сплава (настолько дорогого, что для ее охраны установили специальную будку с телефоном без диска, в которой дежурил строгий человек в форменной шинели и фуражке с кокардой) появилась иная — строка из стихотворения С. Михалкова и Г. Эль-Регистана.

По какому случаю городские власти решили увековечить в мраморе и бронзе автора литературных шедевров, который ни разу не был в Иваново, здесь не родился, не учился, не работал и подвигов не совершал, — было известно только им одним. Скажем, мои земляки имели бы на это больше прав — по оршанским просторам когда-то шагали ноги великого землемера, о чем и было сообщено миру в одной из брошюр бестселлерской серии века. Нет, не бросились кохоновские граждане искать те следы в чистом поле, слава Богу, не надумали строить по их цепочке широкую асфальтированную трассу, чтобы дружно маршировать по ней до самого светлого будущего, конечно же, с любимой тетралогией дорогого Леонида Ильича в руках. Кохоновцы, оршанцы, толочинцы делали привычное дело земледельцев — пахали, сеяли, жали, растили детей. Люди земли, они жили земными заботами. Угодить тем, кто сидит наверху, отрапортовать бодро, торжественно отметить очередной юбилей, пустить пыль в глаза — это уже забота других, которые не пахали, не сеяли, не строили. Чем же они занимались? Гордились общественным строем, свершениями ивановцев, их успехами, которых, как и у всех советских людей, было не счесть.

Смелый и Ироничный Гражданин отдавал должное этим свершениям. Безусловно, люди трудились, и многие даже с полной отдачей сил. В конце концов, Иваново давало стране каждый четвертый метр хлопчатобумажных тканей. Согласитесь, немало. А кому была неизвестна фамилия Кабаидзе? Научно-производственное объединение «Иваново — София» знали и в застойные времена. Его продукция — обрабатывающие центры, гибкие производственные модули и системы давно приобрели себе добрую славу. В Иваново первыми увековечили мемуарное творчество престарелого генсека, чем заслужили доброжелательное внимание центра. И вдруг...

Сразу после Нового, 1979 года, в ивановские киоски «Союзпечати» поступило несколько экземпляров журнала «Аврора». Журнал издавался в Ленинграде малым форматом, небольшим тиражом. В городе особой популярностью не пользовался. Мало ли каких журналов не бывает, всех не перечитаешь. Так что событие это прошло сначала незамеченным. Но потом из института в институт, с завода на завод, ну, и из редакции в редакцию, а после — о ужас! — из просторного кабинета в еще более просторный кабинет пополз нехороший слух. Рабочие и инженеры, студенты и газетчики декламировали какое-то стихотворение, восхищались смелостью его автора: молодец, в яблочко попал Евгений Александрович. Хозяева просторных кабинетов возмущались: клевета на рабочий край, на трудовой народ, на героические усилия властей, их отеческую заботу об удовлетворении материальных и духовных потребностей населения. В просторных кабинетах приняли решение: «Аврору» из библиотек изъять, в областной газете дать беспощадный бой стихотворению, очернявшему славную ивановскую действительность.

Что же это за стихотворение, вокруг которого разгорелось столько боев местного значения? В личном архиве Смелого и Иронического Гражданина хранится ксерокопия журнальной публикации. Кстати, запрещение на знакомство с ней в типографском варианте вызвало волну самиздата. Стихотворение переписывали от руки, перепечатывали на машинках, снимали ксерокопии, даже перефотографировали. Я прочел ксерокопию — печальный плод запретительной деятельности застойного периода. Стихотворение называлось «Москва — Иваново», написал его поэт Евгений Евтушенко под впечатлением поездки в город славных текстильных традиций.

Батюшки-светы, воскликнул я, да ведь это о том поезде, в котором ехал я. Все правильно описано. И я видел такие сценки, и мои попутчики везли с собой приобретенные в Москве вещи и продукты. Перед мысленным взором предстал и образ Луки-утешителя. Перечитал еще раз. Никакой крамолы: поэт едет в купе с тремя попутчиками, некоторые из них дремлют, но

Совершенно секретно
НАРОДНОМУ КОМИССАРУ ВНУТРЕННИХ ДЕЛ СССР
Генеральному комиссару государственной безопасности
товарищу Б Е Р И Я

СПРАВКА

С начала войны по 10-е октября с. г. Особыми отделами НКВД и заградительными отрядами войск НКВД по охране тыла задержано 657.364 военнослужащих, отставших от своих частей и бежавших с фронта.

Из них оперативными заслонами Особых отделов задержано 249.969 человек и заградительными отрядами войск НКВД по охране тыла — 407.395 военнослужащих.

Из числа задержанных, Особыми отделами арестовано 25.878 человек, остальные 632.486 человек сформированы в части и вновь направлены на фронт.

В числе арестованных Особыми отделами:

шпионов — 1.505		распространителей	
диверсантов — 308		провокационных	
изменников — 2.621		слухов — 3.987	
трусов и паникеров — 2.643		самострельщиков — 1.671	
дезертиров — 8.772		других — 4.371	
		Всего — 25.878	

Такие вот документы из спецхранов обрушивались на головы читателей в годы горбачевской гласности

По постановлениям Особых отделов и по приговорам Военных трибуналов расстреляно 10.201 человек, из них расстреляно перед строем — 3.321 человек.

По фронтам эти данные распределяются:

Ленинградский: арестовано — 1.044
расстреляно — 854
расстреляно перед строем — 430

Карельский: арестовано — 468
расстреляно — 263
расстреляно перед строем — 132

Северный: арестовано — 1.683
расстреляно — 933
расстреляно перед строем — 280

Северо-Западный: арестовано — 3.440
расстреляно — 1.600
расстреляно перед строем — 730

Западный: арестовано — 4.013
расстреляно — 2.136
расстреляно перед строем — 556

Юго-Западный: арестовано — 3.249

расстреляно — 868
расстреляно перед строем — 280

Южный: арестовано — 3.599
расстреляно — 919
расстреляно перед строем — 191

Брянский: арестовано — 799
расстреляно — 389
расстреляно перед строем — 107

Центральный: арестовано — 686
расстреляно — 346
расстреляно перед строем — 234

Резервные армии: арестовано — 2.516
расстреляно — 894
расстреляно перед строем — 157

Зам. Нач. Управления ОО НКВД СССР
Комиссар гос. безопасности 3 ранга

и во сне прижимают к себе добро, добытое в столице. Бабушка — кофе, командированный — портфель, как показалось поэту, с важным мусором, камвольщица «прижимала государственно свое личное дитя». Ну, а сам поэт «Россию серединную прижимал к своей груди». Где же здесь оскорбление? Поэт и есть поэт, он образами мыслит. Да нет, нетерпеливо ткнул пальцем Смелый и Ироничный Гражданин в конец ксерокопии, гнев вызвали вот эти строки. И сам наизусть прочел: «Мы за столько горьких лет заслужили жизнь хорошую? Заслужили или нет?» И объяснил: бывшее руководство области сочло, что это черная неблагодарность за все сделанное для граждан Иваново, дискредитация неутомимых начальнических усилий, направленных на неуклонное повышение материального благосостояния трудящихся.

По мнению бывших хозяев просторных кабинетов, они уже в семьдесят восьмом году обеспечили хорошую жизнь своим согражданам. В представлении заботливых отцов города, которым, безусловно, было лучше всех видно, что в первую очередь необходимо народу для того, чтобы быть счастливыми и радостными, хорошая жизнь людей непременно отождествлялась с наличием в гастрономах пельменей и кур. Откуда подобная уверенность, чем обосновано это заключение — сказать трудно. Но начальническое желание — закон, и вот уже в течение многих лет подряд в ивановских магазинах свободно продавались пельмени и куры. Разве это не забота о трудящихся? Правда, человек такое существо, что ему одного-двух видов продуктов мало — почему-то быстро приедаются, и он отправляется (ивановец тоже) на поиски свинины и говядины, масла и молока, сметанки и колбаски, сырка и кефирчика, яблочек и капустки, морковки и свеклы. К сожалению, таких продуктов ивановец в своем городе не находил. А здесь еще врачи-диетологи своими лекциями о культуре питания аппетит нагоняли, не говоря уже о разных женских журналах, а также газетах, которые будто в соревнование вступили, кто больше отведет уголков для начинающих хозяек. А какие там блюда — пальчики оближешь. Да, видно, хозяева светлых кабинетов не читали тех советов и кулинарных консультаций. А если так, то и другим вроде было неизвестно о вкусных и полезных продуктах.

42

Известно, еще как известно! А вот где их было добыть? Типичную сценку приобретения еды и отразил в своем стихотворении Евтушенко. Ату его за это, ату, препарировать все творчество, раскрыть доверчивым ивановцам его давнишний антипатриотизм к ситцевому краю, доказать на конкретных примерах, что ивановцам живется хорошо. Кто владеет острым пером? Плесов. Подать сюда Плесова не откладывая! Объяснить бойкому газетеру важное задание. Что? Отказывается? Считает, что стихотворение — не пасквиль? Не может поступиться принципами? Ну и дьявол с ним. Если некому писать, пускай сам редактор садится. А Плесову напомнить при случае о его принципах. До первой ошибки, товарищ Плесов.

Прежний редактор давно на пенсии. Не буду называть его фамилию — жаль старого человека. Смелый и Ироничный Гражданин показал мне его статью, подписанную той же фамилией, что вся газета. Публикация на полполосы. Знай наших, сам редактор взялся за перо. Не будет же он размениваться на мелочи. В свете полученных директив сцена в поезде номер 662 была объявлена нетипичной, бабушка с баночкой кофе — карикатурой на скромных и чутких советских бабушек. Камвольщица грудастая, которая, помните, «прижимала государственно свое личное дитя», не смогла этого сделать по той причине, что «область и страна хорошо знают и любят дорогих камвольщиц», а дети у нас окружены заботой и вниманием государства. А что касается командированного, который как будто вез важный мусор в портфеле, то это прямое оскорбление делового человека, ибо в его портфеле не какой-то там мусор, а «планы обновления наших полей в свете постановлений партии и правительства».

Как сказал другой поэт, все это было бы смешно, если бы не было так грустно. Однако ответом через газету дело не закончилось. Более того, были основания считать, что именно эта публикация, полное представление о которой дают уже приведенные выше отдельные выдержки, вдохновила неизвестного ивановского поэта на стихотворный вариант ответа Евтушенко. У Смелого и Ироничного Гражданина сохранилась машинописная копия произведения, размножавшегося по городу со скоростью мушки дрозофилы.

43

Самиздат работал во всю ивановскую. «Ответ Евтушенко» читали в школах, училищах, на заводах. Симпатии читателей были на стороне автора анонимного произведения. Ну какой же это пасквиль «Москва — Иваново», разве можно назвать пасквилем то, что происходило в российском Нечерноземье? Драма миллионов людей, вынужденных вставать в пять часов утра, чтобы занять очередь за молоком и к врачу, выписывавшему рецепты на сосиски для детей — это печальная действительность, и о ней было сказано со всей прямотой после апреля восемьдесят пятого года. Но во времена, когда происходили описываемые события, хозяева ивановских просторных кабинетов настойчиво вбивали в головы людям, что они живут неплохо, и в качестве веских доказательств приводили пример с пельменями, которые никогда не переводились в здешних магазинах. Смелый и Ироничный Гражданин, выведенный однажды из терпения этим аргументом, многократно повторяемым в различных выступлениях и порядком всем надоевшим, сказал на одном идеологическом мероприятии примерно так. Командированные коллективами ивановцы мешками везли из Москвы мясо и колбасу. В Москве пельменей не было, он точно знает, но ни разу не видел, чтобы командированные москвичи везли целлофановые пакеты с этим популярным в Иваново продуктом в свою Москву. Кое-кто в зале прыснул со смеху, но в президиуме сделали вид, что иронической реплики не расслышали (а может, действительно не расслышали, кто их знает, ибо Смелый и Ироничный Гражданин, насколько мне известно, в текстильной промышленности не работал и потому громким голосом не выделялся).

Жаль, что пришло время расставаться с героями этой смешной и вместе с тем поучительной истории. Я хотел кое-что еще поведать, Плесов тем временем сообщил, что мы приближались к музею ситца, и супруга нетерпеливо зашевелилась на сиденье сзади. Нет, покуда Плесов подъедет, припаркуется, покуда мы откроем двери музея, я все же попытаюсь довести рассказ Смелого и Ироничного Гражданина до конца.

Как и следовало ожидать, второй, неофициальный ответ поэту, понравившийся ивановцам (а по популярности он не уступал знаменитой, тоже анонимной, поэме «Лысая гора», ходившей продолжительное время в машинописной копии по Минску), вызвал гнев и ярость в просторных кабинетах. Кто написал? Кто переписывает от руки? Кто печатает на машинке? Декламирует публично? Выяснить! Задержать! Обсудить! Запретить! Все было, как в свое время в Минске. Безобидная, в духе народного юмора, сатирическая поэма «Лысая гора» была объявлена вредным, очерняющим белорусских писателей, произведением. Блюстители идейной чистоты предпринимали внезапные налеты на ротапринтные участки, обыскивали тумбочки заплаканных машинисток, подозрительно перебирали завернутые в бумажные салфетки бутерброды с дешевой колбасой, искали листы крамольной поэмы. Комсомольские активисты делали стремительную карьеру, докладывая деканам о чтении «Лысой горы» в студенческих общежитиях. Из представительного комсомольского дома приходил к нам в молодежку важно надутый начальник из отдела пропаганды, вызывал по одному в кабинет, строго хмурил брови, расспрашивал, кто, по нашему мнению, мог распространять поэму, а затем попросил дать образцы шрифтов всех редакционных машинок.

Мы были совсем молодыми, многие даже безусыми, и никому не приходило в голову, что комсомольский начальник учинял антиконституционный акт, подменял правоохранительные органы, а на все, что он делал самовольно, требовалась санкция прокурора. Мы выходили из кабинета, где он проводил дознание, как оплеванные, нам было стыдно смотреть друг другу в глаза. А он пребывал в состоянии административной эйфории, его взгляд излучал строгую непримиримость и пролетарскую ясность.

В 1987 году белорусский писатель Валентин Блакит, бывший коллега по совместной работе в ЦК Компартии Белоруссии, прислал мне в Москву бандероль с тоненькими книжонками. «Лысая гора» — прочел я на обложке приложения к журналу «Еж», который Валентин Владимирович редактировал. Сразу же прочел. Не изменено ни строки!

Такая же история произошла и в Иваново. «Ответ Евтушенко» объявили диссидентским произведением. За его чтение выносились строгие взыскания. С машинистками, операторами множительной техники проводили профилактические беседы, вызывали в школы родителей, предупреждали, организовывали специальные собрания. А в 1988 году крамольное стихотворение было опубликовано в одном из журналов.

Вот и все. Нет, еще минутку. Чтобы не возникло подозрение, что эту историю, которую никто в Иваново вспоминать не хочет (между прочим, как и аналогичную, с «Лысой горой» в Минске), мне рассказал все же Плесов, а не другой человек, признаюсь: Плесов поведал другую. Она коротка и ценна тем, что в чем-то помогает понять нравы и традиции, с которыми Иваново встретил апрель восемьдесят пятого года.

Замечательное сооружение из дымчатого мрамора и благородной бронзы, каким его авторы мечтали передать будущим поколениям — коллективное мнение своего поколения о том, что каждое дело на ивановской земле, как самое большое, так и самое маленькое, произрастало из отеческих слов товарища Леонида Ильича Брежнева, — было возведено за три месяца. Театр строился двадцать лет. Как и квартира номер сорок четыре у Булгакова, это был нехороший театр. С ним творилось нечто в самом деле дьявольское, в чем без Воланда не разобраться. То, что строился четыре пятилетки подряд — еще полбеды, такое не только в Иваново можно было увидеть. Невероятное состояло совсем в другом, и без черной магии здесь явно не обходилось. Во всяком случае, по городу ходили такие слухи, и разносили их не одни богомольные старушки. Представляете картинку? Здание не росло. Не росло, несмотря на то, что строители исправно закладывали кирпичи в его стены. К концу смены каменщики отчетливо видели плоды своего труда: стены заметно поднимались над уровнем земли. Однако утром оказывалось, что вчерашнюю работу словно языком слизнули. И так повторялось изо дня в день. Приезжали комиссии с проверками, строго допытывались: куда деваются кирпич и цемент? Иль налево загоняете дефицитные стройматериалы? А может, дачи себе тайком строите где-нибудь в живописном уголке на Волге?

Били в грудь строители, давали клятву: все, мол, до последнего кирпичика, до последней песчинки укладывают в стены объекта. Ревизоры замеряли слегка выступающие над землей контуры будущего здания, сверяли с количеством фактически отпущенных стройматериалов, и не могли понять, в чем дело. А может, по ночам разбирают уложенные венцы, высказал кто-то догадку. Установили круглосуточное дежурство, чтобы застукать злоумышленников на месте преступления. Безуспешно. За неделю никто не позарился на дефицитный кирпич, а предыдущей работы снова как не бывало.

Стройплощадка, на которой поселилась нечистая сила, привлекала внимание многих праздношатающихся граждан. С утра до поздней ночи здесь толкались уличные зеваки, непризнанные изобретатели, любители фантастической и научно-познавательной литературы, экстрасенсы, коллекционеры различных диковинных случаев. Высказывались самые разные предположения. Кто уверял, что этот объект облюбовал экипаж летающей тарелки и перевозил кирпич под гараж, кто, в целом поддерживая космическую гипотезу, не соглашался в деталях: скорее всего, кирпич шел не на гараж для тарелки, а попадал на другую планету, поскольку у ее обитателей мог образоваться острый дефицит стройматериалов из-за нарушения дисциплины поставок в звездном пространстве. Была запущена в оборот и другая версия, тоже не земного происхождения. Она имела наибольшее распространение среди граждан преимущественно уважаемого возраста. То, что объект зрелищного назначения не рос вверх вопреки постановлению советских властей и физическим усилиям исполнителей, разъяснялось божьей карой. Не мог же, в самом деле, всевышний молча терпеть и по-божьи не отреагировать на замысел безбожников построить за месте снесенного с лица земли православного собора сцену, на которой полуодетые женщины бросятся в дьявольские танцы под бесстыжими взглядами мужчин. Грех, большой грех!

Словом, идеологическому активу работы хватило. В трудовые коллективы срочно направили лекторов, пропагандистов, политинформаторов, агитаторов, докладчиков. Пожелтевшие страницы с текстами заученных наизусть лекций о том, что происходило в Королевстве Лесото и Республике Бенин, дополнили одним абзацем: необычный феномен, имеющий место в их городе на строительстве театра, изучается компетентными инстанциями. Они уже приступили к работе. Такое объяснение успокоило и удовлетворило слушателей, наполнило сердца гордостью: у них все, как в центре. Вопросов не задавал никто.

Комиссии трудились долго и, видно, расформированы были бы не скоро, ибо, в соответствии с планом мероприятий в их основу был положен весьма популярный в те времена комплексный подход, если бы не сенсационная новость. Однажды чудным летним утром взгляду сознательного подсобного рабочего дяди Васи, прибывшего на объект первым, чтобы заранее подготовить фронт работ для своей передовой бригады, предстала невероятная картина: здание театра возвышалось над землей почти в натуральную величину, как и запланировали проектировщики. Дядя Вася протер глаза: не видение ли это, не галлюцинации ли? Зрелище было и в самом деле впечатляющее. Сооружение стояло перед его глазами во всей своей красоте, словно белый корабль перед потерпевшими крушение моряками, выброшенными штормом на необитаемый остров. Это засвидетельствовала также прибывшая на работу передовая бригада каменщиков. Однако не успело прибыть строительное начальство, как на глазах бригады строение плавно осело вниз, оставив взорам зрителей прежние параметры. Бригаде, в особенности подсобному рабочему дяде Васе, любившему в свободную минуту помолоть языком, ни в жизнь бы не поверили, ибо абсолютное большинство ивановских граждан характеризовалось стойким материалистическим мировоззрением, а компетентные комиссии — так все стопроцентно, если бы чудо не повторилось еще раз, в присутствии членов комиссии.

Кому первому пришла мысль пригласить на объект гидрологов, точно неизвестно. Комиссия скромно признавала это своей инициативой, хотя были свидетели, которые сами видели и слышали, что данное предложение внес на площади какой-то сознательный гражданин, упорно не разделявший космическую и божественную версию театрального падения. Срочно вызванные гидрологи обследовали грунт, в который загоняли кирпич, бесследно исчезавший потом в подземелье, и обнаружили... подземную реку, протекавшую под снесенным православным собором. Конфуз был полнейший, никто перед началом строительства театра как следует не исследовал грунт, но когда первые эмоции прошли, дело оказалось настолько мелким по сравнению с построением в Иваново развитого социализма, что о результатах работы компетентных комиссий сочли за лучшее народ не информировать. И ничего, обошлось, никто не выразил особого неудовольствия, привыкли, в городе было спокойно, не считая, правда, некоторого всплеска общественного мнения и слухов, зациркулировавших в связи с пожаром в платинообразном мастодонистом здании театра. Однако пожар, благодарение Богу, случился лишь один раз, сразу после того, как здание построили. Говорили, что это самый большой театр в российском Нечерноземье, а то и в стране, поскольку в его здании расположились сразу три театра, и, чтобы заполнить его гигантские партеры, значительно активизировали свою работу ивановские профсоюзы.

Все, хватит. Плесов уже взялся за медную ручку массивной двери бывшего купеческого особняка, сильно потянул ее на себя и хозяйским шагом направился к выставленным в экспозициях образцам ивановского ситца, от которых с непривычки запестрело в глазах. Плесова здесь знали хорошо, и спустя несколько минут к нам подошла молодая, привлекательного вида, экскурсовод. Э нет, сказал я сам себе через полчаса. Введение мне понравилось, вещь интересная, познавательная, а вот детали, особенности того или иного сорта тканей — это уж, извините, больше по жениной линии. Ох, женщины, женщины, обо всем способны забыть, едва только увидят кусок ткани, а ведь здесь образцы ситчиков от начала века до наших дней. Ну и пускай любуются яркими красками, необыкновенной красоты узорами, нежными цветками, восхищаются искусством бабушек ивановских невест, их художественным вкусом. Мы, мужчины, ведем свои разговоры.

Плесов сообщает, что музей ситца можно с полным правом назвать и музеем города. Жизнь Иваново дал именно ситчик. Плесов в течение многих лет занимался историческими поисками, происхождением названия своего города, опубликовал на эту тему ряд материалов. То, что первое упоминание о селе Иваново встречается в 1561 году, утверждалось многими исследователями, как современными, так и дореволюционными. Вроде бы именно тогда царь Иван Грозный подарил его своей родне — князьям Темрюковичам-Черкасским, о чем и была учинена соответственная запись.

Впервые такое известие попало в книгу историка В. Борисова «Описание города Шуи и его окрестностей», которая вышла в Москве в 1851 году. С тех пор эта дата кочевала из одной книги в другую. В течение почти полутора столетий никто не посмел ни усомниться в утверждении историка, ни проверить его. Плесов безуспешно искал документ с записью о дарении села. Во всяком случае, опубликован он не был ни в 1561 году, ни позднее. И вообще неизвестно, существовал ли он. Преодолев горечь, ивановские историки и краеведы разделили точку зрения Плесова — утверждение Борисова оказалось, по сути, голословным.

Оставалось лишь догадываться, зачем Борисову понадобилось указывать именно 1561 год. Возможно, он добросовестно заблуждался сам, не исключалось также, что его ввели в заблуждение. Не следовало сбрасывать со счетов и следующий вариант: богатые и дальновидные фабриканты могли уговорить историка сослаться на несуществовавший документ времен Ивана Грозного, чтобы иметь авторитетное свидетельство и солидное основание для ходатайства о праздновании юбилея. Книга вышла в 1851 году, значит, речь вполне могла идти о трехсотлетии города. Как и в наши недалекие времена, когда помпезное празднование юбилеев обязательно сопровождалось награждениями, почетными званиями, премиями и т. д., и потому многие отцы городов и командиры производств разными правдами и неправдами приближали, как могли, любые круглые даты, так и до революции хитроумные представители славного бюрократического племени ломали головы в поиске приближения желанного медального звона и иных приятных знаков внимания. Ну, а в 1961 году, как нетрудно подсчитать, исполнялось уже 400 лет со дня первого упоминания села Иваново. Все катилось по накатанной колее, сомневаться в точности дореволюционного историка никто не собирался, да и кому это было выгодно?

Плесову самому было жаль развенчивать красивую легенду, миф, созданный людьми из разных исторических эпох, характерной особенностью которых была деловая хватка. Конечно, раньше, при встречах с суздальцами, владимирцами, костромичами ивановцы хвост пистолетом держали: и мы, мол, не лыком шиты. Сейчас же гонору в отношении соседей поубави-

50

лось, и Плесов знал, во что это могло вылиться. Что ж, Платон, безусловно, друг, но истина дороже. Сограждане должны знать горькую правду, она дороже сладкого обмана. А правда заключалась в том, что первые, действительно документальные, сведения о селе Иваново относились к более позднему времени — началу семнадцатого века, времени крестьянской войны и польско-шведской интервенции.

— Выходит, ты лишил сына мясника кандидатской диссертации и сделал ивановских женщин моложе почти на сто лет, — пошутил я. — Не знаю, как насчет благодарности за первый подвиг, разве что литература не забудет, а за другой ткачихи тебя долго должны помнить.

— Нет, пока не за что. Вот если бы точно установили, когда село было основано, откуда получило название, тогда иное дело. А то старый миф разрушил, а взамен? Люди к такому еще не привыкли, им новое подавай. А нового нет.

Плесов с сожалением поведал, что ни в одном из документов семнадцатого века, которые изучили ивановские историки и архивисты, не обнаружено и намека на то, когда, кем и при каких обстоятельствах было основано Иваново.

— Я, например, не исключаю, что все было более буднично и просто. Мы привыкли к тому, что тот или иной город возник то как крепость на перекрестке военных дорог, то как торговый центр на полноводной реке, то еще при каких-либо героических или драматических обстоятельствах. А если не было никаких особенных обстоятельств? А если они были настолько обыкновенными, что никто не придал им значения? Я понимаю, людям хочется, чтобы основание их города или поселения было связано с какими-то важными историческими событиями. Но ведь так не всегда бывает, согласись. И вполне могло случиться, что город наш действительно имеет народную родословную, начало которой положил какой-нибудь простой русский труженик, селянин — землепашец по имени Иван.

— Но ведь город, кажется, до революции назывался Иваново-Вознесенск?

— Церковное происхождение имеешь в виду? Самое любопытное в том, что церковь своими действиями отмежевывалась от мысли, что село носило церковное имя. Если бы, скажем, его название пошло не от Ивана-землепашца, а от святых Иоанна Предтечи или Иоанна Богослова, какой смысл было переименовывать его в Иваново-Вознесенск? Не в противоположность ли мужицкому Иванову к его названию во время образования города была добавлена вторая, действительно церковная часть — Вознесенск? Между прочим, церковь, обладая когда-то огромными архивами, лучше всех знала подлинное положение дел.

— Интересно, интересно.

— Дальше. В 1916 году протоиерей Покровского собора Сперанский в брошюре, посвященной истории храма, писал, ссылаясь опять-таки на русское предание, что село назвали Ивановом князья Черкасские. И оказали они эту милость будто бы в знак благодарности царю Ивану Грозному, пожаловавшему им эту вотчину. Но если бы так и было в действительности, то это снова означало бы, что село имело какое-то иное название. А я уже говорил: у нас нет таких сведений. Так что принимать в качестве научной гипотезы слова протоиерея оснований нет. Так же, как и версию о том, будто село названо по имени князя Ивана Шуйского, владевшего им какое-то время в начале семнадцатого столетия.

Парадоксы истории! Село, документы о рождении которого, о сооружении первых домов, положивших начало городу, уже не мечтает отыскать самый горячий патриот Иваново, стало центром большой промышленной области, одним из крупнейших городов России. А вот Шуя, известная с 1393 года как большой и сильный по тому времени город, важный стратегический пункт на реке Тезе, откуда вел удобный струговый ход по Клязьме, Оке в Волгу, превратилась в заурядный районный центр, город областного подчинения. Иван Шуйский, хозяин села Иванова — из поколения князей суздальских, которые по имени города начали носить фамилию Шуйские. Из их рода вышел царь русский Василий Шуйский. Прославленный русский патриот и полководец князь Дмитрий Пожарский имел в Шуе свой собственный «осадный» двор, в окрестностях города ему принадлежали села Курьяново, Кудряково и другие. Шуя была хорошо знакома Петру Первому. Село Дунилово, в семнадцати верстах от города, принадлежало его тестю Лопухину. В маленьком монастыре, за версту от села, жила первая жена Петра — Евдокия Лопухина. В августе и сентябре 1738 года в Шуе жила дочь Петра — Елизавета, будущая царица. Шую посетил и сам Петр, осмотрел кожевенные заводы, а здесь их было шестнадцать, интересовался судоходством по Тезе, приказал завести на реке шлюзовое хозяйство. В петровские времена в Шуе было одиннадцать мыловаренных заводов, они обеспечивали мылом пол-России, за этим товаром сюда плыли купцы из близких и далеких мест. Недаром на гербе Шуи, как знак основной ее продукции, красовалось отражение куска мыла. Издавна здесь жили подвижные, бойкие, рукомыслые люди, они умели все — ткать полотно, изготавливать сукна, кожи, меха, плести корзины, мастерить повозки, сани, сбрую, писать иконы, ткать кружева, вышивать.

Немного позднее, во второй свой приезд в Иваново, мне удалось побывать в Шуе. Интересовали меня места, связанные с М. В. Фрунзе. Там есть его музей и памятник — бронзовая фигура молодого человека в пиджаке рабочего. Многое в городе напоминает о легендарном Арсении: вот здесь он проводил митинги, здесь прятался от полиции, в этом домишке организовывал подпольные собрания, а в этом был арестован. Шуя представилась мне сплошным музеем под открытым небом: не так уж много у нас небольших городков, которые от фундамента до крыши пропахли историей. Кстати, и название города сохранилось давнишнее, изначальное, оно доносит колорит минувших эпох; молодцы, шуяне, не в пример другим отстояли, пронесли сквозь пожарища и смуты седых веков память далеких пращуров, нарекших облюбованное место для поселения на левом берегу Тезы красивым и простым старославянским словом «шуйя», что означало — левая. Я долго бродил по городу и думал о непредсказуемых зигзагах истории: чем объяснить, что город Шуя, известный с четырнадцатого века только по письменным источникам, а на самом деле, как утверждают знатоки, он значительно старше, и это, видно, действительно так; Шуя, чей яртальный, что означало передовой, полк яростной битвы штурмовал неприступные укрепления ханской Казани, уступил место первого города в ситцевом крае Иваново-Вознесенску, выросшему из села, которого во время битвы шуян с ханом Софа-Гиреем и в помине не было. Не укладывалось в голове: в 1702 году шуяне сняли с колоколен соборов, монастырских и приходских церквей колокола и отправили их в Москву на литье пушек, чтобы молодой петровой армии было чем воевать; в это самое время Иваново представляло собой никому не известное сельцо, не село даже, село — это отстроенное и заселенное крестьянами место, в котором была церковь. Тысячи разбросанных селений центра европейской части России прошли этот путь: от сельца — группы крестьянских дворов без церкви — до села. И только отдельным удалось дотянуться до заманчивого статуса города и потом даже превзойти, оставить позади форсистых и горделивых соперников, чья родословная шла из глубины эпох, окутанных мраком.

В этом смысле Иваново — неразгаданная загадка, своего рода феномен. Древнейшие города обычно располагались на берегах рек, наличие водных артерий — надежных и тогда, пожалуй, единственных средств сообщения — гарантировало развитие торговли. Судьба многих из них в девятнадцатом — двадцатом веках зависела от того, пройдет ли возле них железнодорожное полотно. Стремительное развитие нового вида транспорта оказывало действенное влияние на расселение населения. Сколько славных и сильных в прошлом городов теряли свое значение крупных административных и культурных центров только потому, что стальная нить железной дороги обходила их. И, наоборот, на месте закладки станции возникали поселки, перераставшие с течением времени в большие города, которые со свойственной подросткам горделивостью свысока взирали на своих старших братьев, некогда диктовавших моду.

Самое любопытное в том, что Иваново и Шую не загонишь в эту универсальную схему. Да, Шуя возникла на левом берегу судоходной реки Тезы. Уже в восемнадцатом веке здесь на базе кустарных промыслов начали действовать большие полотняные мануфактуры, а через некоторое время и хлопчатобумажные отделочные фабрики. Теза надежно связывала шуйских ткачей с Волгой и через нее с районами хлопководства Средней Азии. Казалось бы, фортуна улыбнулась древнему городу и в девятнадцатом веке: железнодорожная линия заземлилась как раз возле ее седых башен, связав с Москвой, Петербургом и Нижним Новгородом. Идеальные условия для преобразования в первый город губернии. Увы, случилось непредвиденное: таким центром стало обыкновенное село за тридцать верст. Да еще расположенное на несудоходной реке! Вдали от важнейших торговых путей!

Тише, тише, голубчик. Ишь разошелся, будто горячий самовар. Не забывай, что Плесов, при всей его любви к Шуе, горячий патриот Иваново. Не такое уж и неприметное было это село. А ну-ка, вспомни введение к экскурсии в музее ситца:

— Мужицкое Иваново славилось промыслами. Главным был холщовый, из него после выросла текстильная промышленность города и всех окрестностей. Крашеные и набивные холсты ивановские крестьяне продавали во многих местах России. Добирались с ними даже до Камчатки. Ходили и за границу.

А сейчас самая «мужская» часть плесовского рассказа:

— Представляешь, обнаружен указ петровских времен, а если точно, то 1705 года, которым приказывалось открыть в селе Иваново торговлю, поставив необходимые для продажи питья строения. Собирать пошлину и «питейную прибыль» в Иваново из Шуи приезжали государевы целовальники.

Вот вам и незаметное село Иваново! В самом Петербурге, при Петровом дворе, знали, что оно есть на свете. До чего же мы ленивы и нелюбопытны, повторял Плесов пушкинские слова, укоряя себя, своих коллег — краеведов за отсутствие внимания к древним русским селам, история которых измеряется многими столетиями. Только в окрестностях Шуи насчитывается пятнадцать сел и деревень, метрики о рождении которых выправлены еще в шестнадцатом веке. Вот где золотые жилы истории!

— Представляешь? Там еще не ступала нога краеведа, историка, архивиста. Можно сказать, нетронутая целина. Не доходят руки. А может, и стереотипы мешают. Города, те изучаем. Гигантомания какая-то. Топчемся по одним и тем же местам.

Высказав, на мой взгляд, вполне правильную мысль, Плесов спохватился, что это их внутренние проблемы, и они, видно, неинтересны гостю, ибо у него на родине, вероятно, иной подход. Пришлось искренне признаться: и в Белоруссии в основном исторический и этнографический поиск проводился в городах, хотя, как и в Ивановской области, весьма много деревень с чрезвычайно интересными родословными, начало которых идет из глубины седых столетий. Правда, к ним тоже возросло внимание, и это я объяснил воздействием тех процессов, которые вызвал к жизни Горбачев. Для нас, белорусов, знание своей истории приобретало особую важность, ибо то, что было изложено в пресных учебниках, многих уже не устраивало, особенно молодежь. Она не воспринимала готовые заключения, поданные в красивой упаковке, ей самой хотелось делать выводы на базе собственной мыслительной деятельности. История Белоруссии, изложенная в учебниках, — не населенная людьми история. Это, скорее, справочный, статистический, географический материал, поданный без души, без любви к предмету. Краеведение потому и получило огромный размах, что оно выступило своеобразной формой неудовлетворенности преподаванием истории. Вакуума, как известно, не бывает. В застойные времена и здесь не произошло без деформаций. Прямо такую мысль никто не высказывал, но действовало неписаное правило, согласно которому краеведение в городах рассматривалось в качестве полезного дела, направленного на воспитание интернационализма, а вот интерес к своим деревням, где живут преимущественно люди коренной национальности, может вызвать рецидивы национализма. Как и с языком. Говоришь по-русски, значит, интернационалист; по-белорусски — значит, националист. Просто, понятно и, главное, доступно каждому, не требуется никаких умственных усилий.

Плесов расхохотался.

— Границ глупости нет и, видно, никогда не будет. Надо же чиновникам каким-то образом оправдывать хлеб, который они едят. Я тебе откровенно скажу: запретители все одинаковы — что ваши, что наши. С поправкой на специфику региона, безусловно. Знаешь, о чем я недавно узнал? До середины тридцатых годов краеведческое движение было весьма распространенным. Проводились областные, республиканские и даже всесоюзные съезды краеведов. И вдруг словно топором отрубили — хватит. Наиболее активных арестовали — и в Сибирь, декабристские места изучать. Репрессировали и нескольких ивановских энтузиастов. Как раз из маленьких райцентров и сел, не из города. Я, когда узнал, что им инкриминировали, долго не мог поверить, думал, розыгрыш. Какой здесь розыгрыш! Музей создавали? Создавали. В бывшем имении? В бывшем. Книги, вещи, картины, портреты собирали? Собирали. Сабли, револьверы, ружья приносили? Приносили. Тогда признавайтесь, когда и кто последний раз передавал инструкции. Какие инструкции? О сохранении имущества эксплуататоров трудового народа, изгнанных Красной Армией бывших владельцев имений, о сборе оружия для организации контрреволюционного восстания. Какое имущество, какое оружие? Это же предметы быта девятнадцатого века, сабли времен польской интервенции и похода Дмитрия Пожарского, револьверы периода наполеоновского нашествия. Ружья ржавые, из них не выстрелишь, да и пуль таких давно не выпускают. Куда там! Десять лет без права переписки.

Плесов прервал свою взволнованную речь и, увидев на моем лице все, о чем я думал в те минуты, удивился моей реакции:

— А разве у вас не так было?

Я откровенно признался, что не знаю.

— Поинтересуйся. Должно быть. Это же общая кампания, и велась она по всей стране.

Вот и еще одно белое пятно истории, подумал я и вспомнил молодые годы, начало следопытского движения в республике, себя, члена Белорусского штаба Всесоюзного похода молодежи по местам революционной, боевой и трудовой славы советского народа — такое длинное название имела моя общественная должность, которой я очень гордился. Мы и представления тогда не имели, что изобретаем велосипед, что подобное патриотическое движение молодежи уже было и чем оно закончилось.

Я сказал об этом Плесову, и его ответ то ли успокоил, то ли, наоборот, еще больше разбередил душу:

— Ты думаешь, я знал? Все мы дети своего времени. Кстати, о белых пятнах. Хочешь, еще об одном пятнышке расскажу?

Пятнышко — удачное выражение. Действительно,

оно совсем махонькое, это пятнышко, по сравнению с другими, более важными проблемами в истории города. Но и без него образ ситцевой столицы был бы неполным и незапоминающимся. Как возник русский Манчестер? Кто вкладывал капитал в ситцевую радугу? Эти и другие вопросы, касающиеся основания и развития текстильной промышленности в Иваново, обычно оставались без ответа, их старались не поднимать и не затрагивать. Любопытная молодежь посмеивалась: владелец железоделательных заводов на Урале известен — Демидов, авторов проекта первой железной дороги Петербург — Москва благодаря публикациям В. Пикуля знала вся страна, возвращались из небытия десятки иных имен, прославивших в свое время отечество. Россия по праву гордилась ивановскими тканями, а вот кто основал промышленность, которая определяла лицо города и всего края, неизвестно. А поскольку молчание в нашей стране всегда многозначительно и просто так, без причины, не бывает, то некоторые сообразительные граждане решили про себя, что ткацкие фабрики в их городе основаны некими чудовищами, о которых и вспоминать страшно, не к ночи будет сказано. Приснится такое, что вздрогнешь.

Правда, наиболее смелые понемногу прорывали занавес молчания. Расспрашивали старожилов, заглядывали в архивные хранилища, в старинные книги. Чудеса, да и только. Следов присутствия иностранного капитала не обнаружили, участия знаменитых толстосумов в развитии ивановских мануфактур и фабрик тоже не наблюдалось. А выяснилось следующее. В здешних местах влечение к ремеслам с давних времен было примечательной чертой крестьян. Что ни молодец — то мастер на все руки. И ткачеством, естественно, занимались. Вокруг леса дремучие, дорог нет, кстати, их здесь до сих пор «продирками» называют, продирались, значит, люди сквозь густую чащу, а жить ведь надо. Так и возникли кустарные промыслы. Ну, а когда Наполеон Москву взял, сжег ее, бедную, а затем оставил голодную да раздетую, мануфактуры да фабрики разрушенными, само собой случилось, что цены на ткани подскочили, а их изготовление сулило прибыли очевидные и значительные.

Крестьяне народ сообразительный, сразу поняли,

что к чему. Наиболее крепкие из них, с деловой хваткой, самородки из лесных деревень, жестоко экономя не только на питье да на праздниках, а буквально на всем, на чем останавливался их практичный крестьянский глаз, смогли накопить кое-какие сбережения. Ценой неимоверных усилий пустили их в оборот. Еще несколько удачных операций, и некоторые счастливчики стали владельцами сначала небольших, а после и совсем солидных ткацких машин, помещений, сырья и конечной продукции, которую продавали в Москве и других городах и селах, потерпевших во время французского нашествия. А сами они со своими семьями оставались собственностью вельмож. Да, да, крепостными своих господ.

Разбогатев, предприимчивые крепостные делали все, что возможно, чтобы выкупиться на волю. Многим это удавалось. Вольными стали бывшие крепостные крестьяне графа Шереметева, владельцы известных к тому времени мануфактур Ямановский, Зубков, Гандурин, Горелин. Им уже по силам было покупать пряжу в Москве и Петербурге и даже выписывать ее из Англии. Были среди них и жадные собственники, жестокие эксплуататоры, которые, выйдя из грязи в князи, особенно беспощадно выжимали соки из наемных рабочих, таких же, какими были вчера сами, односельчан. Значительно реже, но попадались и справедливые, с доброй душой предприниматели. Тот же Ямановский, к примеру, выкупившись с семьей из крепости, основал в центре Иваново базарную площадь, на которой поставил 105 кирпичных и 60 деревянных лавок. По дешевым ценам он продавал односельчанам, занимавшимся ткацкими ремеслами, сырье — купить его в Москве или тем более выписать из Англии они не имели возможности. Некоторые владельцы мануфактур, а затем и фабрик с паровыми машинами остались в памяти жителей меценатами: они помогли городу построить театр, публичную библиотеку, музеи, способствовали развитию культуры и искусств.

Были и вовсе невероятные случаи, когда самородки из крепостных крестьян, добившись благодаря собственным недюжинным способностям значительного положения в обществе, отказывались от своих привилегий, приобретенного тяжелым трудом богатства и возвращались в ту среду, из которой они в свое время выделились. Трудно сказать, что ими двигало: обостренное чувство социальной справедливости, сочувствие угнетенным людям или неприятие господствующими классами выходцев из простого люда.

Любознательная и энергичная молодежь обратила как-то внимание на необычный дом, затерявшийся среди столетних лип в конце Крутицкой улицы. Уж очень не был он похож на другие здания в Иваново. С первого взгляда нелегко догадаться о его первоначальном назначении, можно было подумать, что это производственное помещение какой-нибудь старой фабрики, а можно было сделать заключение, что здесь когда-то была церковь.

Это бывшая мануфактура Осипа Степановича Сокова, талантливого ивановского самоучки. Есть предположение, и оно не безосновательное, что именно его мануфактура стала колыбелью ситцевой радуги в Иваново. Сведений о Сокове пока собрано мало, и они не систематизированы. Известно лишь, что в молодости он овладел ремеслом резчика и работал у односельчан, мастерил им манеры для набойки холстов. В 1780 году отправился в Шлиссельбург, где устроился на фабрику, хозяевами которой были англичане, овладевал мастерством сложения красок для набойки. После возвращения в родные места в 1787 году Соков завел небольшое предприятие, где начал изготовлять набойку по новым рецептам. Его изделия выделялись высокими художественными достоинствами и всегда были вне конкуренции. Некоторые образцы сохранились до нашего времени, их сегодня показывают гостям. Интересно, не возле них ли ойкали от восхищения женщины на втором этаже музея ситца? По дороге я спросил об этом у жены, и она подтвердила: ойкали действительно возле рисунков Сокова, уж больно совершенная и талантливая работа.

Талант на Руси всегда был загадкой. Видно, не родился еще человек, который проник бы в эту высочайшую тайну и драму одновременно, дал бы исчерпывающий ответ, почему талантливые люди на Руси всегда такие несчастные. Богатство, пришло и оно, уважение и почет от соседей, удовлетворение от любимого дела — все было заброшено, забыто. Сокова будто подменили. Сутками сидел он в своей светлице, никого не принимал и ни с кем не разговаривал. Читал фолианты древних чернокнижников, раздавал деньги бедным, думал, как преобразовать мир, чтобы счастливо и радостно жилось всем сразу. В мыслях о равенстве, свободе и братстве он провел остаток жизни, совсем отошел от дел. Умер нищим. Здание выдержало несколько ремонтов и реконструкций, более ста двадцати лет в нем размещалась молельня, она была закрыта в 1930 году. Говорят, что в погребе был подземный тайник, в котором Соков замуровал свое послание людям двадцатого века.

На лестнице, ведущей со второго этажа, послышались шаги и голоса. Экскурсия закончилась, жена с сыном сердечно благодарили экскурсовода за интересный и содержательный рассказ. Мы с Плесовым подошли к женщинам. Они на прощание обменивались любезностями.

— Скажите, — обратился я к экскурсоводу, когда она высказала сожаление, что мы не побывали ни на одном из текстильных предприятий, и порекомендовала при случае непременно это сделать, — как вы лично оцениваете условия труда ивановских ткачих?

Мне вспомнился нескорый поезд номер шестьсот шестьдесят два, Лука-утешитель, его горькие размышления о жизни ивановских невест, одна из которых, как я пошутил, могла стать и сыновой избранницей.

— Условия замечательные, — без запинки ответила собеседница. — Область и город проявляют большую и ощутимую заботу о простой советской труженице, чьими руками над Иваново сияет ситцевая радуга.

Дальше потекли заученные красивые слова, которые если где и звучали, то, пожалуй, только в музеях. Создавались новые учебники по истории, политэкономии, философии, осмысливались заново пройденные этапы. Но неизменными оставались лишь тексты для экскурсий, прочно усвоенные в приснопамятные годы. Перестройка охватывала все сферы жизни, за исключением, видно, музеев. Во всяком случае, мне еще никогда не приходилось слышать, а в те годы я побывал не в одном десятке музеев, от государственных до самодеятельных, чтобы экскурсовод хоть когда-нибудь позволил себе критическую нотку по теме рассказа. Ни один из них не затрагивал проблемы отрасли, предприятия, социальной сферы, общественной жизни.

Только успехи, только свершения, только заверения в достижении еще больших рубежей, которые по силам коллективу и над которыми они работали, вдохновленные решениями очередной сессии областного Совета, отчетно-выборной партийной конференции и т. д. Что это было: дань старым мифам или новым страхам?

Скажу больше: раздумья Луки-утешителя были восприняты в штыки не только далекой от проблем текстильного производства музейной работницы. О компетентном мнении представителей этой отрасли удалось узнать там же: не успели мы распрощаться с хозяйкой музейных ситчиков, как в тесный вестибюльчик бывшего купеческого особнячка впорхнула стайка модно одетых женщин. Одна из них была местная и, судя по строгому и властному виду, занимала не последнюю ступеньку в тамошней иерархической лестнице. К такому заключению я пришел, видя, как суетливо подбежала к ней наша очаровательная экскурсоводша. Строгая и уверенная в себе женщина направилась к нам, по-хозяйски подала руку Плесову, которого она хорошо знала, а потом нам, при этом называя свою фамилию выразительным, громким голосом, который дал основание подумать о том, что таким голосом может говорить только бывшая ткачиха. Мое наблюдение оказалось правильным. Главный инженер одного из крупнейших текстильных предприятий Иваново, в прошлом рядовая ткачиха, привела в музей коллег из Костромы.

Разговорились. Черт дернул меня за язык — я снова задал тот же вопрос, что и немного раньше экскурсоводу. Полные щеки строгой и уверенной в себе женщины вспыхнули благородным гневом. Она выдала тираду, из которой вытекало, что о сказках тысячи и одной ночи слышит впервые, что жены, не ночующие дома — это пасквиль, обывательский анекдот, что всей стране известна забота городских и областных властей об ивановской женщине-труженице, что вот костромичи — здесь она кивнула в сторону таких же разодетых женщин, прислушивавшихся к нашему разговору, — приехали знакомиться со знаменитым ивановским графиком, благодаря которому женщины еще больше полюбили свое заботливое руководство. Ивановский график помог сократить 50 тысячам женщин работу в ночную смену более чем в четыре раза. Это разве не прогресс? В заключение она пожалела, что злым нападкам подвергается самая благородная, самая прекрасная, самая святая — текстильная промышленность, добрались очернители-критиканы и до нее, бедной, хотят дискредитировать в глазах общественности, перекрыть доступ молодым, инициативным кадрам. А также посоветовала не слушать разные сенсации относительно плачевного состояния отрасли, все это, мол, клевета, выпады неформалов.

И наивная экскурсовод, и строгая, уверенная в себе главный инженер, и подросток-сын, и еще много, много иных людей, сами того не подозревая, находились в плену иллюзорных представлений, рожденных мифотворческими силами. Отсутствие гласности, незнание подлинного положения дел даже в своей сфере деятельности, ограничение информированности приводили к таким вот печальным последствиям. Прошло немногим больше полугода, и будто темная пелена спала с глаз. Так бывает, когда человек, чудом избежав разных медицинских проверок и не зная о своей близорукости, случайно нацепит соседские очки, и тогда перед ним предстанет настоящий мир — резкий, точный, яркий, многоцветный. Как же я раньше жил, воскликнет потрясенный человек, я ведь искренне верил, что мир такой, каким он мне представлялся!

Второй мой приезд в Иваново состоялся летом. Уже прошла XIX Всесоюзная партконференция, отгремели невиданные за послевоенные годы споры и дискуссии, свободный и смелый обмен мнениями, который одни воспринимали с радостью и надеждой, а другие с беспокойством и даже со страхом, мол, что же это делается, не соглашаются с мнениями руководителей такого ранга, что и подумать страшно. Уже новая атмосфера ощущалась все более заметно. Приятные перемены пришли и в Иваново. Сменилось руководство области — первым секретарем обкома партии стал Михаил Александрович Князюк, земляк и вообще прекрасный человек, авторитетный руководитель, продолжительное время он работал вторым секретарем Минского обкома партии, после ровно год был инспектором ЦК КПСС. На местах и особенно в глубинке ощущалась острая необходимость в квалифицированных молодых кадрах, которые сумели бы повести дело по-новому. Михаил Александрович отвечал этим требованиям: возраст имел завидный, сил, способностей и знаний тоже было не занимать, свежими подходами, нетрадиционным, дерзким мышлением он и раньше, в Минске, выделялся. Приняли его в Иваново, как и везде принимают привезенных руководителей, сначала настороженно. А потом увидели в работе и поняли: толк будет.

Что касается простых людей, то новый первый поражал их невозможными при старом руководстве поступками. Михаила Александровича видели не только в цехах и на полях — в общежитиях, поликлиниках, магазинах, заводских столовых, домоуправлениях, городских службах быта. Небывалый случай — распорядился снести глухую кирпичную стену, которой был обнесен тот угол обкомовского двора, с которого первый входил в свой кабинет. Снял охрану дома, в котором жил. Отдал городу чудесную больницу на живописном месте у волжского берега, построенную на средства партийного бюджета. Выдвинул много молодых, с новым мышлением, кадров на ключевые участки, на которых постепенно бронзовели либо обрастали столетним мхом мастодонты — ископаемые минувших эпох. Медленно, со скрипом, но сдвинулся воз, все более ощутимым становилось движение.

Князюка я знал еще по Минску. Набрался наглости, сообщил о своем двухдневном пребывании в Иваново. Как и предвидел, Михаил Александрович не отказал земляку. Он назначил мне встречу в служебном кабинете поздним вечером в субботу, после того, как я наговорился со своим солдатом. Ветер перемен, свет гласности коснулись и солдатской казармы! За полгода с той поры, когда мы с женой последний раз навещали сына, он очень изменился. Собираясь в обком к Князюку, я имел в виду как раз не внешний вид, хотя и здесь появилось много нового, о чем уже упоминалось в начале этой главы; я имел в виду иное — зрелые суждения сына об армии и военной службе. Многие высказывания можно было назвать смелыми и неожиданными. Он уже не скрывал, как в наш первый приезд, случаи дедовщины, поскольку тогда выносить их за пределы военного городка запрещалось, по мнению командиров и армейских макаренко сведения о внеуставных отношениях дискредитировали армию (по аналогии мне вспомнились гневные щеки строгой и уверенной женщины в музее ситца). Солдаты начали судить о делах, подумать только — совсем не их ума. Прежде такие высокие материи были прерогативой разве что генеральских, ну еще, на крайний случай, полковничьих мозговых извилин. А тут солдатики желторотые, повестка из кармана торчит и, пожалуйста, высказывали свое мнение о недостатках уставов, устарелости некоторых положений и параграфов. Ломали головы над тем, кому и в каком кабинете пришла оригинальная мысль относительно того, что увольняться в запас воин должен обязательно в новой шинели. Шинель давалась на два года службы, даже у самого аккуратного солдата перед увольнением она теряла привлекательный вид. Выход был один — забрать у салаги. Может, и здесь как раз один из корешков дедовщины? В конце концов, зачем увольняемому в запас двадцатилетнему юноше солдатская шинель? Что он, в дискотеку в ней ходить будет, по Арбату прогуливаться? Да и в сельской местности больше ценились куртки, бушлаты, в них хоть на работу ходить можно. А в шинели? Приедет домой, выбросит на свалку, и делу конец. А ведь все это народные денежки. Почему бы не увольнять в штатской одежде или, к примеру, не ввести парадную шинель, которую сдавали бы в военкомат после постановки на военный учет? Много бессмысленных регламентаций, лишних запретов, шедших с тридцатых годов, было и в других вопросах солдатской службы. На дворе двадцать первое столетие, а по уставу — едва не девятнадцатое. Молодежь другая, техника другая, вооружение другое, а порядки старые. Надо было менять их, не откладывая.

— Медлить мы не можем, не имеем права, — отхлебывая горячий чай, принесенный секретаршей, и часто помешивая его ложечкой, говорил Михаил Александрович, — историей нам дан шанс, и мы должны его использовать. Люди изверились в ожидании, и мы должны вернуть им веру. Наша сила в правде, гласности, развитии и укреплении демократических институтов. Все должны знать обо всем. Лучше горькая правда, чем сладкий обман. Торговать одними пельменями и объяснять, что ивановцам живется лучше, чем их соседям — владимирцам и костромичам, разве в этом заключается задача и смысл идеологической работы?

Я с интересом слушал собеседника, который, заостряя болезненные вопросы недавней ивановской жизни, смело говорил о том, что длительное время здесь считалось крамолой, очернением славной действительности. Улучив удобный момент, я заметил, что, по моим наблюдениям, людей на приснопамятном поезде номер шестьсот шестьдесят два вроде стало меньше. Не сравнить с тем, что было во время первой поездки. Или летом так всегда бывает? Оказывается, дело не в поре года. Просто в ивановских магазинах стало больше полезных и вкусных продуктов. Правда, их еще нельзя было приобрести кто сколько желает, приходилось вводить ограничения, так называемые талоны, но они гарантировали приобретение определенного количества продуктов в месяц. Масла, например. Что касалось молока и сметаны, то они продавались свободно.

Михаил Александрович выделил три задачи, поставленные перестройкой в разряд главных и неотложных. Это обеспечение продовольствием, строительство жилья, выпуск товаров народного потребления. Он говорил об особенностях решения названных проблем в Ивановской области. К этим трем здесь прибавилась еще одна задача, и поставлена она была также в разряд первоочередных. Речь шла об улучшении условий труда и здоровья женщин. Иваново, как известно, город преимущественно женский, обстановка здесь в этом смысле значительно осложнилась. Особенно страдали женщины из-за ночных смен.

— Минутку, а как же ваш знаменитый скользящий график? — полюбопытствовал я, вспомнив пунцовые от искреннего гнева полные щеки женщины строгого руководящего вида, которая убеждала, что в этом вопросе ивановские командиры производства шагают едва ли не впереди прогресса.

— Вам и это известно? — дзынкнул ложечкой о стакан секретарь обкома, — с этим графиком здесь носились как с писаной торбой. Малокомфортен он, мягко говоря. Скажите, вы лично согласились бы с тем, чтобы ваша жена только четыре раза в течение целого года была с семьей в выходные дни? Вот что такое этот график. Надо разрабатывать новый режим. Не один институт работает над наболевшей проблемой, полученные расчеты обсуждаются на совещаниях, в печати, однако все остается по-прежнему. Боязно останавливать и переналаживать однажды заведенную машину. По-старому более привычно. Опять же риска никакого, ничто не угрожает собственному комфортному существованию.

Секретарь обкома с силой бросил ложечку на блюдце, залпом допил остатки чая. Неслышно открылись обитые коричневым дерматином створки двери, тихо вошла секретарша, поставила перед Михаилом Александровичем новый стакан с горячим чаем. Такой же стакан оказался и передо мною.

Замужняя женщина в Иваново бывает с семьей в выходные дни только четыре раза в году... Где я уже слышал эту цифру? Вспомнил: в купе шестьсот шестьдесят второго нескорого поезда, когда впервые ехал к сыну. Лука-утешитель, он же жертва тоталитарного режима, он же дед неформала... И еще раз, в музее ситца, когда главный инженер одного из текстильных предприятий, строгая и уверенная в себе дама, с завидным упорством опровергала эту цифру, называя тех, кто ею оперирует, клеветниками и очернителями, перечеркивающими достижения славных ивановских текстильщиц в социальной сфере.

Вероятно, я улыбнулся, вспомнив чудаковатого, колоритного Луку, образ которого не стирался, хотя после той поездки были встречи со многими оригинального склада людьми. Михаил Александрович заметил улыбку и, видно, отнес ее на свой счет в связи с реакцией на героические усилия, которые ученые прилагали к разработке оптимального режима труда на женских предприятиях. Я поспешил успокоить его, что дело совсем в другом, и раскрыл настоящую причину. Рассказал о колоритном попутчике, о том, как его вызывали на партбюро и мылили шею за плохое воспитание несознательного внука.

— А мы об этом недавно сообщили в своих газетах, — сказал Михаил Александрович, когда я дошел до конвенции сорок восьмого года, из-за которой едва не погорел дед. — Никакой тайны здесь нет. Более того, недавно в Иваново проходила Всесоюзная научно-практическая конференция по проблемам охраны труда и здоровья женщин. Солидные организаторы — ВЦСПС, Комитет советских женщин, союзный Комитет по труду и социальным вопросам, Госкомитет по науке и технике, Академия наук, министерства здравоохранения и юстиции. Представители обкома присутствовали, — все, как положено. Остро вопросы ставились. Если кто-то выступал по-старому, неинтересно, — заглушали аплодисментами, хватит, мол, общих слов. И докладов, построенных в традиционном ключе, слушать не желали. Сразу записку в президиум. А что касается конвенции сорок восьмого года о запрещении труда женщин в ночное время, конференция высказалась однозначно: необходимо рассмотреть вопрос о возможности ее подписания и нашей страной. Это официальная рекомендация официального мероприятия, в котором участвовали союзные министерства и ведомства.

Я слушал собеседника и думал о том, как же здорово повезло ивановцам, что у них такой прогрессивный, по-современному мыслящий руководитель. Смело разрушает старые мифы, воюет против штампов и трафаретов, не дает рождаться новым страхам. В заключение беседы Михаил Александрович пожелал мне ближе познакомиться с ивановским краем, полюбить его достопримечательности, даже предложил оказать помощь с транспортом. Я сердечно поблагодарил гостеприимного земляка за заботу и от машины отказался: у меня в Иваново есть друг, зимой он уже однажды меня выручал. И на эту поездку есть условленность, так что спасибо большое. Мы тепло распрощались, Михаил Александрович попросил передать сердечный привет землякам: в Москве с ними чаще встретишься, не то что в Иваново, редко кто из белорусов залетит в такую даль. Мне показалось, что слова относительно земляков он произнес с грустными нотками в голосе. Загрустил, бедолага, по родимой стороне, по белорусскому языку, на котором, кроме жены да дочери, и перекинуться не с кем. Короче говоря, оставил его в кабинете расчувствованным воспоминаниями о родной земле. И я вышел из здания обкома взволнованным и в то же время умиротворенным: где только не встретишь бесхитростного, рассудительного, искреннего братку-белоруса! И как приятно ласкают слух слова, когда о нас говорят только хорошее: и о республике, и о народе, и об отдельных его представителях, заброшенных судьбой далеко от нашей милой малой родины.

Земля под крыльями белого аиста... Она представлялась мне зеленым листком на карте великой Отчизны, частичкой могучего содружества славянских народов. Причастность к вдохновляющему единству братской семьи народов особенна ощущалась в городе, в котором еще в 1905 году огонь классовой борьбы вызвал к жизни необычные массовые организации: знаменитые Советы рабочих депутатов, собрания делегатов от всех фабрик. Эти Советы все больше и больше начинали выполнять роль временного революционного правительства, роль органов и руководителей восстаний. Иваново-Вознесенская стачка девятьсот пятого года показала неожиданно высокую зрелость рабочих. Революционное брожение во всем центральном промышленном районе ширилось и укреплялось и начало превращаться в восстание. Как и в Москве, Петербурге и ряде других промышленных городов, в Иваново революционные события девятьсот пятого года были остановлены вооруженной силой царизма. Понадобилось немногим более десятилетия, чтобы своеобразная форма коллективного руководства — Советы, возникшие впервые на этой земле, триумфально прошли по всей стране и укрепились в качестве политической системы на шестой части планеты. По примеру ивановских рабочих Советы создавались и в Минске, Могилеве, Хотимске, на родине моих предков — в деревне Ельня.

В прошлый приезд к сыну мы побывали на легендарной реке Талке, где в девятьсот пятом году участники стачки, а там собрались рабочие сорока четырех фабрик и заводов, проводили выборы депутатов в Советы. Мы осмотрели мемориальный комплекс, диораму, побывали в здании бывшей мещанской управы, где в начале стачки проходили заседания Иваново-Вознесенского общегородского Совета рабочих депутатов. Свидетельств тогдашних событий сохранилось много. Известен состав Совета — 151 депутат, в том числе 25 женщин, это были известные работники городской большевистской организации, а также сочувствующие им беспартийные рабочие от станка, в основном текстильщики. С первых дней создания Совет действовал как орган революционной власти. Он принял решение о закрытии в городе винных лавок и запрещении азартных игр, заставил торговцев отпускать в кредит бастующим продукты продовольствия, запретил владельцам предприятий выселять их из фабричных спален. Городская дума, а она фактически осталась без власти, прекратила свои заседания.

Для обеспечения революционного порядка в городе, охраны предприятий от штрейкбрехеров, а также с целью противодействия полиции на случай ее вмешательства в ход событий была создана рабочая милиция. Она тесно взаимодействовала с боевой дружиной, созданной ранее при городской парторганизации, участвовала в охране руководителей стачки, общих собраний бастующих, заседаний группы РСДРП и Совета. Особый мой интерес вызвали стенды, на которых была отражена деятельность М. В. Фрунзе по созданию милиции и боевой дружины. Прибыв в семнадцатом году в Минск и возглавив там городскую милицию, он уже имел опыт в этом деле.

С конца мая 1905 года Совет перенес свои заседания из здания мещанской управы на берег Талки. Там же проходили заседания партийного центра и многотысячные собрания забастовщиков. Совет работал в массах. Тогда еще так не говорили, не знали бюрократических формулировок, они, как и заорганизованность, формализм и казенщина, появились позднее, вытравили живую работу, подменили ее бумаготворчеством и в конце концов привели к потере авторитета. Почему так произошло? В чем причина того, что Советы, созданные народом и для народа, воплощая его полновластие, с тридцатых годов перестали выполнять свои важнейшие функции?

Не случайно в горбачевскую эпоху, когда предпринимались действенные меры для того, чтобы вернуть Советам их полновластие, когда Михаил Сергеевич приступил к реформе политической системы, возрос интерес к ее первоистокам и все больше людей задумывалось над тем, а что, собственно говоря, представляли собой Советы в начале своего рождения. Какая была их структура? Чем они занимались? Как избирались? Когда произошли деформации, выхолостившие самое главное в их работе, и кому это было нужно и выгодно?

Уже в тот приезд в Иваново я заметил много автобусов с номерными знаками разных городов России у дома-музея первого Совета. В залах тоже было полно людей. Они двигались от стенда к стенду, внимательно вчитывались в строки объяснений и комментариев, в фотокопии документов, принимавшихся Советом. Я тоже сделал несколько записей в своем блокноте: уж очень интересными показались некоторые материалы. Ну, например, структура. Советом руководил президиум, избранный на первом же заседании. Президиум... Шло возрождение того, что было рождено самой жизнью, революционной практикой, народной инициативой. Совет имел несколько комиссий — стачечную, продовольственную, финансовую. Они не были неизменными. В течение короткого срока своего существования, в зависимости от обстоятельств, которые быстро менялись, Совет создавал новые и ликвидировал те комиссии, необходимость в которых отпадала. Огромная разница в сравнении с комиссиями Советов образца первой половины восьмидесятых годов — те существовали десятилетиями, а дело ни с места, ну, а если и сдвигалось, комиссия все равно оставалась, для отчетности, чтобы была видимость стопроцентного охвата депутатского состава. И выборы проходили так, чтобы не в накладе оказались рабочие мелких предприятий, чтобы не были ущемлены их интересы. Принцип был такой: цеховой и по количеству рабочих. На тех фабриках, где было много цехов, избирали представителей от цеха, а на тех, где было немного, от численности рабочих. Просто и справедливо. Именно к этому принципу вернулся Горбачев в 1989 году, предложив выдвигать кандидатов не только по избирательным округам, но и от партии, профсоюзов, комсомола, других общественных организаций с учетом того, что Советы стали уже народными, а не рабочими, как было в Иваново в пятом году.

Я был искренен, когда писал, что очищение социализма от всего наносного, чужеродного, что деформировало его в тридцатые годы и застойные времена, шло по всем направлениям! Мне казалось: Горбачев возвращал страну к ленинской концепции социализма, и плоды его работы я старательно искал в Иваново. Я не преувеличиваю, нет; не ради красного словца применил распространенное выражение. К революционерам текстильного края, депутатам первого Совета меня вернул Плесов — да, да, тот самый коллега-ивановец, заботливо опекавший во время предыдущего декабрьского приезда. И на этот раз он гостеприимно предложил свои услуги в ознакомлении с прекрасным ивановским краем, виртуозно распахнул дверцу вишневого «жигуленка» и, галантно прикоснувшись губами к жениной руке, усадил на переднее сиденье. Мы с сыном заняли места сзади. Держим путь на Палех, громко объявил мой друг то ли нам, то ли своему «жигуленку», а может, и всем одновременно, ибо, как я заметил еще в прошлый раз, к своей машине он относился как к живому существу. Однако такой общий подход нас не обидел — наоборот, жена в порыве охвативших ее чувств не выдержала и чмокнула Плесова в щеку, от чего он слегка растерялся, поскольку не привык к такой форме проявления благодарности, несмотря на то, что жил, как сам иронизировал, в маленьком Париже. Что же, Москва есть Москва, успокаивал я себя, ревниво отводя взгляд от жены в окно, как будто меня там что-то заинтересовало — назвался груздем, полезай в кузов. Привыкай к нравам матушки-столицы, жены в ней быстро адаптируются, не то что ты, лапоть хотимский. Привыкай к светской жизни, провинциал несчастный.

Было воскресное утро. Теплое, солнечное, безветренное. Плесов включил двигатель, и его «жигуленок» споро помчался по ивановским улицам. Летом город воспринимался совсем по-иному, чем зимой. Я не узнавал места, по которым мы, оказывается, бродили год назад. Плесов снова начал рассказывать о зданиях, встречавшихся по пути: вон там останавливался Серафимович, в этом жил Воронский, здесь прятался от шпиков Фрунзе, в подвале следующего весной во время ремонта обнаружили склад боеприпасов — револьверы, самодельные бомбы, штыки. Видно, принадлежали боевой дружине времен первой русской революции. В городе, кроме Фрунзе, действовали также Постышев, Бубнов, другие известные деятели большевистской партии. Мы обменялись мнениями о политической реформе, проводимой Горбачевым, о передаче полновластия Советам, вспомнили толпы людей в залах музея первого Совета, отметили, что правда, как надежно ее ни прячь, все равно возвращается, даже спустя столетия. А что, откликнулся Плесов, не так уж много до столетия ивановского Совета остается. Кстати, и тут не обошлось без нарушений законности, приведших к человеческим трагедиям.

Я уставился в его аккуратно, модно подстриженный затылок. Что ж, живешь в маленьком Париже — следи за своей внешностью. Иначе какой из тебя джентльмен? Не поворачивая головы — выработанная привычка, как-никак, столько лет за рулем — Плесов сказал, что есть основания полагать: даты смерти некоторых депутатов первого рабочего Совета, имена которых я видел в музее, сознательно подменены иными. Да нет, не работниками музея, они бы на такое сами не решились, да и какая им от этого польза? Вымышленные даты поступили из холодных северных мест, где отбывали срок заключения герои-революционеры и навсегда остались в тундровом безмолвии их останки, из тюрем и следственных изоляторов, где страшные приговоры выносились особыми совещаниями и зловещими тройками. Настоящий год смерти утаивался, чтобы отвлечь внимание от трагического тридцать седьмого, чтобы посеять у доверчивых иллюзии естественной смерти от болезней и перенесенных пыток в царских тюрьмах. Даже в мемориальном комплексе на Талке, где образы некоторых борцов увековечены в граните, и там приведены не подлинные даты смерти. Уж очень много жизней выбили репрессии тридцать седьмого года, невыгодно было показывать.

Я видел эту галерею гранитных бюстов. Насчет Постышева и Бубнова понятно: кто не знает фамилий этих выдающихся деятелей партии, занимавших высокие посты в стране и ставших жертвами жестоких репрессий. Даты их гибели не подменишь. Их биографии известны. Оба родились в Иваново, оба принимали активное участие в революционных выступлениях ткачей летом пятого года. Постышева и Фрунзе судил один военно-окружной суд во Владимире, в приговоре было сказано, что они обвиняются в деятельности, направленной на свержение путем вооруженного восстания порядков, существующих в России, строя управления и заменой его демократической республикой. А. С. Бубнов, известный среди большевиков по кличкам Химик и Яков, тоже прошел через царские тюрьмы и ссылки, был в первых рядах организаторов победы Октябрьской революции. Менее известны имена других ивановских большевиков и депутатов первого Совета — только последних было более полутора сотен. Так вот почему, оказывается, лишь у некоторых обозначено время смерти между тридцать седьмым и тридцать девятым годом, а у остальных растянуто до середины сороковых.

«Жигуленок» между тем весело шуршал шинами, оставляя позади все новые и новые километры хорошо обустроенной асфальтированной дороги. Магистраль отличная, ничего не скажешь, здесь она является участком знаменитого Золотого кольца, по которому друг за другом проносились интуристовские автобусы, наполненные зарубежными любителями путешествий. Плесов дисциплинированно уступал дорогу обгонявшим нас сверкающим в утренних лучах солнца комфортабельным «икарусам»: пускай, мол, знают иностранцы, что и у нас высокая дисциплина движения на транспорте! Понемногу он рассказывал о Палехе — селе-академии, гнезде талантливых русских художников.

Историк Борисов — помните его «Описание Шуи? — и здесь напутал, ввел в заблуждение современников, да и нам хотел подбросить упрощенную версию относительно того, каким образом здесь, среди лесной глуши, вдали от центров живописи, возникла вдруг художественная школа, которую с полным правом можно отнести к шедеврам мирового значения. Так вот, по Борисову, когда-то один умный шуянин зашел в Палех и научил его жителей иконописи, которая и стала основным промыслом села. Это объяснение представлялось упрощенным еще современникам историка. «Прийти и научить» культуре живописи мирового класса с ходу, с налета — дело невозможное. Исследования показали, что корни необыкновенного умельства палешан имеют более давнюю историю. Иконопись в течение многих столетий таинственным светлячком мигала в Сирии, Греции, Эфиопии, Армении, в Римской империи, образуя стиль искусства, который принято называть византийским. Из Византии этот стиль вместе с принятием христианства был занесен в Россию. В молодой, полной жизненных соков и творческих сил талантливой стране он получил широкое развитие.

Специалисты полагают, что древнее искусство Палеха не является кустарным ремеслом. Это искусство, созданное вековым творчеством народа. Оно уцелело только потому, что село территориально расположено в лесной глуши. Его обошли большие разрушения и беды тринадцатого столетия; монголо-татары всегда действовавшие компактными конными массами на полевых и луговых пространствах возле больших богатых городов, не смогли решиться на поход в дремучие лесные чащи. Здесь, в тихом краю лесов и спокойных лесных рек нашли пристанище после разрушения Батыем Владимира и Суздаля многие жители, а с ними и мастера, замечательные художники и ремесленники. За сто лет до нашествия монголо-татар на этом месте было удельное княжество Стародубское со стольным городом Стародубом, его земляные валы сохранились до сегодняшних дней на высоком берегу Клязьмы у села под названием Клязьминский городок. Княжество было довольно крупное, оно делилось между наследниками, из которых вскоре образовались роды князей Пожарских и Палехских. Первый род дал Дмитрия Пожарского, того самого, чьими совместными с Мининым усилиями было спасено русское государство, род князей Палехских рано исчез с исторической сцены. А вот село, давшее имя князьям, существует по сей день.

В Плесове проснулся эссеист, он начал рассказывать об исследованных им связях деятелей русской культуры с Палехом. А известно ли уважаемому коллеге, что мать А. П. Чехова — из Палеха? Как, в Палехе родилась? Нет, не совсем так, но палешанкой ее считать можно: деревня Сергеево, где она родилась, в трех километрах от Палеха, среди ее родственников были иконописцы, да и она сама хорошо понимала иконопись и с глубоким чувством всегда вспоминала Палех. А Горький? Вот кто наилучший друг палехских художников! В четырнадцатилетнем возрасте будущий писатель поступил на работу в иконописную мастерскую нижегородского купца Скалобанова, помнишь, «В людях»? Так вот, Скалобанов — палешанин, он был ремесленником-богомазом, но потом собрал немного денег и открыл в Нижнем иконописную мастерскую и лавку по продаже икон. Туда он переманил около двух десятков своих земляков — иконописцев из Палеха, Мстеры и Холуя. Среди них были, разумеется, талантливые художники. Помнишь имена? Жихарев,

Ситанов, Соловутин... Они не вымышленные, широко распространены в Палехе и окрестных деревнях.

Мы слегка посоревновались, кто больше помнит подробностей из горьковской повести «В людях». Припоминали, в чем заключалась учеба Алеши Пешкова иконописному делу: подготовка самовара мастерам, уборка мастерской, растирание красок. «А Одинцова помнишь?» — спрашивал Плесов. Я напрягал память. Пашка Одинцов, мальчонка-сирота, лет с восьми жил по чужим углам, подсказывал Плесов. Не помню. Да в мастерской работал, ровесник Горького, пытался не уронить мое реноме в глазах семьи деликатный коллега. Из Одинцова получился хороший мастер, способный рисовальщик и карикатурист. Но его хватило не надолго. Где-то к тридцати годам начал пить горькую, совсем пропал, босым ходил по Хитрову рынку, после заболел тифом и умер. Горький долго оказывал его семье материальную помощь. Вообще, Палех и Горький — это неисчерпаемая тема. В Палехе самая лучшая улица названа его именем. Художественное училище тоже. Произведения Горького, особенно романтического плана, были источником любимых тем мастеров лаковой миниатюры Дмитрия Буторина и Ивана Голикова. И Горький знал и любил новое палехское искусство, пришедшее на смену иконописи. В начале тридцатых годов он защищал его от нападок тех искусствоведов и критиков, которые обвиняли палехских мастеров в примитивности и даже реакционности их творчества. Мир в лице прогрессивных своих деятелей редактора «Юманите» Кутюрье, испытанного друга СССР американского публициста Вильямса, известного норвежского писателя Грига, французских писателей Анри Барбюса и Ромена Роллана уже тогда восхищался буйным расцветом палехского искусства, а отечественные охранители пролетарской чистоты отыскивали в самобытных талантах палешан крамольные мотивы. И если бы не Горький, неизвестно, что стало бы с самородками из древнего села-академии.

Горький подобрал и прислал в Палех богатую библиотеку по вопросам искусства. По его предложению, в Палехе организовали государственный музей палехского искусства, направили туда специалистов для организации искусствоведческой и культурно-просветительной работы. Горький заботился о привлечении палехских художников к оформлению книг и вообще о расширении сферы применения их искусства, способствовал организации выставки палехских художников в Москве.

А. П. Чехов в письме к известному знатоку древнего искусства академику живописи Кондакову еще в 1901 году утверждал, что иконопись как искусство уже умирает или вымирает и что Холуй и Палех уже не воскреснут. Уже в те времена палехским мастерам, «одиночкам-артистам», как называл их Горький, пришлось довольно тяжело: зарубежные фирмы в Москве наладили машинное производство икон из жести, и талантливые палешане не смогли смириться с ремесленническим, обезличенным процессом фабрикации икон и механическим копированием оригиналов, они стремились сохранить дух творчества, элементы целостного, органичного искусства.

Чехов, говоря о том, что Палех не воскреснет, был прав и не прав. Прав потому, что в прежнем своем качестве рассадника иконописного ремесла Палеху и в самом деле не суждено было подняться. Не прав потому, что с революцией Палех не только воскрес, но и расцвел. Однако подлинное возрождение Палеха произошло уже совсем на иной идейно-художественной основе. Уже не сюжетами из жизни святых, не образами небожителей брали палешане, а замечательной лаковой миниатюрой с сюжетами, взятыми из сказок, народных песен, революции, нового быта, из произведений русской и советской классики. Тонкое искусство лаковой миниатюры завоевало Палеху мировую известность и славу. Десятки золотых и серебряных медалей, первых призов и почетных откликов привозили они со всесоюзных и международных выставок.

Музей палехской миниатюры — в небольшом, удобном двухэтажном особнячке, кажется, деревянном. Под стеклом переливались всеми цветами радуги замечательные шедевры. Работы по мотивам лирики и сказок Пушкина, поэзии Лермонтова. Узнаваемы сюжеты из «Двенадцати» Блока, «Чапаева» Фурманова, «Железного потока» Серафимовича. Тончайшей работы шкатулки с вариациями на темы «Старухи Изергиль», «Песни о Соколе», «Песни о Буревестнике». Мы останавливаемся у «Песни о Соколе». Внизу — сам Горький слушает рассказ чабана, в центре Сокол и Уж, вверху силуэтом — восстание, баррикады, флаги, герои революции. А вот «Демон». «Деймона я могу даже написать: телом черный и мохнатый, крылья огненно-красные — суриком, а личико, ручки и ножки — сине-белые, примерно, как снег в лунную ночь», — цитирует экскурсовод слова «личника» Жихарева, одного из героев повести «В людях», талантливого художника, — он необыкновенно взволновался, пораженный силой поэзии Лермонтова, образом Демона, которого порывался написать под впечатлением прочитанной Алешей Пешковым поэмы. Не удалось, жизнь сломала самобытного художника. Его замысел осуществил уже в советское время другой палешанин — Вакуров.

Палехские шкатулки пользуются большим спросом, их раскупают в Нью-Йорке и Милане, Париже и Венеции, Лондоне и Торонто. А вот еще один шедевр — иллюстрированное цветными рисунками палешанина Ивана Голикова издание «Слова о полку Игореве». Замечательные стилизованные заставки, концовки, заглавные буквы. Специально изготовленные для этого переплет, форзац, титул. Весь текст «Слова» Голиков переписал для литографского возобновления. Над оформлением книги талантливый палешанин трудился два года, долго и кропотливо изучал древние рукописи, миниатюры и орнамент, знакомился с коллекциями Исторического музея и сокровищницами рукописного отдела Ленинской библиотеки. Для этого издательство «Академия», готовившее книгу, вызывало Голикова в Москву. Горький и здесь подсуетился. Было это в 1932 году. А через два года отмечалось десятилетие созданной в Палехе «Артели древнего искусства».

Юбилей отмечали широко. Пять крупнейших художников Палеха, в том числе и Голиков, получили почетное звание заслуженных деятелей искусств. Правительство, благодаря ходатайству Горького, приняло ряд решений, направленных на дальнейший подъем искусства Палеха. В дни юбилея палешане получили многочисленные приветствия — от Совнаркома РСФСР, ВЦСПС, Ярославского, Бедного, Мейерхольда, Станиславского, Немировича-Данченко. На празднование приехала группа писателей — И. Эренбург, В. Катаев, Д. Семеновский, Б. Пильняк.

Борис Пильняк... Я вздрогнул, услышав последнее имя. Экскурсовод не сделала на нем ударения, нет; она произнесла его так же ровно и спокойно, как и предыдущие. Я же внутренне напрягся, но новых сведений об этом писателе не последовало. Прерывать рассказ было неловко, его слушали десятка два людей, и удовлетворять свой частный интерес за счет времени других представлялось некорректным. Значит, Пильняк был в Палехе, был, был. Это уже нить. Выходит, ивановский край ему знаком. А может, и Иваново, и Шую посещал? Места, связанные с Фрунзе. Неужели это был литературный прием, чтобы отвести подозрения? Нет, надо непременно поинтересоваться у экскурсовода, бывал ли раньше Пильняк в здешних местах, встречался ли с теми, кто знал Фрунзе. Я с нетерпением смотрел на пожилую неулыбчивую женщину, она проводила экскурсию будто школьный урок строгая учительница — чтобы ученики хорошенько усвоили материал. Мысли мои кружились вокруг услышанной в субботу, в первый день приезда в Иваново, истории, настолько сенсационной и запутанной, что я вынужден был не называть источник, из которого мне стало все известно. В отличие от Смелого и Ироничного Гражданина, который, помните, познакомил с нравами недалекого прошлого маленького Парижа, этого собеседника я назвал бы Любознательным, любящим справедливость больше всего на свете. Как и в том случае, снова хочу открестить Плесова от услышанного, тем более он отлучился куда-то по своим делам, шепнув на ухо, что поедет заправляться, потому что путь предстоит не близкий. Безусловно, он здесь сто раз бывал, что нового даст ему эта экскурсия?

А сейчас послушайте историю, которую рассказал Любознательный Гражданин, любящий справедливость больше всего на свете. Само собой разумеется, более-менее законченный вид его рассказ приобрел после определенной систематизации и обобщения полученной информации.

Сначала о бесспорном. Первого ноября 1925 года в «Правде» было опубликовано правительственное сообщение о смерти Фрунзе. Это единственное, что не вызывало сомнений у Любознательного и Справедливого Гражданина. Председатель РВС СССР Михаил Васильевич Фрунзе действительно умер после операции в ночь на 31 октября. В правительственном сообщении сказано, от чего — от паралича сердца. В этом же номере газеты опубликован протокол вскрытия и заключение о болезни. Через день, 3 ноября, «Правда» поместила несколько материалов, посвященных памяти Фрунзе. Михаил Кольцов так комментировал заключение врачей: «Можем ли мы упрекнуть бедное сердце за сдачу перед 60 граммами хлороформа после того, как оно выдержало 2 года смертничества, веревку палача на шее». Дальше была помещена официальная статья «К истории болезни тов. Фрунзе», в которой говорилось, что в связи с интересом, который представляет медицинская операция и смерть Фрунзе, редакция считает необходимым напечатать протокол двух консультаций у постели председателя РВС и заключение об операции. Из заключения следовало, что операция проводилась 29 октября в больнице имени Боткина профессором В. П. Розановым при участии профессоров Грекова, Мартынова и доктора Очкина и что она длилась 35 минут. Опустим медицинские термины, отметим лишь зафиксированное утверждение о зажившей язве (это было констатировано и в предыдущих заключениях) и то, что больной тяжело засыпал и оставался под наркозом час и пять минут.

Любознательный Гражданин, больше всего любящий справедливость, подарил мне ксерокопию опубликованной в «Известиях» третьего ноября 1925 года записи беседы с профессором Грековым. По мнению собеседника, там много различного рода противоречивых и туманных рассуждений. «Последний консилиум был 23 октября, — сказал Греков. — Все подробности этого совещания были изложены товарищу Фрунзе, и ему была предложена операция. Несмотря на то, что возможность неблагополучного исхода от тов. Фрунзе не скрывалась, он все же пожелал подвергнуться операции, так как считал, что его положение лишает его возможности продолжать ответственную работу. Тов. Фрунзе лишь просил оперировать его по возможности быстрее. После операции вызывала тревогу плохая деятельность сердца... К больному после операции, естественно, никого не допускали, но когда тов. Фрунзе сообщили, что ему прислал записку тов. Сталин, он попросил записку эту прочитать и радостно улыбнулся... Операция относилась к разряду нетрудных. Произведена она была по всем правилам хирургического искусства, и печальный исход ее представлялся бы совсем необъяснимым, если не взвесить данных, полученных при операции и вскрытии. Понятно, что в организме... были особенности, которые и обусловили печальный исход». Далее шла речь о том, что революция и война ослабили организм Фрунзе. «Невольно возникает вопрос, — сказал в заключение беседы Греков, — можно ли было обойтись без операции? Все изменения, обнаруженные при операции, свидетельствуют, несомненно, в пользу того, что тов. Фрунзе был без операции неизлечим и даже находился под угрозой неминуемой и возможно внезапной смерти».

Любознательный и Справедливый Гражданин обратился к знакомым врачам и, не раскрывая, для чего это ему нужно, попросил проконсультировать относительно язвенной болезни желудка. Компетентные специалисты дали авторитетную справку, из которой следовало, что эта болезнь относится к числу доброкачественных, что она не угрожает жизни больного и лечат ее двумя путями — хирургическим и консервативным. Причем в любом случае сначала назначают консервативное лечение, устанавливают строгую диету, продолжительное время наблюдают за пациентом и, только убедившись в его безрезультативности, обращаются к хирургическому. На дилетантский вопрос, могли ли знать о такой методике лечения, скажем, в двадцать пятом году, врачи ответили, что эта методика ровесница цивилизации. Разве ампутируют руку, не предприняв попытки вылечить рану?

Рассказав о разговоре с медиками, Любознательный Гражданин, который больше всего на свете любит справедливость, подарил мне еще одну ксерокопию. Это было письмо Фрунзе жене, приведенное в статье «Последние дни» его друга С. Сиротинского. Статья опубликована 31 октября 1930 года в газете «Красная звезда». Письмо датировано 26 октября 1925 года, за пять дней до смерти. «Ну вот... и подошел конец моим испытаниям, — писал Фрунзе. — Завтра утром я переезжаю в Солдатенкову больницу, а послезавтра (в четверг) будет операция. Когда ты получишь это письмо, видно, в твоих руках уже будет телеграмма о ее результатах. Я сейчас чувствую себя абсолютно здоровым и даже как-то смешно не только идти, а даже думать об операции. Тем не менее оба консилиума постановили ее делать. Особенно я этим решением доволен. Пусть уж раз навсегда рассмотрят хорошенько, что там есть, и попытаются определить настоящее лечение. У меня самого все чаще и чаще возникает мысль, что ничего серьезного нет, ибо, в противоположном случае, как-то трудно объяснить факт моей скорой поправки после отдыха и лечения».

Мой собеседник показал изданную в 1965 году книгу «Так это было». Автор — И. Гамбург, старый большевик, врач по профессии, влюбленный во Фрунзе еще с далеких лет ссылки. Прочел эпизод, касавшийся последних дней Фрунзе. Приехав в Москву, я взял эту книгу в нашей цековской библиотеке, нашел знакомое место: «Незадолго до операции я зашел к нему повидаться. Он был расстроен и сказал мне, что не хотел бы ложиться на операционный стол... Предчувствие чего-то непоправимого угнетало его. Он попросил меня в случае неблагоприятного исхода передать Центральному Комитету партии его просьбу — похоронить его в Шуе, где он провел свои лучшие молодые годы на революционной работе. Он любил этот небольшой провинциальный город с какой-то нежностью, и мягкая улыбка освещала его лицо, когда он рассказывал о жизни среди шуйских рабочих. Я убеждал его отказаться от операции, ибо мысль о ней угнетала его. Но он отрицательно покачал головой — Сталин настаивает на операции, говорит, что следует раз и навсегда освободиться от язвы желудка».

Неожиданная смерть сорокалетнего полководца после сравнительно несложной операции поразила многих. Иваново-вознесенские коммунисты потребовали даже создать специальную комиссию для расследования причин смерти Фрунзе. Правление общества старых большевиков вызвало на свое заседание наркома здравоохранения Семашко с требованием дать исчерпывающий ответ, как это могло случиться. Заседание проходило под председательством Подвойского. Семашко отвечал на многочисленные вопросы старых большевиков, и из его ответов вытекало, что ни лечащий врач, ни профессор Розанов не торопили Фрунзе с операцией и что некоторые участники консилиумов не были компетентными в подобных болезнях. Выяснилось также, что накануне консилиума В. Розанова вызывали к себе Сталин и Зиновьев, что уже во время операции от чрезмерно большой дозы наркоза (Фрунзе плохо засыпал, хлороформ не действовал на него, и профессор Розанов, руководивший операцией, принял решение увеличить дозу хлороформа почти вдвое, что было очень опасно для сердца) возникла угроза смерти на операционном столе, и врачам пришлось принимать экстренные меры.

Состояние Фрунзе начало резко ухудшаться. Спустя три с половиной часа после окончания операции в больницу приехали Сталин и Микоян. В палату к больному их уже не пропустили. Как писал С. Сиротинский в «Красной звезде», Сталин передал Фрунзе записку: «Дружок! Был сегодня в 5 часов вечера у т. Розанова (я и Микоян). Хотели к тебе зайти, — не пустил, язва. Мы вынуждены были покориться силе. Не грусти, голубчик мой. Привет. Мы еще придем, мы еще придем... Коба». Но увидеть Фрунзе живым ни Сталину, ни Микояну уже не пришлось.

Страна в скорби склонила траурные флаги. Четвертая смерть за короткое время привела ее в оцепенение — Свердлов, Ленин, Ногин, а теперь вот Фрунзе. Через восемь месяцев не станет Дзержинского. Никто еще не знал, что впереди будут загадочные смерти жены Сталина Аллилуевой, Орджоникидзе, Куйбышева, что вся страна содрогнется от злодейского выстрела в Смольном и жгучая тайна гибели Кирова останется не разгаданной по сей день.

Относительно Фрунзе все понятно, хотя, простите, ничего не понятно, но при чем здесь писатель Пильняк, воскликнет удивленный читатель. Какая в конце концов разница, был он в ивановском крае до посещения Палеха в тридцать четвертом году или не был, знакомился с местами, где жил Фрунзе, или не знакомился? Разница есть. Любознательный Гражданин, посвятивший свою жизнь торжеству справедливости, точно знает, что писатель Пильняк является автором книги «Повесть непогашенной Луны». Это произведение было опубликовано в пятом номере журнала «Новый мир» за 1926 год. Так вот, вскоре после выхода в свет весь тираж этого номера был конфискован. Несмотря на то, что предусмотрительный автор написал предисловие, которое, как ему казалось, должно было отвести подозрения от произведения. А написал он следующее: не ищите, мол, уважаемые читатели, в этом произведении подлинных фактов и живых лиц, ибо фабула повести наводит на мысль, что поводом для написания и материалом послужила смерть М. В. Фрунзе, которого он, автор, лично почти не знал, так, немного был с ним знаком, видел раза два. Однако в повести было столько эпизодов, которые напоминали обстоятельства смерти Фрунзе, в том числе и описание операции, что в предисловии писателя увидели не более чем отвлекающий прием. Так заботливая птица, спасая только что выведенных птенцов, криком привлекает к себе внимание крылатых хищников, уводит их подальше от гнезда.

Дождавшись, когда экскурсовод закончит рассказ о мастерах Палеха, я спросил у нее о Пильняке, но исчерпывающего ответа не получил. Ей неизвестно, был ли этот писатель в их местах раньше. Не знал и Плесов, которому я тоже задал этот вопрос, когда мы сели в его уже заправленный «жигуленок» и снова помчались по асфальтированной магистрали.

— Куда я вас сейчас отвезу-у! — таинственно произнес Плесов. — Город-сказка, город-улыбка, жемчужина Волги, изумруд Севера, русская Швейцария, русский самоцвет — любое определение подходит. Как больше нравится, так и называйте. Может, что лучшее придумаете. Хотя не уверен: после Афанасия Никитина, Паустовского, Левитана, Федина вряд ли получится.

И, вволю насладившись нашей заинтригованностью, с пафосом воскликнул:

— На мою родину едем! В город Плес! К Волге-матушке!

Он, будто озорной ребенок после долгой разлуки с матерью, сердечно радовался встрече с городом, где родился и вырос. И мы, как могли, разделяли его такое понятное нам чувство. У каждого есть свой уголок вдохновения, источник бодрости и оптимизма. Вот уже мелькнул указатель с названием «Плес», открылся прекрасный вид на Волгу, заблестели среди густых лесов сказочные башенки деревянных церквей, которые любил рисовать в утренней тишине Левитан. Стоп, приехали.

Счастливый человек Плесов. Он уже дома.

Вычитывая после компьютерного набора эту главу, обратил внимание, что слова Смелый и Ироничный Гражданин, а также Любознательный и Справедливый Гражданин у наборщицы во всех случаях получились с прописной буквы. В рукописи было со строчной. Сначала хотел исправить, но потом подумалось: вряд ли это невнимательность. Наверное, и в самом деле, следует писать с большой буквы.

Пусть так и будет.

Глава 2

ПОЛИГОН БУДУЩЕГО ГЕНСЕКА

Взревели мощные турбины, крутобокий гигант прервал свой стремительный разбег по взлетной полосе и затрясся в безграничной ярости, словно протестуя против неизбежности того, что сейчас с ним произойдет. Напрасно — послушный воле пилотов, воздушный корабль сорвался с места, пронесся по бетонке несколько сот метров и оторвался от земли.

Прослушав информацию из динамика о том, что самолет набрал необходимую высоту и следует до аэропорта Ставрополь, сколько до него километров и над какими городами пролегла воздушная трасса, а также какая температура за бортом и кто командир экипажа, я освободился от привязных ремней и удобно расслабился в кресле. Остались позади суета сборов в дорогу, нервный путь во Внуково, возбужденная очередь у стойки, где регистрировали билеты. Хорошо, что нет никакого багажа, кроме «дипломата», представляю, каково приходится тем, кто летит с чемоданами и коробками.

Он всегда со мной, неразлучный друг и верный спутник. Сколько исколесили вместе дорог, где только не побывали: на севере и на юге, в центральной России, на Дальнем Востоке и в Средней Азии. Туалетные принадлежности в целлофановом пакетике, электробритва, две-три чистые сорочки, зимой теплые носки — вот, пожалуй, и все, что в него влезает. Ну, еще в карманном отделении стопка бумаги, пара запасных блокнотов и шариковых ручек. И — популярная книжка или справочник о местности, куда держишь путь. Без них — как без глаз. Предварительное знакомство с местом назначения помогает лучше ориентировать-

85

ся, выделить главное, лучше спланировать время и, как результат, больше и глубже увидеть.

Мысли мои крутились вокруг задуманной повести-путешествия. Кое-что уже написано, с неделю назад вычитал после машинки ивановский кусок. Ленинградские «белые пятна» отлеживались в столе. События развивались стремительно, многое, о чем писал, прямо скажем, с опасением, ибо некоторые факты и эпизоды вводил в оборот впервые, те же обстоятельства «ленинградского дела» например, уже, видно, не будут удивлять новизной. Пресса раскручивала эту тему с завидной скоростью и смелостью. Видел анонс: журнал «Звезда» будет печатать документальную повесть о трагической судьбе А. А. Кузнецова. Ленинград и Иваново. Две главы одного произведения. Достаточно ли прочно связаны они между собой? Могут ли быть частями целого?

Я начал перебирать в памяти детали написанного. И вдруг что-то неуловимое, ломкое и несмелое, пунктирно пропульсировало в мозгу и исчезло. Ловить, быстрее ловить! Сколько уже так было: не напряжешь мозг, не заставишь вернуться назад мысль, таинственно мелькнувшую и пропавшую, — все, считай, потеряно. Не давать мозгу работать бесцельно, вхолостую! Назад, быстрее назад. Спокойнее, вспоминай, о чем думал. Так, так, Ленинград и Иваново, органичная связь глав, части одного целого... Есть! Вспомнил! Белышев. Александр Викторович Белышев. Комиссар крейсера «Аврора».

В памяти всплыли асфальтированная, хорошо обустроенная магистраль — участок Золотого кольца, плесовский вишневого цвета «жигуленок», кивок в сторону голубой стрелки — указателя слева от дороги, на котором белыми буквами было выведено — Клетново. И разъяснение: это село — родина комиссара «Авроры».

— Белышева? — переспросил я.

— Его, — подтвердил Плесов.

Раньше село относилось к Шуйскому уезду, потом вошло в состав Палехского района. Белышев работал учеником слесаря на родине, окончил техническое училище во Владимире, был призван на Балтийский флот, служил машинистом на «Авроре». После февральской революции его избрали председателем судового комитета. В апреле семнадцатого он становится большевиком, а в июне — комиссаром крейсера, умер Белышев в семьдесят четвертом году в Ленинграде. Пять лет, с восемнадцатого по двадцать третий, трудился в Иваново-Вознесенске.

Где Ленинград, а где Иваново. А смотри, как тесно переплелись судьбы представителей рабочего класса российских городов. Ивановская земля щедро взрастила большую армию пролетарских борцов, и одно из почетных мест в этой когорте принадлежит Александру Белышеву. Именно ивановский рабочий край воспитал двадцатичетырехлетнего комиссара, который с мостика крейсера «Аврора» скомандовал: «Носовое, огонь!»

Отличный факт, надо непременно использовать его. Будут ли такие находки в этой поездке? А может, посчастливится встретиться с родными или близкими Кожинова? Хотя попробуй найти их в большом городе. Как же выстроить новую главу? Как связать ее с предыдущей? Нет, прочь беспокойные мысли, надо дать отдых уставшему мозгу, занять его чем-нибудь иным. Вот, полистаю-ка я справочник по Ставропольскому краю, в последнюю минуту взял в библиотеке. Карманного формата, в дешевой бумажной обложке, тонкий объем, даже автора нет, составитель обозначен.

Начнем с географии. Ага, площадь края — 80,6 тысячи квадратных километров. Какие зарубежные страны расположились бы на этой территории? Не может быть, чтобы такие сравнения, столь любимые нашими уважаемыми географами, не присутствовали в справочнике. Так и есть: Бельгия, Швейцария плюс три Люксембурга. Расположен в центре Северного Кавказа, между Черным и Каспийским морями. Рельеф довольно разнообразный, он снижается с юга на север, от высокогорья Главного Кавказского хребта к Ставропольской возвышенности на западе, к равнинам Манычской низменности на севере и Прикаспию на востоке. Природа здесь, безусловно, богатая и красочная. Суровые ледники и высокогорные скалы соседствуют с ярко цветущими альпийскими и субальпийскими лугами. Действительно, это очень контрастно, как и соседство в одной природной зоне могучих хвойных лесов, постепенно переходящих в лиственные, с предгорными и сухими степями. Между южным высокогорьем и низинами раскинулись необозримые равнины, среди которых поднимается Ставропольская возвышенность, а в районе Минеральных Вод — Пятигорская вулканическая область с известными горами — Бештау, Машук, Железная, Развалка.

В южной горной части края немало вершин, покрытых вечными льдами. Высота их достигает четырех-пяти тысяч метров. Домбай — об этой вершине Главного Кавказского хребта я знаю по международному молодежному лагерю отдыха «Спутник», — оказывается, четыре тысячи сорок метров. Какие-то Белала-Кайя, Сафруджу, Пшиш. Впервые слышу. Между прочим, не исключено, что их названия звучат волшебной музыкой в ушах альпинистов. Мир увлечений все больше становится дифференцированным, времена универсализма безвозвратно ушли, оправдывал я свой дилетантизм в знании вершин Главного Кавказского хребта. Вот Эльбрус, здесь вопросов не может быть, любому школьнику известна его высота — 5842 метра, это самая высокая точка Кавказских гор.

Реки края. Интересно, проверим свою эрудицию. А ну, закрывай глаза и попробуй назвать все голубые артерии Кавказа. Правильно, Кубань. А еще? Не подсматривай, не подсматривай, не на школьном уроке. Да, дорогой, двойку ты получил заслуженно. Смотри: Кума, Калалы, Егорлык... Хотя, стоп, можно с натяжкой и троечку поставить, учитывая рабоче-крестьянское происхождение и то обстоятельство, что родители с детства не таскали с собой на курорты. Какое там с детства, кавказские здравницы для меня терра инкогнита поныне. Что, ни разу не отдыхал на здешних курортах? Ну, тогда можно сделать послабление и поставить крепкую тройку. Тем более что и реки эти, как выясняется, маловодные в сравнении с широкой и бурной Кубанью. А вот озера, за исключением тех, что в степной части, прозрачны и глубоководны.

А как обстоят дела с землей? Тебе, крестьянскому сыну, небезразлично, какие почвы бывают на свете. Вспомни-ка, как хотимские земляки рвали жилы на своих песчаниках да суглинках. Итак, что мы имеем на Ставропольщине в смысле чернозема? Ого, есть, и немало: вся Ставропольская возвышенность, а также равнинный запад. На юге — горно-лесные и горнолуговые земли. Тоже неплохо. Полезные ископаемые представлены природным газом, нефтью, медной рудой.

Климат? Он здесь разнообразный, и объясняется это воздействием различных воздушных масс, которые врываются сюда то из Сибири и Нижней Волги, то из Атлантического океана. В зависимости от этого меняются температура и атмосферное давление. Ишь ты, несмотря на то, что главное богатство края — зерно, особенно пшеница сильных и твердых сортов, климат не всегда благоприятен для труда земледельцев, и по природным условиям многие районы являются зонами рискованного земледелия.

Дальше шел национальный состав населения. Любопытно. Жителей всего около трех миллионов человек. Восемьдесят пять национальностей. Русских — 81 процент, украинцев — 2,3, карачаевцев — 4,8, армян — 1,6, черкесов — 1,4, абазин — 1,1, ногайцев — тоже 1,1, осетин, туркмен, татар — 6,7 процента. Еще есть греки, цыгане, грузины, евреи. Нашел я упоминание и о белорусах. Да, не один мой земляк пустил корни на степном черноземе. Количество городского и сельского населения примерно одинаково: 52 и 48 процентов. Наибольшая плотность населения, от 39 до 50 человек на один квадратный километр, в долине реки Кубани и от нее до Минеральных Вод. Ну что ж, это понятно: там расположены крупнейшие города края — Пятигорск, Кисловодск, Ессентуки. Наименьшая плотность, от одного до восьми человек на квадратный километр, в восточной части края. Тоже не надо объяснять, почему. Степь и есть степь. То же касается и южной части. Там высокогорные районы, и этим все сказано.

Любопытно, как образовался край. О, здесь целая история. Да еще какая занимательная. Надо, надо знать страну, в которой живешь. Пользуйся моментом, пополняй знания. Полезная вещь, между прочим. А то изучаем древние Рим и Грецию, знаем о Пунических войнах, о войнах Белой и Алой роз, взахлеб читаем о быте и нравах заокеанских и островных народов, рассказываем друг другу новости о высокой культуре древних инков, а кто живет рядом с нами под одной крышей, нас не колышет. Разве не из-за равнодушия к истории и культуре других народов, нежелания понять их национальный характер, традиции и обычаи, их песни и сказки, язык и душу вспыхивают в последнее время межнациональные конфликты, нагнетается напряженность, что приводит в конце концов к таким печально известным событиям, как в Закавказье и в Прибалтике?

Так что мы знаем об образовании Ставропольского края? Его территория с момента появления русского населения в степном Предкавказье до 1785 года входила в состав Астраханской области. Понятно. В 1785 году была образована Кавказская область, она состояла из шести уездов, многие из которых и сегодня хорошо известны в стране: Ставропольский, Александровский, Георгиевский, Екатериноградский, Кизлярский и Моздокский. Кавказская область с шестью своими уездами просуществовала до 1847 года, после чего была преобразована в Ставропольскую губернию, в ней было уже только три уезда: Ставропольский, Пятигорский и Кизлярский. В 1868 году из Ставропольской в Терскую губернию был передан город Моздок, через год — Кизляр, и еще через год — Георгиевск. До 1899 года Ставропольская губерния подчинялась руководству Кавказского края.

Смотри ты, оказывается, в старые времена было подразделение, которое занималось, по-современному говоря, межнациональными отношениями, делами малочисленных народов и народностей. Ногайцами, калмыками, туркменами и другими кочевыми народами занимался главный пристав кочевых народов. До 1860 года свои приставы были и у малочисленных оседлых народов — карачаевцев, черкесов, абазин, после они вошли в состав Баталпашинского уезда, который спустя некоторое время был преобразован в Асталпашинский отдел Кубанской области. Подведем некоторые итоги административно-территориального деления Ставропольского края в семнадцатом году. Это, в первую очередь, собственно Ставропольская губерния, а также северные уезды Терской области с городами Кавказских Минеральных Вод и Баталпашинский уезд Кубанской области.

После революции, а точнее, в июле восемнадцатого года все эти административные образования вошли в состав Северо-Кавказской Советской республики. В свою очередь, она вместе с Доном с двадцатого года была объединена в Юго-Восточный, а после переименована в Северо-Кавказский край. В него входили также шесть автономных областей: Карачаево-Черкесская, Адыгейская, Чеченская, Ингушская, Северо-Осетинская и Кабардино-Балкарская. В дальнейшем территория Северо-Кавказского края была разделена на два самостоятельных края: Северо-Кавказский и Азово-Черноморский. Это произошло в 1934 году. В 1937 году из Азово-Черноморского края были выделены автономные республики, а сам край переименован в Орджоникидзевский, а в 1943 году — в Ставропольский. С тридцать седьмого по сорок третий год город Ставрополь назывался Ворошиловском.

«Ну и ну!» — воскликнул я, сочувствуя ставропольским школьникам, которым сызмальства приходилось пробираться сквозь труднопроходимую и для взрослого чащобу преобразований. Что же, что было, то было, из песни слова не выбросишь, историю заново не перепишешь, новые поколения должны знать всю правду, чтобы самим сложить представление о прошлом родного края. Им будет принадлежать последнее слово в оценке действий отцов и дедов, ибо не от родителей передается земля в наследство детям и внукам, скорее, наоборот, отцы и деды одалживают ее у своих будущих наследников. Только тогда можно экономно хозяйствовать и разумно строить жизнь.

Вряд ли принесли что ставропольцам многочисленные преобразования и особенно переименования, столь милые служибистам-бюрократам. Но это, как говорится, дела давно минувших дней.

Столица края — город Ставрополь. Количество жителей — триста тысяч. По российским масштабам — средний город. Во всяком случае, для жизни должен быть удобным. Труднее городам-миллионерам с их неразвитой транспортной сетью, запущенной коммунальной службой, проблемами отдыха и сервиса. Трехсоттысячный город — оптимальный вариант краевого и областного центра, он еще не переступает черту, после которой начинается дискомфорт. Есть в таком городе что-то неуловимо привлекательное, провинциально-милое, трогающее непосредственностью атмосферы тихих районных городков с их неторопливым ритмом, с непосредственностью отношений, но уже видишь и то, что роднит его с мегаполисами. Своеобразный симбиоз дня вчерашнего и будущего.

Чем же славится кавказский город Ставрополь? Ага, автоприцепами и деревообрабатывающими станками, электроприборами и поршневыми кольцами, мебелью и биопрепаратами, автомобильными кранами и точными измерительными приборами. Кожа и обувь, приборы и стекло, лаки и краски, химреактивы и люминофоры... А это что за зверь — люминофор? С чем его едят? А, понятно, для цветных телевизоров. Ну, что ж, продукция отражает особенности города: нечто среднее между традиционной русской провинцией и все более четкими контурами нового века. Отсюда и полярность в специализации производства.

С промышленностью все ясно. А как с наукой и культурой? Ого, тринадцать научно-исследовательских институтов. Педагогический, медицинский, политехнический, сельскохозяйственный — кажется, весь привычный набор вузов, которыми располагает каждый уважающий себя краевой или областной центр. Драматический театр имени Лермонтова, краевая филармония, цирк, театр кукол, десять дворцов культуры, пятнадцать библиотек, три газеты, журнал, литературно-художественный альманах, — и в смысле культуры Ставрополь не был обделен.

Гм, а вот эта деталь и вовсе необычная. Оказывается, географически Ставрополь расположен на сорок пятой параллели, под сорок пятым градусом северной широты. Такое обстоятельство придает городу экзотическую привлекательность, ибо от него до экватора и до северного полюса одинаковое расстояние. В градусном измерении — сорок пять градусов. Сколько же это будет в километрах? До вершины Земли от Ставрополя — 5017, а до экватора — 4895 километров. Разница в каких-то тридцать два километра. Ну, конечно же, она образовалась за счет некоторой приплюснутости нашего шарика возле полюсов. Мелочь, одним словом. Ишь ты, ставропольцы даже улицу «Сорок пятая параллель» имеют. Вот где простор для кооператоров — от желающих сфотографироваться на память о пребывании в центре Земли отбоя, видно, не было.

Едва самолет приземлился и подали трап, я одним

из первым бросился к стоянке такси. Размещение в гостинице «Кавказ» много времени не отняло, поскольку я еще в Москве позаботился об одноместном номере. Бросив «дипломат» на письменный стол, вышел на площадь. Улицу «Сорок пятая параллель» знал каждый, мне подробно объяснили, как до нее быстрее добраться. Но наивная вера в паломничество туристов и расцвет кооперативных фотоателье развеялись, словно луговой туман после восхода солнца. Улица как улица, обыкновенные здания, обыкновенные пешеходы и машины. Разве что памятный знак на площади в честь географического положения. И все. Ни кооператоров с фотоаппаратами, ни стрекота кинокамер, ни яркой, разноцветной толпы туристов. Что там зарубежных — ни единой туристской группки соотечественников! А был август, самый разгар сезона.

Приподнятое настроение постепенно исчезало. Я уже не напоминал возбужденного чудака со счастливой улыбкой на лице, чем, видно, поначалу вызывал недоумение и немые вопросы у встречных. Действительно, откуда быть здесь праздничной суете? Обычный рабочий день, среда, все люди заняты делами, утешал я себя. В субботу и воскресенье, наверное, здесь все меняется, гуляют туристы, предлагают свои услуги кооператоры, щелкают спуски фотокамер.

Я не ошибся, позже мне рассказали, что именно так все и происходит.

На второй день, переночевав в гостинице, утречком направился по делам в крайком партии. Согласно данным, полученным в Москве из осведомленных кругов, там должен был работать мой земляк из Могилевщины Иван Иванович Никишин, секретарь крайкома. Он стал настоящим кавказцем, никогда не подумаешь, что родом из Белоруссии. Его не выдавало даже произношение, по которому братков-белорусов узнают сразу и безошибочно, стоит им только произнести несколько слов с твердым «р» и фрикативным «г». Мне лишь однажды пришлось встретить белоруса, у которого было безукоризненное русское произношение, и то он покинул Витебщину в детстве, окончил институт иностранных языков, став филологом по профессии и призванию. И вот, пожалуйста, второй случай. Правда, через несколько минут оживленной товарищеской беседы выяснилось, что мать Ивана

Ивановича белоруска, из Могилевщины, а отец русский, военный. Теперь понятно, откуда такое чистое произношение. Да, согласился он, среду, языковую практику нельзя сбрасывать со счета. На Кавказе они живут уже не один десяток лет.

Относительно языковой среды собеседник правильно заметил. Моей младшей дочери тогда было восемь лет, с четырех она живет в Москве и поправляла отца, когда я читал ей на ночь сказку. Твердое «р» и мягкое «г», ударения в словах, как это принято в белорусском языке, у меня, кажется, на всю жизнь. Дочь пошла в школу, русский текст, произносимый отцом на белорусский манер, казался ей неправильным, она запомнила, как учительница требовала произносить согласные звуки и на каких слогах делать ударение. Дочку не отличить было от других маленьких москвичек, с которыми она ходила в детский сад.

Сын заканчивал школу в Минске, очень уж гордился своим знанием русского языка и, прислушиваясь к замечаниям сестренки, с удивлением узнавал, что и у него отцовское произношение. За время службы в армии у парня заметно усилился интерес к белорусскому языку и литературе, истории и культуре своего народа. В принципе, он был уже взрослый человек, и свое любопытство мог удовлетворять самостоятельно, тем более что в квартиру поступали белорусские газеты и журналы, новинки художественной литературы. А как быть с дочерью? Ее тоже привлекали белорусские народные сказки, изданные по-белорусски детские книжки. К сожалению, изучать родной язык и литературу, приобщаться к сокровищнице культуры своего народа тем, кто по каким-то причинам вместе с родителями поменял место жительства, возможности в Москве не было.

И не только детям. Ежегодно тысячи специалистов разного профиля и уровня направлялись в советские времена из Москвы в национальные республики, о которых они, по существу, почти ничего не знали, не говоря уже о языке, культуре и традициях. Познакомиться с ними в Москве было негде. Бездействовали в этом плане и постоянные представительства, которые в Москве имела каждая республика. Многие из них были укомплектованы москвичами, далекими от проблем народов, экономические и культурные интересы которых они представляли в столице. Чему они могли научить, чем увлечь, если сами туманно представляли даже географическое положение региона, не говоря уже о чем-то более существенном. Между прочим, рассказывали, что до войны в Москве было белорусское культурно-просветительное общество и оно группировалось вокруг нашего постоянного представительства. Утеряны, забыты давнишние добрые традиции, многие работники представительства превратились в снабженцев, толкачей, пробивал. Неосведомленность, некомпетентность лилась из них, словно из бездонного кавказского рога. Сколько раз обращались ко мне за помощью: кто такой Максим Богданович, на каком языке издается в Минске газета «Белорусская правда», когда родился известный белорусский писатель Олесь Гончар. И смех и грех.

Иван Иванович занимался в крайкоме вопросами идеологической работы, тема межнациональных отношений была ему интересна вдвойне. В личном плане — как уроженцу Белоруссии, жившему в русскоязычном регионе и не забывшему еще родных истоков. В служебном — поскольку ему постоянно приходилось иметь дело с представителями горских народов, а их (народов), как мы знаем из справочника, проштудированного в самолете, здесь восемьдесят пять. Наблюдался рост интереса молодежи Карачаево-Черкесии (а эта автономная область входит в состав Ставропольского края) к изучению социально-экономических результатов вхождения в Российское государство, к связанным с ними переменам в жизни народов, проблемам их этнической истории. Взоры молодых были устремлены и ко временам создания первой в стране Дагестанской, а после Горской советской республике, ряду национальных округов, ибо именно на Северном Кавказе прошли испытания новые формы национально-государственного строительства. Это была гигантская лаборатория, в которой Советская власть вырабатывала пути оказания действенной помощи народностям Кавказа в быстрейшем преодолении их экономической и культурной отсталости, в утверждении новых форм общественных отношений. Молодому пытливому уму новое, современное прочтение многих страниц истории края давало богатый материал для размышлений. В самом деле, почему Советская власть здесь сразу же получила такую широкую поддержку? Чем объяснить тот бесспорный факт, что жажда свободы и справедливости пустила здесь глубокие корни, стала определяющей чертой степняков и горцев?

Иван Иванович сопровождал свои вопросы примерами, и они давали полное представление о силе революционных идей, овладевших людьми и сделавших их стойкими и непоколебимыми.

Буквально через месяц после Октябрьской революции в Петрограде и на протяжении всего 1918 года Ставрополье было надежной опорой молодой республики Советов на юге страны — сформированная здесь Одиннадцатая Красная армия противостояла Добровольческой армии белых. Ставропольцы составляли костяк прославленных в Красной Армии дивизий и бригад, которыми командовали известные герои Гражданской войны Апанасенко, Балахонов, Кочубей, Мироненко, отважно сражались во многих частях Первой Конной. Дело революции на фронтах Гражданской защищали около 200 тысяч ставропольчан.

Следует иметь в виду, говорил секретарь крайкома, что революцию защищали не только с оружием в руках. Оружием был и хлеб. Его ставропольчане отгружали в промышленные центры страны, посылали обозы в осажденный белыми Царицын, вагонами поставляли в Москву. А знаете, сколько ставропольчан воевало под боевыми знаменами на фронтах Великой Отечественной? Свыше 320 тысяч человек. В крае были сформированы мотострелковая, четыре кавалерийские и две стрелковые дивизия. Одна из кавалерийских дивизий, гвардейская, поила коней в Эльбе. Кстати, ее путь проходил и через Белоруссию. В кавкорпусе Доватора было много степняков, именем генерала-витебчанина названа улица в Ставрополе. А такой феномен вам известен — степные партизанские отряды? Народные мстители дислоцировались не только в лесах. Хотя точно известно, что и в белорусских лесах воевали уроженцы нашего края. Слыхали о Герое Советского Союза Османе Касаеве, командирах отрядов Жердеве, Онищенко, Реброве?

Последние фамилии я слышал впервые, а вот что касается первого... Сколько мучительных дней и ночей принесло мне это имя, сколько пришлось пережить неприятностей, пока, наконец, правда не восторжествовала. Я попытался было ответить собеседнику, что Османа знаю, более того, имею прямое отношение к тому, что его имя возвращено из небытия, но вопрос Никишина был скорее риторическим, он и не ждал на него ответа. Подобная манера свойственна людям, которым приходится много и часто выступать.

Справившись с охватившим меня волнением, я заставил себя спокойно записывать в блокнот сведения, на которые не скупился Иван Иванович. Жердев, Онищенко, Ребров — уроженцы Ставрополья, командиры партизанских отрядов, действовавших в Белоруссии. Понятно. На первом году войны немало войсковых командиров и рядовых бойцов, попав в окружение или получив ранение, принимали участие в борьбе с врагом в составе партизанских отрядов. А вот партизаны-степняки — это действительно неожиданно. В Одессе я видел катакомбы, в которых днем прятались вооруженные советские патриоты; выходя оттуда ночью, они вели боевые действия.

А где были стоянки степняков? В камышах. Заросли камыша здесь занимают огромные площади, попробуй найди в них ветер. Однако представляю, что не сладко приходилось камышовым солдатам, одна влага под ногами чего стоила. Сушиться нельзя: и дым может выдать, и пламя от порыва ветра так взовьется, что от зарослей ничего не останется. Но как-то выходили из положения.

Смотри ты, были даже горные партизаны. Их заслуга прежде всего в том, что они не дали прорваться фашистам через Главный Кавказский хребет. Знали тайные тропки между скал и утесов, встречали врага там, где он не ожидал. Гремели выстрелы с вершин, куда нормальному человеку забраться не по силам; гранаты летели из черной пропасти под ноги фашистских егерей, облазивших Альпы и Кордильеры; на пути подстерегали мины, неизвестно кем и когда поставленные.

Более 220 тысяч воинов и партизан Ставрополья удостоились орденов и медалей, 180 стали Героями Советского Союза. Ставропольская земля взрастила немало крупных военачальников, прославивших свои имена в боях с немецко-фашистскими захватчиками. Это генерал армии Апанасенко, его могилу с памятником я позднее увидел на Комсомольской горке. Смертельно раненный военачальник, зная о неизбежном исходе, попросил похоронить его на родине, и Сталин, которому доложили о последней просьбе генерала, известного ему со времен Гражданской войны, распорядился сделать так, как просил умирающий. Генерал-полковник Романенко, генералы Потапов, Зиберов, Козлов. Командир женского авиаполка Бершайская, одна из немногих представительниц слабого пола, удостоенная полководческого ордена Суворова!

Мы поговорили еще немного о национальном вопросе. Несомненно, сфера межнациональных отношений требует глубокого анализа, новых, нестандартных подходов. Вот мы, белорусы, гордимся своим интернационализмом. Однако и здесь не обошлось без деформаций. И не только в сужении употребления белорусского языка, об этом много говорилось и еще больше писалось. Обоснованная тревога в связи с сокращением числа белорусскоязычных школ, малые тиражи книг и журналов на родном языке, забвение своей истории, — это лишь одна сторона дела. Вторую мои уважаемые земляки словно не замечали. А она заключалась в том, что в качестве второстепенного в республике оказался не только язык ее коренных жителей. Мы всегда с гордостью подчеркивали, какие мы истинные интернационалисты, сколько у нас в дружбе и согласии живет представителей других наций и народностей. А какие возможности имеют они для удовлетворения своих национально-культурных потребностей? Те же поляки, к примеру. В республике их около полумиллиона, особенно много в западных областях: Брестской и Гродненской, да и в Минской и Витебской немало. Много ли там школ с преподаванием предметов на их родном языке? Издаются ли для них газеты и журналы? В Молдавии живут болгары, гагаузы. Для них выходят специальные приложения республиканских газет на родных языках, в местах компактного проживания районные и городские газеты, как правило, дублируются на болгарском и гагаузском языках. Или взять соседнюю Польшу. В Белостокском воеводстве, где проживает много белорусов, существуют школы с преподаванием на их родном языке, выходит белорусская газета, издаются книги писателей, пишущих по-белорусски. Так что проблем и здесь достаточно.

Что же касается ставропольчан, то свое прошлое они изучали с завидной смелостью и настойчивостью. Правда, белым пятном оставались здесь пока репрессии тридцатых годов, и этого края не миновали жуткие «ежовые» рукавицы.

Программу пребывания в Ставропольском крае я составил таким образом, чтобы, кроме краевого центра, побывать в городах Кавказских Минеральных Вод — там ведь лермонтовские места, которые нельзя не посетить, а также Карачаево-Черкесию, родину Османа Касаева — когда еще выпадет счастливый случай встретиться с земляками человека, имя которого стало целым периодом в моей жизни.

В краевом центре меня познакомили с Юрием Николаевичем Христининым, писателем, известным историческими экскурсами в прошлое своего города. Юрию Николаевичу судьба подарила немало близких и дальних дорог. Встречи с необыкновенными людьми помогли ему понять многие тайны, сделать известными имена десятков талантливых земляков-самородков, которые по тем или иным причинам были надолго преданы забвению.

Меня тоже давно привлекали тихие глубынь-городки, где в старые времена била жизнь, мчались по узким улочкам гонцы из дальних стран, везли послания от заморских королей белорусским философам, просветителям, книгопечатникам. Забылись некогда славные княжества, заросли одуванчиками да репейником крепостные сооружения, и только останки стен и рвов напоминают о былой мощи и славе. Уж очень подмывало поселиться в таком городке, пожить неделю-другую, походить среди седых камней, написать о днях минувших.

Я выбрал Туров, городской поселок в Гомельской области, и провел там две недели. Цикл писем из тихого городка, напечатанный в «молодежке» в шести номерах, вызвал неудовольствие в высоких сферах. Меня вызвали к большому комсомольскому начальнику и долго воспитывали, не давая сказать в оправдание ни одного слова. Тон был оскорбительный и грубый, обвинения сыпались такие, что бросало в холод. Почему это я полез в такую старину, подозрительно допытывался комсомольский начальник. Кому это нужно? Все пишут о славных достижениях молодых современников, проявляющих каждодневно на рабочих местах образцы ударного труда, борющихся за выполнение и перевыполнение заданий пятилетки, а здесь отыскался умник, его, видите, заботы корчагинцев семидесятых не волнуют. А что волнует? Жития церковников? Очевидно, хозяин кабинета имел в виду Кирилла Туровского. Родословная князей? Имения аристократов? Дворян и помещиков? Зачем возрождать их имена, рассказывать о каких-то заслугах перед отчизной? Их заслуги в деле эксплуатации трудового люда и без того известны. На кого работаешь? Не туда устремлен твой взгляд. Мое несмелое замечание о том, что дворяне были разные и что дворянское происхождение имели многие русские революционеры, в том числе и Ленин, и вовсе вывело начальника из равновесия. Он сорвался на крик, сердился, угрожал.

Короче, с того времени я попал в список неблагонадежных журналистов. Попытки редактора уладить дело успеха не имели. Комсомольский начальник, будто бык при виде красной тряпки, яростно набрасывался на тех, кто пытался писать на темы культурного наследия, возрождал имена забытых деятелей просвещения в Белоруссии.

А вот Христинин, например, собирая материалы о Римме Ивановой, бывал в Москве и Ленинграде, Могилеве, Барановичах, Новгороде, в маленьких карпатских городишках, и никто ему в этом не препятствовал. Представляете? А речь шла, между прочим, о девушке из обеспеченной семьи из привилегированного класса, которой сам Николай II, последний император российский, подписал указ о награждении орденом Святого великомученика и Победоносца Георгия четвертой степени. Небывалый случай в отечественной истории! Самый высокий военный орден России — двадцатидвухлетней девушке! Невероятно тем более, что в тогдашней России вообще было не так уж много боевых орденов. Основанный Петром Великим в 1698 году первый русский орден Андрея Первозванного, потом орден Александра Невского, орден Анны — по имени царствовавшей императрицы. И лишь в 1769 году Екатерина II учредила орден святого Георгия Победоносца четырех степеней, которым награждались генералы и офицеры русской армии за особые отличия, проявленные во время боевых действий. С 1807 года появился похожий, но немного другой орден, им награждались рядовые солдаты и унтер-офицеры. Кавалеров полного банта, или четырех степеней, в стране было чрезвычайно мало, и их имена украшали стены Георгиевского зала Кремля.

После приезда из Ставрополя, работая на очередной сессии Верховного Совета СССР, я вспомнил о Христинине, выбрал свободную минутку, прошел в Георгиевский зал и долго бродил вдоль стен с выбитыми на них фамилиями полных кавалеров. Есть! Иванова Римма Михайловна, сестра милосердия Оренбургского пехотного полка.

Христинин побывал в Могилеве, где во время Первой мировой войны располагалась ставка верховного главнокомандования русскими армиями и где Николай II подписал указ о награждении ставропольчанки Ивановой самым высоким военным орденом, который, согласно уставу, вручался за выдающиеся воинские заслуги перед отчизной, за беспримерную личную воинскую храбрость. Кстати, начальник Генерального штаба Алексеев, лично докладывавший императору вопрос об Ивановой, сам такого ордена не имел. Он напомнил царю, что Иванова раньше уже была удостоена трех георгиевских наград, и к одной из них ее представлял генерал Брусилов. Христинин установил, что Брусилов, будучи командующим армией, вручил ей орден, сказав при этом, что он будет гордиться знакомством с ней и всегда ставить ее мужество в пример там, где это возможно и необходимо. Интересно, что, перейдя на сторону молодой Советской власти, бывший главнокомандующий Юго-Западным фронтом, а после и Верховный Главнокомандующий, Брусилов часто вспоминал о девушке, ставя ее в пример как образец мужества и исполнения служебного долга.

К сожалению, имя Риммы Ивановой вскоре было забыто даже на родине. А ведь еще совсем недавно она была так популярна. Масла в огонь подлил старый генерал Стефанович, бывший командир Самурского его императорского величества великого князя Владимира Александровича полка. В одной из газет он опубликовал статью, где признавался в своем грехе перед девушкой и ее родителями: не имея разрешения сверху, под свой риск и ответственность он отдал приказ зачислить в полк санитарку, оформив ее в документах под мужским именем Рима Михайловича Иванова. И лишь спустя некоторое время, когда тайна неожиданно раскрылась, приказал писарям «превратить» мужчину Иванова в барышню Иванову.

Что началось! Газеты и журналы запестрели аршинными заголовками о Надежде Дуровой двадцатого века, романтическая история взволновала поэтов и жен военных, печаталось множество од и поэм, посвященных новой кавалер-девице. А ее уже не было в живых, национальной героини России, как говорилось в расклеенном на городских тумбах и оградах приказе начальника ставропольского военного гарнизона полковника Зайцева. Приказ был издан на основании распоряжения военного министра, которое, в свою очередь, было согласовано с самим императором. Тело Риммы Ивановой вернулось на родину, хотя и в специальном вагоне, но в простом деревянном гробу, обложенное сухим льдом. Мертвую героиню встречал весь губернский город. Сразу после прибытия траурного поезда на вокзале состоялась первая панихида. Все военные чины гарнизона выстроились на пути следования траурного кортежа от железнодорожного вокзала к Андреевскому собору. Как только гроб с телом погибшей опустился в могилу, раздались залпы прощального салюта. Ее похоронили как боевого офицера.

Во всех православных соборах России звучали торжественные молебны, восславлявшие ее подвиг. В 1916 году ставропольский протоиерей Симеон Никольский выпустил небольшую брошюрку «Памяти героини долга Риммы Михайловны Ивановой». В Ставрополь прибыл указ, подписанный Николаем II, о новой монаршей милости: в честь проявленного дочерью Ивановых геройства семье погибшей присваивался дворянский титул. К этим знакам внимания его императорского величества присоединились слухи о том, что ставропольское духовенство направило в Москву депутацию, прося канонизировать Римму, объявить ее святой. Сейчас ясно, почему ее имя, в свое время пользовавшееся всемирной славой, не вызывало особого энтузиазма у комсомольцев двадцатых годов. К тому же и похоронили ее на территории церкви. Значит, не наш человек.

Давайте же с пониманием отнесемся к максимализ-

му тех гордых от осознания своего классового перво-
родства парней, в большинстве своем неграмотных,
неспособных разобраться во всех сложностях и пери-
петиях человеческих судеб. Их пролетарское невоспри-
риятие всего, что имело хоть какое-нибудь отношение
к свергнутым классам, распространялось даже на гал-
стуки, танцы, поведение в общественных местах. Старое смертельно надоело, его отвергали вчистую, со
всеми ценностями и знаниями, книгами и героями,
сначала даже прогрессивными. В тридцатые годы было еще более сложно. Возник и укреплялся генный
страх, интерес к дореволюционному времени, к его
передовым людям и идеям отождествлялось с про-
явлением симпатий к свергнутым классам, а это уже
пахло контрреволюцией. А дальше? Дальше была Оте-
чественная война, появились новые поколения со своими героями, и волшебная ниточка, которая тянется
от каждого из нас в прошлое, становилась все короче
и короче. Что там Первая мировая, вон и Гражданская
уже представлялась из кино- и телефильмов не более
как веселый и занимательный набор приключенческих
кадров.

Слуха Христинина касалось эхо необыкновенной
популярности его землячки в начале века; слабое, ис-
каженное, оно зажгло в нем неудержимое желание
выяснить все о ставропольской Надежде Дуровой. Замысел укрепился после того, как на экраны вышла
комедия «Гусарская баллада». Старожилы, посмотрев
фильм, начали вспоминать свою девушку-героиню:
мол, Дурова была не единственной в России женщиной, награжденной самым высоким военным орденом.
Сведения о Римме Ивановой были скупыми, проти-
воречивыми; одни произносили ее имя с восхищением
и сожалели, что оно стерлось из памяти новых поколении, другие, настороженно оглядываясь, намекали на
дворянство, внимание Николая II, церковные похороны, приобщение к сонму святых. Последнее обстоятельство не смущало Христинина: в конце концов,
и Александр Невский канонизирован церковью, но
ведь это не мешает чествовать его память, восхищать-
ся военным талантом выдающегося русского полководца, с гордостью носить ордена, учрежденные Советской властью в его честь. К тому же слухи об
объявлении Риммы святой великомученицей оказались

не более как слухами: Христинин с абсолютной точностью установил, что икон с портретов Риммы не писали; неизвестно, в связи с чем, но отец на это не дал согласия, хотя действительно митрополит московский, поддерживая просьбу ставропольского духовенства о канонизации Риммы Ивановой, обращался за разрешением к родителям героини — таков, оказывается, был порядок.

Упорно продираясь сквозь напластования времени, мифы и легенды, опасливый шепоток и бессовестные сплетни, сложенные вокруг имени Риммы Ивановой, Христинин постепенно собирал зерна истины. Жизнь Риммы Ивановой предстала перед ним как бы в двух измерениях, неспроста тогдашние газеты писали о ней то как о ставропольской Надежде Дуровой, то как о ставропольской Жанне Д'Арк.

Надежда Дурова, дочь гусарского ротмистра, переодевшись в казачью одежду, вскочила на коня и махнула в расквартированный в Гродно полк уланов. Там ее, благодаря мужской одежде, как сына дворянина записали в состав первой казачьей сотни. Отличившись особой храбростью в битвах при Гутштадте и Фридлянде, Надежда заслужила Георгиевский крест, получила офицерское звание и перевод в Мариупольский гусарский полк.

Почти через полвека ее ставропольская соотечественница Римма Иванова тоже направилась в действующую армию. В отличие от прославленной кавалердевицы она не переодевалась в казачью форму и не вскакивала на коня. Римма уехала в Самурский, по имени местности в Южном Дагестане, полк, который комплектовался из жителей Северного Кавказа, вместе с братом Владимиром, врачом полкового госпиталя. Брат приезжал домой на двухнедельную побывку с фронта, и сестра уговорила взять ее с собой. Их отец служил в консистории, занимал скромную чиновничью должность, семья существовала на его жалованье, которого едва хватало, чтобы сводить концы с концами, но детям Михаил Павлович стремился дать хорошее образование: сына призвали на фронт с пятого курса Харьковского университета, где он изучал медицину, Римма окончила в Ставрополе Ольгинскую гимназию, работала учительницей в селе Петровском, окончила медицинские курсы. В Самурском полку — а он имел георгиевское знамя и георгиевские трубы за штурм крепости Геок-Тепе и беспримерную тридцатидневную оборону крепости Куба, знаки на шапках за храбрость на Кавказе в 1857—1859 годах и за Хивинский поход 1873 года — Римма Иванова была санитаркой-добровольцем в госпитале.

О необычном «гусаре» кавалерист-девице Дуровой доложили императору Александру I. Слегка поколебавшись, он принял решение: разрешить девице Дуровой называться до конца ее дней мужчиной Александровым и дать ей возможность обращаться к нему с любыми просьбами. О сестре милосердия Римме Ивановой Николай II узнает лишь после ее гибели, когда придворные расскажут о ее героическом поступке. Тогда и появится указ о награждении Георгиевским крестом четвертой степени, о дворянском звании родителям, распоряжение о торжественной церемонии похорон.

Корнет Александров отличился во время «грозы двенадцатого года». Он был контужен под Бородином, отличился затем при блокаде Модлина и Гамбурга. Его ставропольская соотечественница занималась более прозаичным делом. Сначала в Самурском, а после в Оренбургском пехотном полку она мыла в ледяной воде бинты, которых постоянно не хватало, перевязывала раненых, кормила лежачих. А потом войска Юго-Западного фронта пошли в наступление. Боевые действия велись в Карпатах, на передовой гибли и получали увечья множество людей, и Римма настояла, чтобы ее перевели сестрой милосердия в пехотный батальон. Она шла в наступающих цепях вместе с солдатами, и если кто-нибудь из них падал, сраженный вражьей пулей, она здесь же, на поле боя, склонялась над ним, оказывая первую помощь, а потом тащила раненого по грязи в тыл.

Корнет Александров вышел в отставку в 1816 году в чине штаб-ротмистра Литовского уланского полка. Жил в татарском городе Елабуга, мне приходилось в нем бывать, доселе сохранился домишко, где были написаны знаменитые «Записки кавалер-девицы», рассказывали, что ими восхищался А. С. Пушкин, печатал их в своем «Современнике» и уговаривал Дурову продолжить работу над воспоминаниями. Надежда Андреевна Дурова прожила свыше восьмидесяти лет.

Век ее ставропольской соотечественницы оказался в четыре раза короче. И прервался он возле маленького карпатского села Доброславка. Христинин до мелочей выяснил, как все происходило и почему Римму под конец жизни называли уже не Дуровой, а Жанной Д'Арк. Случилось так, что русские цепи под огнем противника пришли в замешательство. Убит командир батальона, неподвижно, в неестественных позах, распластались мертвые офицеры. Некому поднять людей. И тогда над залегшими солдатами выпрямилась девичья фигура с красным крестиком на белой косынке. Она подхватила чью-то винтовку: за мной, солдаты, вперед! Ее услышали. Ее любили. Однажды весь батальон бросился спасать сестричку, когда ее накрыло взрывом снаряда, бросился, несмотря на шквальный пулеметный огонь. Вот и сейчас, увидев знакомую фигуру Риммы, засовестились: девушка идет в атаку, а они боязливо прячутся от пуль. Замешательство проходило. Друг за другом вскакивали солдаты, бросались вслед за сестричкой. Уже целая цепь за ее спиной. Могучее «ура» несется над полем, и Римма пытается улыбнуться от переполнившего сердце чувства победы. И вдруг — страшный удар в бок. Потом еще один, еще, еще... Земля, замерев на мгновение в немой неподвижности, стремительно бросается ей навстречу...

Дурова сама написала о своих подвигах. О последнем бое Риммы Ивановой рассказывали свидетели. На ее теле насчитали свыше двух десятков ран: девушку в буквальном смысле подняли на штыки. Горе было неутешное, депутации из соседних частей прибывали сплошным потоком, возле ее тела произносились горячие слова, скромную сестру милосердия называли гордостью России, национальной героиней, дочерью русского народа, которая, словно Жанна Д'Арк, возглавила войско и повела его в бой. Вскоре появились песни, многочисленные картины художников, в которых отражался ее подвиг. Был снят и фильм, демонстрировавшийся в ставропольском кинотеатре «Биоскоп», против чего протестовал отец Риммы, написав в местной газете о том, что это «грубый фарс, плод безграничной фантазии антрепренера, который, показывая портрет героини-артистки под именем моей дочери, превзошел все правила приличия и чести...»

Фильм заканчивался такой сценой: возле старой церкви умирает Римма. Солдаты, столпившиеся вокруг, с замиранием сердца лицезреют свою героиню. А она, сладко улыбаясь, говорит им: слава великому Господу! Скоро я встречусь с ним в раю! Неудивительно, что комсомольцы двадцатых годов не воспринимали такой трактовки героев прошлого.

Портрет славной дочери русского народа отделывали сусальным золотом, покрывали лаком, наводили на него сверкающий глянец. Напрасно! Прошло время, и из-под слоя розового масла проступили подлинные черты замечательной патриотки, лично вынесшей с поля боя более восьмисот раненых солдат и офицеров. Христинин разыскал материалы, свидетельствовавшие о международном признании ее поступка. Дело в том, что согласно Женевской конвенции Международного Красного Креста от 1864 года, за ранеными и больными, а также санитарным и административным персоналом лазаретов и госпиталей закреплялся статус нейтралитета. Флаг с изображением красного креста или повязка с ним на рукаве санитара или сестры милосердия должны были служить надежным средством от вражеских пуль на полях битв.

В Берлине стало известно о гибели русской сестры милосердия. Назревал международный скандал: представительницу Красного Креста солдаты поднимают на штыки! И тогда германская сторона передает в женевскую штаб-квартиру Красного Креста официальный протест. Сестрам милосердия, мол, не к лицу свершать воинские подвиги, что вытекает из положения о нейтральности медицинского персонала. Протест немцев был рассмотрен на специальном заседании комитета, принявшего и опубликовавшего в печати решение: к лицу! Если сестры милосердия по-настоящему любят свой народ, если готовы жертвовать за него жизнью, они имеют право совершать подвиги.

И еще одно свидетельство, проливающее на нее свет совсем с другой, неожиданной стороны. Последнее письмо Риммы родителям с фронта. «Дорогие мои, — говорилось в нем, — я спешу сообщить вам, что я счастлива! Я наконец поняла, кому и чему должна служить всю свою жизнь! Я должна служить единственно моему дорогому, моему великому русскому народу, а вовсе не тем, кого я так наивно, так ошибочно считала хозяевами этого многострадального народа.

Я встретила здесь, на фронте, людей, которые помогли мне до конца осознать эту истину, и сейчас я ни за какие щедрые земли не отрекусь от нее.

Понимаю: очевидно, не следует мне писать вам все это... Но я хочу, чтобы вы, дорогие мои, знали обо всем этом, если вдруг меня не станет. Но если я вернусь с войны — я вернусь уже совсем иным человеком...»

Написаны эти строки были под воздействием газет, которые она тайком от брата брала в его ящичке с медикаментами. Алексей Всильевич Учинский, ставрополец, работавший в госпитале, с которым приезжал домой в краткосрочный отпуск брат Риммы Владимир, поведал Христинину, что читали на фронте они в основном газету «Пролетарский голос», которую издавал ЦК РСДРП. Алексея Васильевича Христинин разыскал в Новгороде, ездил к нему специально, и бывший прапорщик беседовал с ним в своей квартире, на стене которой висели два портрета — Дуровой и Ивановой. Окопные университеты буквально перепахали души Учинского и его друга Володи Иванова, они своими глазами видели ужасы и страдания братоубийственной войны, подтверждавшие вычитанные из запрещенной литературы слова о том, что царь и кайзер не желают гибели друг другу, что война ведется для того, чтобы не было революций в России и Германии. Как и многие честные русские люди, Иванов и Учинский быстро поняли, что эта война большинству людей не нужна. Они сочувствовали большевикам, прятали от военно-полевого суда у себя в госпитале их агитаторов, вступались за них перед начальниками. Многое поняла и Римма. К свойственной ей с детства любви к простым людям, природной доброте и чуткости на войне пришло ощущение родства с этими бесхитростными бородачами, крестьянами и рабочими, мобилизованными на кровавую бойню, ощущение единства со своим народом, стремление разделить с ним все невзгоды, всю боль.

Родители Риммы Михаил Петрович и Елена Никоноровна после гибели любимой дочери прожили недолго, умерли в двадцатых годах в Ставрополе и похоронены на городском кладбище. Брат Владимир, с которым Римма уехала на войну, вернулся домой с двумя ранениями и двумя орденами. Из альтернативы, с кем быть, он сразу же выбрал Советы. Сражался на стороне новой власти в Гражданскую, завершил образование в Харьковском университете, переехал в Ленинград, где занимался лечением больных. Одним из первых в стране получил звание заслуженного врача республики. Умер и похоронен в Ленинграде.

Алексей Васильевич Учинский тоже принял Советскую власть. Он прожил свой век холостяком, ни одна женщина из тех, которые встречались на его пути, не могла сравниться с Риммой Ивановой. Но это уже частные тайны чужого сердца, хотя вся история их отношений окружена романтическим ореолом.

Вот такую трудную и запутанную историю раскрыл перед изумленными земляками молодой журналист.

Знакомясь со Ставрополем, а затем и с другими городами — Пятигорском, Ессентуками, Железноводском, — я снова и снова отмечал про себя завидное отношение горожан к своему прошлому, их умение не замалчивать и тем более не обливать грязью, не очернять после смерти тех, кто сделал что-нибудь полезное для города, для его благоустройства и культуры.

В сентябре 1970 года постановлением Совета Министров РСФСР краевому краеведческому музею было присвоено имя Георгия Константиновича Праве. Это известный в конце XIX века общественный деятель, уроженец Петербурга, который вынужден был сменить северный климат и переехать в Ставрополь по состоянию здоровья. Занимая скромную должность нотариуса, он во время своих частых поездок по краю собирал коллекцию по различным отраслям естествознания. Неукротимой энергии человек, он проводил в горах и степях выходные и праздники, отпуска и даже дни, когда заболевал и мог не выходить на службу. В командировках успевал выполнять задания начальства и в свободное время, когда его сослуживцы сидели за щедрым столом с хозяевами да нахваливали сочные шашлыки, запивая их молодым вином, а в перерывах играли в преферанс, чудаковатый чиновник, словно озорной ребенок, носился по лугу за бабочками, условливался с охотниками о чучелах кавказских животных. Г. К. Праве нашел себе помощников из среды культурной части жителей Ставрополя; учителя Ольгинской гимназии, учащиеся старших классов, некоторые чиновники охотно участвовали в его замыслах.

Георгий Константинович оставил заметный след в культурной жизни Ставрополя конца девятнадцатого — первой четверти двадцатого века. Приехав сюда в 1885 году, до самой своей смерти в 1925 году он неутомимо заботился о развитии культуры горожан, разжигал у них интерес к познанию природы, истории, археологии, этнографии края. Г. К. Праве оставил о себе добрую память и тем, что был одним из первых организаторов воскресных народных школ, создал в городе первую бесплатную библиотеку. Собранные им богатейшие коллекции, чучела редких животных, препараты, наглядные пособия, ценнейшую библиотеку бесплатно использовали на уроках учителя школ и гимназий. Замечательный просветитель и гуманист, Георгий Константинович в 1904 году подарил свой музей городу, считая, что в личном пользовании одного, даже бескорыстного человека, подобные богатства не должны находиться.

Город принял подарок с благодарностью. Но это не значило, что Г. К. Праве отмежевался от музейных забот. У Георгия Константиновича были широкие связи в крупнейших музеях Петербурга и даже в зарубежных столицах, откуда по-прежнему на его имя в Ставрополь прибывали ящики с ценными коллекциями и книгами. Все свободное время он, как и прежде, отдавал своему любимому детищу. Ему помогали жена, сын и четверо дочерей, работавшие после его смерти в течение многих лет научными сотрудниками музея.

Услышав о музее имени Г. К. Праве, я поймал себя на мысли, что где-то уже встречал эту довольно редкую фамилию. Мне вспомнилось: Ленинград, Эрмитаж, небольшой зальчик, в котором экспонируются обнаруженные в скифских курганах древние изделия из золота. Старший научный сотрудник Эрмитажа, доктор искусствоведения, специалист по скифской и сарматской эпохам, подвел к стенду, где под стеклом лежал уникальный клад золотых предметов, их общий вес — шестнадцать килограммов. Тончайшей ручной работы женские браслеты, обруч. А это что такое? Подставка для женского головного убора, подсказы-

вает гид, и объясняет, что [...]
клад, найденный в 1914 году к[...]
ковым из расположенного недал[...]
села. Фамилия счастливчика мне запо[...]
лота тоже — пуд, а вот название сел[...]
памяти. Село Козинское, подсказали в [...]
Г. К. Праве, когда я рассказал об этом слу[...]
вели по длинному узкому коридору в зал, [...]
полагались экспонаты, свидетельствующие о вы[...]
культуре Предкавказья еще в седьмом веке до но[...]
эры. Как и в ленинградском Эрмитаже, меня подвел[...]
к такому же застекленному стенду, я уставился на
него и... протер глаза, не веря увиденному. Неужели
цветник? Или галлюцинации? Не первое и не второе,
успокоили меня, и рассказали, что находка Олейникова
сначала попала к Г. К. Праве, которого бросило
в дрожь от одного ее вида. Он сразу понял, что ей
место в Эрмитаже. Так золотой привет из далеких
эпох оказался на берегах Невы, а в музее имени
Г. К. Праве хранится его точная гальваническая копия. Теперь сомнений быть не может, именно там,
в Эрмитаже, от доктора искусствоведения я и услышал
впервые эту редкую фамилию — Праве, и отложилась
она, несомненно, в связи с уникальной находкой ставропольского крестьянина.

Георгий Константинович скончался от паралича
сердца внезапно, за рабочим столом. Он собрал и оставил ставропольцам около тридцати тысяч ценней-
ших экспонатов и свыше 90 тысяч редчайших книг.
Подвиг просветителя тронул своим бескорыстием детей и внуков тех, кого Праве когда-то приобщал к со-
кровищам культуры, и в знак благодарности они назвали основанный им музей его именем.

Слушая эту простую и в то же время заниматель-
ную историю, я невольно начал вспоминать белорусские музеи — в Минске, областных и районных цен-
трах. Нет, кажется, ни один из них не носит имя
знаменитого моего земляка-просветителя. Краеведчес-
ким и народным музеям у нас почему-то не принято
присваивать имена выдающихся подвижников. Сыро-
комля, Эпимах-Шипилло, Ядвигин Ш., Гусовский, Ду-
нин-Мартинкевич, Руссель-Судзиловский, Голубок —
эти имена пока не украшали таблички с названиями
культурно-просветительных учреждений республики.

...мятникам белорусской
...о меня к организации
...рокой дискуссии о тре-
...ся с нашим националь-
...середине шестидесятых

...цию красивый бородач
...художник Геннадий Со-
...девной болью и кровью
...точным заглавием «Ох-
...она!». Напечатали. Что
...телефонных звонков —
...заставила высказать все,
...а душе. Перезванивались
...министерства культуры
и общест... ...ятников, горисполкомов
и облисполкомов, переспрашивали друг у друга: кто разрешил такую постановку вопроса, в каких инстанциях согласовывалась статья? Делали глубокомысленные предположения, высказывали подозрения, проверяли версии. Узнав о наглой самочинности газетчиков, дружно двинули в наступление: не лезьте не в свои дела, занимайтесь трудовым воспитанием молодежи, держите на контроле задания определяющего года пятилетки, а что касается памятников старины, там и без вас есть знающие люди, своим умом дошли бы до необходимости принятия закона об охране памятников.

Кто знает, может, когда-нибудь и додумались бы. Только вот за двадцать лет, а именно столько времени существовало уважаемое общество, почему-то эта простая мысль никому в голову не приходила. И вообще, трудно представить, чтобы она родилась в мозгу какого-нибудь отставника, тещи или супруги районного начальника, а именно такими ценными кадрами укомплектовывался тогда штатный аппарат этих уважаемых общественных организаций. Ставить вопрос о принятии закона? По мнению трусливых функционеров, подобное возможно лишь на закрытых совещаниях, где присутствуют служебные лица самого высокого ранга. А вот так, в газете? Не иначе, есть благословение высших сфер. В том-то дело, что не было никакого благословения.

В то время, когда мы, безусые сотрудники «молодежки», набивали синяки и шишки, предпринимая отчаянные попытки спасти памятники отечества от разрушения, когда вопреки протестам общественности беспощадно уничтожались старые кварталы Минска, а Немигу, которая упоминалась в «Слове о полку Игореве», брали в трубы и закапывали глубоко в землю, в Ставрополе, на горке, откуда начинался исторический центр города, тоже кипели работы. Сегодня горка называется Комсомольской, в честь тех, кто не дал ей погибнуть. Раньше она была Крепостной горкой, отсюда и взял начало два с лишним века назад Ставрополь, главное укрепление Азово-Моздокской оборонительной линии, своеобразное окно России на Кавказ. Поныне сохранилась часть старой крепостной стены с 56 бойницами, ставропольчане окрестили ее Суворовской — в память о выдающемся русском полководце, который приехал сюда в 1779 году с инспекционной целью; увидев, что крепостную стену возводят из бревен, Суворов приказал остановить строительство, разбросать бревна и далее класть крепость из местного дикого камня.

Ставропольская крепость много десятилетий подряд пользовалась славой мощного фортификационного сооружения, ее стены, возведенные согласно требованию молодого генерал-поручика Суворова, были прочными и надежными. Но времена меняются, грозные крепости тоже теряют свое значение, неприступные стены оседают и врастают в землю. То, что не удавалось врагу, оказалось по силам времени, ветрам, дождям да стужам. Казалось бы, срыть остатки седых развалин, чтобы не мозолили глаза своим непривлекательным видом, подумаешь, какие-то хоперские казаки двести лет назад здесь брезентовые палатки ставили, собирали камни. Но народ дружно вышел на спасение исторического центра города. Одни восстанавливали крепостную стену, другие мастерили возле нее бетонную палатку, напоминавшую ту, в которой жили первовостроители крепости, хоперские казаки, третьи работали на каскадной лестнице, ведущей с проспекта Маркса на самую верхотуру горки, четвертые восстанавливали титаны, из которых сегодня успокаивающе журчат сказочные в свете разноцветных фонарей струи. Работа кипела и в двухэтажном старом домишке, одном из первых кирпичных зданий Ставрополя. Реставрированный и приспособленный для проведения музыкальных занятий, этот домик гостеприимно принимает сегодня маленьких любителей волшебных мелодий, их мир особенно привлекателен в таинственных анфиладах комнат, стены которых, кажется, вобрали звуки голосов далеких предков.

Ставропольчане заботливо оберегают свою старину, у них следует поучиться, как надо относиться к памятникам истории и культуры. И мы с Юрием Николаевичем Христининым не один час бродили по старым улицам и закоулкам, любовались отреставрированными зданиями, вникали в круг забот архитекторов и художников. Сейчас их внимание сосредоточено на реконструкции Комсомольской горки. Предполагается создать здесь заповедный уголок, чтобы донести наследникам контуры седых веков, колорит старого времени. Архитектурный ансамбль памятников прошлого возник на горке не сразу, не в одну историческую эпоху; крепостной пороховой погреб времен Суворова соседствует с огнем Вечной славы, зажженным в шестидесятые годы нашего столетия, монумент в честь героев Гражданской войны — с громадным разветвленным тополем, в стволе которого торчат ржавые стальные скобы, по ним во время Великой Отечественной взбирались на вершину артиллерийские корректировщики, дерево служило хорошим наблюдательным пунктом для расчета зенитной батареи. Это обстоятельство и родило у архитекторов дерзкий замысел — замкнуть в одной пространственной системе все разномасштабные памятники, расположенные на Комсомольской горке.

Юрий Николаевич показывал, как будет выглядеть исторический центр Ставрополя. Я едва успевал за ним, когда он то очерчивал будущие планировочные оси, которые соединят памятник героям Гражданской войны с крепостной стеной и памятник Апанасенко с кинотеатром «Родина», то тащил к месту, где, по его мнению, эти оси пересекутся. Точка их пересечения и будет отмечена мемориальной формой «Стена памяти». Вытянутая скульптурно-рельефная композиция в виде буквы «Т» станет первым на Северном Кавказе многофигурным отражением истории города и края. Аналогичное произведение изобразительного искусства в России есть — памятник тысячелетию России в Новгороде. На ставропольской «Стене памяти» предполагалось также воплотить реально существовавших людей, прославивших родную землю. Тех же первостроителей крепости, офицеров Хоперского полка. Разве они не достойны благодарной памяти потомков? А первый переводчик «Капитала» на русский язык Герман Лопатин? Друг Карла Маркса, он кончал в Ставрополе мужскую классическую гимназию. А сестра милосердия Римма Иванова, подвиг которой не давал покоя моему собеседнику и гиду? А знаменитые краскомы Гражданской войны Петр Ипатов, по имени которого был назван район, известный всей стране своим методом комплексного использования техники на уборке урожая, комполка Первой Конной Константин Трунов, комбриг Одиннадцатой Красной армии Петр Кибкало?

По каскадной лестнице мы спускаемся с горки на проспект Маркса. Христинин объясняет, что это главная магистраль города, его деловой центр. Когда-то Ставрополь был единственными воротами на Кавказ, и начала проспекта Маркса не миновали все, кто ехал из центральных губерний на Горячие Воды. Именно здесь их встречали высокие каменные ворота, их так и звали — Тифлисские, отсюда, от современного дома под номером тринадцать, дорога сворачивала на Георгиевск, а оттуда вела на Тифлис. Любопытно, что и до первого своего названия — улица Черкасская — проспект тоже существовал. Тогда он имел статус почтового тракта. Мчались по нему курьерские тройки с суровыми военными ездоками, перегоняли медленные экипажи и кареты с юными петербургскими барышнями и их недоступными великосветскими львицами-мамашами, ехавшими лечиться за воды, мечтательными взглядами провожали столичные красавицы стройных блестящих офицеров, тоже оглядывающихся назад в надежде встретить кого-либо из знакомых.

Кто знает, может, однажды, в 1820 или в 1825 году, какой-либо усатый гуляка гусар, проведший бурную и хмельную ночь в компании отчаянных однополчан, случайно встреченных вот здесь, возле бывшей Крепостной горки, на почтовой станции, на месте которой ныне с утра до вечера шумит городской рынок номер два, больше известный в Ставрополе под названием Нижнего, вонзил нагло-пронизывающий взгляд, а его не выдерживала ни одна петербургская красавица, в лицо одинокой незнакомки. Женская фигура в карете с отброшенным верхом разжигала и без того горячее воображение гусара, и он нетерпеливо подгонял возницу, надеясь на дальнейшее совместное путешествие с какой-нибудь романтичной юной особой. Надеждам молодого ловеласа не суждено было сбыться, вместо застенчивых девичьих глаз по нему холодно и равнодушно скользнула высокомерным взглядом уважаемого возраста аристократка. Молодцеватому любителю дорожных приключений ничего не оставалось, кроме как пробормотать что-то по-французски в оправдание своего совсем не светского любопытства. Из чрева кареты в гусара впились чьи-то живые глаза, присмотревшись, он заметил, что его с восхищением рассматривает мальчик лет десяти-двенадцати.

Не исключено, что именно эта картина вспоминалась прапорщику Нижегородского драгунского полка Михаилу Юрьевичу Лермонтову, когда он снова, на сей раз в качестве сосланного поэта, попал на знакомый с детства старый Черкасский тракт, по которому дважды, семнадцать и двенадцать лет назад, ехал с бабушкой на Горячие Воды. Е. А. Арсеньева была озабочена слабым здоровьем внука, слухи о целебных свойствах кипятка, который ручьями стекает в долине меж гор Бештау и Машук, просачивались в московские светские салоны, и бабушка решила испытать и это средство, не обращая внимания на предупреждения об опасности — в двадцатые годы прошлого столетия кордонная пограничная линия проходила в непосредственной близости от чудодейственных целебных источников. Впечатлительный мальчик слышал о казачьих пикетах на всем пути от Горячих Вод до Кислых, о стычках с горцами, поэтому можно легко представить, что он ощущал, наблюдая бешеную гонку на тракте, нахально-веселое лицо гуляки гусара и его позорную ретираду.

Мы шагали по проспекту Маркса, который пересекали небольшие тихие улочки, и вид старых домишек лермонтовских времен неодолимо тянул меня в далекое прошлое. Христинин, поняв мое настроение, подливал масла в огонь. А знает ли уважаемый гость, что именно на этом проспекте впервые на Кавказе зажглись уличные фонари? Представьте себе, в Ставрополе, а не в Тифлисе; абсолютно точно установлено, что щедрые ставропольцы передали тифлисцам в качестве презента двенадцать газовых светильников, и произошло это событие в 1851 году, о чем засвидетельствовано в авторитетных архивных источниках.

А вот еще одна ниточка, тянущаяся к судьбе Лермонтова — дом номер шестьдесят восемь. В те времена здесь располагался гостиный двор, он состоял из нескольких двухэтажных корпусов, маленьких магазинов и мелких лавчонок; рассказывают, что возле одного из них, соляного, всегда стоял на страже бородатый охранник-казак с ружьем, соль тогда была большой ценностью, торговля ею была государственной монополией. Корпуса гостиного двора были переоборудованы под жилые дома, в одном из них накануне революции размещалась какая-то банковская контора, а в лермонтовские времена — гостиница со знаменитой на весь город ресторацией. Говорят, что гостиница и ресторация принадлежали известному греку Найтаки, у которого любил бывать Лермонтов с офицерами-приятелями, правда, эта версия пока не доказана, относительно нахождения ресторации и гостиницы Найтаки существуют и иные предположения. Одно бесспорно: здесь останавливались, жили и питались сосланные на Кавказ декабристы. Я молча постоял несколько минут возле этого дома; согласно свидетельствам Христинина, внешний вид здания остался таким же, каким он был и в лермонтовские времена. Долго смотрел на балкон второго этажа; согласно преданию, встречающемуся в различных литературных источниках, именно отсюда прозвучало в 1837 году дерзкое приветствие по-латински «Да погибнет!». Им декабрист А. И. Одоевский, а он оказался в Ставрополе во время торжеств по случаю встречи горожанами Николая I, выразил свои чувства к самодержцу.

На этой же стороне проспекта, на углу с улицей Розы Люксембург, стоит старинный трехэтажный особняк, принадлежавший богатому купцу Плотникову. Городским властям каким-то образом удалось уговорить хозяина шикарных хором передать их в аренду под первую на Кавказе классическую гимназию. Возможность попасть в историю польстила самолюбию купца, уж больно хотелось ему оставить после себя добрую память. В двухстах комнатах учились восемьсот юношей. Удаленность от аристократических столиц и заведенные в непривилегированных учебных заведениях порядки не могли не сказаться на укладе жизни воспитанников Ставропольской гимназии. Нравы здесь были проще, отношения демократичнее. Где это видано, чтобы дети чиновников и офицеров, независимо от их заслуг и знатности, постигали столярное и плотницкое мастерство, трудились в мастерских, как сыновья простолюдинов? В первой кавказской гимназии трудовое воспитание было поставлено на соответствующую высоту! Не потому ли в стенах этого учебного заведения выросла целая плеяда замечательных революционеров и общественных деятелей, горячих патриотов, которые верно служили отчизне, своему народу?

Христинин называет фамилию Косты Хетагурова. Оказывается, он жил в Ставрополе, его пребывание в городе отмечено памятником, взгляд гранитного Хетагурова обращен в сторону улицы, названной его именем. Недалеко от этой улицы местный литературный музей, в нем мемориальный зал выдающегося философа и гуманиста. Из первой на Кавказе гимназии вышли также Михаил Фроленко и Михаил Бруснев. Вторая фамилия показалась знакомой. Бруснев... Не организатор ли он одного из первых марксистских кружков в России? Христинин утвердительно кивает головой: тот самый. А кто такой Фроленко? Известный в здешних местах народоволец. Юрий Николаевич называет новые имена. Их целое созвездие. Евгений Фелицын — знаменитый кавказовед. Николай Динник — исследователь природы, кавказский Брем. Иван Коломийцев — первый советский посол в Иране.

Шикарные дворцы Ставрополя резко контрастировали с глинобитными мазанками, покрытыми камышовыми крышами, в которых жили переселенцы-ремесленники из центральных губерний России. И они наравне с хоперскими казаками и владимирскими драгунами по праву вошли в историю как первостроители Ставрополя. В 1777 году, когда была основана крепость, сюда, согласно указу военной коллегии, прибыла первая партия из 332 отставных солдат с семьями. Они и заложили начало Солдатской слободке, возникшей рядом с крепостью и казачьей станицей. А спустя какой-то десяток лет было образовано кавказское наместничество, Ставрополь получил статус уездного города и, как во всяком уважающем себя городе, на его окраинах начали очерчиваться контуры первых бедняцких улиц и кварталов. В сословье мещан записывали не только отставных солдат, но и крестьян ближайших сел.

От Солдатской брала начало Госпитальная улица, ее название образовалось от военного госпиталя, кстати, самого большого на Кавказе. Его здание сохранилось до нашего времени. Летом и осенью 1847 года в госпитале работал основатель военно-полевой хирургии, выдающийся ученый в педагог Н. И. Пирогов. Ставропольские фармацевты под его руководством совершили, казалось бы, невозможное: наладили производство сорока фунтов эфира наивысшего качества и обеспечили его транспортировку по военным дорогам при тридцатитрехградусной жаре. Использование эфирного наркоза в хирургии позволило нашему замечательному соотечественнику и патриоту первому в мировой практике облегчить страдания тысячам раненых и больных солдат.

Солдатская и Госпитальная улицы образовали одну из красивейших магистралей города — улицу Ленина. В октябре восемнадцатого года под звуки духового оркестра, исполнявшего «Марсельезу», по этой улице в оккупированный деникинцами город хлынул «железный поток» — усталая, опаленная беспримерным походом Таманская Красная армия. По ее брусчатке проходили в четком строю перед отправкой на оборону Москвы ставропольские конники, многим из них пришлось воевать в кавалерийском корпусе Льва Доватора. А 21 января 1943 года улица Ленина, бывшая Солдатская, первой встречала пехотинцев и артиллеристов 347-й стрелковой дивизии, освобождавшей Ставрополь от немецко-фашистских захватчиков. Город стонал под игом оккупантов всего шесть месяцев, не много по сравнению с моим Минском, но жутко длинным казался каждый из этих ста восьмидесяти дней ставропольчанам. Свыше десяти тысяч жителей недосчитался город за короткое время оккупации. На месте массового уничтожения советских людей, у Холодного родника, как называют здесь большой лесной массив, примыкающий вплотную к улице, возвышаются четыре братские могилы в виде гранитных саркофагов и печальная черная стена над обрывом.

Улицу Ленина венчает площадь имени 200-летия Ставрополя, она сформировалась к юбилею города в самом центре современного жилищного строительства. Новая застройка велась в основном девятиэтажными башенками, хотя улица Доваторцев, есть здесь и такая, заставлена в основном обыкновенными пятиэтажками. Я обратил внимание и на существование проспекта Кулакова, подумав о том, что ставропольцы не забывают людей, оставивших заметный след в истории города и страны. Федор Давыдович в течение четырех лет возглавлял краевую партийную организацию. Работая в Москве сначала заведующим отделом, а затем секретарем ЦК КПСС, являясь членом Политбюро, он до конца своей жизни избирался депутатом ставропольчан в Верховный Совет СССР. Неожиданная и странная его смерть в Москве в 1978 году открыла дорогу к вершинам власти еще одному ставропольчанину — М. С. Горбачеву. Именем Ф. Д. Кулакова назван самый молодой проспект краевого центра.

Я уже говорил о том, что в Ставрополе стремились без нужды не менять старых названий улиц и площадей. Отрадно, что и улицей Доваторцев не вычеркнули чью-то память, что новые вывески вешали не вместо других. Наконец и в Минске принято такое решение, случай с непродуманным переименованием Долгобродской улицы послужил хорошим и поучительным уроком: старое название не забылось, а новое не прижилось, некие остряки образовали из них грустный симбиоз, и он прочно приклеился к старинной улице в пику авторам. В начале семидесятых едва удалось отстоять историческое название Ямной улицы, есть такая около кинотеатра «Мир». Какой-то горисполкомовский чин случайно наткнулся на нее, разгневался: что это еще за Ямная? В центре столицы — ямы? Где они? Переименовать, чтобы и духу старорежимного не осталось. Больших усилий стоило разъяснить высокопоставленному начальнику, что название образовалось не от прозаической дореволюционной ямы, а от яма, места стоянки ямщиков.

Мы с Христининым побывали в чудном дендрологическом парке, побродили по узким тропам заповедного участка леса, полюбовались экзотическими растениями и травами. Когда я шагал по главной аллее дендропарка, меня не покидало ощущение, что я уже где-то видел эту красоту. Ясность внес спутник, он сообщил, что аллея представляет собой точную копию знаменитой липовой аллеи Павловского парка под Ленинградом. Действительно, сходство невероятное. Дендропарк имеет около двух десятков аллей, и каждая из них высажена какой-либо одной древесной породой — буком, дубом, сосной, кедром, орехом, березой. Потому он и прекрасен всегда, в любую пору года.

Пройдя возле кустов черемухи и узнав, что ее здесь полторы сотни сортов, вдоволь налюбовавшись розами, а их тоже ни много ни мало — полтысячи сортов, и у каждого свой неповторимый аромат, мы направились к кургану, возвышавшемуся среди экзотических кустов. С вершины кургана на нас смотрели чьи-то равнодушные невидящие глаза. Баба! Самая настоящая — каменная, половецкая, выкопанная из древнего кургана, в знак давнего заселения удобного для жизни Ставропольского плато и окружающих его неоглядных степей. Археологи встречают здесь захоронения, относящиеся к двух-, а то и трехтысячному году до новой эры. Среди остатков бывших укреплений нет-нет да и блеснет позолотой древняя амфора с клеймом острова Родоса — подумать только, ею пользовались двадцать пять веков назад!

Мелькали времена, на смену скифской и сарматской культурам пришла широко распространенная на Северном Кавказе богатейшая культура аланских племенных объединений. Алан вытеснили кочевники-гунны. И они не удержались — на громадной территории, в которую входили и восточнославянские земли, начали хозяйничать хазары. На историческую арену выступили печенеги, половцы. Может, эта каменная баба с невидящими глазами сторожила ночную тишину своего племени, отводя от него беду? Сколько же она провела под открытым степным небом? Век? Два? Три? В каких чужедальних краях побывала вместе с воинственными сородичами? Видно, половцы верили в то, что она принесет им боевой успех и много добычи, иначе зачем было таскать с собой эту тяжесть. Кто тащил каменного идола — буйволы, быки или захваченные в плен мужчины из других племен? Неужто вот над этим страшилищем светилось звездное небо моей родины, неужели присутствие грубо обработанного дикого камня и в самом деле давало половцам уверенность в бессмертии, бросало их в бой против моих предков кривичей и их соседей — радимичей и дреговичей?

Я представил, как две живые стены воинов ринулись друг на друга и столкнулись в жестокой рубке. Звенели мечи, ржали кони, в предсмертной тоске изнывали раненые. Чужаки бились умело, покуда каменная баба была с ними, успех сопутствовал пришельцам. Нет, ну ее, эту сцену к дьяволу, надо ее отогнать... Вспомню-ка я лучше иную, более приятную картину, и мстительный холодок подкатил к моему сердцу. Ну что же, уважаемые половцы, помогла вам каменная баба? Почему же вы тогда откатываетесь все дальше и дальше на юг? Вот уже у князя киевского Кубань-река позади осталась. Князя, кажется, Святославом звали. А ну, выставляйте скорее своего идола вперед, ибо степь, необозримая и немеряная, необжитая, пленила души русских дружинников, и уже из речей бородатых киевлян вытекает, что им здесь очень понравилось. В самом деле, в десятом веке на Северном Кавказе возникло целое славянское княжество, и название его — Тьмутаракань — было неразгаданной тайной русской истории. С течением времени оно стало нарицательным, им обозначали отдаленное место, заброшенную глухомань. Где только не искали былинную Тьмутаракань дореволюционные и советские историки, строили различные догадки, выдвигали невероятные гипотезы! Разгадка же лежала в неожиданном месте — таинственное княжество находилось за Кубань-рекой, в которой киевские дружинники поили своих быстроногих коней.

Мстительное чувство, возникшее на несколько минут и захлестнувшее сердце как закономерная реакция на обиду, нанесенную далеким предкам кочевыми племенами, уступила место сочувствию их незавидному будущему. Не спасло каменное страшилище своих воинственных сородичей от грозного врага, он оказался куда более сильным, и половцы разделили трагическую судьбу многих народов, которых затянуло в ненасытную пасть хищной З...отой Орды, ее беспощадные

122

челюсти переломали хребет половине вселенной. Все-
могущие тумены монголо-татарских завоевателей не
проскочили мимо этих мест, золотая степь и синие
горы понравились ханам. Почти до семнадцатого века
господствовали здесь чужеземцы, поныне ставропольские реки носят названия, в которых ощущаются от-
голоски былой грозной силы — Мамайка, Ташла, Та-
тарка.

Половцы исчезли с исторической арены, раствори-
лись, ассимилировались в числе других завоеванных
племен. Темной звездной ночью остатки приближенных к верхушке священнослужителей выполнили последний печальный обряд: под прощальное завывание
тонких камышинок, трубный рык турьих рогов, плач
и стенания женщин и детей опустили каменную бабу
в выкопанную накануне в родовом кургане яму. Там
и пролежала она несколько столетий во мраке и сырос-
ти, ожидая, покуда племя возродится и ей снова будут
поклоняться наивные сородичи, верившие в ее могущество и всевластие. Тихо и страшно было в подзем-
ном погребении, время словно остановилось. Пустота,
немота, мрак.

На поверхности же ход событий разворачивался
с еще большей скоростью. Уходили в мир иной престарелые и рвались к власти молодые золотоордынские
ханы, сживали со света друг друга потомки Бату и
Чингиза, враждовали и грызлись из-за прекрасных
пленниц и овечьих кож, конских табунов и золотых
монет, нанимали слуг, чтобы те подсыпали отраву
в чай родственникам-соперникам. Противоречия раз-
дирали пока еще огромные и сильные территории,
но мощь ханов была уже не прежней, она держалась,
скорее, по инерции, основывалась на генном страхе
перед завоевателями. Сменилось два-три поколения,
и молодые русичи уже не вздрагивали при слове «та-
тарин», не бежали в страхе, заметив на горизонте
тучи пыли и услышав топот копыт низкорослых коней,
он уже не леденил души, как прежде, предсмертным
ужасом.

Русь собирала силы, чтобы сбросить ненавистное
иго завоевателей, наконец это ей удалось, и на первый
план среди важнейших задач для наиболее дальновид-
ных русских патриотов встал вопрос о создании централизованного государства.

Каждое государство заботится об укреплении своих границ, это гарантия безопасности его народа. Москва остро присматривалась к южным соседям, направляла к ним посольства, укрепляла торговые, экономические и политические связи. В 1552 году в русскую столицу прибыло первое черкесское посольство, спустя пять лет — посольство от кабардинцев. Результатом было добровольное присоединение народов Северо-Западного и Центрального Кавказа — адыгов, абазин, кабардинцев — к Русскому государству. В 1957 году народы Адыгеи, Карачаево-Черкесии и Кабардино-Балкарии торжественно отметили четырехсотлетие этого события. Послы, просясь в состав России, спасали свои народы от порабощения и физического уничтожения, которое тем угрожало со стороны турецких султанов и крымских ханов. Иван Грозный обещал защиту и безопасность, новые подданные обязывались верно служить московскому царю — куда он пошлет, туда и ходить. Тонкий политик и последовательный сторонник мощного централизованного государства, Грозный скрепил вечную дружбу с кавказскими народами еще и по семейной линии, женившись на дочери кабардинского князя Темрюка Кученей, которая после крещения приняла имя Мария. Многочисленные братья, родня Марии Темрюковны, дали начало рода русских князей Черкасских. Во второй половине шестнадцатого — начале семнадцатого века князья Черкасские вошли в состав боярской аристократии Русского государства и занимали ведущее положение в правительстве. Одному из князей Черкасских принадлежало и сельцо Иваново, нынешний областной центр в срединной России — припомнилась мне недавняя поездка к сыну.

Будто в волшебной рулетке, кружатся судьбы отдельных людей и целых народов, эпохи и города, земли и государства. Все связано, переплетено между собой, имеет свое начало и свой конец, ничто не исчезает бесследно. Покуда половецкая баба находилась в своем многовековом каменном сне, у народов, здесь поселившихся, появились новые враги, не менее жадные и жестокие, чем золотоордынцы для их предшественников. Притязания турецких султанов и крымских ханов распространялись на Закавказье и Иран. Путь к новым территориям лежал через Северный Кавказ, через покорение здешних народов. И вот на берегу

Черного моря возникают турецкие крепости — Матрета, или Тамань, Темрюк, или Суджук-кале, Новороссийск, Анапа, позднее на месте современного города Славянска-на-Кубани — крепость Копыл или Каплу. С башен грозно смотрели беспощадные янычары, время от времени обитые железом ворота отворялись, выпуская конные отряды, и турецкие военачальники — сераскиры — вели своих воинов, никогда не знавших поражения, против местных народностей. И тогда темные ночи вспыхивали кострами горящих аулов, степь наполнялась гулом громадных табунов лошадей и овечьих отар, которых завоеватели угоняли в свои крепости и дальше — на родину. Каждый такой набег стоил тысяч жизней мирных жителей, их захватывали в плен и вынуждали выполнять самую трудную работу.

Особенно жестокими были набеги крымчаков. Крымские ханы, подвластные туркам, стремились прочно укрепиться на землях черкесов, абазин, кабардинцев, облагали их непосильной данью, торговали захваченными невольниками, разлучая мужей с женами, детей с матерями. Проклятия и стоны стояли над золотой ставропольской степью. Мирное население просило помощи у русских, искало спасения в построенных по их просьбе острогах, первые из которых появились еще в 1567 году в устье реки Сунжи и дельте Терека.

Терский острог, или, как его называли, Терки, вырос в довольно крупный по тому времени город, там находили пристанище и защиту от крымчаков и янычар черкесы и абазины, кабардинцы и ногайцы, другие северокавказские народности. Отсюда отряды горцев, принесших присягу Русскому государству, шли на помощь русским войскам. В свою очередь, русский гарнизон всегда выступал на стороне горцев, принесших присягу, не давал их никому в обиду. Горцы под влиянием русских перенимали у них все лучшее, научились строить жилища по русскому образцу, ставить печки, кровати, столы, лавки, выращивать овощи. Русские казаки переняли у северокавказских народов поворотную двухколесную арбу, запряженную быками, а коня оставили только для седла, увидели преимущества легкого плуга и неглубокой пашни. Образованное на реке Терек Терское и на гребнях Кавказских гор Гребенское казачество почти полностью перешло на горскую одежду. Казаки носили черкеску, бурку, папаху, пояс с украшениями, горское оружие — кинжал и легкую шашку, казачки — узкую рубашку с длинными рукавами и длинный бешмет. Многовековое соседство русских казаков и горских народов взаимно обогатило их материальную и духовную культуру. Недаром рост русского влияния Ф. Энгельс охарактеризовал следующим выводом: «Русские действительно играют прогрессивную роль в отношении к Востоку... Господство России играет цивилизирующую роль для Черного и Каспийского морей».

Знать бы сородичам залегшей в священном кургане на долгие века каменной бабы, древним половецким племенам, насмерть бившимся с дружинами киевских князей, как будут встречать русских людей на их родной земле! Нашлась бы хоть одна мудрая и дальновидная голова, крикнула бы: мужики, что же мы делаем, одумайтесь! Не нашлась. Это ведь исторический факт, не вымысел: жертвами массового ослепления, психоза гигантских размеров становятся не только отдельные поколения, но и целые народы. Гунны, скифы, хазары, монголы, разве всех сосчитаешь? Вот и половцы, твердо убежденные в своем исключительном праве господствовать на этом свете, под одобрительные крики вождей племени волокли каменную бабу на север, гордые от величия свершаемого. Верхушка, которой древнее племя доверило свою судьбу, привела его к страшному итогу. От многочисленного племени осталась лишь эта неуклюжая баба. А потомки русских дружинников, казаки, крестьяне из центральных российских губерний долго жили вместе с сынами степей и гор, и ни у одной из сторон не возникало причин для конфликтов.

Но не все так жили. Вон соседняя Оттоманская Порта угрожающе хмурилась, не нравилось ей усиление русской ориентации среди горских народов, не хотелось выпускать из-под своего влияния богатые природными ресурсами, важные в стратегическом отношении благодатные кавказские земли. Да и в Крыму дела были ненадежны: хан Шагин-Гирей больше к Петербургу клонился. 25 сентября 1768 года произошло то, что происходило много раз: Турция объявила войну России. Извечные попытки человечества решать спорные вопросы военными действиями никогда к добру не приводили, турки повторили ту же ошибку, что и многие. К сожалению, коронованные деспоты и диктаторы упорно не хотят учиться у истории. Турция потерпела поражение, Крым стал независимым от нее, новая русско-турецкая граница прошла по Северному Кавказу от устья Терека до города Моздока, где за три года до начала войны русские построили свою крепость. Образовалась линия длиной почти пятьсот верст, практически не охраняемая. Встревоженная Екатерина II приказала генерал-фельдмаршалу князю Потемкину укрепить ее не менее чем десятью крепостями: несмотря на мир с турками, от них всего можно было ожидать.

Будто в воду смотрела петербургская государыня: все это время, почти до 1787 года, Турция вынашивала планы оторвать от России народы Северного Кавказа, возвратить Крым назад. Учреждение Петербургом Кавказского наместничества, принятие Грузии под протекторат России окончательно привело Порту в бешенство, и она объявила России очередную войну. Блестящие победы А. В. Суворова возле Кинбурна, при Рымнике, у крепости Измаил, морские победы адмирала Ф. Ф. Ушакова снова загнали янычар в темный угол истории.

Строительство Азово-Моздокской укрепленной линии, безусловно, имело важнейшее стратегическое значение. Самой сильной из новых десяти крепостей, конечно же, была Ставропольская. Ее особое положение обусловливалось прежде всего выгодным местом расположения. Крепость на реке Ташле позволяла контролировать окружающую территорию между Калаусскими высотами и Черным лесом, она прикрывала дороги на Дон, Царицын и в Закавказье. Генерал-фельдмаршал князь Г. А. Потемкин, до недавнего времени незаслуженно забытый выдающийся наш полководец и горячий патриот отчизны, распорядился назвать крепость Ставрополем в память о старой русской крепости с таким же названием, построенной Петром I в 1722 году во время его персидского похода в низовьях реки Сулак. Петровское укрепление просуществовало четырнадцать лет, из-за некоторых обстоятельств его пришлось снести самим казакам. Ставрополь — название греческого происхождения, «Ставрос» означает крест, «полис» — город. Не исключено, что светлейший хотел этим названием символически утвердить на Северном Кавказе христианство как официальную религию тогдашней России. Христианство на Северном Кавказе было известно с десятого века, тьмутараканские князья уже в те времена распространяли здесь религию Киевской Руси, но она прививалась слабо, уж больно крепки были языческие верования, а турецкие султаны и крымские ханы огнем и мечом насаждали ислам.

За двухсотлетнюю историю существования Ставрополя его название меняли только однажды, непродолжительное время он назывался Ворошиловском. Ставрополь возвратил свое прежнее название одним из первых, молодежь поражается, каким образом это удалось сделать в те далекие времена.

Кроме половецкой бабы, которая спокойно и невидяще слушала ритмы многоэтажного города конца двадцатого века и, кажется, не поражалась переменам, происшедшим за долгое время ее пребывания в священном родовом кургане, в Ставрополе есть еще одно свидетельство древнего заселения этих земель. На окраине города, недалеко от улицы «Сорок пятая параллель», журчит по камушкам незаметная и тихая речушка Грушевка. На ее берегах расположено Грушевское городище, обнесенное валом некогда существовавшей здесь крепости. Возраст городища почти две с половиной тысячи лет, оно преданно служило многим древним племенам.

Вот, пожалуй, и все свидетельства глубокой старины, дошедшие до наших дней. Безусловно, их немного по сравнению с другими городами, чья история исчисляется многими столетиями. Ставрополь, как видим, относительно молодой город, но в нем тонко чувствуется гармония минувшего и сегодняшнего дней. Я не первый, кто заметил здесь какую-то особую совместимость прозрачного лепестка розы в ботаническом саду и тысячетонной заводской конструкции из бетона, одинокой звезды в ночном степном небе и моря электрических огней над городом, гула реактивных двигателей на взлетной полосе в аэропорту и таинственной привлекательности лермонтовской поэтической строки.

Последнее обстоятельство приобщает Ставрополь к числу мест, названия которых заставляют биться быстрее сердца лермонтоведов. Из всех маршрутов поэта наименее исследован этот. Сведения о пребывании Лермонтова в Ставрополе во многом противоречивы, отрывочны, хотя известно, что здесь он бывал около пятнадцати раз. Усилия исследователей в основном обращены к Москве и Ленинграду, Пензе и Тарханам, Кисловодску и особенно к Пятигорску, который является последним его пристанищем, местом роковой дуэли с Мартыновым. Между тем существует и Ставрополь лермонтовский, и путешествие по нему такое же увлекательное и волнующее, как и по другим кавказским маршрутам.

Я представил его на бывшем знаменитом военном и почтовом Черкасском тракте двенадцатилетним мальчиком, которого бабушка Е. А. Арсеньева везла на Горячие Воды, помните сцену с гусаром-гулякой? Христинин показал мне дом на улице Дзержинского, сегодня он охраняется государством как памятник архитектуры начала прошлого века. Сто пятьдесят лет назад здесь останавливалась коляска, из нее легко спрыгивал среднего роста приземистый прапорщик, облик которого сегодня известен каждому нашему соотечественнику, где бы он ни проживал. Прапорщика в доме знали давно и хорошо, лицо горничной, простой русской женщины, светилось от радости, она, встречая посетителя в вестибюле, суетилась, помогая повесить фуражку, расспрашивала о здоровье. Прапорщик, улыбаясь, шутил, говорил комплименты насчет ее кавказского загара, нетерпеливо смахивая с мундира дорожную пыль, прислушивался к звукам музыки, доносившейся со второго этажа. Аккорд внезапно, на полуноте, обрывался, обе створки дверей с шумом открывались, на пороге возникала и спустя некоторое время спускалась вниз по винтовой лестнице миловидная женщина. Мишель, встречаем Мишеля, восклицала она на ходу по-французски, и гости, солидные ставропольские матроны, становились свидетелями необыкновенного перевоплощения. Хозяйка дома, супруга генерал-майора, начальника штаба войск Кавказской линии и Черноморья, щебеча с непосредственностью девочки-озорницы, вела под руку смущенного офицера, которого встретила и расцеловала на середине лестницы, не ожидая, когда он, согласно салонным правилам, первым припадет к ручке дамы.

В молодом, с аккуратной полоской модных усиков прапорщике узнавали племянника хозяйки, точнее, племянника ее мужа-генерала. Дом принадлежал Павлу Ивановичу Петрову, он и мать прапорщика были братом и сестрой. Вокруг имени офицера гуляло немало невероятных слухов и сплетен, они разжигали воображение гарнизонных красавиц, тоскующих вдали от петербургских и московских великосветских развлечений. Говорили, что прапорщика перевели на Кавказ по именному царскому указу, что в столице он носил лейб-гусарский мундир, а сейчас приписан к Нижегородскому драгунскому полку. Заинтригованные местные светские львицы забросали вопросами своих петербургских знакомых, прося сообщить, что им известно о причинах ссылки прапорщика Лермонтова. Ожидая услышать какую-либо амурную историю из жизни аристократического света, перебирая в памяти имена знакомых княгинь и гадая, из-за кого вспыхнул скандал, которым вынужден был заниматься сам государь, готовились к самому невероятному. Скоро весь сановный Ставрополь знал, что причиной ссылки на Кавказ была не любовная интрижка с молодой женой престарелого вельможи, который обладал необъятной властью и проявил ее сразу же, едва только узнал о своем избрании почетным председателем ордена рогоносцев. Лермонтова сослали за стихотворение «На смерть поэта», гнев царедворцев был страшным, подлинные убийцы Пушкина узнали себя в талантливом произведении молодого, неизвестного еще поэта, подхватившего свободолюбивую лиру убитого на дуэли гения.

В доме ставропольского дяди Лермонтов отдыхал душой. Павел Иванович Петров никогда не был ограниченным служакой, он любил литературу и изящные искусства, увлекался живописью. Отдаленность от обеих российских столиц обостряла жажду прекрасного, ее в значительной степени удовлетворяли племянник и его товарищи, молодые, образованные, острые на язык. Что касалось супруги хозяина дома, то в ее гостиной всегда собирался цвет ставропольского общества — музицировали, обсуждали книжные новинки. Петровы поддерживали дружеские отношения с генералом А. П. Ермоловым, героем Отечественной войны 1812 года, командующим войсками Кавказской линии и Черноморья, героем Бородина А. А. Вельяминовым, некоторое время он тоже занимал этот пост, как и генерал П. Х. Граббе, известный своим сочувственным отношением к декабристам. Н. М. Сатин, университетский товарищ Лермонтова, оставит после себя воспоминания о совместных встречах в 1837 году с декабристами в Ставрополе. Сюда из Сибири в качестве рядовых солдат перевели шестерых еще недавно блестящих дворян-офицеров, среди них были известные в России фамилии — Нарышкин, Лорер, Розен, Лихарев, поэт и князь Александр Одоевский. Сатин описывает, как волновали беседы с декабристами сердце Лермонтова, после них голос дрожал, он готов был прослезиться. В доме дяди Лермонтов сделал легкий акварельный рисунок, на котором изобразил своего родственника-генерала и его сослуживцев, рисунку собственноручно дал название «Сцены из ставропольской жизни», указал дату — 18 мая 1837 года, подписался.

Биографы кавказского периода Лермонтова нередко употребляют термин «Ставропольский кружок». Он находился в доме офицера И. А. Вревского на бывшей Воробьевке, сейчас улица Дзержинского, недалеко от особняка П. И. Петрова. Рядом, по соседству, жил доктор Н. В. Маер, с ним Лермонтов подружился и даже вывел в «Герое нашего времени» под именем доктора Вернера. «Ставропольский кружок» — это люди, проникнутые оппозиционным к правительству ермоловским духом, воплотившие в себе передовую, мыслящую Россию. Известный уже нам Н. М. Сатин — товарищ по университетскому пансиону, тесно связанный в юности с Герценом и Огаревым, Л. С. Пушкин, младший брат великого поэта, С. И. Кривцов, В. М. Голицын, М. А. Назимов, А. И. Одоевский — декабристы, А. А. Столыпин, С. В. Трубецкой — преданные друзья-офицеры, Р. И. Дорохов — сын знаменитого героя Отечественной войны 1812 года, отчаянный дуэлянт, он участвовал в пятнадцати поединках (в пятнадцати!) и всякий раз оставался живым. Узнав о дуэли Лермонтова с Мартыновым, пытался разбить ее, к сожалению, ему это не удалось. Честные, совестливые люди, в их среде Лермонтову легко дышалось и жилось. Сохранился военный госпиталь в глубине двора на улице Булкина, в нем обследовали занемогшего прапорщика Нижегородского драгунского полка, отсюда он во время лечения выходил на прогулки к вековому Архиерейскому лесу, подолгу стоял у водопада, где местный купец Волобуев поставил небольшенькую плотину и мельницу. Изображения изумивших поэта мест исследователи обнаружат после на черновых вариантах рукописи «Демона».

Минутку, едва не забыл — дерево! Огромный комель, отпиленный от ствола, встречает во дворе краеведческого музея имени Г. К. Праве. Экскурсоводы утверждают, что ему семьсот лет. Дуб-великан с треском и гулом рухнул на землю в 1982 году. Использовать его полностью на хозяйственные нужды пожалели, распилили и развезли по музеям, включая заводские и школьные. Поучительный пример! Сколько подобных уникальных реликвий безвозвратно исчезло из-за наших равнодушия и лени. Во многих городах сожалели, что не удалось сохранить памятники природы, связанные с жизнью замечательных людей. Все живое имеет свой век, деревья тоже не исключение, сколько их пока подпирают небо своими могучими кронами — дуб Суворова под Кобрином, Адама Мицкевича на Свитязи, Дунина-Марцинкевича возле Воложина, Якуба Коласа на Столбцовщине. Придет время, высохнут коренья, вылезут из-под земли, перестанут питать животворными соками руки-ветви и листья, упадет со стоном на поляну ствол, содрогнется в последний раз в предсмертных конвульсиях. Приедет какой-либо хозяйственный мускулистый дядька, мигом найдет предназначение шикарной древесине, не подумает, кто и когда находил здесь место для сосредоточенности и размышлений.

Пускай же знают на моей родине как можно больше людей о судьбе семисотлетнего дуба, росшего еще совсем недавно на бывшей Воробьевке, а ныне улица Дзержинского. Отжив отмеренный ему природой век, дерево-богатырь и сегодня служит добрую службу, напоминает о том, что полтораста лет назад под кроной этого дуба любил отдыхать великий наш поэт, здесь были задуманы многие его чудесные лирические стихи, в том числе и тот, о дубовом листке, оторванном от ветки родимой. Таким же хилым, ветром гонимым представлялся любящей бабушке и он сам. Напрасны были прошения Е. А. Арсеньевой о прощении внука и отставке с военной службы. Независимый, непокоренный поэт, который к тому же мечтал и о своем журнале, не подходил царскому двору. Куда выгоднее было держать его на гибельном Кавказе.

А он... шутил и смеялся. Из Ставрополя писал С. Н. Карамзиной: «Только что приехал в Ставрополь... и сразу же направляюсь в экспедицию... Надеюсь, что это письмо застанет вас еще в С.-Петербурге и что в тот момент, когда вы будете его читать, я буду штурмовать Черкей...» И далее объясняет со свойственной ему иронией: «Это расположено между Каспийским и Черным морями, немного на юг от Москвы и слегка на север от Египта...»

Последний раз Лермонтов был в Ставрополе в мае 1841 года. Жил в гостинице, переполненной военными, многие из них имели ранения. Здесь, в бильярдной, его и увидел ремонтер Борисоглебского уланского полка Петр Магденко, он тоже остановился в этой единственной в городе гостинице, чтобы переночевать, а назавтра продолжить путь к месту назначения. Лермонтов играл на бильярде с офицером-однополчанином. Оба были в сюртуках, без эполетов. Счастливая случайность занесла в бильярдную бравого улана! Не загляни он туда от скуки в поисках знакомого лица, и мы были бы навсегда лишены возможности узнать, почему Лермонтов, получивший в Ставрополе, в штабе войск Кавказской линии направление в действующий отряд за Лабу, оказался вдруг в Пятигорске. Сверни он тогда, кто знает, может, и не было бы той злосчастной дуэли, и не ломали бы головы современники и следующие поколения над загадкой кровавой трагедии, разыгравшейся грозовой порой у подножия Машука.

Много лет спустя после встречи в бильярдной ставропольской гостиницы престарелый полтавский помещик Петр Иванович Магденко восстановит детали знакомства с Лермонтовым, назовет его среднего роста, широкоплечим офицером с «некрасивыми, но симпатичными чертами, которые впечатляли каждого». Партнером Лермонтова по игре на бильярде был Столыпин-Монго, однополчанин и дальний родственник. Представились друг другу, разговорились. Выяснилось, что и у Магденко направление в тот же самый отряд, куда держат путь Лермонтов и Столыпин. Решили двигаться вместе.

Я попросил Василия Петровича Курилова, заведующего идеологическим отделом крайкома партии, проехать по тому маршруту, по которому без малого сто пятьдесят лет назад ехали офицеры Тенгинского пехотного полка Лермонтов, Столыпин и Магденко.

Курилов журналист, работал в газете, возглавлял краевой комитет по телевидению и радиовещанию. Василий Петрович понял меня с полуслова и энергично бросил шоферу краткое «На Георгиевск!» Безусловно, «Волга» не коляска, пусть и запряженная тройкой хорошо откормленных на полтавском клевере коней, оглянуться не успели, как впереди замаячила окраина бывшей казачьей станицы. Конечно, Лермонтову, его родственнику Столыпину да полтавскому улану Магденко путь показался не таким близким. Скорость коляски не та, да и асфальтированного шоссе тогда не было. Согласно свидетельствам Магденко, погода тоже не баловала, непрерывно лил дождь, чернозем раскис от влаги. Лермонтов отмалчивался, на шутки друзей не отвечал, его охватила внезапная меланхолия, она часто приходила на смену беззаботности и веселью. На почтовой станции в Георгиевской станице остановились. Дождь лил по-прежнему, не было никакого просвета, набрякшие влагой свинцовые тучи низко висели над землей.

Может, это был последний в его жизни дождь? Одно бесспорно: ливень, хлынувший из огромной черной тучи, медленно поднимавшейся на горизонте во время подготовки к поединку, уже не мог быть зафиксирован угасающим сознанием поэта. Несколько часов подряд падали на землю прямые струи дождя, и все это время голова убитого поэта покоилась на коленях у лучшего друга, секунданта Михаила Глебова, именно он, корнет Глебов, а не титулярный советник князь Васильчиков, был в действительности секундантом Лермонтова — не прошла фальсификация, потомки хотя и с опозданием, но все же установили истину. Глебов сидел на траве, оберегая от ливня голову любимого товарища, вокруг было темно, ржали привязанные кони, рвались, чувствуя мертвеца, били копытами о землю.

В станице Георгиевской Лермонтов неожиданно начал упрашивать Столыпина-Монго по пути в отряд заехать в Пятигорск. Время у них есть, пребывание в городе оформят официально, все будет по закону. Магденко безразличен, он поступит так, как решит большинство. Лермонтов отодвигается от струй дождя и восклицает: жребий! Решка — едут в Пятигорск, орел — в отряд, за Дабу. Подбрасывает вверх гривенник. «В Пятигорск, в Пятигорск!» — радостно восклицает Лермонтов. У него снова прекрасное настроение. Не обращая внимания на непогоду, торопит товарищей, они быстро собираются и садятся в коляску Магденко.

Наша машина останавливается на месте, где когда-то была почтовая станция. От нее не осталось и следа, неудивительно, столько лет прошло. Жребий! Я поймал себя на мысли, что эта деталь безостановочно крутится в голове, подталкивает, приближает к пока не осознанной ассоциации. Все, поймал. Ну, конечно же, «Фаталист». Разве не напоминает этот случай ситуацию, описанную им в известном рассказе? Не подсмотрел ли случаем добропорядочный полтавский помещик на старости лет интригующую деталь в художественном произведении, не повторил ли распространенную среди дилетантской публики ошибку, которая сводится к отождествлению поступков автора и его литературного героя? Действительно, уж больно много фатальностей: дождь по пути в Пятигорск, гроза сразу после дуэли, жребий, приблизивший к трагической развязке. Нет, не одолжил Магденко случай со жребием в «Фаталисте»: пятигорский краевед и исследователь биографии поэта С. Чекалин, инженер, живущий в Москве, в архиве обнаружил адресованную дочери записку от знакомого Е. А. Арсеньевой, бабушки Лермонтова, некоего А. Кикина. Под запиской стоит дата — 2 августа 1841 года. В записке утверждается: «Лермонтов бросал вверх гривенник, решая, куда ему ехать. Он упал решкой. Это означало в Пятигорск, и от того там погиб».

От того? В жизни великих людей всегда много загадок, невыясненных обстоятельств, таинственных совпадений. Находили их и у Лермонтова. Рок преследовал поэта не только при жизни, но и после смерти. Обычно пик общественного интереса к биографиям замечательных людей приходится на период подготовки к знаменательным датам, связанным с их жизнью и творчеством. Именно в это время совершаются наиболее важные открытия, публикуются прежде неизвестные документы и письма, издаются академические собрания сочинений с фундаментальными научными комментариями. Лермонтову фатально не везло и после гибели: столетний юбилей со дня рождения совпал с началом Первой мировой войны 1914 года, было не до биографических изысканий. То же произошло и со столетием дня смерти — эта дата совпала с началом новой мировой войны! Многие биографы поэта в девятнадцатом веке отмечали еще и такую деталь: накануне отъезда Лермонтова из Петербурга на Кавказ известная в городе гадалка предсказала ему желанную отставку, о которой он только и мечтал, но такую, «после которой уже ни о чем просить не станешь».

Но ведь и Пушкину столичная весталка нагадала то, что в итоге с ним произошло, воскликнул мой собеседник. Действительно, как мне не пришло в голову? Мог ли представить бедный Александр Сергеевич, что его супруга, любимая Наталья Николаевна, станет генеральшей Ланской? Помните, в «Евгении Онегине», бал, к Татьяне Лариной подходит важный, грузный генерал. Сколько ни читал роман, всегда мое существо протестовало против выхода Татьяны замуж за генерала. Ленский — литературный образ, его Пушкин придумал, Ланской — реальный человек, и жена поэта после его смерти станет генеральской женой. Такое развитие сюжета, сплетение судеб и имен, где вымысел получил неожиданное повторение в жизни, не могло возникнуть даже в неисчерпаемой сокровищнице пушкинской фантазии.

Бал, робкая Татьяна Ларина, важный генерал... В Пятигорске мне рассказали еще одну фатальную историю. Выслушав ее, я надолго умолк, осмысливая невероятную предопределенность и трагичность таланта на Руси. Потом попросил разрешения переписать в свой блокнот один абзац из воспоминаний Ольги Николаевны Трубецкой, внучки Алексея Александровича Лопухина, который был родным братом Варвары Лопухиной, той самой Вареньки, что навсегда пленила сердце юного Лермонтова. «Во всяком сердце, во всякой жизни пробежало чувство, промелькнуло событие, которое никто никому не откроет, а они-то самые важные есть; они-то обыкновенно дают важное направление чувствам и поступкам», — тонко заметил как-то Лермонтов. Таким событием в его личной жизни была любовь к Вареньке Лопухиной. Первое знакомство в Москве, в доме, адрес которого будет часто выводить здесь, на Кавказе: «Его высокоблагородию, милостивому государю А. А. Лопухину. В Москве на Молчановке, в собственном доме, в приход Николы Явленного». Почтовых индексов тогда не существовало, предприятий связи также не было, а вот письма, не в пример сегодняшним, доходили своевременно и попадали в руки аккурат адресату. Адресатом был брат Вареньки — Алексей, или, как ласково называл его поэт, Алексис.

Алексис познакомил Мишеля с сестрой. Юная, милая, ей было тогда шестнадцать лет, умница Варенька Лопухина и смущающийся, порывистый студент Московского университета Мишель Лермонтов. У обоих с первого знакомства в доме на Молчановке возникла взаимная симпатия, которая вскоре переросла в глубокое и прочное чувство. Оно заполнило все существо юного поэта, не остудила его и трехлетняя разлука, учеба Лермонтова в юнкерской школе в Петербурге и дальнейшая служба в лейб-гусарах столичной гвардии. Лермонтов с нетерпением ждал отпуска, чтобы поехать в Москву и просить руки Вареньки у родителей, но...

О том, что произошло далее, повествуется в мемуарах внучки Алексиса, Ольги Николаевны Трубецкой. Вот та цитата, окончательно доконавшая меня, заставившая снова вспомнить почти невероятную закольцованность и предопределенность судеб талантливых людей. «Прадедушка Лопухин, — писала внучка, — был решительно против выхода дочери Вареньки замуж за Лермонтова, но судьба Вареньки была решена уже после его смерти и случайно. В 1835 году на московских балах начал появляться Николай Федорович Бахметьев. Ему было 37 лет, когда он надумал жениться и начал ездить в свет, чтобы найти себе избранницу. Выбор его колебался между несколькими девицами, которые ему нравились, и он молился, чтобы Бог указал ему, на ком остановить выбор. В этих мыслях он приехал на бал в Дворянское собрание и поднимался по лестнице, когда, желая его обогнать, Варенька Лопухина зацепила свой бальный шарф за пуговицу его фрака. Пришлось остановиться и долго распутывать бахрому, которая опутала пуговицу со всех сторон... Николай Федорович увидел в этом несомненное провидение сверху — «перст», и посватался. Не знаю, кто оказал влияние на бедную Вареньку, но предложение Бахметьева было принято...»

Спустя некоторое время выяснилась причина, из-за которой Варенька дала поспешное согласие выйти замуж за нелюбимого. Причина была стара, как мир, — сплетни и зависть, свойственные хозяевам и гостям великосветских салонов, сделали свое черное дело. Кто-то из аристократических сплетников ввел в уши Вареньки слух о романе Лермонтова с Сушковой, их общей знакомой по Москве. Обман раскрылся, но изменить что-то было уже поздно. Как здесь не вспомнить слова командующего Кавказской линией, когда ему доложили о смерти Лермонтова на дуэли: «Несчастная судьба нас, русских. Только появится между нами человек с талантом — десять пошляков преследуют его до смерти».

Вернувшись из поездки по Ставропольскому краю в Москву, я посетил Пушкинский Дом Академии наук СССР. В Пятигорске мне сказали, что там, в музейном отделе, можно увидеть рукописи, письма, личные вещи Лермонтова. Меня интересовали рисунки поэта, а точнее, портреты, наброски, силуэты Вареньки. Их было много, имя этой женщины оставило в творчестве и жизни поэта глубокий след. Ей посвящено одно из самых значительных произведений «Демон», ее чертами наделен образ Веры в «Герое нашего времени». Лермонтоведы уверены, что собраны далеко не все зарисовки и наброски образа Вареньки, сделанные рукой влюбленного в нее поэта. После смерти Лермонтова у его друзей, в частности у Глебова и Бибикова, остались альбомы со стихами и акварельными зарисовками. Дальнейшая их судьба неизвестна. Правда, изредка промелькнет сенсационное сообщение о какой-либо находке, сверкнет она гениальностью творца, и тогда задрожит от нетерпения неукротимое племя исследователей, потеряет покой и сон, начнет анализировать и сопоставлять, полезет в заветные картотеки, библиографические справочники и каталоги. Огромную бурю волнений и надежд вызвало известие о том, что за границей обнаружен след исчезнувшего альбома Вареньки Лопухиной с вклеенными в него несколькими рисунками Лермонтова. Я всегда поражался той невероятной скорости, с которой распространяется информация среди охваченных одним увлечением людей. Вот где не имеют значения ни расстояния, ни государственные границы. Патриарх наших лермонтоведов Ираклий Андроников первым узнал: в США, в библиотеке одного из институтов, случайно обнаружена дорогая находка, идут переговоры об опубликовании неизвестных рисунков в американской печати. Андроников измерял теперь время по прибытию почты, все остальное не имело значения, отступило на задний план: согласно договоренности почта должна была принести напечатанные за океаном лермонтовские акварели.

И вот долгожданный пакет. Советские журналисты, аккредитованные в Америке, откликнулись на просьбу старейшины лермонтоведов. Несколько суток Андроников не выходил из своей квартиры, не замечая ни дня ни ночи. Итогом вдохновенного и напряженного труда стала написанная на одном дыхании статья «Неизвестные рисунки Лермонтова». Публикация увидела свет в «Литературной газете».

А в это самое время другой неистовый лермонтовед, правда, пока еще только начинающий, но напористый, и вовсе не дилетант, с завидной педантичностью изучал записки Бутурлина, дальнего родственника Бахметьева, за которого вышла замуж Варенька Лопухина. Фамилия любителя-исследователя была Чекалин, она тогда еще никому ничего не говорила. Внимательному читателю это имя уже встречалось в связи с выяснением обстоятельств выхода замуж Вареньки Лопухиной. Чекалин, выходец из Пятигорска, точнее, из Ессентуков, бывшей казачьей станицы на полпути между Пятигорском и Кисловодском, увлекся поиском людей из окружения Лермонтова, все свое свободное время и отдых отдавал выяснению загадок и гипотез, связанных с драмой личной жизни поэта.

Сергей Васильевич поставил перед собой цель — добыть как можно больше подробностей об избраннице юного Лермонтова. Ее образ волновал поэта до последних дней. И, надо сказать, Чекалину удалось дать объяснение по многим вопросам, ответа на которые до него не было.

Профессиональные биографы поэта лишь констатировали с традиционным в таких случаях сожалением факт отсутствия каких-либо точных сведений о стихах и рисунках Лермонтова, которые могли быть в адресованных ей письмах, а также об отношениях Вареньки Лопухиной с Лермонтовым после выхода замуж за Бахметьева. Сергей Васильевич неопровержимо доказал, перелопатив ее переписку с родными и знакомыми, что Варенька вынуждена была уничтожить письма Лермонтова, а его рисунки и автографы передала на хранение свояченице — А. М. Верещагиной, жившей тогда в Германии. В числе переданных был и Варенькин альбом, из случайных, отрывочных фраз и намеков вытекало, что в альбоме имелось несколько рисунков, выполненных рукой Лермонтова. И вот из «Литературной газеты» Чекалин узнает, что вклеенные Варенькой в альбом лермонтовские акварели обнаружены и опубликованы в Америке. Более того, они были перед ним: публикация Андроникова сопровождалась перепечатанными из заокеанской прессы рисунками, которые считались утраченными.

Некоторые исследователи почему-то стыдливо обходили молчанием факт уничтожения Варенькой писем влюбленного в нее Лермонтова, а также передачу свояченице личного архива, в котором хранились свидетельства их более чем дружеских чувств. Одни переживали за Лермонтова, искренне верили, что это повредит его авторитету: в кого, мол, влюбился... Разве достойна легкомысленная девчонка его чувств и преклонения? Другие считали лишним и ненужным заострять внимание на моментах личной жизни, для них автор представал прежде всего как создатель литературного произведения, где каждому действующему лицу было точно определено его место среди положительных и отрицательных героев. Вот и втискивали бесконечно Печорина в клеточку с надписью «Лишние люди», разоблачали среду, в которой способные личности не находили себе дела. Третьи просто не подозревали о личной драме Лермонтова. Чекалин доказал: Варенька сожгла лермонтовские письма не потому, что не любила его и не потому, что не замечала его исключительности. Ее супруг Бахметьев до последних дней ревновал жену к поэту, Варенька боялась вслух произносить его имя, она была вынуждена утаивать свои чувства. Гибель Лермонтова доконала ее. В сентябре 1841 года старшая сестра Вареньки писала в частном письме к знакомому: «Последние сведения о моей сестре Бахметьевой очень печальны. Она снова больна, ее нервы расстроены до того, что она вынуждена была провести около двух недель в постели, такая была слабая. Муж предлагал ей ехать в Москву — она отказалась и заявила, что решительно не желает больше лечиться. Возможно я ошибаюсь, но я отношу это расстройство к смерти Мишеля, ибо эти обстоятельства так близко сходятся, что это не может не пробудить известных подозрений...»

Варвара Александровна Лопухина-Бахметьева умерла в 1851 году, она пережила Лермонтова на десять лет. Чекалин установил, что Лермонтов однажды имел возможность увидеть у знакомых дочь Вареньки. Под впечатлением встречи и появился известный стих «Ребенку». Муж Вареньки Бахметьев жил очень долго, но неприязнь к первому, почти детскому увлечению жены сохранил до самой старости, во всяком случае, постарался многое сделать для того, чтобы не осталось никаких материалов о ее несчастной любви. Казалось бы, он исходил из хороших побуждений, заботился о добром имени супруги, чтобы в памяти наследников она оставалась образцом семейной верности и добропорядочности. Получилось наоборот: Варенька прочно вошла в историю, но не потому, что была супругой Бахметьева. Вот уж полтора столетия прошло, а ее имя, неотделимое от жизни великого поэта, привлекает внимание каждого нового поколения. Да и потомки, а их Чекалин разыскал немало только в одной Москве, гордятся своей прапрабабушкой как раз за то, что хотел утаить, спрятать от биографов самодовольный и черствый эгоист, который уж больно беспокоился о своем реноме. И не такие парадоксы любит история!

Такой экскурс понадобился автору этой книги для того, чтобы читатели сами смогли убедиться в мотивированности следующего поступка Чекалина, ибо, на первый взгляд, уж больно экстравагантно он выглядел. Сергей Васильевич взял под сомнение подпись под одним из рисунков Лермонтова, перепечатанных в числе других «Литературной газетой». Обыкновенный читатель с техническим образованием осмелился заявить об ошибке в публикации самого авторитетного нашего лермонтоведа. Речь шла об акварельном рисунке «Свадьба». На нем были изображены молодая девушка и средних лет мужчина, они склонили колени перед двумя священниками и дьячком с кадилом. За молодыми стояли старуха в чепце и расфуфыренный господин со взбитым коком.

Молодую Чекалин узнал сразу, эту милую головку с гладкой прической и тяжелым пучком волос на затылке, большие выразительные глаза и едва заметное пятнышко над левой бровью он не перепутает ни с какой другой головой на свете, она могла принадлежать лишь одной женщине, и звали ее Варенькой Лопухиной. Узнал Сергей Васильевич и другие лица. Помогла домашняя картотека портретов из лермонтовского окружения, ее он терпеливо собирал в течение многих лет. Мужчина средних лет рядом с Варенькой — это Бахметьев, он был старше супруги на восемнадцать лет. Со священниками все ясно, хоть и не до конца, уж больно бедны и не столичный вида, какие-то чересчур простые. Кто же тогда старуха с господином, у которого кок на голове? Неужели Авдотья Ивановна? Она самая, богомольная Нарышкина, родная сестра Бахметьева. Богатая калужская помещица безвылазно жила в своем имении Лопатино под Тарусой, племянницу выдала замуж за князя Голицына, а племянника, женившегося на Вареньке Лопухиной, назвала своим единственным наследником. Одинокая и состарившаяся, Авдотья Ивановна имела домашнюю церковь, в ней служили два священника из соседнего прихода, им она установила солидную годовую плату за домашние богослужения. Так вот почему у них такой затрапезный провинциальный вид. Ну, а господин со взбитым коком — зять Нарышкиной, князь Голицын.

Выходит, на рисунке изображена не свадьба? Не может быть, чтобы богомольная старушка, за двадцать лет ни разу не покидавшая Лопатино, уехала в Москву, да еще прихватила с собой нищих священников, чтобы обвенчать молодых. И вообще, никакая это не свадьба, разве может быть свадьба без фаты на голове невесты? Чем глубже Чекалин вникал в смысл сцены лермонтовского рисунка, тем больше убеждался в неправильном его толковании. Последнюю точку в сомнениях поставили записки Бутурлина, опубликованные в журнале «Русский архив» за 1897 год. Они проливали свет на события, подтверждали, что Бахметьев с сестрой воспитывался в доме тетки Авдотьи Ивановны Нарышкиной в Лопатино и, являясь единственным наследником богатого имения, часто бывал там, в том числе и с молодой женой Варенькой. Лермонтов изобразил не свадьбу в Москве, как ошибочно сказано в подписи под рисунком, а первый приезд молодых в Лопатино. Богомольная Авдотья Ивановна поспешила еще раз благословить молодых, и для этого пригласила весь причт лопатинской церкви.

Я увидел этот рисунок в музейном отделе Пушкинского Дома. В нем, несомненно, чувствуется тонкая ирония, в то же время он весь дышит глубокой печалью. Под рисунком стоит новая подпись: «Благослове-

142

ние молодых». Раскрытый скромным инженером смысл сцены, изображенной Лермонтовым, принят авторитетными исследователями в качестве наиболее вероятного. Предложенная Чекалиным подпись к рисунку обозначена и в лермонтовской энциклопедии, и здесь — в академической сокровищнице оригиналов рукописей

По зернышку, по крупицам собирают ставропольские любители старины сведения о всех великих людях России, которые бывали здесь. С легкой руки Пушкина Кавказ стал для русских заповедным краем не только широкой, необъятной свободы, но и неисчерпаемой поэзии волшебных мелодий. По пути в города Кавказских Минеральных Вод Василий Петрович Курилов называл громкие имена. М. И. Глинка, девятнадцатилетним юношей он впервые попал на Горячие Воды и открыл для себя неизвестный раньше мир, через двадцать лет на основе кавказских впечатлений создал знаменитую «Лезгинку» в опере «Руслан и Людмила». Замечательный композитор Алябьев изучал здесь музыку кавказских народов и издал сборник песен и романсов «Кавказский певец». Грибоедов, Белинский, Огарев, Щепкин — разве сосчитаешь всех, кто своим присутствием придавал этим местам особую привлекательность и колорит.

А отдельный Кавказский корпус? В его составе насчитывалось свыше 65 офицеров-декабристов и свыше трех тысяч солдат — участников восстания сводного гвардейского полка, прибывшего сюда из Петербурга, и Черниговского полка, доставленного по этапу на Кавказ от Белой Церкви в Ставрополь, где все его шесть рот были распределены по воинским частям действующей армии. Длительное время Кавказский корпус пополнялся разного рода «штрафниками» — участниками солдатских, крестьянских и студенческих волнений. Кавказ был «теплой Сибирью» для декабристов, участников польского восстания. С началом военных действий сюда начали переводить и дворян-офицеров, сосланных в свое время на нерчинские рудники, правда, на положение рядовых солдат, такова была царская милость.

Ничто не предано забвению, имена, которые были гражданской совестью России и ее гордостью, из века девятнадцатого переходят в двадцать первый. Я слушал Василия Петровича и думал о незаметном, но таком нужном подвиге людей, похожих на Чекалина, которые, вопреки ревностным приверженцам идейной чистоты и истинных пролетарских представлений (интересно, где тот пролетариат, который уполномочивал их выступать от его имени), не давали обеднять свою культуру, подавать ее упрощенно-схематично, с утвержденным наверху десятком-другим деятелей. Я позавидовал, слыша из уст собеседника имена Ермолова и Вельяминова, Граббе и Емануеля, Муравьева и Майера, Нарышкина и Голицына, иных известных в прошлом веке людей, чьи поступки и действия не затолкаешь ни в одну из клеточек номенклатурной простыни, не оценишь по привычному бело-черному цвету. Хорошо уже, что эти имена звучат, что мы не отреклись от них только по той причине, что генерал Ермолов, скажем, не рабоче-крестьянского происхождения. Мы только-только начали думать, и для большинства высочайшая способность эта открылась после апреля восемьдесят пятого, до этого за нас думали другие, а мы послушно повторяли, что самураев надо уничтожать, детей и внуков дореволюционных русских, белорусских, украинских интеллигентов изобличать, космополитов проклинать, а негров любить.

На Ставропольщине, слава Богу, думать стали раньше. Проще всего, подстраиваясь под конъюнктуру, можно было бы объявить первооткрывателями знаменитых минеральных источников Кавказа простых людей из народа. Лечились себе целебной водичкой, горя не знали, да прознали жадные господа-кровопийцы, оттеснили, сами начали пользоваться. Кстати, подобные наивные легенды пытались запустить еще в тридцатые годы. Легенды-близнецы кочевали из одной газеты в другую, менялись разве что имена героев. Что же, и такое пережили, уж больно модно было изображать простой народ в качестве «свадебного генерала» в обществе, который всегда прав, никогда не ошибается и которого все, хотя бы на словах, чествуют. Вульгаризировать историю — безнадежная затея, правда все равно вылезет, как крепко ни завязывай мешок. Полуграмотные горцы, видно, все же поверили в красивую сказку, она щекотала их самолюбие, а вот выросло, вступило в жизнь новое поколение — их волшебными сказками не накормишь, им факты, документы подавай.

144

А факты вещь упрямая. Горячие Бештаугорские источники привлекали острое внимание русских ученых и врачей еще со времен персидского похода Петра I в 1722—1723 годах. Первым исследователем нынешней пятигорской минеральной воды был доктор Готлиб Шобер, сделавший ее химический анализ согласно указу Петра. Точно установлено, и об этом свидетельствуют многие документы, что до 1799 года о целебных свойствах здешней воды, которая дымилась и текла ручьями, никто не имел представления. Во всяком случае, не зафиксировано ни одного случая пользования серными источниками возле Бештау и Машука ни местными жителями, ни российскими переселенцами, ни солдатами гарнизонов. Течет какая-то горячая вода, ну и пускай течет. Мало ли чудес вокруг? Вверху снежная шапка Эльбруса, вечные ледники, а внизу невиданная растительность, которую можно употреблять в пищу, и ничего, вкусно, особенно с мясом. Сочные, необычные на вид фрукты. А что с той воды? Для питья не годится, отдает серой.

Ошибались усатые пушкари и казаки, драгуны и уланы, гренадеры и гусары. Полезной оказалась вода с неприятным запахом. Более того, «место нахождения этих источников, возможно, является самым здоровым местом России, и обладание этими источниками — самое ценное богатство, которым Россия может гордиться» — к такому заключению пришел Федор Петрович Гааз. Знаменитый московский врач-просветитель посетил Кавказские воды в 1809—1810 годах, исследовал источники «со стороны физики, химии и медицины» и пришел в восторг: здесь, на небольшом пространстве, есть все целебные составные, которыми славились знаменитые курорты Европы. Главная его заслуга — открытие и описание новых источников на горе Машук, в том числе кислосерного Лисаветинского фонтана, позже он стал главным питьевым источником Пятигорска. С именем Гааза связано возникновение курорта Железноводска и первые исследования целебных свойств ессентукских родников.

Ну а далее начиналась эпоха Ермолова, кавказского наместника. Из песни слова не выбросишь, за двенадцать лет руководства военной и гражданской администрацией Кавказа он дал жизнь этим ранее незаселенным местам. Да, чудесные стены дворцов, ванн, курортных поликлиник, которые сегодня украшают

Пятигорск, Ессентуки, Кисловодск, строились руками затейливых русских умельцев, но идея заселения территории горячих вод принадлежала Ермолову. Генерал приказал построить здесь первые деревянные помещения для ванн, которые в его честь долго назывались Ермоловскими, лечиться в них мог любой бедный человек. Ермолов убедил медлительный и неуступчивый Петербург в необходимости выписать из Швейцарии хороших архитекторов для проектирования городов возле целебных родников, распорядился построить дома для приезжих, заложить сады.

Ермолов дал названия поселениям при главных минеральных источниках Кавказа: Горячеводск, Железноводск, Кисловодск, а после, всячески способствуя архитекторам братьям Бернардацци, поставил вопрос перед столицей о придании курортным поселениям статуса городов. Первым такой чести удостоилось Горячеводское селение. Его решили преобразовать в город окружного значения. Отличился Оська Бернардацци, переплюнул своего старшего братца, развернул перед Ермоловым такой план нового города у подножия Машука, такие проекты зданий, что бравый генерал расцеловал талантливого швейцарца. Его величеству Николаю I были предложены на выбор три названия будущего города: Новогеоргиевск, Константиногорск и Пятигорск.

Государь отдал предпочтение последнему варианту, и не без оснований. «Гора Бештау, к подошве которой прилегает предназначенное для этого города место, известна под этим именем и в древнейших Российских летописях», — принял решение Николай, и, согласитесь, поступил правильно. В 1830 году в Пятигорск, объявленный окружным городом, перевели все соответствующие учреждения, а Георгиевск, где они располагались, превратился в заштатный город. Пятигорск расцвел, украсился парками, бульварами, газонами, он стал не только административным центром Минеральных Вод на Кавказе, но и научным центром российской бальнеологии.

Василий Петрович Курилов занимался в Пятигорске своими делами, а меня перепоручил заботам и опеке коллег, журналистов краевой «Курортной газеты». Ее сотрудники знали свою зону не хуже, чем участковые инспектора милиции, курортный журналист — это особый журналист, специфика его работы накладывает

146

отпечаток на характер, привычки, даже внешний вид. Посмотреть на чудака, приехавшего из самой Москвы, дожившего до сорока лет с гаком и ни разу не отдыхавшего на кавказских курортах, сбежалась почти вся редакция. Со свойственным работникам курортной газеты юмором предлагали дать о встрече с необыкновенным посетителем репортаж в номер, сфотографировать и поместить портрет с соответственной подписью. Моя откровенность сослужила добрую услугу, учитывая мою абсолютную неосведомленность в достопримечательностях курортной зоны, мне показывали их и рассказывали примерно так, как делали бы это, скажем, туристу из Кооперативной Республики Гайаны.

Несколько дней пребывания в Пятигорске, поездки в Ессентуки и Кисловодск дали выразительное представление о прошлом и сегодняшнем дне известных курортных мест. Внешне они впечатляют: замечательная кавказская природа, экзотическая растительность, сказочной красоты разноцветные фонтаны в свете вечерних фонарей, модно одетая публика. Трудно было поверить в то, что когда-то горячеводская долина напоминала одновременно и военный лагерь, и шумную провинциальную ярмарку, и столичный пикник, и цыганский табор.

Время от времени Александр Павлович Силаев, вызвавшийся быть моим попутчиком и гидом, просил шофера остановиться, вылезал из машины и предлагал пройти несколько кварталов пешком. Это предвещало очередную встречу с чем-то неожиданным. Александра Павловича знали многие коренные жители Пятигорска, Ессентуков и Кисловодска. В его внешности было много колоритного, специфически кавказского: привлекательная в шестидесятилетнем возрасте легкая полнота, ироничный взгляд умных глаз, большая седая голова, интеллигентная бородка, неторопливые, спокойные жесты. А неизменная трубка в зубах и безукоризненно сидевший дорогой костюм придавали его импозантному облику вид человека, имеющего отношение к миру кино, театра и другим недоступным простым смертным высоким сферам искусства, недаром разомлевшие курортницы разных возрастов останавливали на нем долгие и выразительные взгляды: ах, какой мужчина! Александр Павлович, судя по всему, к подобным знакам внимания привык и не выражал при этом никаких эмоций.

147

Жизнь в курортных городах — особенная жизнь, подумал я и, вспоминая лермонтовскую «Тамань», решил на всякий случай не углубляться в незнакомую мне атмосферу его нравов. Хотя, если быть откровенным, позавидовал: возможностей у журналиста курортной газеты куда больше, чем у его коллег из центральных изданий, сюда приезжают на отдых со всего света, и маленький городишко в этом смысле не уступает многомиллионной столице. Александр Павлович рассказывать умел и любил, он умело подбрасывал сведения, надолго западавшие в память. Вот у кого надо брать уроки профессиональным экскурсоводам! Разве останется яркое впечатление от бесстрастных, сухих фраз, казенных выражений и оборотов? А вот сцена, нарисованная Силаевым, всегда предстанет перед глазами, стоит только услышать названия городов Кавминвод. Вот здесь, на этом месте, кивнул он на красивый пятигорский бульвар, стояли две пушки. Рядом были калмыкские кибитки, в них жила рота егерей. Пушки и егеря охраняли курортников днем. С наступлением темноты, а также непогоды курортники перебирались в крепость, а когда приближалась опасность нападения горцев, все прятались за крепостным валом. Романтично, не правда ли?

Некоторые петербургские и московские дамы и их дочери, начитавшись о приключениях амазонок, специально, чтобы пощекотать нервы, ехали в самый крайний пункт российских владений. Было о чем поведать в столичных салонах, а после написать кузинам в Берлин и Мюнхен. Женам и дочерям прусских и немецких баронов да курфюстов, привыкшим к порядку и тишине на дорогах фатерлянда, такое и не снилось: от Ставрополя до Минвод курсировали перекладные, на них вместо привычного извозчика в зипуне на козлах сидел казак в бешмете и папахе, а вдоль всей дороги возвышались сторожевые пикеты с вооруженными казаками. Экзотика начиналась уже в начале путешествия на Кавказ!

Я очень благодарен Александру Павловичу за то, что он показал мне лермонтовский Пятигорск. Есть в городе места, их, говоря словами И. Е. Репина, «каким-то особенным светом осветил поэт, и это чувствуется на каждом шагу, на целую вечность эти места восприняли какую-то особенную глубину, теплоту и привлекательность невысказанную...» Бульвар на главной улице, в тридцатые годы прошлого века он был любимым местом «водяного общества». Замечательное здание «ресторации». Лермонтовские, бывшие Николаевские, ванны. Курортная поликлиника. Беседка «Эолова арфа» на скалистом утесе Машука, отсюда открывается чудесная панорама снеговых шапок Эльбруса. Удивительной красоты грот Дианы, Лермонтовский грот, без них сегодня невозможно представить парки, они сразу потеряют привлекательную силу. Все это плоды воображения и таланта братьев Бернардацци. И сегодня они впечатляют совершенством формы, воздушностью линий, предельной привязкой к прекрасной кавказской природе. Можно догадываться, сколько чувств вызывали архитектурные чудеса швейцарцев у современников, недаром бесстрашный Ермолов, придя в восторг, пообещал просить Петербург о награде для знаменитых архитекторов, и слово свое сдержал. Царский двор просьбу заслуженного генерала рассмотрел, отказать не отказал, но и милостями особенно не осыпал. Оську, младшего брата, приказано было оделить двумя тысячами рублей и дать ему чин десятого класса; старшему, Иоганну, выпало еще меньше — чин четырнадцатого класса, однако без денежного вознаграждения: перетопчется, мол, и так.

Пятигорцам известны даже такие подробности! Что же, остается одно — завидовать. Умению отстаивать историческую правду. Знать все имена, не вычеркивать из конъюнктурных соображений одни имена и не навязывать другие. Докапываться до истины. Искать авторов, исходить из того, что безымянность обедняет народ и даже оскорбляет его национальное достоинство, стыдливое замалчивание творцов выдающихся сооружений только на том основании, что они приехали из-за рубежа, а это, мол, не в пользу нашим патриотическим чувствам, — разве это не обособление, не самоизоляция, противоречащая не только современной мировой тенденции, но и здравому смыслу?

Горько вспоминать, сколько белых пятен образовалось в этом смысле у нас в Белоруссии. Из памяти целых поколений вытравлены имена выдающихся зодчих, возводивших на нашей земле могучие замки и прекрасные дворцы, художников, украшавших стены и потолки соборов гениальными фресками. Зачем знать их молодежи, они ведь не из народа, молодежи надо

149

знать своих современников, героев полей и ферм, чтобы брать с них пример.

Резко и гневно по форме, но, видимо, правильно по сути высказался об этом и Виктор Астафьев. Его горячее, незапланированное выступление в апреле восемьдесят восьмого года на конференции «Актуальные вопросы исторической науки и литературы» мне пришлось слышать. Не следует вычленять советского человека из всей семьи человеческой, призывал известный писатель, мы не однажды уже это делали, и ничего путного не получалось. Мордовать, пытать и обманывать в изоляции друг друга удобнее, только и всего. Замкнувшись в своей идеологической раковине, мы когда-то пришли к заключению, что чем больше нас ругают за границей и чем больше нас там боятся, тем правильнее мы действуем. Отдельные очаги безусловной поддержки и одобрений в наш адрес привыкли отождествлять со «всем прогрессивным человечеством». Сегодня видна настоящая цена нашей обособленности, отчужденности в мире. Догматические, неприязненные представления о значительной части внешнего мира все более отрицательно сказывались на общественном сознании, на нашей науке и культуре, на интеллектуальном потенциале страны.

Поверхностная грамотность породила воинственного полуграмотного обывателя, навязанная, пропущенная сквозь сито запретов и ограничений стерильная культура — бескультурье, сознательно обедненная, наполненная мифотворчеством история — лишенную живых чувств сухую и казенную сводку статистического управления о выплавленных тоннах металла и добытого угля в набившем оскомину сравнении с 1913 годом. Человек, отчужденный от своей земли, от памятников старины — уже один интерес к ним вызывал подозрительность, — становился неприкаянным, одиноким, никому, даже себе самому, не нужным. Попытки исследовать свое прошлое, показать, что процесс развития культуры Белоруссии шел в общем русле всемирной цивилизации, что культура нашего народа вобрала в себя все лучшее из культур соседних народов, наталкивались на многочисленные регламентации и ограничения, едва только дело доходило до конкретных лиц дореволюционного времени. Что уж говорить о польских, литовских или западнобелорусских ученых и общественных деятелях, когда первая, казалось бы, безобидная книга о Янке Купале сначала вызвала замешательство, а после непреодолимое желание незамедлительно запретить, вычеркнуть, сократить, выбросить крамольные сцены и эпизоды. К крамольным относились страницы о попытке самоубийства поэта в начале тридцатых годов, высылке в Сибирь матери поэта, а также новая трактовка «нашенивского» периода жизни Купалы.

А история возвращения читателю творчества замечательного белорусского поэта Алеся Гаруна? Только в условиях перестройки и гласности удалось издать тонкий сборник его стихов. В просторных кабинетах сидели люди, уверенные, что им, и только им, дано монопольное право решать, чье творчество нужно народу, а чье нет. И занимали они свои светлые кабинеты по двадцать пять лет подряд, заслужив меткое прозвище «безмен», которое образовалось то ли от четвертьвекового обладания истиной в последней инстанции, то ли от названия этого вида весов, характерной особенностью которого является примитивность строения.

Что Алесь Гарун или, скажем, братья Луцкевичи, если даже жизнь Максима Богдановича, белорусского Лермонтова, и то не изучена как следует. А что мы знаем о деятелях нашей культуры, обвиненных в национализме и расстрелянных в тридцатые годы? Практически не исследованы биографии выдающихся белорусских просветителей и гуманистов девятнадцатого века, нет точных сведений об обстоятельствах гибели Янки Купалы.

Доброволец-лермонтовед Чекалин выяснил родословную Вареньки Лопухиной, нашел ее потомков, — скажите, кто такая Полина Меделка? Что известно о первом петербургском увлечении молодого Янки Купалы, а это его боль и наслаждение, вдохновение и печаль? Кто идет по следам купаловских фотоснимков, есть ли у Меделки наследники и кто они? А может, кого-то по-прежнему пугает возможное не рабоче-крестьянское происхождение девушки, в которую влюбился гениальный поэт?

Это ведь не выдумка, не бред душевнобольного, а самая настоящий реальность: в вечерней школе столичного города Минска, где я учился, маленькая злая женщина, учительница русской литературы, истерически выкрикивала страшные обвинения Сереже Никоновичу, слесарю подшипникового завода, бывшему моряку, жившему в общежитии. Детдомовец, он нашел в себе силы пойти в школу рабочей молодежи, ученье давалось ему с трудом, особенно гуманитарные предметы, и однажды с наивной непосредственностью моряк заявил, что Лермонтов по происхождению англичанин. Что здесь началось! Каких только ярлыков не навешала ему учительница: клеветник, преклоняется перед всем иностранным, не чувствует гордости за свой талантливый народ. Слегка остыв, авторитетно объявила всем, что Лермонтов самых чистых русских кровей, он гордость русского народа, а сплетни относительно его происхождения распространяют вражеские радиоголоса. Бедный Серега, он стоял перед классом ни живой ни мертвый. Его неприятности на этом не закончились, об идеологическом инциденте стало известно на работе, делом занялась комсомольская организация, возбудили персональное дело.

Конечно, проще всего обвинить куриномозглую фельдфебелицу-учительницу, но только ли в ней и подобных ей дело? Это было бы еще полбеды. Люди — всегда точная копия своего времени, плоды отношений, сложившихся в обществе. Всеобщее поверхностное образование, самоизоляция и самолюбование, постоянное подчеркивание своей исключительной роли, своего мнимого приоритета — результат всего этого на судьбе страны, и все увидели его после апреля восемьдесят пятого.

Относительно родословной Лермонтова в Ставрополе тайны не делали, во всяком случае, в домике В. И. Чиляева, где поэт провел два последних месяца перед дуэлью и где сейчас расположен мемориальный музей, экскурсоводы давали исчерпывающие разъяснения. Действительно, далекими предками гениального русского поэта были англичане. Московскую родословную Лермонтовых основал Георг Лермонт, уроженец Шотландии, произошло это в 1613 году, именно тогда честный и мужественный воин записался на русскую службу, получил звание ротмистра и земельные наделы недалеко от Костромы. Российский север стал родиной для его потомков, здесь родились и провели детство дед и отец поэта. Сам основатель рода Георг Лермонт сложил голову под Смоленском в 1634 году во время жестокого боя с поляками. Сын храброго ротмистра, Петр, служил воеводой в Саранске. Ставропольское книжное издательство выпускало книги, в которых прослеживался «поколенный список» Лермонтовых. Предки Михаила Юрьевича участвовали в знаменитых походах Петра Великого, покрыли себя неувядаемой славой в Бородинской битве.

Костромской краевед Григоров первым исследовал лермонтовские фонды архивов своего города, и был чрезвычайно поражен тем, что к ним не прикасалась рука биографов поэта. Среди множества материалов, имевших отношение к истории рода Лермонтовых, Григоров обнаружил немало уникальных. Ну, например, выяснилось, что морской офицер Дмитрий Николаевич Лермонтов был декабристом. После смерти Михаила Юрьевича его род по-прежнему удивлял мир знаменитыми людьми. Среди них был герой освободительной Балканской войны 1877—1878 годов Александр Николаевич Лермонтов и участник Гражданской войны, воевавший в Первой Конной армии, Владимир Михайлович Лермонтов. Кстати, последние свои годы, уже после Великой Отечественной, Владимир Михайлович провел в Пятигорске. На Ставропольщине поныне живут его дочь Ирина и сын Юрий.

А вот и вовсе невероятный факт: оказывается, Лермонтов и Пушкин были даже родственниками. Прадед Михаила Юрьевича, секунд-майор Юрий Петрович Лермонтов, был женат на Анне Ивановне Боборыкиной, внучке стольника Федора Матвеевича Пушкина, его, как писал Александр Сергеевич, когда-то приговорил к смерти разгневанный Петр Великий. Еще одна деталь: со школьных лет помнится имя Елизаветы Алексеевны Арсеньевой, бабушки Лермонтова по матери, в ее поместье Тарханы рос и воспитывался будущий поэт; с отцом, жившим в имении Кропотово под Тулой, встречи были чрезвычайно редки и непродолжительны. А какую фамилию имела вторая бабушка — по отцу? Костромич Григоров потратил ровно год на поиски, и в Центральном государственном архиве древних актов среди множества неописанных документов и дел восемнадцатого века обнаружил «согласную запись», в которой было сказано следующее: «Я, вдова коллежского советника Василия Иванова сына Рыкачева Авдотья Ивановна, сговорила свою дочь Анну в замужество за артиллерии поручика Петра Юрьевича, сына Лермонтова, дала в приданое дочери крепостных своих людей из усадьбы Власово».

А сейчас, уважаемые читатели, попробуем вспомнить фамилию бабушки по отцу Янки Купалы или белорусского Лермонтова — Максима Богдановича. У меня лично, к примеру, ничего не получилось, как ни напрягал память.

Ну, где ты, состарившийся полтавский помещик Магденко, куда запропастились твои записки о совместном путешествии с двумя блестящими офицерами в Пятигорск? Ага, вот они. Бравый корнет и его товарищи остановились в гостинице грека Найтаки, разошлись по отдельный номерам, переоделись после утомительного пути. Лермонтов со Столыпиным зашли к Магденко. На Лермонтове была белоснежное белье, шелковый темно-зеленый с узорами халат, подпоясанный шнуром с золотыми желудями на концах. Ну и Магденко, вот это память! Обращаясь к Столыпину, обрадованный только что услышанной новостью, поэт возбужденно сообщает: «Вот и Мартышка, Мартышка здесь! Я сказал Найтаки, чтобы послали за ним...» Полтавский помещик объясняет: этим именем Лермонтов приятельски называл своего однокашника по юнкерской школе Н. С. Мартынова.

«Вчера я приехал в Пятигорск, нанял квартиру на краю города, на самом высоком месте, у подошвы Машука: во время грозы облака будут спускаться к моей крыше», — а как же быть с этим утверждением, помните, с него начинаются первые строки «Княжны Мери»? Все так и было, назавтра, переночевав в гостинице, Лермонтов и Столыпин нанимают домик, ставший последним приютом поэта. Сохранилась запись в домовой книге хозяина В. И. Чиляева за 1841 год: «С капитана Алексея Аркадьевича Столыпина и поручика Михаила Юрьевича Лермонтова за весь средний дом — 100 руб. серебром». По соседству живут друзья и знакомые — Глебов, Трубецкой, Раевский, Мартынов, Васильчиков. Привычное расписание жизни на водах: утром — ванны, днем — обед в компании друзей-приятелей, вечером — прогулки по бульвару, на котором играет музыка. Изредка пикники на природе, чаще танцы, приятные беседы с барышнями в доме Верзилиных. Это имя в Пятигорске хорошо известно: владелец дома генерал, у него три дочери, и молодые офицеры любили бывать на веселых вечерах «у трех граций», где каждый чувствовал себя как дома. В свою последнюю поездку на Кавказ с семьей Верзилиных познакомился и Лермонтов.

Тринадцатое июля, последний вечер у Верзилиных. Кто бы мог представить, что безобидная шутка в адрес Мартынова: «Горец с большим кинжалом», на которую никто из присутствующих не обратил внимания, приведет к непоправимой беде. Только двадцать лет назад в Париже, у потомков Мартынова, обнаружился злополучный портрет, послуживший поводом для лермонтовской шутки на вечере «у трех граций». Благодаря заботам известного искусствоведа И.Зильберштейна мы получили наконец возможность убедиться в справедливости ироничного замечания поэта: Мартынов в самом деле имел карикатурный вид — в огромной папахе и черкеске, украшенной газырями и позументами, с большим кинжалом на поясе. Гости тем временем начали расходиться. Лермонтов услышал сзади торопливые шаги, кто-то догонял его на выходе из дома. Оглянулся и увидел Мартынова.

«Сколько раз я просил вас оставить свои шутки при дамах», — холодным тоном произнес Мартынов.

Ни официальное обращение на «вы», ни ледяной тон не насторожили Лермонтова. Он знал Мартынова хорошо, учился с ним в школе гвардейских подпрапорщиков, бывал в его московском доме, с сестрами Мартынова ходил в театр, дружеские пикировки между ними случались и прежде. Более того, накануне злополучной ссоры Мартынов даже ночевал у Лермонтова. Никаких осложнений в их отношениях не намечалось, об этом говорили после на следствии и сестры Верзилины, у которых часто собирались молодые офицеры, и его сослуживцы. «Что же, на дуэль, или как, вызовешь меня за это?» — насмешливо ответил Лермонтов на замечание товарища. «Да, на дуэль», — не заставил ждать Мартынов.

Лермонтов воспринял этот обмен «комплиментами» как незначительный, не заслуживающий внимания, эпизод. Но вызов был сделан официально, кодекс чести дворянина и офицера не позволял уклониться от поединка. Правда, складывается впечатление, что Мартынов уж больно торопился с вызовом на дуэль, не искал ли он повода для нее, заранее настроенный против поэта каким-то лицом, о котором приходится лишь гадать. Оснований для такого подозрения было хоть отбавляй, в том числе и вот это. Известно, что с восьмого июля Лермонтов начал принимать ванны в Железноводске и там уже нанял для себя квартиру, не оставляя пока пятигорского домика. Двенадцатого июля поэт приехал в Пятигорск, оформил для выезда подорожную в комендантском управлении и остался ночевать в своей квартире у Чиляева. Кого-то очень тревожило, что Лермонтов может живым оставить Пятигорск, кому-то, кто стоял за спиной Мартынова, хотелось безотлагательной развязки.

И кровь пролилась. События, связанные с дуэлью и гибелью Лермонтова, поныне являются белым пятном в биографии поэта. Противоречивые сведения оставили и современники.

Вот что, к примеру, написал в своем дневнике сослуживец Лермонтова по Тенгинскому полку Федоров. «Согласно письмам из Пятигорска, — писал он, — известно было лишь, что он убит майором Николаем Соломоновичем Мартыновым 15 июля, на дуэли, при секундантах: титулярном советнике князе Васильчикове и корнете Глебове... Несмотря на то, что дуэль была при свидетелях, подробности о ней чрезвычайно разнообразные: одни говорят, что Лермонтов получил рану в правый бок навылет, упал, не успев выстрелить; другие говорят напротив, Лермонтов выстрелил первым и выстрелил вверх... Дуэль была во время сильной грозы, без медика, на случай ранения; убитый, возможно, еще живой Лермонтов, говорят, оставался без помощи часа три на месте; что барьер был отмерен на покатости горы и Лермонтов стоял выше Мартынова, — одним словом, все обвиняют секундантов, которые, если не могли предотвратить дуэли, могли бы отложить, когда пройдет гроза. Надеюсь, время объяснит существо дела...»

Не объяснило. Наоборот, еще больше нагромоздило разных напластований. Отсутствие серьезных биографических исследований породило множество догадок и слухов, легенд и сказок. И мою лесную деревеньку на Хотимщине затронуло эхо всенародной любви к выдающемуся русскому поэту, и до меня долетало эхо сочувственных рассказов, имевших широкое распространение среди простых людей. Говорили, что Лермонтова убил на дуэли вовсе не Мартынов, а специально подосланный казак, который стрелял скрытно, из-за кустов. Вроде бы этот казак был приговорен к смерти за какое-то злодейское преступление, мол, ему и предложили помилование, если он даст согласие на выстрел. Казак дал согласие, выстрелил, после всю жизнь мучился, и признался в содеянном лишь в глубокой старости, перед смертью. Ходили также таинственные слухи о подмене дуэльных пистолетов, о романтической истории с незнакомой дамой, она будто бы была подлинной причиной поединка; всплывали иные загадочные обстоятельства.

Немало пятигорских, ессентукских, кисловодских мальчишек, впервые познакомившись с творчеством Лермонтова в школе, присягали на верность памяти поэта, давали клятву разгадать тайну кровавого убийства. Для некоторых это становилось делом всей жизни. Такой настойчивости можно только позавидовать. Их усилиями выявлен и стал достоянием профессиональных исследователей творчества поэта протокол следственной комиссии, составленный на месте дуэли шестнадцатого июля 1841 года, а также другой комиссии, специально созданной сорок лет спустя с целью установления места и обстоятельств поединка, относительно которых ходило множество противоречивых слухов. Возвращено доброе имя и честь Михаилу Глебову, он был в действительности секундантом Лермонтова, а не Васильчиков, как считалось много лет согласно официальной версии. Лишь в шестидесятых годах нашего века стало известно, что Глебову посоветовали назвать себя на следствии секундантом Мартынова, а «князю-пустельге», «Дон-Кихоту иезуитизма» Васильчикову, как его называл поэт, секундантом Лермонтова. Это была величайшая загадка для тех, кто знал честного, неподкупного Глебова и недалекого интригана Васильчикова. Справедливость победила, из частной переписки Столыпина и Верещагиных стало известно о письме Глебова к его однокашнику — к сожалению, оригинал не сохранился, — и в нем раскрывалось, почему секунданты поменялись ролями на следствии: чтобы его запутать и выгородить тех, кто остался в живых, Глебову недвусмысленно намекнули — смотри, братец, как бы тебя не обвинили в заговоре, ты ведь жил на одной квартире с Мартыновым.

Бесспорно, Глебов мог бы многое рассказать, это один из немногих свидетелей трагедии, в объективности и честности которого нет оснований сомневаться. К сожалению, он вскоре погиб на Кавказе в стычке с горцами, а его бумаги разыскать пока не удалось, хотя не один десяток добровольцев не теряет надежды обнаружить их след здесь, на Кавказе. Согласно одной версии, он передал их младшему брату Константину, служившему юнкером в саперном батальоне. Согласно другой версии, его архив отправили на родину в Орловскую губернию.

Не исключено, что где-нибудь в архивах пылятся неизвестные пока бумаги, ждут своего времени и счастливчика, которому выпадет честь первому их прочесть. А нам остается пока удовлетворяться тем, что имеется. А имеется немного. Воспоминания Эмилии Верзилиной, одной из «трех граций», в доме которой Лермонтов провел тот злополучный вечер: «Первым стрелял Мартынов, а Лермонтов будто бы ранее сказал секунданту, что стрелять не будет, и был убит наповал, как рассказывал нам Глебов». С ней же Глебов поделился, «какие мучительные часы он провел, оставшись один в лесу, сидя на траве под проливным дождем, держа на коленях голову убитого поэта: Мартынов и второй секундант, Васильчиков, сразу же после дуэли помчались на конях в Пятигорск. С воспоминаниями Э. А. Верзилиной познакомила ее дочь Евгения Акимовна Шан-Гирей, она приходилась племянницей Лермонтову, ее отец Аким Павлович Шан-Гирей был двоюродным братом Михаила Юрьевича. Невероятно: племянница Лермонтова была, можно сказать, нашей современницей, довоенные посетители дома-музея поэта помнят необыкновенно милую, скромную бабушку в черном платье с белым накрахмаленным воротничком. Она умерла в Пятигорске в 1943 году в возрасте 87 лет в том самом доме, где жили ее мать и тетки, куда частенько захаживал с приятелями Лермонтов. Рассказы Евгении Акимовны наиболее правдоподобны, их ценность в том, что они были со слов ее родителей, а те хорошо знали поэта и относились к нему с большой симпатией.

Версия о том, что Лермонтов отказался стрелять в Мартынова, подтверждается и другими источниками, в частности воспоминаниями второго секунданта, Васильчикова. Оба они дожили до глубокой старости. Мартынов, отбыв в Киеве назначенное ему военным судом по указанию царя «наказание» — церковное покаяние — и успев там обзавестись женой, перебрался в Москву и стал постоянным посетителем английского клуба. Правда, согласно преданию, ежегодно 15 июля ехал в один из подмосковных монастырей и служил там панихиду по убиенному рабу божьему Михаилу. Князь Васильчиков, который, согласно царскому решению, получил прощение, «учитывая заслуги отца», вскоре стал единственным наследником неисчислимых богатств родителя и бездетных братьев и жил в Петербурге. И Мартынов, и Васильчиков обходили тему дуэли тридцатилетним молчанием. И лишь на рубеже семидесятых годов девятнадцатого века, с приближением юбилейных дат, осознавая тяжесть предъявляемых ему обвинений, Мартынов заявил, что принять «всю моральную ответственность этого несчастного случая на себя одного не в силах», и сослался на Васильчикова, который мог бы рассказать о дуэли и «обстоятельствах, ей предшествующих».

Из тьмы времен проступила и реакция состарившегося Васильчикова на заявления Мартынова. Бывший секундант, который не отличался доброжелательным отношением к поэту, подтвердил: Лермонтов на поединке при виде Мартынова, торопливо приближавшегося и целившегося в него, не трогаясь с места, вытянул вверх руку, по-прежнему направляя в небо дуло пистолета. Согласно правилам, вытянутая вверх рука с пистолетом означала, что дуэлянт стрелять не желает. Мартынов фактически убил безоружного человека. На вопрос, почему Васильчиков молчал все эти тридцать лет, не сообщая сенсационного обстоятельства, князь ответил, что поведение Мартынова, который хочет свалить вину на секундантов, снимает с него необходимость держать данное слово.

Мартынов дважды брался за воспоминания о временах молодости и пятигорской трагедии, но оба раза бросал их в самом начале, так и не решившись на откровенные признания. Не представлял, кем станет Лермонтов для России? В этом стремился убедить потомков и состарившийся Васильчиков: «Мне тогда было 22 года, и все мы не сознавали, что такое Лермонтов... Иное дело смотреть ретроспективно».

Лицемерит, лицемерит князюшка, кому, как не ему, принадлежат вот эти строки, написанные знакомцу Арсеньеву спустя две недели после дуэли: «Отчего люди, которые бы могли жить с пользой, а возможно и со славой, Пушкин, Лермонтов, умирают рано, между тем как на свете столько ненужных и плохих людей доживают до глубокой старости». Нет, Васильчиков хорошо понимал, что Лермонтов не просто поручик Тенгинского пехотного полка. Понимал это и Мартынов, иначе чем объяснить, что секретная папка материалов дела следственной комиссии о поединке оказалась в его доме, ее случайно обнаружили в 1920 году вместе с черновиками показаний самого Мартынова. Кто-то уж очень заботился, чтобы в официальных архивах не оставалось никаких документов по этому делу, и заметал следы.

Между интригами, которые привели к могиле Пушкина и Лермонтова, немало общего. И, видно, вряд ли будут они разгаданы, хотя здесь, в Пятигорске, не теряют надежды. Рассказывают о поиске дневника Лермонтова в Москве и оригинала поэмы «Демон» в Ленинграде: они, по слухам, находятся в руках неизвестных пока коллекционеров; надеются на возвращение из-за границы частных архивов, которые могут порадовать лермонтоведов новыми свидетельствами, прольющими свет на пятигорскую кровавую развязку.

Все может быть, новое мышление размораживает нам окна в мир, поднимает приоритет общечеловеческих ценностей. Мы уже, кажется, привыкаем к тому, что часть человечества, не входившая в наше определение прогрессивной, все более доброжелательно относится к нам, передает произведения искусства, архивные материалы, документы, которые в силу различных обстоятельств оказались за пределами отечества и по праву принадлежат нам.

Мой общественный оптимизм подкреплялся и личным. В Карачаево-Черкесии, куда я приехал после пребывания в городах Кавминвод, в ауле, где родился Осман Касаев, мне сказали, что звонили из Ставрополя и просили передать: отыскались следы Кожинова. Обрадованный, я от всего сердца желал такого же счастливого конца всем, кто путешествует по тропам Лермонтова, кто находит факты, пускай себе и малозначительные, но без которых не понять самых важных.

Глава 3

ИСТИНУ ЗНАЮТ КЛАНЫ

Человек все же удивительное создание — постепенно вырабатывая в себе привычки, он сам не замечает, как становится их рабом. Сколько раз, собираясь в дорогу, давал себе слово не думать о делах, не утомлять преждевременно мозг, не тревожить сердце будущими впечатлениями. Где там, стоит только отыскать свое место в купе, раздеться, повесить одежду на крюк и положить на столик традиционный рубль за постель вместе с проездным билетом, как тотчас оказываешься в плену беспокойных мыслей и чувств.

На сей раз мысли крутились вокруг города Днепропетровска, конечного пункта поездки. Устроившись у окна в купе спального вагона фирменного поезда «Днепр», я со свойственным мне в начале любого задания отчаянием начал преувеличивать возможные трудности, которые могут возникнуть на месте прибытия. Ну какая связь может существовать между моей Хотимщиной или даже Минском и Днепропетровском? Это не Ставрополь, не сказочная Кубань-река с ее урожайным прибрежьем, куда добирались и мои односельчане. Трудно, ох как трудно будет написать эту главу повести-путешествия, чтобы она оранически воспринималась частью целого.

Стих за дверями купе торопливый топот ног опаздывающих пассажиров, поезд тронулся, оставив позади здание Павелецкого вокзала, все в сверкающих огнях, которые рано, почти в четыре часа, зажигает короткий ноябрьский день. Единственный сосед, спокойный и важный мужчина, переодевшись в спортивный костюм с яркой адидасовской эмблемой, по-домашнему развалился на постели, буравит начальническим взглядом молчаливого собеседника, примеривается, на какую тему можно начинать бесконечные, ни к чему не обязывающие дорожные разговоры. Нет, в чем-то я, видно, не оправдал его надежд, не вызвал доверия, а может, опытным руководящим глазом дошел, что не родня ему, не его поля ягода? Важный сосед равнодушно отвернулся и полез в шикарный «кейс» с секретным шифром, достал «Детей Арбата» и, держа моднецкую книгу таким образом, чтобы было хорошо видно название, углубился в чтение.

Читай что хочешь, подумал я с облегчением, только не лезь с расспросами, не заводи меня и не заводись сам бесконечными разговорами о «них» и о «нас», не пересказывай содержание сенсационных публикаций в газетах и журналах, не выдавай заемные мысли за свои собственные. Надоело слушать обывательскую интерпретацию прочитанного, когда блестящие идеи и выводы, живой плод работы ума замечательных публицистов новой генерации, выделившихся в последнее время, игнорируются, а вся новизна сводится к пересказу жареных фактов и подробностей.

Сосед тем временем глаз от книги не отводил. Дождавшись, когда проводница зашла в купе и взяла со стола приготовленные билеты и деньги за постельное белье, он взбил тощенькую подушку и лег. И тут мне в глаза бросилась немаловажная деталь: правая, непрочитанная половина книги была куда тоньше, чем левая, прочитанная. Э-э, увидел я реальную угрозу быть втянутым в дискуссию об исторической точности и художественных особенностях спорного литературного произведения, надо что-то предпринимать. Впереди пять часов до одиннадцати вечера, когда можно лечь спать или прикинуться спящим, в семь утра проснешься непременно, чай принесут, за дверью затопают, а поезд прибудет в десять, вон сколько времени! Не избежать читательской конференции, по всему видно. А что, если?.. Мысль родилась внезапно, через минуту я уже открывал свой дорожный, видавший виды, «дипломат» с двумя замками, один из которых был безнадежно сломан, а второй едва держался на честном слове, и вытаскивал из него книжку в мягкой обложке. Она и позволила мне сосредоточиться.

До чего же хорошо думается в пути! Откуда-то из темных закоулков памяти всплывают забытые эпизоды, предстают перед глазами лица людей, с которыми были мимолетные встречи и короткие беседы, картины прошлых разлук. Усилием воли отгоняю их прочь, чтобы не мешали думать о главном, чтобы была возможность выстроить в логический ряд разрозненные факты и штрихи, придать им сюжетную форму.

Места, куда я держу путь, как и Ставрополье, тоже освящены творчеством знаменитого литератора, чьи произведения еще совсем недавно ставились в один ряд со «Словом о полку Игореве». Автор четырех небольших книжонок-брошюр, которые переводились с завидной быстротой на все языки народов СССР и издавались только в улучшенном полиграфическом исполнении, услышал об их художественных особенностях столько дифирамбов при жизни, что Лермонтову такое и присниться не могло. Завидное сочетание способностей государственного и политического лидера с литературным талантом явление не такое уж распространенное, факт исключительности наяву, на посту руководителя партии и страны впервые оказался великий писатель современности, отмеченный высшей наградой — Ленинской премией в области литературы. На Днепропетровщине он родился, вырос, получил жизненную закалку.

Как же связать мне лесную Могилевщину и степную Днепропетровщину, восточную часть Белоруссии с северным Причерноморьем? Чем не сюжетец: уроженец металлургического края становится выдающимся деятелем государства и всего международного коммунистического движения, буквально все сферы деятельности, к которым он имел отношение, освящались его необыкновенными способностями, несли отражение таланта феноменальной личности. За время войны он прошел путь от полковника до генерал-майора, по сути, сделал только один шаг по лестнице военных званий, но это не помешало ему через сорок лет надеть маршальский мундир, нацепить на него высший полководческий орден Победы и полдесятка Золотых Звезд. Четыре брошюрки-близнеца были объявлены высочайшим достижением отечественной классической литературы, отрывки из них включали в школьные хрестоматии наравне с Гомером, Шекспиром, Пушкиным. Где там наравне: покажите сельский клуб, в котором с этаким постоянством звучали бы сонеты Шекспира. Аплодисменты переполненных залов в честь красногалстучных исполнителей фрагментов из «Малой земли» и «Возрождения» у многих на памяти.

Итак, сюжетец развивается следующим образом: уроженца лесной Хотимщины, в то время сотрудника генеральской газеты «Звезда», вызывают в одну высокую инстанцию и дают поручение поработать над текстом письма. От имени многодетной матери, каменщицы минского строительного треста. Догадались, кому? Ну, конечно же, автору бессмертной тетралогии. Согласно замыслу инициаторов, а журналисту тонко намекнули, что инициатива исходит из самой Москвы, в письме должна быть изложена материнская благодарность дорогому Леониду Ильичу за написанные им талантливые книги, прочитав их, каменщица наконец поняла, как следует жить. Моя задача состояла в том, чтобы придать письму, составленному группой аппаратчиков, видимость того, что его писала сама многодетная строительница. Побольше простых слов, человеческих чувств, теплоты, советовали мне в просторном кабинете. Леонид Ильич сам пишет книги, неудобно будет, если он поймет по стилю, что письмо составлено работниками аппарата.

Все мы пленники своего времени, не был исключением и я. Что было, то было, спустя некоторое время текст написанного заново письма лежал на столе заказчика. Меня скоро отпустили, сказав, что поставленную задачу я выполнил. Немного погодя знакомый аппаратчик хвастался в одной компании, сколько деликатных и тонких поручений приходится выполнять ответственным работникам. В качестве примера приводился случай с письмом каменщицы Леониду Ильичу Брежневу. Оказывается, написать письмо — еще далеко не все. Не менее филигранной была и вторая часть работы. Аппаратчик с уважением к себе рассказывал, как это ответственно и непросто: проследить, чтобы полуграмотная каменщица аккуратно и по возможности красиво переписала своим неуклюжим почерком подготовленный текст, правильно указала домашний адрес и, главное, обозначила его на конверте. На машинке — ни в коем случае, ибо все сразу станет ясно. Он даже проводил бедную женщину к ближайшему от ее дома почтовому ящику, не приведи Бог, перепутает, не придаст значения какой-либо мелочи, и все раскроется. И лишь убедившись, что письмо опущено в нужный ящик, с облегчением вздохнул и доложил руководству.

Думаете, это было единственное письмо, готовившееся по описанному рецепту? Не было в стране города и деревни, где не произошла бы аналогичная картина. С выдающимся литературным дебютом Маршала Советского Союза поздравляли десятки тысяч благодарных читателей, осчастливленных возможностью каждодневно прикасаться опаленными жаждой устами к чистому и прозрачному роднику величайшей мудрости в мире. Скромному поручику Лермонтову не пришлось ни прочесть, ни услышать и миллионной доли таких эпитетов в свой адрес.

Ничего сюжетец, ничего, поощрял я себя, приближаясь к заветному клубочку, затаившемуся где-то в таинственной дали и никак не дающемуся в руки. «Один матрос старый, другей молодэй, в черненькой фуражке, ремень галубэй». Слова распространенной в нашей местности старой песни, которую исполняли с характерным хотимским произношением, всплыли внезапно, безо всякой причины, они зазвучали в ушах маминым молодым голосом. Нет, недаром мама говорила в детстве, что без причины и прыщик не вскочит. Старая матросская песня, перелицованная на деревенский белорусский лад, откуда она появилась в моей родной стороне? Каким ветром занесло в маленькую лесную деревеньку жалостливую мелодию о горькой морской доле?

Чур, вот она, ниточка! Вспоминаю, что когда-то мои родные места принадлежали светлейшему князю Потемкину, богатые лесами, они очень понравились екатеринославскому наместнику, тогда ему требовалось много древесины, потому что шла закладка новых городов на необъятных просторах северного Причерноморья, строились порты и судоверфи в Херсоне, Николаеве, Одессе. Заготавливать лес в дремучих вековых борах Могилевщины приезжали моряки и приписанные к речному и морскому ведомствам солдаты, казаки, мастеровые люди. Они завезли на мою родину неслыханные здесь прежде песни, переделанные музыкальными хотимчанами на свой лад. А может, кое-кто и невесту себе приметил среди моих землячек, и уехала какая-нибудь отчаянная Маня или Арина из родитель-

165

ского дома на край света, туда, где почти два века подряд не утихала кровавая ссора между русскими и турками за владение огромными территориями, и Оттоманская Порта в конце концов была вынуждена отдать эти немеренные земли северной соседке, которая стремительно продвигалась к Черному морю. Вот бы встретить там земляка или землячку, чьи предки жили в восточном уголке Белоруссии, а после подались сюда, вместе с чубатым черноморским казаком или богатырского роста моряком.

Мое воображение послушно рисовало эпизоды предстоящих встреч. А что, все может быть, жизнь иной раз подбрасывает такие переплетения судеб и времен, что только поражаешься, не в каждом романе найдешь подобное. Кто бы мог предположить, например, что история с Османом Касаевым получит совсем непредвиденное продолжение?

В самом начале шестидесятых годов, будучи еще студентом-первокурсником журфака, пришлось мне побывать в командировке в Быховском районе. Редакционное задание молодежки показалось по тому времени очень сложным, требовалось поприсутствовать на нескольких отчетно-выборных комсомольских собраниях и сделать аналитическую статью об активности членов ВЛКСМ. Помнится, в редакции настойчиво предлагали поразмышлять вокруг включенного в перспективный план заголовка «Что ты внес в свою комсомольскую организацию?».

Командировочное удостоверение республиканской газеты приятно щекотало самолюбие двадцатилетнего юноши, незнакомая тема и тайны комсомольской работы вызывали беспокойство. Журналистских навыков у меня тогда еще не было, стремясь действовать так, как показывали в кинофильмах, я решил жить непосредственно в тех деревнях, где должны проходить собрания. Хотелось подышать воздухом своих героев, присмотреться к их характерам, изучить изнутри.

Для полноты впечатлений ночевать я просился в деревнях, мне представлялись важными подробности быта сельской молодежи, распределение обязанностей в домашнем хозяйстве, отношения в семье. Хотелось увидеть юношей и девушек дома, в непосредственной обстановке, как они ведут себя, когда находятся не на трибуне и не на официальном мероприятии, словом, собирать материал всесторонне и основательно. В одной из деревень, а точнее, в Белой, ее название хорошо запомнилось, мне выделили для ночлега просторный дом, в нем жили престарелые дед с бабкой, а также квартировал молодой приезжий агроном, он же секретарь колхозной комсомольской организации. Агроном был весел и разговорчив, общителен, молодежь к нему льнула, и, что я сразу заметил, дед с бабкой относились к постояльцу как к родному. В первый же вечер агроном познакомил меня с хозяевами, мы вместе поужинали, слегка поговорили о жизни и легли спать. Назавтра утром, ожидая завтрака, я подошел к стене, на которой были развешаны фотоснимки родни в самодельных деревянных рамках, и начал их внимательно рассматривать. Одно лицо наиболее выделялось своей непохожестью на другие, и дело было вовсе не в каких-то мелких расхождениях во внешности. Портрет молодого военного с двумя кубиками в петлицах свидетельствовал о его явно не славянском происхождении, скорее всего на любительском снимке был изображен представитель кавказской национальности, на такую мысль наводили восточные черты лица.

Квартирант по пути в колхозную контору рассказал, что военный на снимке в хате Терешко командовал партизанским полком, имел большую популярность среди окрестных сел, а Терешки вообще в нем души не чаяли, любили как родного, и было за что: однажды кавказец спас их единственного сына от верной смерти. Лейтенант-кавказец в начале войны командовал артиллерией пехотного полка, часть попала во вражеское окружение под Белостоком и была почти полностью уничтожена, лишь единицам удалось вырваться из смертельного кольца. Начальник полковой артиллерии — так громко называлась должность кавказца, на самом деле это было несколько пушечных батарей, приданных для усиления пехотных подразделений, — израсходовав весь боезапас, приказал привести в негодность ненужные стволы, сломать замки, а самим двигаться на восток. Маленькую группу артиллеристов, оставшуюся без орудий, обстреляли сразу же, едва только она попыталась перейти оживленное шоссе. Лейтенанту не повезло больше всех, пулей зацепило ногу, идти самостоятельно он не мог, и его понесли на самодельных носилках. Двигались по ночам, днями прятались в болотах, густом кустарнике. Через некоторое время наткнулись на такую же группу бойцов, они тоже пробивались к линии фронта. Лейтенанту становилось хуже, в одном селе узнали, что фронт откатился за Смоленск, и им его никак не догнать. И тогда решили использовать предложение бойца из группы, которую недавно встретили в заболоченном лесу. Боец по фамилии Терешко говорил, что совсем недалеко, как раз по пути на Смоленск, его родная деревня Белая, там их не найдет ни один фриц, она вся окружена непроходимыми болотами.

Последнее слово было за командиром, хотя он и часто терял сознание, воинская дисциплина и порядок в этой группе окруженцев были уставными. Лейтенант все взвесил: люди обессилены, голодны, патронов нет, к своим все равно быстро не выйти, а опасность попасть в плен подстерегала на каждом шагу. И тогда командир принял решение двигаться в направлении деревни Терешко.

Родители белорусского солдата не расспрашивали, какой национальности раненый командир. Прятали его от недоброго глаза на чердаке сарая, лечили, кормили. Скоро поправился, стал на ноги лейтенант. И создал из окруженцев и местных жителей полк, дал ему номер той части, в которой встретил войну и принял боевое крещение, драматичное для большинства бойцов и для него лично.

Партизанский полк под командованием Османа Касаева, именно так звали лейтенанта-кавказца, представлял собой немалую силу. Возглавив значительную боевую единицу, основу которой, конечно же, составляли партизаны, вооруженные винтовками, реже автоматами, Касаев не забывал, что он пушкарь, окончил артиллерийское училище. Как и фронтовые части, партизанский полк Османа Касаева имел свою собственную артиллерию! У него были даже вездеходы, они внезапно появлялись в местах, где такой наглости совсем не ждали. Партизанские автоматчики на машинах врывались среди бела дня в большие села, где располагались довольно сильные вражеские гарнизоны, поднимали переполох, отбивали попавших в беду раненых товарищей, молодежь, которую оккупанты готовили для отправки в Германию, разворачивали в обратном направлении обозы с награбленными продуктами и имуществом. Осман лично возглавил операцию по спасению Терешко, того самого бойца, на которого наткнулись артиллеристы во время блужданий по фашистским тылам. Он стал партизаном-разведчиком. Однажды удача, которая все время ему сопутствовала, неожиданно изменила, он попал в сеть, умело расставленную полицией. Избитого и окровавленного, его бросили на дно смрадного погреба. У бобиков с белыми повязками на рукавах, неудержимо радовавшихся крупному улову, был к Терешко свой счет, и им невтерпеж было как можно быстрее расквитаться с неуловимым партизаном.

Повесить пойманного решили в Белой. В центре деревни срочно возводили виселицу, с утра там уже чувствовались приметы чего-то жуткого. Из хаты в хату полетела страшная весть: бобики готовят петлю для Терешко. В полдень приготовления закончились, из хат начали выгонять людей, прикладами винтовок, а то и острыми ножами штыков помогали понять, куда следует идти. Не пощадили родителей партизана, наоборот, с садистским наслаждением волокли на площадь стариков, глумливо предсказывая, что сейчас будет с их сыном. Толпа ахнула, отхлынула назад, едва узнав в почерневшем, потерявшем знакомый облик человеке со связанными за спиной руками молодого Терешко. Послышались рыдания, плач женщин, закрестились набожные старушки, когда партизана на глазах родителей подвели к петле, жутко качающейся под легким дуновением ветерка между двумя столбами.

И в этот кульминационный момент, когда, казалось, ничто уже не сможет спасти молодую жизнь, тишину знойного летнего полдня вспороли пулеметные очереди, они доносились с окраины. Пьяные бобики наставили уши торчком, схватились за винтовки, но было уже поздно. На площадь ворвались партизанские вездеходы, они молодцевато, с форсом развернулись, с них соскочили крепкие парни, рванулись к сомлевшим от страха полицейским, с ужасом смотревшим на нежданных гостей. События разворачивались как в кино: драматично, стремительно и захватывающе.

На выручку партизанского разведчика прибыл сам командир полка. Руки Терешко освободили от тугих веревок, кто-то торопливо поднес к его губам флягу с водой. Парня подсадили на вездеход, и машины окутавшись синим дымом, так же внезапно исчезли, как и появились.

Эффектная сцена, описанная агрономом, долго стояла перед моими глазами. Запомнилась и фамилия, вместе с именем она образовала устойчивое словосочетание, оно воспринималось как одно понятие — Осман Касаев. Я поинтересовался дальнейшей судьбой этого человека. Выяснилось, что он погиб перед самым началом освобождения Белоруссии, когда победа была уже близко. Каратели окружили место дислокации партизанского полка кольцом плотной блокады, применили даже авиацию, пулеметная очередь из самолета смертельной дорожкой зацепила командира, его жизнь не удалось спасти лучшим партизанским врачам.

Героическая баллада, а именно в такой жанр воплотилась услышанная в глухой деревне взволновавшая меня история, была опубликована в молодежной газете и вызвала бурю откликов. Писали однополчане Османа Касаева и жители партизанской зоны, они хорошо помнили этого горячего и смелого человека, сообщали новые эпизоды, из них представал героический образ незаслужено обойденного вниманием и наградами горца, отдавшего жизнь за свободу белорусского народа. В ряде писем высказывалось предложение представить Османа Касаева к званию Героя Советского Союза посмертно, отмечалось, что он достоин такой награды.

Посоветовавшись с редактором и получив его согласие, я собрал полученные письма и направил их в Москву, в Президиум Верховного Совета СССР, а также приложил небольшой сопроводительный текст, в котором изложил суть дела. Через некоторое время почта принесла подтверждение, что письмо получено, и просьбу прислать все публикации, свидетельства и материалы, имеющие отношение к боевой деятельности Османа Касаева на территории Белоруссии. Такое внимание к памяти партизанского командира тронуло и вселило надежду, во всяком случае, навело на мысль, что вокруг имени этого человека идет какое-то шевеление. В чем оно заключалось, стало известно позднее: оказывается, нашлись ревнители идейной чистоты, они упорно возражали против представления Османа Касаева к званию Героя, и возражения свои строили на том, что нельзя, мол, отмечать Золотой Звездой представителя народа, показавшего себя не с лучшей стороны в годы войны. Бог с ними, теми возражениями, пускай бы утешали себя иллюзиями защитники устоев, что они действительно спасители отчизны, но уж больно настырно добивались своего, бомбардировали телеграммами и письмами Министерство обороны, Президиум Верховного Совета СССР, ЦК КПСС и на некоторое время притормозили движение наградного дела, посеяли сомнение у хозяев просторных кабинетов.

И тут публикации в белорусской прессе, письма из партизанского края. Как нельзя кстати оказалась благодарная память людей, которых освобождал Осман Касаев из вражеской неволи. Пухлая папка с личным делом партизанского командира, значительно располневшая за счет новых материалов, снова начала свой кругооборот по многочисленным приемным, со стола одного начальника на стол другого, обрастая визами, резолюциями, поручениями. Нашлась все же умная и смелая голова, задала резонный вопрос: а при чем здесь национальность? Осман Касаев карачаевец, ну и на здоровье, разве это обстоятельство должно стать препятствием для посмертного награждения? Да, определенная часть карачаевцев сотрудничала с фашистами, вину небольшой группы отщепенцев-националистов Сталин и его окружение возложили на весь народ, и он длительное время разделял печальную судьбу других горских народов, оторванных от родных очагов и переселенных в чужие края. Шел шестьдесят пятый год, тогда еще не могло быть и речи о восстановлении исторической справедливости к репрессированным народам не могло быть, это в перестроечные годы печать смело вскрывала белые пятна, о них в то время мне, начинающему журналисту, ничего не было известно.

О репрессиях тридцатых и конца сороковых годов читать и слышать, безусловно, приходилось, они в основном касались работников партийных и советских органов, военных, творческой интеллигенции. Но чтобы карались целые народы... Приехав в Карачаево-Черкесию, на родину Османа Касаева, я понял наконец, почему публикациям в молодежке высший орган власти уделил столько внимания. Некий разумный человек в Москве расценил их как голос общественного мнения, и кто знает, может, они как раз и перевесили чашу весов в пользу положительного решения спорного вопроса: награждать партизанского командира или нет. У кого из коллег-журналистов сердце не наполнится гордостью от осознания того, что в кратких строках указа о присвоении звания Героя Советского Союза человеку, совершившему героические подвиги, есть доля и твоего участия.

Меня привезли в аул, в котором родился, провел детство и юношеские годы Осман Касаев. Отсюда он поступал в артиллерийское училище. В местной школе, как положено, музей знатного выпускника, на стене — знакомый по хате Терешко портрет, его после поместили рядом с текстом в газете. Сообщение о том, что деревня в Могилевской области, давшая приют раненому лейтенанту-карачаевцу, чьи близкие и родные были репрессированы вместе со всем народом, сейчас названа его именем — Османкасаево, вызвала среди его земляков волну радостного возбуждения. Я охотно давал адрес белорусской деревни, взявшей имя и фамилию представителя небольшого горского народа, обещал прислать ксерокопии публикаций из республиканской печати.

В карачаевском совхозе, названном именем Османа Касаева, меня называли не иначе как кунаком. Узнав об обстоятельствах, связанных с историей первых публикаций о своем земляке, жители аула, примечательной чертой которых всегда было природное гостеприимство, оказали исключительно теплый и сердечный прием. Откровенно говоря, от таких непривычных знаков внимания иной раз становилось не по себе. В памяти всплывал небезызвестный образ сына лейтенанта Шмидта. Иногда закрадывалось сомнение, а за того ли, собственно, меня здесь принимают? Не перепутали ли чего доверчивые и простодушные хозяева? Кажется, нет, не перепутали, во всяком случае привели к стенду, где под стеклом лежала газетная вырезка со знакомым заголовком «Кавказская бурка в белорусских лесах», сказали, что эта публикация в «Красной звезде» первая в центральной прессе о их земляке и они рады встречать ее автора на родине героя.

Казалось бы, где Белоруссия, а где Северный Кавказ, а смотри ты, какой прочной нитью связаны эти удаленные друг от друга местности. Нет, не единственная эта нить, сколько их, незаметных на первый взгляд, тянется от каждого из нас вдаль, в неизвестные земли, к незнакомым народам и городам. На Ставропольщине эта истина подтвердилась, интересно, что ожидает меня на Днепропетровщине? Ничего, успокаивал я себя, все будет хорошо, не может быть, чтобы в таком огромном индустриальном городе, как Днепропетровск, не нашлась хотя бы тоненькая ниточка, соединяющая мою малую родину с северным Причерноморьем. Мир тесен, мир тесен, отбивали колеса поезда в такт моим мыслям успокаивающие слова. Думай, старик, думай, не ленись, озарение должно прийти, никуда оно от тебя не денется. Нащупывай клубочек, нащупывай.

В Ставрополе мне удалось напасть на след родных Кожинова, того, фамилию которого я впервые услышал в конце шестидесятых годов на Брестчине. Подростки из средней школы города Пружаны нашли в Беловежской пуще возле корней могучего столетнего дуба, вылезших из земли на поверхность, стреляную гильзу. Из нее выпал солдатский медальон, он принадлежал рядовому Кожинову Василию Васильевичу, уроженцу города Ставрополя, 1915 года рождения, пулеметчику войсковой части, дислоцировавшейся накануне войны в здешних местах. Недалеко от места, где школьники наткнулись на гильзу, располагалась лесная деревенька Чадель, ее жители поведали следопытам о неравном бое советского пулеметчика с окружившими его врагами. Пулеметные очереди летели с вершины могучего векового дуба, там оборудовал боевую позицию неизвестный смельчак. Бой окончился под вечер, когда пулемет умолк, и в том зловещем молчании отчетливо послышался знак беды. Так оно и произошло: расстреляв боезапас, красноармеец тяжелым камнем упал с дерева на землю. Враги бросились к неподвижно замершему под гигантом-дубом телу, трясли и переворачивали его, но признаков жизни не обнаружили. В это время, видно, и затерялся медальон. На него четверть века спустя случайно наткнулись дети.

Эпизод с найденной гильзой послужил началом документальной повести о делах красных следопытов пружанской школы. Они точно установили, что медальон принадлежал пулеметчику, стрелявшему по врагам с дерева и погибшему героической смертью. Об этом свидетельствовали и чудом уцелевшие однополчане смельчака. В Ставрополе с помощью военкомата ребята разыскали двух братьев Василия Кожинова, у старшего, Сергея, со времен войны хранилась серая казенная бумажка, в которой сообщалось, что рядовой Василий Кожинов пропал без вести в конце июня сорок первого, разделив трагическую участь сотен тысяч красноармейцев, попавших в танковые клинья войск вермахта. И вдруг письмо от белорусских следопытов: ваш брат настоящий герой, вы можете им гордиться, он не изменил патриотическому долгу и военной присяге, приезжайте, мы покажем братскую могилу, где он похоронен. В повести «Тайна найденной гильзы», она вышла в Минске в семидесятом году, описывается приезд ставропольских братьев на белорусскую землю, принявшую в свое лоно прах воина-героя.

Обо всем этом я писал со слов пружанских следопытов и тогдашнего руководителя их поискового отряда «Гвардеец» Шульмана. Кожиновы не единственные, кому школьники из Пружан возвратили доброе имя их близких, родных, отцов и дедов. «Пропал без вести» — сколько за этой формулировкой стояло горечи и боли с одной стороны, а с другой — подозрительности и недоверия. Случалось, они преследовали родных до самой кончины. Сыновья и дочери, братья и сестры пропавших без вести получали тавро на всю жизнь, ни в чем не виноватые лично, они расплачивались за чьи-то бездарность и глупость, служебное несоответствие и черствость.

Лица, которым в соответствии с их функциональными обязанностями надлежало заниматься поиском неизвестно когда и при каких обстоятельствах исчезнувших людей, зря теряли время и проедали не такую уж малую офицерскую зарплату, их бездеятельность компенсировали дети и подростки, которые со свойственными им энергией и жаждой исторической справедливости двинулись в походы по местам боевой славы. Мои друзья из Пружан, а с ними я подружился прочно и надолго, вернули из небытия около четырех тысяч ранее неизвестных воинов Советской Армии. Четыре тысячи имен, которыми могут гордиться дети и внуки. Их уже никто не попрекнет пропавшими без вести отцами, никакой кадровик не взглянет подозрительно после знакомства с анкетой.

«Похоронен в братской могиле советских воинов вблизи деревни Чадель Пружанского района Брестской области» — такая запись появилась в личных листках по учету кадров и у братьев Кожиновых, появилась на основании официальных справок, заверенных печатью Пружанского райвоенкомата, перекрыв раз и навсегда путь разного рода сплетням и слухам относительно участия Василия Кожинова в войне. Меня гостеприимно встретили в семьях как одного, так и второго брата. В обеих квартирах показали по экземпляру «Тайны найденной гильзы» на белорусском языке. Эпизод с Василием Кожиновым был переведен на русский и аккуратно вклеен в книгу — для подтверждения того, что брат, не вернувшийся с войны, не изменил, не перешел на сторону врага, а погиб смертью храбрых в первые дни боевых действий на белорусской земле. Наклеенные переводные страницы пощекотали мое авторское самолюбие; впервые в моей журналистской практике написанное использовалось вот таким необычным образом, конкретно и прагматично, в качестве справки, способной развеять сомнения и подозрения склонных к обвинениям служебных лиц и любопытствующих обывателей-соседей.

Двадцать лет жили родители и двое их сыновей с тяжелым камнем на сердце, нося груз недоказанной вины отца и брата. Родители Василия умерли в конце шестидесятых, так и не дождавшись реабилитирующих сведений из Белоруссии. Двадцать последних лет Сергей и Виктор Кожиновы живут спокойно и свободно, не ощущая никаких ограничений в правах и возможностях реализовать свои способности. А до первого письма из Пружан, чего греха таить, всякое было. Сергею Васильевичу, как человеку с высшим образованием, в полной мере пришлось испытать горький вкус полунамеков на темное прошлое; едва только вставало, маячило на горизонте хотя бы маленькое продвижение по службе (старший Кожинов инженер), как тут же его вызывали в партком и, многозначительно поглядывая на анонимку, начинали очередной расспрос. Кошмар закончился, человек наконец вздохнул

с облегчением, отстали многочисленные «доброжела-
тели».

Все это прекрасно, интересно и связано с Белорус-
сией, думал я, но сейчас поезд идет в Днепропетровск.
С этим городом, кажется, ничего значительного ни
меня, ни моих земляков не связывает, в отчаянии
думал я, пытаясь забыться во сне. Когда-то надо
и расслабиться, ни о чем не думать, закрыть глаза
и покачиваться, словно на волнах теплого моря. Убаюкивает море, убаюкивает, покой и блаженство рас-
текаются по всему телу, хорошо и приятно становится
на душе, исчезли тревога и беспокойство. Что быстрее
всего на свете? — спросил мудрец. Стрела, — ответил
человек. Мысль, — поправил мудрец. — А что слаще
всего на свете? — Любимая женщина после долгой
разлуки. — Нет, — качает головой седой мудрец. —
Слаще всего на свете сон. Сон, сон, сон... Недолгое
избавление от дневных забот, временное пристанище
измученной души.

Будто в воду смотрел, когда выставлял на видное
место продолжение «Детей Арбата». Клюнул попутчик на приманку, еще как клюнул. Можно сказать,
живьем заглотнул, ишь, оторвать глаз не может. Давай-давай, миленький, старайся. Чем бы дитя ни теши-
лось, лишь бы вопросов не задавало, усмехнулся я про
себя утром, когда, открыв утомленные тяжкими дума-
ми веки, обвел заспанными глазами купе.

Интересно, кто он, мой попутчик? На представителя командно-административной системы мог походить только внешними данными — независимой мане-
рой держаться, дефицитной, фирменной одеждой, до-
рогим местом в мягком вагоне. Чем дальше я слушал
его рассуждения, тем больше терялся в догадках. То,
что живет в Днепропетровске, было ясно: время от
времени в его фразах проскальзывали слова «наш Днепропетровск», «у нас, на родине застоя», «мы, как
земляки пятижды Героя». Слушать попутчика было
интересно, в его тоне чувствовалась то горькая ирония,
то неприкрытый гнев. Язык живой, разговорный, он
свидетельствовал, что собеседник имеет хорошее образование, много читает и знает. Я уже упрекал себя за
вчерашнюю сдержанность, сожалел, что не начал разговор раньше.

— К сожалению, лучшие перья публицистики обращены только в тридцатые годы, — размышлял он, узнав о моей профессии. — Безусловно, это важная и малоисследованная тема, она, словно болезненная заноза, тревожит сердца миллионов людей. Сколько невинных загублено! А какая судьба была уготована их детям, родным, близким — страшно представить. Потери интеллектуального генофонда страны невозможно восстановить. После кровавого террора появился свет в тоннеле — Хрущев с его неумелым, непоследовательным поиском выхода из глухих тупиков сталинизма. Но тогда не существовало демократических механизмов, способных предотвращать аппаратные перевороты, и вот, пожалуйста, пришло другое время. Общество начало медленно, но неуклонно опускаться в трясину застоя. Туда взяли направление многие бурные и мутные потоки истории — наследие массовых репрессий, неудачных попыток хрущевских реформ, разочарование, усталость. На кочках этого болота свили свои гнезда и чувствовали себя спокойно и уютно и неэкономное хозяйствование, и недемократическое управление, и идеологическое двоемыслие. Эта эпоха еще ждет своих вдумчивых исследователей.

Ни в метких наблюдениях, ни в их аргументации моему собеседнику не откажешь. Действительно, съездом победителей новой линии, линии на застой, воспринимается сегодня XXIII съезд партии. Можно также согласиться с соседом, который называет его съездом реванша: на нем была подтверждена стабильность власти, гарантированность привилегий, понятно, при соответствующем поведении, из устава партии изъяты пункты о квотах обновления партийных органов и предельных сроках пребывания на выборных должностях. После непривычных реорганизаций, частых освобождений и назначений в хрущевские времена властелины местного и союзного значения наконец вздохнули спокойно, а Д. Кунаев выразил общее мнение торжествующей бюрократии: нынешний стиль руководства партии вселяет в нас чувство уверенности. Бюрократия, чьи позиции слегка пошатнулись во времена Хрущева, взяла реванш за годы неуверенности, неустойчивости, позорной слабости. Она ничего не забыла, а научилась многому. Под фанфарное возвеличивание литературных и полководческих талантов бесцветного лидера два десятилетия старательно выкорчевывался тот альтернативный вариант развития, который открылся было перед страной в пятидесятые годы. В ход шло все — анекдоты о Хрущеве, разгром института социологии, борьба с отступничеством от «незыблемых основ», обвинение в антипатриотизме первых экологических движений, например борцов за чистоту Байкала. Благодаря наступлению на всех фронтах, снова возрождалось пресловутое единодушие; общественное мнение, вобравшее в себя разнообразие позиций, взглядов, настроений, больше не удовлетворяло власти. Победила концепция, которую на Западе назвали «доктриной Брежнева». Под лозунгом «высших интересов» социализма она провозгласила правомерность диктата и монополии на истину.

«Доктрина Брежнева» подталкивала страну к сползанию в глубокий социальный кризис, горькой действительностью стало экономическое отставание, международный престиж державы падал, социальная и нравственная коррозия затронула не только верхние эшелоны власти. Все более коррумпировались чиновники в центре и на местах, власть принадлежала устойчивому блоку прагматичных карьеристов-долгожителей с их научной и идеологической обслугой. От Бреста до Петропавловска-на-Камчатке шепотом и вслух говорили о всемогущей «днепропетровской дружине» престарелого генсека. Подтверждение слухам искали в скупых строках энциклопедических словарей, в редких биографических сведениях, время от времени появлявшихся в газетах. Отсутствие официальной гласности с лихвой компенсировало тогдашнее комсомольское руководство.

О, это было мероприятие действительно вселенского масштаба! Мой попутчик не жалел сарказма, описывая, как осуществлялся грандиозный замысел ЦК ВЛКСМ. Лавры одного из тогдашних комсомольских лидеров, сумевшего обскакать всех записных подхалимов, который зачитал в верноподданной речи льстивую заметку в многотиражной газете сорокалетней давности и тем самым вызвал расчувствованные слезы у ее героя и свое почти одновременное повышение по службе, не давали покоя менее удачливым и завистливым преемникам и коллегам. Выдающийся сын современности раздавал награды, теплые местечки, почетные звания, материальные блага направо и налево,

178

почему бы не стать в очередь за дивидендами? И вот в чью-то светлую голову пришла счастливая мысль: молодежи нашей необъятной родины очень не хватает всесоюзного клуба, который бы занимался изучением жизни и деятельности товарища Леонида Ильича Брежнева.

В Днепропетровске идею оценили по достоинству. Наградами и почестями пускай подавятся жадные москвичи, все равно они ближе к щедрому за народный счет и падкому на подхалимаж старому комедианту, а они, его земляки, как люди скромные, согласны на мелочь, ну, к примеру, пристроиться к днепропетровскому хвосту, тянущемуся в Москву. Москвичи условие приняли, ударили по рукам.

Открытие «клуба Брежнева» состоялось в декабре 1979 года. Каждую неделю со всех республик и областей страны в Днепропетровск прибывали по 100—120 человек для ознакомления с местами, связанными с жизнью и деятельностью Л. И. Брежнева. Поездки оплачивал щедрый комсомольский фонд. Посещали Днепродзержинск, Днепропетровск, Запорожье. Словно в калейдоскопе, мелькали мероприятия, музеи, портреты. Перед очередной экспедицией наводили шмон, чистили-убирали в цехах, инструктировали рабочих, что и как отвечать на вопросы экскурсантов. Металлурги смотрели искоса: снова нелегкая принесла лежебок, заработать не дадут, пристают с расспросами, только от дела отрывают, время зря пропадает. Однако находились и такие, кто с готовностью откликался на призыв администрации, постепенно сформировался целый отряд болтунов, числившихся рабочими на вредном производстве, получавших за это надбавки и другие льготы, а основной обязанностью их была специализация на жизни и деятельности дорогого Леонида Ильича. Металлурги едва сдерживали смех, когда видели их в окружении притихших экскурсантов, им заводские лодыри-болтуны показывали цех, в котором трудился товарищ Брежнев, помещения, в которых он ночевал в авральные периоды. Кто знает, на каком диване он укладывался спать, через какие двери входил, за каким столом сидел. Сколько раз с того времени перестраивалось предприятие, реконструировались цехи, менялись оборудование и мебель. Зато в своей среде, оставшись одни, без посторонних глаз, рабочие давали себе разрядку за все свое театральное долготерпение. О высокие потолки ударялись взрывы здорового мужского хохота. И так после каждого меткого анекдота, главным героем которого был он, товарищ Леонид Ильич. А анекдотов было превеликое множество, точное количество их знали, пожалуй, только те, кому это полагалось знать по долгу службы.

Возможно, экскурсанты и развозили по городам и весям острые, а нередко и злые шутки в адрес Леонида Ильича, услышанные на его родине. Во всяком случае, могу засвидетельствовать: молодые минские автомобилестроители как-то угостили меня отборнейшим пакетом наисвежайших колких смешинок из популярной в народе серии как раз после возвращения с экскурсии на родину престарелого лидера. От них я впервые узнал о составе, безусловно, далеко не полном, «днепропетровской дружины» Генерального секретаря. Во время учебы в московской ВПШ столичные, более осведомленные друзья, при упоминании по программе «Время» имени того или иного партийного либо государственного деятеля многозначительно переглядывались, обменивались краткими репликами относительно того, где он раньше работал. Выходило, что чаще всего в Днепропетровске или в Молдавии. Наивный провинциал, я был далек от большой политики, вопросы формирования высших эшелонов власти казались мне делом не моего ума, тайной за семью печатями, комментировать назначения и перемещения партийных и государственных деятелей долго не осмеливался — уж очень глубоко сидел во мне генный страх перед начальством, перешедший от предков-крестьян. Помню, как изумляла сначала смелость москвичей, независимость их суждений, а главное, информированность. Но, как я теперь понимаю, и московские коллеги не обладали по тому времени полной информацией о подлинных размерах семейственности среди ближайшего окружения Брежнева.

— Можно подумать, что металлургические институты в Днепропетровске и Днепродзержинске готовили не столько инженеров-металлургов, сколько политиков, — острил сосед. — Эти институты закончили бывшие председатель Совета Министров СССР Н. А. Тихонов, помощник генерального секретаря ЦК Г. Э. Цуканов,

ИНФОРМАЦИОННОЕ СООБЩЕНИЕ О ПЛЕНУМЕ ЦЕНТРАЛЬНОГО КОМИТЕТА КПСС

28 ноября 1988 года состоялся очередной Пленум Центрального Комитета КПСС.

Пленум рассмотрел вопрос: «О мерах по осуществлению политической реформы в области государственного строительства». С докладом по этому вопросу выступил Генеральный секретарь ЦК КПСС М. С. Горбачев.

В прениях по докладу выступили: В. И. Воротников — Председатель Президиума Верховного Совета РСФСР, В. В. Щербицкий — первый секретарь ЦК Компартии Украины, В. К. Фотеев — первый секретарь Чечено-Ингушского обкома КПСС, М. С. Мендыбаев — второй секретарь ЦК Компартии Казахстана, В. М. Малыхин — бригадир электриков Волжского автомобильного завода имени 50-летия СССР, Куйбышевская область, А. А. Логунов — вице-президент Академии наук СССР, ректор Московского государственного университета имени М. В. Ломоносова, Е. Е. Соколов — первый секретарь ЦК Компартии Белоруссии, В. И. Вялас — первый секретарь ЦК Компартии Эстонии, В. И. Миронен-ко — первый секретарь ЦК ВЛКСМ, А.-Р. Х. Везиров — первый секретарь ЦК Компартии Азербайджана, Н. С. Конарев — министр путей сообщения СССР.

С заключительным словом выступил Генеральный секретарь ЦК КПСС М. С. Горбачев.

Пленум принял по обсуждавшемуся вопросу постановление, которое опубликовано в печати.

На Пленуме заслушан доклад Председателя Совета Министров СССР Н. И. Рыжкова «О работе по подготовке проекта Концепции экономического и социального развития СССР на период до 2005 года». Пленум принял по этому вопросу постановление, которое опубликовано в печати.

Пленум утвердил персональный состав Комиссии Центрального Комитета КПСС по основным направлениям внутренней и внешней политики, образованных сентябрьским (1988 г.) Пленумом ЦК КПСС. Постановление по этому вопросу опубликовано в печати.

На Пленуме рассмотрен организационный вопрос.

Пленум вывел Усманходжаева И. Б. из состава членов ЦК КПСС, Джаббарова И. и Салимова А. У. из состава кандидатов в члены ЦК КПСС как скомпрометировавших себя.

На этом Пленум ЦК КПСС закончил свою работу.

Журнал «Огонек» с особым удовольствием сообщил о выводе из ЦК КПСС некоторых узбекских руководителей, обвиненных журналом в день открытия XIX Всесоюзной партийной конференции (1988 г.) в коррупции первый заместитель председателя КГБ СССР генерал армии Г. К. Цинев, заместитель председателя Совета Министров СССР И. Т. Новиков, управляющий делами ЦК КПСС Г. С. Павлов, дипломат, член ЦК КПСС М. П. Толубеев. Это лишь наиболее значительные фигуры. А сколько однокашников Генерального получили места более скромные, но не менее теплые. А их родные, близкие? Все они брали пример с «верного ленинца», а он своих родственничков ни друзей не забывал оделить вниманием и должностью. Кандидатами в члены ЦК КПСС были его сын Ю. Л. Брежнев и зять Ю. М. Чурбанов, членом ЦК, министром гражданской авиации и главным маршалом авиации — бывший личный пилот Б. П. Бугаев, который перед приходом к власти своего патрона занимал такую незначительную должность в иерархической лестнице гражданской авиации, что историки долго не могли узнать, как она правильно называлась. А я не указал еще ближайших друзей — Н. А. Щелокова, К. С. Грушевого, В. И. Дрозденко, тоже членов ЦК. В Молдавии та же картина. В Кишиневе вместе с ним работали К. У. Черненко, С. П. Трапезников, С. К. Цвигун. Все они лишь благодаря Брежневу получили заметные посты.

Я попытался было сказать, что в самом факте подбора команды из своих доверенных людей ничего плохого нет, такая практика существует и в развитых демократических странах, и сказать это хотел не от желания защитить Брежнева, а ради истины, но понял, что перед нами не тот случай, когда необходимо что-то опровергать и что-то доказывать. Все понятно без слов, хорошая идея извращена конкретными действующими лицами и режиссером фарса, разыгрывавшегося на глазах почти трехсотмиллионного народа в течение двух десятков лет. Да-да, фарса, ибо Маркс любил повторять слова Гегеля о том, что история повторяется дважды, один раз как трагедия, второй раз как фарс. Сталинизм был трагедией. Политологи пришли к заключению, что брежневизм был не чем иным, как фарсом. Правда, некоторые считают, что с примесью трагизма. Но это уточнение не меняет сути дела. Режиссер бесстыдного фарса понимал или чувствовал — кто его знает, как вернее, — что без преданных и послушных его воле действующих лиц ему не обойтись.

Только с их помощью он может укрепить основу своей личной власти и влияния, с помощью надежных людей, которых следует расставить на ответственные должности в ключевых органах партийного и государственного руководства. Здесь уже не до их таланта и нравственных качеств, принцип единый, главное, чтобы был свой, проверенный, лично преданный. Как человек, Брежнев отличался доброжелательным, ровным и спокойным характером, любил и ценил шутки, веселый нрав, легко и просто сходился с людьми. У таких лиц обычно много друзей. Он и начал их собирать, всех, с кем когда-нибудь встречался на жизненных перепутьях — товарищей по институту, по работе в Днепропетровске и в Молдавии, по службе в армии, даже свояков не забывал.

Действующие лица тоже понимали, что без своего главного режиссера они нули без палочек, обыкновенные статисты. Среди них было очень мало крепких руководителей, в основном они держались на своих постах благодаря знакомству с Брежневым. Не потому ли ближайшее окружение всячески поддерживало Леонида Ильича, пело ему дифирамбы. Он удовлетворял их — слабых политиков, никудышных руководителей, иногда просто нечестных людей. Все знали, что генсек не любит осложнений ни в политическом, ни в личном плане, у него не хватает решительности распрощаться с теми, кто проштрафился, кто нечист на руку. Наказание, по сути, было попустительством: «опальных» руководителей перемещали на две-три ступеньки ниже. Член Политбюро мог стать заместителем министра, а министр, секретарь крупного обкома, как правило, направлялся послом в небольшую страну. И лишь за серьезные злоупотребления отправляли на... персональную пенсию. Судебные дела не были заведены ни на одного высокопоставленного руководителя, даже на Мжаванадзе, о жадности и коррупции которого ходили легенды. Спокойно чувствовал себя в Краснодаре Медунов, хотя вопрос о его злоупотреблениях поднимался в разных инстанциях, включая Прокуратуру СССР, длительное время оставался безнаказанным Щелоков, другие государственные бонзы.

В молодости, а после в сорока- и пятидесятилетнем возрасте Брежнев был жизнерадостным и непосредственным человеком. Он любил спорт, купание в море, быструю езду, был фанатичным автолюбителем. Кстати, последнее увлечение он сохранил до старости. Об этом свидетельствовали многие государственные деятели Запада, из их мемуаров мы наконец узнаем кое-что из личной жизни наших лидеров. Взять того же Киссинджера. В 1973 году он пять дней провел в охотничьем угодье генсека Завидово под Москвой, вел переговоры относительно визита Брежнева в Соединенные Штаты. Генсек даже демонстрировал гостю свое умение водить автомашину.

Однажды он подвел Киссинджера к черному «кадиллаку», который Никсон подарил ему год назад по совету Добрынина. Брежнев сел за руль, и машина с гостем помчалась с огромной скоростью по узким крутым сельским дорогам. Киссинджеру оставалось лишь молиться, чтобы на ближайшем перекрестке появился какой-нибудь гаишник и положил конец этой бешеной гонке. Но Киссинджер был не на родине, а у нас, где, как известно, вряд ли нашелся бы такой отчаянный регулировщик, который бы осмелился остановить машину Генерального секретаря. Быстрая езда прервалась у причала. Брежнев посадил гостя на катер с подводными крыльями, который, к счастью Киссинджера, вел уже не собственноручно. Но у гостя было такое впечатление, что этот катер должен побить тот рекорд скорости, который установил генсек во время совместной поездки на автомобиле.

Об этой подробности я узнал в Москве, возвратившись из Днепропетровска.

Мы с соседом по купе сидели за стаканом чая, который вскоре принесла проводница, и вели беседу. Безусловно, меня интересовала родина Брежнева, он сам — что мы знали о нем, кроме официальной биографической версии, канонизированной в печально известной тетралогии, выполненной приближенными литераторами и публицистами в лучших идейно-художественных традициях застойного времени. Не знаю, как у кого, а у меня образ Брежнева, которого услужливое телевидение в течение последних пяти-шести лет его жизни показывало едва ли не ежедневно, вызывал чувство неловкости и стыда. Медвежью услугу оказали своему кумиру приближенные: заботясь о повышении авторитета «выдающегося сына современности», бесконечно высвечивая его телевизионными камерами, они добились обратного эффекта. В сознании миллионов советских людей руководитель великой державы, занимающей шестую часть планеты, остался в образе тяжело больного, немощного, неподвижного человека, которому трудно было произносить длинные слова. Без заранее подготовленной бумажки он не мог сказать даже краткой приветственной речи при вручении ордена своим коллегам по Политбюро. Рой Медведев пишет, что только однажды, а было это в 1971 году во время государственного визита во Францию, где так высоко ценится искусство оратора, Брежнев на приеме в Елисейском дворце сказал свою речь без бумажки. Он старательно заучил ее накануне наизусть. Однако и это не спасло: от волнения пропускал некоторые предложения и даже целые выражения. Положение спас переводчик с советской стороны, он тоже выучил речь наизусть, но лучше, чем сам оратор, и потому французы не заметили позорного пассажа.

Руководитель государства, которому, кажется, приписали все существующие в русском языке эпитеты, восхваляющие его мудрость и дальновидность, не был ни великим теоретиком, ни выдающимся политиком. В сознании моего поколения он остался тем, кем был в действительности, — обыкновенным чтецом подготовленных для него речей и докладов. И все же для меня, например, открытием было сообщение соседа, что Брежнев и раньше был совсем иным человеком, не таким, каким мы воспринимали его с экрана телевизора. До тяжелой болезни его отличали самостоятельность, сообразительность, импульсивность. Нет, речь идет вовсе не о том, чтобы оправдать высокопарные эпитеты, которыми щедро наделяли Леонида Ильича на всех уровнях: «великий борец за мир», «великий ленинец», «великий теоретик» и т. д. Искусственность этих эпитетов была ясна, они исчезли из нашей жизни с необыкновенной скоростью, показав, что вся пропагандистская машина, направленная на создание культа Брежнева, работала вхолостую. С уходом эйфории от эпохи вседозволенности и бюрократизма, подхалимажа и торможения, все более было видно, что Брежнев был обыкновенным человеком в обывательском понимании этого слова. Зарубежные политологи сходились во мнении, что его нельзя было называть даже сильной личностью. Правда, инстинкт власти у него был, хотя ярко выраженного стремления к лидерству в прошлом он не проявлял. Брежнев входил в роль фактического руководителя партии и государства постепенно, и эта роль ему все более нравилась. Из многочисленных публикаций эпохи горбачевской гласности становится известно, что кандидатура Брежнева рассматривалась в качестве переходной, временной. Его ограниченные способности были известны многим в верхних этажах власти, но с течением времени доброжелательный характер нового лидера стал удовлетворять всех.

Слабостью демократических институтов, отсутствием современного механизма обновления и пополнения состава руководства, отчужденностью народа от верхних эшелонов власти объяснялся тот факт, что страной руководил человек, который в течение многих лет находился в состоянии старческого маразма. Внезапно, без какой-либо причины, получал орден Ленина и звание народного артиста СССР исполнитель главной роли в кинофильме «Тихий Дон». Артистический мир в недоумении: фильм вышел на экраны в 1957—1958 годах, за тридцать лет исполнитель роли Мелехова не создал ни одного киношедевра. За что такая честь? Оказывается, все четыре серии фильма посмотрел сам Леонид Ильич, работа молодого тогда актера ему понравилась, и генсек отдал распоряжение наградить артиста. Так же неожиданно заслуженным артистом РСФСР и орденоносцем стал солист оркестра, который до исполнения песни А. Пахмутовой «Малая земля» ничем особенным не выделялся. Послушав песню, Леонид Ильич прослезился. Звезда счастливчика-певца сразу же ярко вспыхнула на отечественном музыкальном небосводе. Среди людей искусства ходили ироничные оценки произведений, которые заслуживали слез генсека. Отмеченные этой приметой высокого внимания, они вскоре удостаивались и государственных чествований. Так произошло с двенадцатисерийным телевизионным детективом «Семнадцать мгновений весны». Правда, в отдельных случаях сентиментальная слезливость генсека шла на пользу искусству. Неизвестно, имели бы мы возможность смотреть фильм «Белорусский вокзал» в семидесятые годы, если бы во время его демонстрации для членов Политбюро генсек не заплакал. Картину не выпускали на экран из-за того, что, мол, в ней не с лучшей стороны показана московская милиция. Авторы фильма проявили характер, борясь против запрета, они настояли, чтобы копию картины посмотрело партийное руководство. Едва лишь зазвучали слова песни Окуджавы о десантном батальоне, как на глазах Леонида Ильича появились слезы. До конца песни лицо его уже не просыхало. Фильм был спасен!

Неужели этот тяжело больной, старый человек, неестественно малоподвижный, с плохо поставленной речью, — и вовсе не потому, что перенес сложную операцию на челюсти, она лишь подчеркивала и углубляла отсутствие языковой культуры, это ведь не секрет, что генсек делал много ошибок при произношении более-менее сложных слов, — неужели этот немощный, а под конец жизни и маразматичный мастодонт когда-то не соответствовал тем представлениям, которые сложились под впечатлением его официальных фотоснимков и парадных выходов перед телеобъективами? Смотри ты, оказывается, он производил впечатление живого, энергичного в движениях человека, очень любившего следить за своей внешностью. На телеэкранах мы видели его спокойным и холодным, а он, оказывается, был веселым, много смеялся, шутил. Тот же Киссинджер называл Брежнева настоящим русским, полным чувств, с грубым юмором. Монументально-величественный Брежнев и его веселый смех — неужели возможно сочетание таких разных понятий? Я никогда не слыхал брежневского смеха. Горбачевский — слышал, и не я один, такую возможность имеют миллионы людей. В Ставропольском крае, на родине нового Генерального секретаря, мне много рассказывали о веселом и жизнерадостном характере Михаила Сергеевича. Минутку, а ведь я не только смеха, даже улыбки Брежнева не помню. Кажется, и фотографии такой нет — Брежнев улыбающийся. Несмеющиеся люди всегда вызывали у меня внутреннюю напряженность и настороженность.

Ну-ну, не следует преувеличивать, бросаться в другую крайность, запротестовал Владимир Павлович, так представился он мне за оживленным разговором. Было уже около девяти утра, до прибытия поезда оставалось два часа. Так черт знает до чего можно договориться. На сталинскую методологию сбиваетесь, уважаемый, упрекнул он меня, вождь всех народов тоже мог заметить, что у кого-либо из приближенных подозрительно бегают глаза, и на основании этого наблюдения приходил к заключению о его вражеской деятельности в прежние времена. Разделение людей на героев и злодеев примитивное, вульгарное занятие. И теми, и другими становятся в зависимости от обстоятельств. Кстати, Рой Медведев пишет, что Брежнев смущался на торжественных церемониях, что под неестественной малоподвижностью он иной раз прятал свою растерянность. Считаю, что с этим мнением можно согласиться. Не оправдывая Брежнева, скажу, что политическое развитие страны направлялось человеком, который сам был плодом анкетно-аппаратного отбора, той командно-административной системы, которая вскормила, взрастила его, провела по всем ступеням служебной карьеры — от довоенного секретаря Днепропетровского обкома до Генерального секретаря ЦК КПСС. Кто знает, кем бы он был, если бы в обществе господствовали демократия, гласность, плюрализм мнений, альтернативность кандидатур на ответственные должности.

Согласен, ответил я, ибо каждое вещество имеет свое состояние. Трудно представить, что общество, которое десятилетиями жило согласно «указаниям и выводам», возразило бы против такого лидера, как Брежнев. Хотя молчали не все. Журнал «Огонек» опубликовал более чем тридцатилетней давности письмо двадцати пяти выдающихся деятелей науки и культуры руководству страны. Среди подписавших фамилии академиков П. Капицы, Л. Арцымовича, А. Сахарова, И. Тамма, писателей К. Паустовского, В. Некрасова, К. Чуковского. Они выразили отрицательное отношение к тому, что впервые после большого перерыва на праздновании 20-летия Победы Л. И. Брежнев вспомнил имя Сталина в положительном плане, и это послужило основанием для распространения слухов о предстоящем пересмотре партийных решений в отношении Сталина и сталинизма. Крепла волна «самиздата» из художественных произведений, воспоминаний, научных исследований, которые Хрущев не успел освободить из каменных склепов спецхранов. Пробивались романы и повести, спектакли и кинофильмы мирового класса, они вели честный разговор с народом, противостояли моральному разложению. В партийном и государственном аппарате также созревали силы, мыслившие по-граждански, подрастало новое поколение молодежи, им суждено будет начать грандиозные революционные преобразования. Но до апреля восемьдесят пятого было еще далеко: власть прочно принадлежала бывшим, правда, не очень горячим сторонникам Хрущева, которые при Брежневе стали «либеральными» консерваторами, и политически активным неосталинистам.

А огромнейший фарс продолжался. На родине Леонида Ильича, в городе Днепродзержинске, по индивидуальному проекту начали строить шикарное помещение музея. В горбачевские времена его переименовали в музей истории города. Тогда же... Три четверти экспонатов занимали материалы, отражавшие титанический труд выдающегося деятеля коммунистического и рабочего движения. Вещей, документов, фотоснимков, высказываний на разные темы там было множество. Один из зарубежных посетителей не без иронии отметил: очевидно, земляки великого человека с детства знали, что он возглавит страну, и потому с таким завидным старанием сберегли столько материалов. Земляки остроту проглотили, но виду не подали, все же иностранец. А вот своего соотечественника не пожалели. Свой что выкинул? На собрании как засмеется, зараза: что же, спрашивает, получается, товарищ Леонид Ильич сто тысяч лет назад жил? И руководящие указания давал? Кое-кто из коллег побледнел: что ты болтаешь, глупец? А весельчак режет: кто-то из вас, умников, экспозицию о поездке Брежнева в Сибирь и на Дальний Восток расположил в одном разделе с костями мамонта, носорога и других редких животных-ископаемых из Романковской палеолитической стоянки. Она, безусловно, одна из самых ранних на Днепре, но какое отношение имеет к пятижды Герою и маршалу?

Ну кто бы мог подумать, что под старость попрет генсек в дальние края, что придворные фотографы пришлют в музеи огромное количество фотоснимков с изображением Самого среди бесконечно аплодировавших (стоя), встречавших, приветствовавших, махавших, кричавших, восславлявших. Прислали, конечно, и не за так, как же, столько трудов ушло, в походных условиях, можно сказать, действовали, проявляли негативы прямо в поезде, пока Сам отдыхал. А за геройство надо платить, и немало, ведь снимки-то Самому понравились. И платили. Опять же из народного кармана. Не будешь ведь у Самого справки наводить, по его просьбе прислали цветные слайды или ловкие фотографы сами так распорядились. Денежки выплатили, а куда девать полученное богатство? Все залы музея и без того битком набиты портретами в маршальской форме и в штатском. В фондохранилище? Ни в коем случае, строго оборвали в горкоме, надо предоставить возможность каждому жителю ознакомиться с подробностями поездки по Дальнему Востоку, полнее использовать эти материалы на занятиях в системе политобразования, разработать мероприятия по улучшению воспитания молодежи на примере жизни и деятельности Леонида Ильича, предусмотрев беседы возле стендов с дорогими нашим сердцам фотоснимками. В спешке присланные из Москвы пронырами-фотографами слайды расположили в первом разделе музея, потеснив кости давно вымерших животных. Правда, у некоторых было намерение совсем выбросить их на свалку, чтобы не заслоняли цветные портреты усыпанного звездами состарившегося лидера, да новичок заупрямился, запротестовал. Может, все и обошлось бы, если бы не подпись под разделом, её не вытравишь, не сотрешь, не заменишь, экспозиция делалась фундаментально, по индивидуальному проекту, на века!

На подпись не обратили внимания, привыкли, да и воспринималась она уже не как элемент оформления, а как неотъемлемый компонент самого помещения. Горожанам тоже было не до надписей, обязательные экскурсии в живой мавзолей, как окрестили это здание в Днепродзержинске, порядком надоели, просто отбывали повинность, и все. Несоответствие надписи экспонатам обнаружил новый работник музея, наивный, он этим хотел защитить кости несчастного мамонта. Дудки! Новичок проиграл, ибо с первых дней не понравился руководству. Уж очень независимый, дерзкий, на все имеет свою точку зрения. Слишком веселый, легкомысленный для такого серьезного учреждения, горой стоит за какие-то доисторические кости, когда история, можно сказать, в их городе делается. Словом, не проникся. Ну и не прошел номер, дали поворот от ворот. Нашел, мол, кому отдать предпочтение — костям. А здесь — святыня! Жаль, хороший работник был, к тому же редкий специалист, говорят, в доледниковых эпохах толк понимал. Доледниковые экспонаты — кому они нужны, а вот о днепродзержинских энтузиастах, по крупицам собирающих свидетельства героической жизни выдающегося ленинца, может долететь весточка до Кремля, до живого оригинала, чьи многочисленные копии украшают каждый квадратный метр его родины.

Долетела. В 1979 году пятижды Герой и маршал, выдающийся писатель современности, удостоенный за достижения на литературной ниве Ленинской премии, обладатель билета члена Союза журналистов СССР под номером один и прочая, и прочая, прибыл в родной Днепродзержинск. Посетил свой музей и... прослезился. Руководящие земляки с замиранием сердца увидели долгожданные слезинки на старческом обвисшем лице. Это был хороший знак! Впереди ждали награды, повышения по службе, материальные блага для родных и близких, которых в самые приятные минуты откуда только не тащит дьявол. И каждого устрой, каждому помоги, ибо ты в силе и все можешь. Лови момент, вот он, не упусти, а то будет поздно.

Ловили, не упускали, хватали за хвост птицу счастья.

Длительное время предметом особой гордости у днепродзержинских подхалимов был фотоснимок, сделанный днепропетровским фотокорреспондентом. Снимок висел на почетном месте в музее, возле него непременно останавливали всех экскурсантов и многозначительным шепотом объясняли, что подобного шедевра нет ни в одном музее страны, поскольку снимок сделан только в одном экземпляре. Такова была воля тогдашних отцов славного города Днепродзержинска, ни с кем не желали делить верноподданнические патриотические чувства. Умные люди, взглянув на шедевр, стыдливо отводили глаза, несдержанные и ироничные не прятали улыбок, иностранные журналисты откровенно смеялись, показывая пальцами на громадных размеров фотокартину.

Какое же мгновение изобразил на фотобумаге провинциальный журналист? Сюжет казался внеземным, на пределе абсурда, и грандиозной фантасмагорией. Тогда он не появился ни в одном печатном органе, даже по тем временам было ясно, что это перебор. А в музее висел, и сняли его относительно недавно, уже после двадцать седьмого съезда партии. Столичные журналы охотились за ним давно и безуспешно, тем редким снимком можно было иллюстрировать любое исследование о деградации верхних эшелонов власти, подписав одной строкой: «Кульминация застойной эпохи». Настолько впечатляющим получился документ. Бедный фотограф даже не подозревал, что создал обобщающий образ своего времени. Поиски уникального кадра недавно увенчались успехом. Счастливчиком оказалась редакция «Известий», которая и не замедлила опубликовать знаменитый снимок в номере от 22 января 1989 года.

Увидеть его в Днепродзержинске, несмотря на все старания, так и не удалось. Работники музея разводили руками, не подозревая, куда исчез кадр, которым еще несколько лет назад шумно гордились. Устный рассказ под стук колес — это одно, увиденное же своими глазами — совсем другое. Развернув «Известия» в московской квартире морозным январским утром, я увидел наконец этот уникальный фотоснимок. Текст был небольшой, но густой по мыслям. И обращен к нашим непростым будням. Меня, сами понимаете, больше всего заинтересовали детали, касающиеся самого сюжета.

22 сентября 1979 года. Глава партии и государства осматривает свой родной город Днепродзержинск. На Октябрьской площади останавливается. Цепляет очки, извлекает из кармана бумажку и зачитывает следующее: «Как-то странно видеть свое воплощение в бронзе, хотя это и принято у нас по закону для тех, кому высокое звание Героя присвоено свыше одного раза. Но, с другой стороны, скажу откровенно: мне приятно, что я будто нахожусь постоянно здесь, среди своих дорогих земляков, в городе, где прошли мои детство и юность, где начиналась моя трудовая жизнь».

Комментарий «Известий» так и назывался «Как-то странно видеть», — по первой фразе речи. И действительно, на фотоснимке немощный генсек стоял перед своим бронзовым двойником, уткнувшись в бумажку с речью. Стоял наедине. Уникальный момент

192

Делегации комсомола Ставропольского и Краснодарского краев на XIII съезде ВЛКСМ. Во втором ряду (второй справа) — первый секретарь Ставропольского горкома ВЛКСМ М. С. Горбачев. В первом ряду (четвертый слева) — первый секретарь Ставропольского крайкома ВЛКСМ В. М. Мироненко, во втором ряду (шестой слева) — первый секретарь Карачаево-Черкесского обкома ВЛКСМ У. Е. Темиров. Апрель 1958 г.

Получили награды. Главный редактор газеты «Комсомольская правда» Ю. Воронов, первый секретарь ЦК ВЛКСМ С. Павлов, первый секретарь Ставропольского крайкома ВЛКСМ В. Мироненко, Маршал Советского Союза С. Буденный и секретарь Президиума Верховного Совета СССР М. Георгадзе. 1960 г.

Автограф первого космонавта Земли Ю. А. Гагарина второму секретарю Калужского обкома КПСС В. М. Мироненко на родине К. Циолковского в Калуге

Комсомольские вожаки Ставропольского края в колхозе «Россия» Новоалександровского района. Крайний слева в первом ряду — первый секретарь Ставропольского горкома ВЛКСМ М. С. Горбачев. 1956 г.

1955 год. В верхнем ряду (в центре) — начинавший комсомольскую карьеру после окончания МГУ заместитель заведующего отделом пропаганды Ставропольского крайкома ВЛКСМ М. С. Горбачев

Май 1956 года. На снимке: в первом ряду (второй слева) — второй секретарь Ставропольского крайкома ВЛКСМ М. С. Горбачев. Во втором ряду (третий слева) — второй секретарь Икон-Халковского РК ВЛКСМ У. Е. Темиров

1960 год. Во втором ряду — Ф. Д. Кулаков, в ту пору министр хлебопродуктов РСФСР. Скоро он станет первым секретарем Ставропольского крайкома КПСС и много сделает для продвижения М. С. Горбачева

М. С. Горбачев был одним из многих первых секретарей Ставропольского крайкома ВЛКСМ, но в Кремль въехал лишь он один

Январь 1972 года. Слева направо: зам. начальника Карачаево-Черкесского УВД полковник Н. А. Дауров, первый секретарь Ставропольского крайкома КПСС М. С. Горбачев, второй секретарь Карачаево-Черкесского обкома КПСС У. Е. Темиров. Ранее они работали в комсомоле: У. Е. Темиров и Н. А. Дауров — первыми секретарями Карачаево-Черкесского обкома ВЛКСМ, М. С. Горбачев — первым секретарем Ставропольского крайкома ВЛКСМ

Лето 1978 года. Горная река Шумка на пути в Домбай. Слева направо: начальник управления КГБ по Ставропольскому краю Э. Б. Нордман, второй секретарь Карачаево-Черкесского обкома КПСС У. Е. Темиров, Р. М. Горбачева, первый секретарь Московского горкома КПСС В. В. Гришин с супругой, первый секретарь Ставропольского крайкома КПСС М. С. Горбачев

Лето 1978 года. Домбай. Первый секретарь Ставропольского крайкома КПСС М. С. Горбачев с супругой Р. М. Горбачевой, первый секретарь Московского горкома КПСС В. В. Гришин, второй секретарь Карачаево-Черкесского обкома КПСС У. Е. Темиров

Февраль 1984 года. Член Политбюро ЦК КПСС, секретарь ЦК КПСС
М. С. Горбачев прибыл накануне выборов в Верховный Совет СССР
в Ставрополь для встречи с избирателями. Именитого земляка приветствует
на аэродроме второй секретарь Карачаево-Черкесского обкома КПСС
У. Е. Темиров

Отец М. С. Горбачева —
С. А. Горбачев

Максим Андреевич Титаренко —
отец Р. М. Горбачевой

Александра Петровна — мать
Р. М. Горбачевой

Первый секретарь Полтавского обкома партии Ф. Т. Моргун. Это ему предлагался пост секретаря ЦК КПСС

Начало 1970-х годов. Два региональных лидера: М. С. Горбачев и Ф. Т. Моргун. Полтавский секретарь отказался от поста секретаря ЦК КПСС по сельскому хозяйству, ставропольский согласился

Ю. В. Андропов и М. С. Горбачев

А. А. Громыко (первый ряд, в центре) уже не Председатель Президиума Верховного Совета СССР

Евгения Карловна Файнштейн — мать Ю. В. Андропова. Моздок, 1931 г.

Начальная школа в Моздоке, где учился Ю. В. Андропов и преподавала его мать

Первый секретарь ЦК ЛКСМ Карело-Финской ССР Ю. В. Андропов на митинге. Карелия, 1943 г.

Ю. В. Андропов с женой Татьяной Филипповной на отдыхе в Кисловодске. 1956 г.

Илья Яковлевич Брежнев —
отец Генерального секретаря
ЦК КПСС Л. И. Брежнева

Наталья Денисовна —
мать Л. И. Брежнева

Л. И. Брежнев в молодости служил в армии танкистом

Л. И. Брежнев в довоенные годы

Л. И. Брежнев любил размах

посещения руководителем своего собственного бюста. Ну, ладно, старый — что малый, а окружение? А отцы города?

Отцы города всегда рады угодить. Разве им одним блеск наград заслонил глаза, помутил разум? Не угодишь — далеко не уедешь. Как встретишь, как проводишь — такую и оценку получишь. А кому хотелось в двоечниках ходить? Значит, крутись, голубчик, думай, для того и голову на плечах носишь. В какую гостиницу его устроишь, чем угощать будешь, это в память хорошо западет. Тем более что у больших начальников есть замечательная возможность для сравнения, много ездят. Главное — не ударить лицом в грязь перед соседом, перещеголять его, обогнать на повороте!

Днепродзержинску как городу областного подчинения по рангу вроде не было положено иметь обязательный набор объектов специального назначения для высоких гостей, какие имелись в каждом областном и тем более республиканском центре. Не положено другим городам, но только не Днепродзержинску. Родине лидера страны все было положено. И вот на улице Павлика Морозова, дом три, появился монументальный забор высотой более трех метров, с железными воротами. Официально в акте приемки спецобъекта сказано: дом для приезжих. На служебном языке его называли «дачей Брежнева». Последнее название прижилось и среди горожан: несмотря на высоченный забор, ворота и двух собак (одну из них никогда не сажали на цепь), хорошо вымуштрованную прислугу (мужа и жену, которым запрещалось принимать у себя гостей, отлучаться надолго, болтать лишнее), слухи о секретном особняке все же поползли по городу. Как ни утаивали факт шикарной гостиницы, ее назначение было известно каждому днепродзержинскому мальчугану.

Однако Леонид Ильич отдавал предпочтение солнечным крымским пейзажам, ласковой морской водичке, в которой он, по рассказам приближенных, с наслаждением плескался по несколько часов подряд. Отравленный химическими гигантами днепродзержинский воздух его не привлекал. Как этого не понимали отцы города, трудно объяснить. В самом деле, от излишнего ура-патриотизма можно ослепнуть и оглохнуть. Более того, генсек не только не собирался приезжать сюда на отдых и жить здесь, — документально засвидетельствовано, что он никогда не останавливался в набитом дорогой арабской мебелью и ценными сервизами, хрусталем и коврами особняке на улице Павлика Морозова. Он не заглянул сюда и в то время, когда приезжал в семьдесят девятом году посетить свой собственный бюст из бронзы. Удар по верноподданническим чувствам отцов города был нанесен страшный! А они так старались угодить. На первом этаже чудо-теремка просторный вестибюль, столовая, зимний сад. На втором — гостиная, бильярдный зал, громадная спальня. Домик имеет автономную котельную, энергообеспечение. Здесь же, рядом, гараж, ледник с овощехранилищем, декоративный бассейн, площадка для игры в бадминтон. Имеется и своя банька. Все это в тени густых крон старого сада. Идиллия.

А вот это уже суровая проза: особняк с усадьбой числились за Днепродзержинским металлургическим заводом. Пятнадцать лет спецдача существовала как бесплатная. Бесплатная для кого? Понятно, для тех, кто в ней жил. Если бы речь шла лишь об обслуге, семейном дуэте, в котором муж выполняет работу слесаря-сантехника, дворника и радиомеханика, а его супруга — кладовщицы и уборщицы. Обслуга, которая, кстати, жила здесь бесплатно и регулярно получала зарплату, ничто по сравнению с птицами высокого полета, залетавшими сюда из Киева и даже из самой Москвы. Партийное руководство, ответственные работники министерства, представители правоохранительных органов, новые руководители предприятий, переведенные из других городов. Трудовой коллектив Днепродзержинского металлургического завода самым последним узнал, чьи возросшие бытовые потребности оплачивались из рабочего кошелька, куда шла часть денег, которые зарабатывались у дышащих огнем плавильных печей. Нет, рабочие не против того, чтобы командированные останавливались в добротных и даже шикарных гостиницах. Но только при одном условии: жителями комфортных номеров пускай будут все, кто пожелает, а не те, кто относит себя к людям первого сорта. И еще: за проживание в гостинице пускай платят. Можно представить, какую волну возмущения вызвали у металлургов вот эти обнародованные цифры: расходы на содержание спецобъекта составляли в год примерно пятьдесят тысяч рублей; доходы — сто двадцать рублей. Такая смехотворная цифра доходов объяснялась тем, что большинство клиентов платить за услуги просто не привыкли. Не будешь ведь требовать деньги с руководителей своего министерства, с других больших людей!

Рассекречивание спецобъекта, обнародование имен тех, кто проводил в нем время, купался в роскоши, не платя за этот земной рай ни копейки из своего кошелька, сравнение с уровнем жизни среднестатистического днепродзержинца было адекватно взрыву атомной бомбы средних размеров. Вокруг журналистов областной комсомольской газеты, а именно они провели расследование и опубликовали сенсационный материал о «даче Брежнева» и ее клиентах, сомкнулось кольцо руководящего отчуждения. Каких только ярлыков им не навешивали: экстремисты, пена на гребне перестройки, политически незрелые люди, антипатриоты, не любящие свой город, и так далее. Я побывал в Днепродзержинске, увидел виллу, порог которой перешагнуть металлурги не имели права, встретился с коллегами-журналистами. Никакой специальной антипатриотической акции против отцов города они не задумывали. Попали на «дачу Брежнева» случайно, искали эвакуированных после землетрясения жителей Армении. Новички-корреспонденты, начитавшись публикаций в центральной прессе о передаче сановничьих дач, загородных вилл, охотничьих домиков под детские дома, сады и санатории для трудящихся, полагали, что и пустующую дачу на улице Павлика Морозова приспособили для нужд населения. Но их встретили все тот же молчаливый кирпичный забор да большой замок на кованных железом воротах. Пострадавших от землетрясения здесь не было. Корреспонденты обнаружили их в ста метрах от роскошной усадьбы в санатории-профилактории Днепропетровского металлургического комбината. Рабочие-металлурги единодушно передали эвакуированным из Армении оздоровительный объект, где отдыхали сами.

За беседой с интересным собеседником времени не замечаешь. Я взглянул на часы. Ого, через полчаса прибываем. Надо положить в «дипломат» бритву, туалетные принадлежности. Я щелкнул замками, в этот момент поезд резко затормозил — подъезжали к какой-то очередной станции, — я потерял равновесие, «дипломат» выскользнул из рук и из него посыпались дорожные вещи. Упала и небольшая книжка «Днепропетровску — 200 лет», ее я прихватил в библиотеке перед поездкой, но заглянуть так и не успел. Книжка раскрылась как раз посередине, поднимая ее, машинально скользнул взглядом по неполной странице, которой заканчивалась глава.

— Владимир Павлович, — не выдержал я. — Позвольте зачитать. Как раз на тему нашей беседы. Слушайте: «Постоянное внимание и непосредственную практическую помощь горкому, партийным организациям города оказывал областной комитет партии, его секретари: Леонид Ильич Брежнев, Константин Степанович Грушевой, Семен Борисович Задионченко (первый секретарь), Георгий Гаврилович Дементьев, председатель облисполкома Павел Андреевич Найденов». Семьдесят шестой год, издательство «Промінь», Днепропетровск. По какому принципу перечислены фамилии? По алфавиту? Почему же тогда Дементьев следует за Задионченко? Нет, алфавит здесь ни при чем. Смотрите, секретарь по промышленности идет первым в списке, а первый секретарь обкома — третьим.

— Я что хочу сказать, — сосед тоже начал упаковывать свой «кейс», — мы слишком долго скользим по поверхности, ходим вокруг пускай и впечатляющих, но все же отдельно взятых фактов. А, между прочим, ощущается острая необходимость в глубоком исследовании явлений, составляющих политическую и моральную суть этого периода нашей истории. Я уже говорил, и это мое глубокое убеждение, что корни брежневизма следует искать в сталинской системе власти, сталинской методологии. Как бы ни казалось Сталину, а потом и Брежневу, что им подвластно все, даже время, рано или поздно смывается ретушь конъюнктуры и все становится ясно. Меня беспокоит только одно: как бы мы не впали в другую крайность. Человек сам по себе существо довольно сложное, противоречивое. В разных обстоятельствах он ведет себя по-разному. Вот сейчас появились публикации о Бухарине. Ну, прямо-таки святой небожитель. Да, репрессирован незаконно, ну какой из него шпион и террорист? А все же не безгрешен и он. Возьмите отноше-

196

ние к Есенину, доклад о поэзии на первом съезде писателей. Я уже не говорю о других, более серьезных недостатках и даже ошибках. Другое дело, надо ли было за это расстреливать. На мой взгляд, объективную историю и сталинских, и хрущевских, и брежневских времен мы можем написать лишь тогда, когда научимся видеть в революционерах, политических и государственных лидерах не ангелов с крылышками, а реальных, земных людей с их сильными и слабыми сторонами. Безупречных рыцарей не бывает, нет, — решительно подвел черту собеседник.

К такому заключению он пришел давно, под впечатлением встреч и бесед со своим тезкой Владимиром Павловичем Дыбенко. Да, да, сыном знаменитого Павла Ефимовича Дыбенко, легендарного председателя Центробалта, активного участника революции, первого наркома по военно-морским делам. Владимир Павлович Еременко, мой случайный попутчик по купе, работал в Днепропетровском институте «Металлургавтоматика» как раз в том отделе, который возглавлял сын героя революции и гражданской войны. У них сложились дружеские отношения, они часто собирались семьями, так что секретов между ними нет.

Дыбенко... Мысль, пунктирная, мгновенная, словно электрический ток пробежал, возникла и сразу же растаяла. Возвращай ее, напрягай мозги. Вспомнил: затерянная среди дремучих хотимских лесов маленькая деревенька Соколовка, длинный зимний вечер, двадцать третье февраля — день Советской Армии, веселый после обеда отец, видно, не один тост поднял где-то с друзьями за непобедимую и легендарную, а тут еще и мать откупорила надежно спрятанную бутылку, совсем захорошело бывшему красному кавалеристу, потянуло на воспоминания.

Открыл рядовой запаса заветный чемоданчик, в котором хранил всевозможные документы, справки, квитанции о сдаче молока, яиц, оплате налогов за сад, облигации добровольного займа, письма от родных и друзей, фотоснимки. Отдельной стопкой, аккуратно перевязанные шпагатом, лежали подтверждения-свидетельства отцовских военных достижений — удостоверение ворошиловского стрелка, грамоты за меткую стрельбу, за конные соревнования, за грамотные действия во время полковых учений. О каждой из этих красивых бумажек, на которых алели красные звездочки, стремительно неслись кавалерийские лавы, наступали грозные танковые батальоны, а с неба их прикрывали быстрокрылые «ястребки», отец мог рассказывать бесконечно. Как же мы, детвора, любили такие вечера! С тех милых, безоблачных детских лет крепко врезалась в память фамилия — Дыбенко. Отца призвали служить в Бобруйск, тогда там располагался корпус, которым командовал легендарный председатель Центробалта. Безусловно, дистанция от рядового кавалериста до комкора даже в то время была внушительная, но, по рассказам отца, Дыбенко никогда не чурался красноармейской массы, был доступен и прост в обхождении, любил фотографироваться с группами бойцов, которые готовились к демобилизации. Такой чести удостоился однажды и мой отец, чем весьма гордился.

Дыбенко замучили в тюрьме в тридцать восьмом, объявив врагом народа. Отец никак не мог поверить в его предательство. Двадцативосьмилетний балтийский матрос, самый молодой член Советского правительства, сформированного Лениным, один из освободителей Украины от войск Петлюры, Григорьева, Деникина, организатор охраны правительства во время его переезда из Петрограда в Москву — и вдруг враг? Человек, сидевший в севастопольской тюрьме в одиночке для смертников и с минуты на минуту ожидавший приведения приговора в исполнение — немецкий шпион? Он не погиб тогда от рук контрразведки. Советское правительство обменяло Дыбенко на двенадцать пленных кайзеровских генералов. Погиб от рук своих в тридцать восьмом, принял смерть коммунистом, в спешке его даже не исключили из партии. Сегодня, если бы отец был жив, он бы узнал: его кумир один из немногих военных, кто не взял вину на себя и не оклеветал ни одного из своих товарищей, хотя можно представить, какие методы допросов к нему применялись.

Я во все глаза рассматривал своего попутчика. Значит, сын Дыбенко жив и работает в Днепропетровске? Почему же о нем не слышно, почему он не выступает по телевидению, не пишет в газетах и журналах? Сняли же замечательный кинофильм о сыне Блюхера, все зачитывались воспоминаниями жены Бухарина Лариной, сына Н. С. Хрущева. Нельзя ведь вот так, по-варварски, обходиться со своей собственной историей. Пока живы родные и близкие, современники мучеников двадцатого века, надо все незамедлительно печатать, снимать на пленку, микрофильмировать оригиналы документов. Потомки скажут нам лишь спасибо.

— Владимир Павлович хочет, чтобы об отце печатали правду. А ее, правду, не любили, ее боялись. На косметику же он не соглашался. Слишком большая цена за правду заплачена. И народом, и Володей лично, и его семьей. Или полная правда, или молчание. Компромисса не должно быть. Характер у него отцовский, дыбенковский. Да и жизненные дороги приучили к твердости.

И мой попутчик рассказал о трагической судьбе шестилетнего сына «врага народа», типичную историю, которая происходила со всеми детьми репрессированных. После ареста отца, которого накануне перевели из Куйбышева, где он командовал Приволжским военным округом, в Ленинград, на такую же должность, а его квартиру и должность в Куйбышеве занял опальный Тухачевский, мальчонка оказался в спецдетдоме под Смоленском. Потом были детские дома в Люберцах под Москвой, в Ташкенте. Воспитатели и обслуживающий персонал не таили своей ненависти к малолеткам, обзывали фашистами, шпионами, террористами. С началом войны стало не так невыносимо, появилось много других горьких сирот, чьи отцы погибли на фронте, и детям «врагов народа» на какое-то время удавалось раствориться в общей массе. Потом все выяснялось, и взрослые нарочно науськивали детей погибших на войне против «шпионских выродков». Таким образом поддерживались порядок и дисциплина. Подростки росли душевно травмированными, легко взрывались, из-за мелочей вспыхивали драки.

Когда Дыбенко-младшему исполнилось шестнадцать лет, он начал настойчиво искать отца. Из памяти не стирались картинки детства: просторная квартира на бульваре Профсоюзов в Ленинграде, огромное полотно «Ледовый поход 1918 года», на котором боевые корабли Балтийского флота осуществляли героический переход из Гельсингфорса в Кронштадт, проход в кухню, кабинет отца, еще одна комната... Все, что было после, — арест отца, исчезновение матери и брата, блуждания по спецдетдомам, чужие, злые люди, обиды и оскорбления, — представлялось каким-то нелепым, кошмарным сном. В Ашхабаде, а это был 1948 год, после одной-двух робких попыток выяснить что-нибудь про отца или мать его поставили на спецучет. Дважды в месяц он должен был посещать одно строгое учреждение, где сидели суровые люди в военной форме, и отмечаться. Мечте о военном училище не суждено было сбыться, с такой анкетой, как у него, туда не принимали. На солдатскую службу, правда, взяли.

После демобилизации узнал, что в Свердловске живет его дедушка по материнской линии. Поехал к нему. Никаких вестей о матери и брате, полнейшая неизвестность. В пятьдесят пятом году кто-то из знакомых сказал: по городу ходит закрытое письмо о реабилитированных, там фигурирует фамилия Дыбенко, ты, случаем, не родственник? От горечи сжалось сердце: выросло целое поколение, которому неизвестно это легендарное когда-то имя. Опустил в почтовый ящик конверт, адресованный Президиуму Верховного Совета СССР, особо не надеясь на успех. Ответ пришел на удивление быстро, он был краткий, всего несколько слов: «Выезжайте в Москву. Здесь вас ждут мать и брат». Потом была встреча, первая после восемнадцатилетней разлуки.

А сейчас скажите, разве может честный человек, прошедший сквозь эти круги рукотворного ада, пойти на компромисс, рассказывать, а тем более писать об отце нечто слащаво-приторное, сентиментально-рождественско-юбилейное? Конечно, согласился я со своим попутчиком, на такое рассчитывать трудно. Вот именно, подхватил он, тем более сын не желает признавать каких бы то ни было белых пятен в отцовской биографии, никакой косметики, включая и эпизоды, которые, мягко говоря, можно воспринимать по-разному. Одни доброхоты-историки еще во времена хрущевской оттепели приписывали Дыбенко подвиги, которых он не совершал, хотя у него и без приписанных достаточно, чтобы занять почетное место среди славных имен; другие, будучи не в силах преодолеть впитанную вместе с молоком матери сталинскую концепцию истории как священного писания, а ее действующих лиц как безупречных героев, сознательно не затрагивали многие страницы его жизни, полагая, что это будет способствовать деидеологизации образа революционера и его товарищей. Под запретом оказалось даже упоминание о личной жизни Дыбенко, о его взаимоотношениях с Александрой Михайловной Коллонтай. Здесь Дыбенко не исключение. По однажды и навсегда утвержденной схеме создавались описания жизни героев гражданской и Великой Отечественной войн, партийных и государственных деятелей. Что нам известно о женах, скажем, Орджоникидзе, Жукова, Микояна, Ворошилова? А о них самих? О их человеческих слабостях, вкусах, увлечениях? Ни в одной книге не найдешь. В этом смысле больше везет иностранцам — де Голлю, Черчиллю, Ганди, Бушу. Прочитаешь, и весь он перед тобой, ты его видишь, слышишь, запоминаешь как личность. У нас же личная жизнь остается вне кадра, герой горд и благороден, всегда правилен, никогда не ошибается, на все случаи жизни у него готовые рецепты действий. Неужели не тошно от такой писанины?

Тошно. Зачем, например, уклоняться от прямого рассказа о непростых взаимоотношениях Дыбенко с Коллонтай? Зачем разного рода романтические мифы о вспыхнувшем между ними чувстве? Сын Дыбенко прочел красивую легенду на многих страницах о том, как одним прекрасным утром в ставку его отца в Екатеринослав (ныне Днепропетровск), где готовилось наступление на войска Антанты, прибыл чрезвычайный уполномоченный Ленина. Выясняется, что уполномоченный — красивая и умная женщина. Ее фамилия Коллонтай Александра Михайловна. Дальше следует описание того, как присутствие женщины смущало командующего дивизией, как товарищеские отношения постепенно переросли в другие.

Владимир Павлович с фактами в руках доказывал автору и издательству, что приведенная сцена полностью вымышлена, потому что к тому времени, когда Коллонтай прибыла в Екатеринослав, они уже более года были мужем и женой. Автор заявил в ответ: так лучше, он заботился о их добром имени, этот эпизод, по его мнению, призван развеять обывательские слухи. В издательстве поддерживали автора, намекали, что Коллонтай была известна как сторонница идеи «свободной любви», вспоминали ее книги «Дорогу крылатому Эросу» и «Любовь пчел трудовых», полушепотом говорили о возрасте Александры Михайловны, мол, она на семнадцать лет была старше Дыбенко.

И автор, и издательство считали, что они делали важное и нужное дело, заботились о высоком нравственном облике людей, чьи имена стали легендой, короче говоря, блюли государственные и идеологические интересы. Сын же Дыбенко считал, что это примитивное мифотворчество, которое, кроме вреда, ничего не принесет. Зачем припудривать и без того не единожды переписанные заново политические портреты героев революции? В том и яркость, и неповторимость характеров этих людей, их увлеченность новыми идеями, что притягивались, казалось бы, самые непритягиваемые явления, опровергались многовековые традиции. Октябрь встряхнул государства, классы, общественные течения, соединял, казалось бы, непримиримых врагов и разъединял единомышленников. Все пришло в движение, забурлило, затряслось в бешеной круговерти. Дыбенко до Октября закончил лишь два класса церковноприходской школы и школу минеров в Кронштадте. Он был прост, как орудийный замок, и прям, как орудийный ствол. Что в голове, то и на языке. Другое дело — Александра Михайловна. Блестящее образование, знание иностранных языков, богатые родители, дворянин-муж, талантливый сын. Все бросила: богатство, родителей, мужа, сына, дворянское происхождение.

Познакомились они в апреле семнадцатого в Гельсингфорском комитете РСДРП(б), где Коллонтай выступала как член Петроградского комитета. Когда Дыбенко сидел в петроградских «Крестах», ее заточили в Выборгскую женскую тюрьму. Снова они встретились уже в качестве членов первого Советского правительства, сформированного Лениным: он стал наркомом по морским делам, она — наркомом, по-современному говоря, социального обеспечения. Конечно, они были абсолютно разными людьми, но вихревое, бешеное время бросило их в объятия друг другу, и уже в середине ноября семнадцатого года Коллонтай и Дыбенко заключили гражданский брак. Это был первый советский брак, и записью о нем началась новая книга актов гражданского состояния новых людей новой эры.

Дыбенко возглавлял созданную им в Екатеринославе из повстанческих и партизанских отрядов Первую Заднепровскую советскую дивизию, Коллонтай приехала к нему в качестве начальника политотдела этой дивизии. Вместе освобождали от белых Крым, подавляли мятеж Григорьева. Стойте, а как это вдруг получилось: Дыбенко был наркомом по морским делам, а стал командиром дивизии, Коллонтай тоже возглавляла наркомат, а приехала в Екатеринослав начальником политотдела в дивизию мужа? Насчет Коллонтай известно: не одобрив Брестский мир, она после шестого съезда Советов по собственному желанию вышла из правительства. С Дыбенко было более сложно, это, если хотите, одно из главных белых пятен в его биографии по сей день.

Историки стремились обходить эту деликатную тему. Парадокс времени! После ареста следователи из кожи лезли, чтобы выбить признания в существовавшей связи между неприятным происшествием, случившимся с Дыбенко в восемнадцатом году, и обвинениями в тридцать седьмом. Когда все стало на свои места, заботясь о безупречном образе героя, исследователи невольно подливали масла в огонь, обходя вниманием события, которые, как и слова, из песни не выбросишь. Получается, что, несмотря на посмертную реабилитацию, сведения, сыгравшие в его судьбе решающую роль, снова работали против?

В восемнадцатом наркома по морским делам судил ревтрибунал. Заседания вел Троцкий. Уцелел документальный фильм об этом процессе. На одном из его заседаний выступил Ленин. Владимир Ильич хорошо знал Дыбенко: в решающую ночь Октябрьского вооруженного восстания председатель Центробалта направлял из Гельсингфорса корабли и матросов на помощь революционному Питеру. Поддержку «Авроре» тогда оказали миноносцы «Меткий», «Забияка», «Самсон», «Деятельный». А спустя три дня по распоряжению Ленина в столицу во главе отряда вооруженных матросов прибыл и Дыбенко.

Поводом для суда послужил следующий случай. В феврале восемнадцатого года, когда немцы возобновили наступление и двинули на Петроград, Дыбенко во главе большого отряда балтийских моряков был брошен на Нарву с приказом защищать город и прорываться к Ревелю. Задача была архисложная. Немцы перли как сумасшедшие, снося малочисленные заслоны революционных солдат, регулярной армии у нас тогда, как известно, не было. Начальник Нарвского участка обороны бывший генерал царской армии Парский принял пополнение из балтийских матросов, и тут же отдал приказ наступать. Дыбенко подчинился и повел свой отряд в бой. Немцы открыли кинжальный огонь из пулеметов, сотни матросов падали под взрывами орудийных снарядов. Стало ясно, что с нашей стороны наступление практически не готовилось: не было надлежащей артиллерийской поддержки, молчали фланги, не хватало боеприпасов. С командного пункта Парского поступало одно распоряжение — вперед! К Дыбенко подошла группа командиров, им он доверял, как себе самому.

— Слушай, морской нарком. Братишки между собой гутарят — на смерть нас привел. Смотри, одни моряки гибнут. Кто здесь тобой командует? Ты присмотрись к нему, нарком. Не нравится все это братишкам.

Наступление начало выдыхаться. Отряд балтийцев понес колоссальные потери. Куда ни бросишь глазом — вокруг черные бушлаты и бескозырки, неподвижные тела братишек. От Парского очередной вестовой: ни в коем случае не останавливать наступление, вперед, только вперед. И Дыбенко не выдержал. Пошел к бывшему генералу и отказался выполнять его приказ. Сам под трибунал пойду, а последних братишек не положу на этом проклятом снежном поле. Вырвалось сгоряча и тяжелое обвинение генералу-пехотинцу: своих бережешь, а моих соколиков ясных под пушечный и пулеметный огонь, а в случае победы хвастаться будешь — мол, малыми потерями. Словом, отказался выполнять приказ о продолжении наступления. Третьего марта в Бресте был подписан мирный договор с Германией, в тот же день советские части оставили Нарву.

Ревтрибунал полностью оправдал Дыбенко, не найдя в его действиях состава преступления. Люди, ведшие следствие, убедились, что дело не в Дыбенко, а в организации отпора немецким оккупантам. А этим занимались руководители с куда большими, чем у Дыбенко, политическими и военными полномочиями, тот

204

же Троцкий, например. Нельзя же в конце концов обвинять командира морской группы в том, что немцы оказались на расстоянии нескольких переходов от Петрограда, а лучшие матросы и путиловцы, при всем их энтузиазме, оставались одни против превосходящих сил врага. Кто-то должен был позаботиться о взаимодействии пехоты и моряков, поддержать их артиллерийским огнем, прикрыть с флангов. Этот кто-то имел конкретную фамилию и должность, огромную власть среди военных. И хотя трибунал оправдал Дыбенко, пост наркома по морским делам ему пришлось оставить. Более того, его даже исключили из партии, членом которой он был с двенадцатого года. Еще одно белое пятно — четыре года, почти всю Гражданскую войну, Дыбенко проходил беспартийным, и лишь в 1922 году его снова восстановили в рядах большевиков.

Захватывающий рассказ о Дыбенко оборвался на самом интересном месте — поезд подошел к конечной станции. Началась суета, которая обычно возникает перед выходом из вагона. И хотя громоздких вещей и тяжелых чемоданов ни у меня, ни у моего попутчика не было, но и мы поддались общему возбужденно-нервному настроению. В узком проходе, где подготовились к выходу столько пассажиров, вслух продолжать начатый в купе разговор было неудобно. И только выйдя на перрон, я уточнил деталь, которая показалась мне весьма существенной:

— Извините, но, насколько мне известно, Александру Михайловну Коллонтай сталинские репрессии не затронули. Она была послом в Норвегии. Помните, был такой фильм — «Посол Советского Союза»? А вы рассказывали, что сын Дыбенко остался без родителей, когда ему исполнилось шесть лет, и встретился с матерью в Москве через восемнадцать лет. И еще. Не сердитесь, пожалуйста, это у меня профессиональная привычка — переспрашивать. Вы сказали, что сын Дыбенко уехал после демобилизации в Свердловск, к дедушке по материнской линии. И дедушка не знал, что с его дочерью. Как же так: дочь — посол в Норвегии, а отцу это неизвестно. В жизни, конечно, всякое бывает, но и с возрастом дедушки тоже не совсем стыкуется. Коллонтай была на семнадцать лет старше Дыбенко, в семнадцатом Дыбенко было двадцать восемь, сын Дыбенко уехал к дедушке в начале пятидесятых, сколько же лет было дедушке? Не менее ста двадцати — ста тридцати...

Попутчик громко рассмеялся:

— Да нет, здесь в порядке. Я просто недосказал. Брак Коллонтай и Дыбенко вскоре распался. Они разошлись, когда Дыбенко поступил в академию Генерального штаба. Правда, Павел Ефимович ездил к ней за границу, но примирение не состоялось. Мешали и идейные расхождения, например, из-за участия Коллонтай в «рабочей оппозиции», и чисто семейные. Разница в возрасте была все же ощутимой. Да и идея «свободной любви» Дыбенко не совсем нравилась. Однако искренние, товарищеские отношения между ними остались. Владимир Павлович помнит, что Александра Михайловна регулярно присылала поздравительные открытки на праздники, заходила в гости в их ленинградскую квартиру. Не исключаю — многим этого не понять. Такое уж было время, такие люди. Ну, а Дыбенко женился во второй раз. Произошло это в начале тридцатых годов, когда он жил в Куйбышеве и командовал Приволжским военным округом. Его избранницей стала Зинаида Викторовна Карпова. Кстати, она была на семнадцать лет моложе мужа. Смотрите, какой магической в жизни Дыбенко оказалась цифра семнадцать. Зинаида Викторовна, как вы уже, видно, догадались, и есть мать сына Дыбенко, Владимира Павловича, который живет в нашем городе.

* * *

Десять дней, проведенных в Днепропетровске и других местах области, пролетели незаметно. На меня обрушилась лавина самой разнообразной информации. Молодец Толик Бондаренко! Однокашник по учебе в Москве в одном хитром учебном заведении, ставший популярным комментатором на областном телевидении, он постарался, помог коллеге собрать разнообразный материал. Можно сказать, весьма повезло, ибо Толик был своим человеком и среди музейных работников, и среди архивистов — в свое время обстоятельства сложились так, что пришлось оставить основное занятие и попробовать вкус экскурсоводческого хлеба. К опальному журналисту, известному критическими, разоблачительными статьями в самый пик застойной эпохи, относились сочувственно, с пониманием того, что он здесь трудился временно и что его способности никак не вписывались в рамки утвержденных строгим начальством текстов экскурсий, рассчитанных на старательных тружеников полей и ферм. Толик никогда не подчеркивал своего особого положения среди скромного музейного и архивного персонала, чем завоевал еще большие симпатии и неофициальное, но с молчаливого согласия всех узаконенное право знакомиться с теми фондами и делами, куда простому смертному без специального разрешения не попасть. Толика всюду встречали как своего, перед ним открывались любые двери, через которые вслед за ним входил и я.

«Книга о старом Екатеринославе» — редкое издание, в моих глазах загорелись огоньки, и это не осталось незамеченным для старого товарища. Он о чем-то пошептался со знакомой заведующей отделом, и под его честное слово нам выдали это богатство — на месяц.

— Жаль, что мы не в Рио-де-Жанейро, — грустно произнес Толик, — говорят, там на каждом шагу стоят копировальные автоматы. Бросил монетку — и получай копии с любого произведения. В Днепропетровске пока таких автоматов не было.

— Лет через сто будут, — зло заметила хранительница.

— Через сто? — внимательно посмотрел на нее друг. — Нет, думаю, раньше.

— Возможно, и раньше, — отозвалась заведующая отделом, — но через месяц, когда надо возвращать книгу, видно, еще не будут.

— Через месяц не будут, — вздохнул Толик.

Стыдно признаться, но за десять дней я так и не нашел минутку, чтобы полистать ценное издание. Придется обратиться к кооператорам, попросить сделать ксерокопию, они ныне все могут. Так что там насчет старого Екатеринослава? Я развернул книжку. Ага, значит, не имела границ фантазия Потемкина в проектировании нового города на Днепре. Он торопил архитекторов, сидевших над планами, и требовал создать такое, что должно было изумить современников не только в России, но и за рубежом.

Вот как представлял Потемкин облик третьей столицы империи. На центральной площади будет возведен «в подобие святого Петра, что в Риме, храм наичудесный, посвященный преображению Божьему; судилище вроде древних базилик; скамейки, полукружие вроде Пропилей или преддверия Афинского, с биржей и театром посреди; палаты государственные во вкусе греческих и римских зданий, имеют в центре чудесную и необъятную сень; архиепископия при соборной церкви Преображения с дикостерией и духовной схолой; дом губернаторский, вице-губернаторский; дом дворянский и аптека; дом инвалидный со всеми возможными удобствами и с необходимой красотой; университет купно с академией музыкальной...»

Я пытался перенестись в те отдаленные времена, когда по замыслу светлейшего на пергаменте возникали первые линии города, которому суждено было возникнуть среди бесконечного пространства, протянувшегося почти до самого Черного моря и тогда называвшегося Новороссией. Вся поверхность земли представлялась зелено-золотым океаном, по которому брызнули миллионы разных цветов. Можешь находиться в седле день, можешь два и три, и только когда особенно повезет, увидишь вдали дымок чудом уцелевшего человеческого жилья. На весь громадный — от Днестра и Буга до Тихого Дона — Новороссийский край, по территории, пожалуй, не меньше иной западной державы, не больше ста тысяч населения. Человек здесь в цене, земли богатые, черноземные, почти не тронутые плугом, и в светлой голове Григория Александровича Потемкина, незаслуженно забытого великого русского патриота и труляги, созрел грандиозный план. Надо заложить на землях Новороссии третью, южную столицу империи и назвать ее во славу самодержицы, в чье правление земли эти были присоединены к России, городом Екатерины — Екатеринославом, вот что надумал светлейший. И, припадая к священным ножкам матушки-императрицы, сообщал: «А посему я и решил проекты составить, достойные высокого этого града названия... в знак, что страна эта из степей бесплодных преобразована стараниями вашими в щедрый ветроград, и среда, где обитали звери — в отличную среду людей, текущих сюда со всех стран».

«Быть по сему» — властно вывела на ломком голубоватом листе рука Екатерины.

Первый удар лопаты, впившейся в жирный, никогда еще не паханный чернозем, раздался летним днем 1776 года. А уже четыре года спустя губернский город Екатеринослав рассыпал вдоль главных своих улиц первые две сотни домов и избушек: жилых помещений, лавчонок, казенных учреждений. Постепенно забывалась бывшая запорожская слобода Половица, на месте которой строился город. А вскоре перестала существовать и Запорожская Сечь. Корпус генерал-поручика Текелия, возвращавшийся с турецкой войны, по тайному приказу из Петербурга пятью колоннами окружил Сечь, и несколько тысяч воинственных запорожцев не оказали сопротивления. Земли Сечи Запорожской включили в состав Новороссийской и Азовской губерний. После присоединения к России Крыма эти две губернии слились в Екатеринославское наместничество под руководством светлейшего князя Таврического, генерал-поручика Потемкина.

Воображение царского фаворита не имело границ. Еще играли-перекатывались по высоким холмам серебристые ковыльные волны, пустовали высокая гора и монастырский остров, где по плану должны были расположиться белокаменные палаты, не хуже, чем в Риме и Афинах, а из Санкт-Петербурга уже торопились на юг России выписанные князем будущие профессора несуществующего Екатеринославского университета, музыковеды непостроенной академии. Из Милана на перекладных мчался выписанный Потемкиным итальянец Джузеппе Сарти, в Екатеринославе он напишет торжественный марш «На взятие Очакова», этот марш и поныне пока что единственный в мире музыкальный шедевр, исполнять который по замыслу автора следовало под аккомпанемент... пушек.

Потемкин созывал в третью столицу не только авторов пушечных маршей. Было среди них много серьезных ученых. Командированные в распоряжение светлейшего, не увидев обещанных университета и академии, они не сидели сложа руки. Ливанов, профессор земледелия и минералогии, по поручению Потемкина отправился в район Кривого Рога и обнаружил там железную руду, мрамор и другие природные богатства. Лишь через сто лет на берегах Ингульца и Саксагани начнутся разработки криворожских недр. Вот вам и фаворит и дамский угодник! Правда, Иосиф II, император австрийский, сопровождавший Екатерину во время ее путешествия по югу России, заметил французскому послу графу Сегуру после сытного обеда с вином на днепровской круче: князь Потемкин, безусловно, оставляет впечатление очень энергичного и предприимчивого человека, но он умеет больше начинать, чем заканчивать.

Это путешествие стоит того, чтобы сказать о нем несколько слов. Помните распространенное выражение «потемкинские деревни»? Откуда оно взялось? В «Книге о старом Екатеринославе» о спектакле, который будто бы разыграл князь перед императрицей, ни слова. Говорится о пышном кортеже в сотни карет, который доехал до Киева, а после пересел на раскрашенные галеры, отплывавшие вниз по Днепру. В Кременчуге Екатерину и ее придворных встретили торжественной величальной одой оркестр и хор без малого в двести человек. В Екатеринославе вообще получился конфуз. Утром девятого мая 1787 года примчался в Половицу вестовой на взмыленном коне. Доложил Потемкину: царские галеры миновали уже Орлик, Мишурин Рог, к обеду будут в Екатеринославе. Но сведения, привезенные специальным гонцом, были недостоверными. Екатерина высадилась на берег возле Койдаков и прибыла в Половицу в карете. И вот царица ступила ножкой на постеленный для ее встречи пестрый персидский ковер.

Дальше это событие описывается так. На плоской вершине днепровской кручи, откуда не так давно Потемкин с архитектором Казаковым (да-да, с тем самым, Матвеем Федоровичем), любовались живописными пейзажами Приднепровья, собралось сотни две народу. Среди домотканых зипунов, разноцветных платков жителей Половицы сверкали на ясном майском солнце шелка придворных кавалеров и дам. Белыми башенками возвышались затейливые прически фрейлин, напудренные парики гражданских и армейских генералов. Здесь же бархатные ризы духовенства... На дне неглубокой траншеи — свежая кладка. Между каменными глыбами оставлена квадратная ниша. На ее дно опущена мраморная плитка.

И вот наступил торжественный момент. Кто-то из

придворных с низким поклоном вручил Екатерине пригоршню золотых и серебряных монет. И царица, осторожно нагнувшись, стала бросать их на мрамор, прислушиваясь к тонкому звону благородного металла. Затем на нишу легла серебряная крышка, и тот же придворный передал императрице блеснувшую на солнце позолоченную медную дощечку с выгравированным текстом: «Екатерина II, императрица всея Руси, в основание храма Преображения Спасителя нашего, первый камень заложила 1787 года». Десятки услужливых рук помогли ей замуровать отверстие известковой кашицей, уложить в нее первый кирпич будущего собора, а с ним и нового города ее имени. Второй кирпич уложил австрийский император Иосиф II. После обеда в легком деревянном павильоне, построенном здесь же, на берегу Днепра, австрийский император вышел на свежий воздух вместе с французским послом при дворе Екатерины графом де Сегуром. Оставшись наедине, Иосиф склонился к уху посла и сказал: «Что касается этой новороссийской Пальмиры, которую мы только что основали, думается мне, что матушка-императрица заложила первый ее камень, а я второй и последний».

Де Сегур прожил длинную жизнь, примкнул к вспыхнувшей через два года революции, был членом Национального собрания Франции, занимал и при новой власти ряд высоких должностей. На склоне лет, уже в следующем веке, издал том мемуаров, анекдотов и воспоминаний. Повествуя о беседе с австрийским императором, пообещал позднее сообщить, сбылось ли колкое пророчество австрийца о том, как его... Екатеринославе. Но, пишет состарившийся Сегур, под рукой не оказалось карты России и, снова взявшись за перо, французский дипломат тут же забыл о заложенном, но, видно, так и не построенном городе на Днепре, фантастическом замысле императорского фаворита.

В Днепропетровске я долго бродил в задумчивости возле бывшего Потемкинского дворца. Он несколько раз перестраивался, приспосабливался к потребностям каждой новой организации, вселявшейся сюда, потому от первоначального вида остались лишь стены да колонны. Я послушался совета Толика Бондаренко и не зашел вовнутрь. Друг сказал, что это испортит настроение. Пускай лучше останется впечатление смелости и грандиозности задуманного Потемкиным. А Толик попытается представить, что здесь происходило двести лет назад. Ну и Толик, ну и мастак! Я слушал друга и отчетливо видел, как из Киева плыли по Днепру баржи с кирпичом, как в жару и мороз не прекращали на круче работу усатые русские солдаты. А вот замечательные мастера, вызванные светлейшим из Петербурга и Москвы, из его западных владений (следует отметить, с моей родины — Кричева, Костюкович, Хотимска), выкладывают из разноцветной древесины сложные фигуры паркета в огромном зале, в него — Толик смотрел на меня светлыми серыми глазами — мог въехать в полном составе целый конный полк. Вон там лепят узорные карнизы, украшают изумительной резьбой высокие дубовые двери. Поблизости от дворца строят две гигантские оранжереи, здесь будут колдовать мастера-садовники, их двадцать девять, и все выписаны из заморских стран. Одна оранжерея виделась Потемкину лимонной, вторая — ананасной. Его походная типография дала жизнь губернской: на четырех станках шло печатание указов и даже книг. В музее я увидел первую книгу, вышедшую в Екатеринославе. Ее год издания — 1796, автор В. Золотницкий, название «Наставление сыну». В. Золотницкий — первый местный писатель. Потемкин создал здесь первое крупное предприятие — Екатеринославскую хлопчатобумажную фабрику. Произошло это в 1794 году. Образована она путем объединения принадлежавших светлейшему двух фабрик — хлопчатобумажной из местечка Дубровно Могилевской губернии (вот они, мои земляки!) и шелкоткацкой из подмосковного села Купавны. Спустя четыре года на мануфактуре работало уже свыше трех тысяч человек. Они образовали первый рабочий поселок в городе — Фабричную слободку. Вот откуда, оказывается, истоки сплоченного рабочего класса Екатеринослава.

Ах, Потемкин, Потемкин... Всем наградил тебя всевышний: государственным умом и талантом полководца, замечательными мужскими качествами и добрым сердцем, любовью к искусствам и сочувствием к слабым и попавшим в немилость. Не обучил лишь искусству интриг, а без него, проклятого, ты ничто при императорском дворе, его пленник и мученик, жертва собственной честности, недвусмысленности, прямоты. Потерял на какое-то время осторожность, расслабился, не рассмотрел завистника под маской приятеля, передоверился, забыл об отцовской, отставного майора, поговорке: бойся коня спереди, волка сзади, а соперника со всех сторон. Вот и подстерегла смерть внезапно, в дороге, среди бессарабской степи. Отравили. Свои.

После смерти Екатерины ее преемник Павел I стирал с лица земли память о государственных преобразованиях матери. Екатеринославское наместничество он разделил на три губернии, а «третью столицу» империи переименовал в Новороссийск и перевел ее в ранг уездного города Новороссийской губернии. И лишь в 1802 году Александр I вернул ему прежнее название, права и привилегии губернского города, но столицей юга России Екатеринославу так и не суждено было стать. В недостроенном дворце Потемкина, в немых, обветшавших залах поселились летучие мыши да лупоглазые совы. Совы, совы... Летучие мыши...

Батюшки, где это я? В приемной самой Екатерины II! Сколько здесь знакомых лиц! Тарас Бульба с обликом и усами Гиляровского, Гоголь сидит за позолоченным столиком, улыбается, гусиным перышком по листу водит. А сколько у него написано! Гора бумаги на столе. Везет человеку — талант. Классик. А это кто? Неужели кузнец Вакула? Он самый, вон и книжку «Ночь перед рождеством» в руках держит. Оттуда он, оттуда. А запорожцев сколько! В праздничных белых свитках, шаровары — с Черное море. Ждут приема у матушки-государыни. Здесь же толпятся надутые, сверкающие золотым шитьем вельможи. Вдруг двери открылись и в зал уверенно вошел огромного роста человек в дорогом, с алмазными звездами, мундире. Среди вельмож будто ветерок дунул, прошло незаметное движение, все как один расступились, давая дорогу незнакомцу. И я услышал, что спросил кузнец Вакула у Гоголя. «Это царь?» — такой был вопрос провинциала, впервые попавшего в царские палаты. «Куда тебе царь! Это сам Потемкин!» — с любовью посматривая на вошедшего, ответил классик. Потом он перевел взгляд на меня и, оторвавшись от своего столика, оказался рядом и дохнул в самое лицо: «Сейчас мы с Пушкиным чайком побалуемся. Составите компанию?»

Я открыл глаза. Напротив меня сидели двое мужчин. Один из них выкладывал на столик печенье, сушки, конфеты. Второй стоял с китайским термосом в руках. Тот, что с термосом, приговаривал:

— Замечательный чаек, рекомендую. Жена всегда в дорогу готовит. Однако смотрите, Виктор Михайлович, и сосед показывает признаки жизни. Составите нам с товарищем Пушкиным компанию?

Мягко покачивался вагон, в купе блекло светилось боковое бра. Верхний яркий свет был выключен. Неужели я уснул? Над книгой о старом Екатеринославе? Стареешь, дружок, стареешь, укорял я себя. Как же это получилось? Видно, сказалась десятидневная нагрузка. Почти каждый вечер — работа допоздна, подъем в семь утра. Толик Бондаренко доставил меня на вокзал почти за час до отхода поезда и, хотя посадки еще не было, у него и здесь нашлись знакомые. Я позавидовал другу — вот что значит появляться на телеэкране почти каждый день! Его обаятельная улыбка, аккуратная бородка и приятный бархатный тембр запоминались многим, и если какая-нибудь местная красавица видела перед собой оригинал, с которого телетехника делает тысячи копий-подобий, вмиг распускалась в милой улыбке, не в силах отказать кумиру днепропетровских зрительниц в какой-либо мелкой просьбе. Так было и в данном случае. Проводница, узнав Толика, беспрепятственно открыла дверь спального вагона и впустила меня в купе. Тишина, свежесть постельного белья, уют сделали свое дело.

Минуту спустя я уже держал стакан душистого, заваренного на незнакомых мне травах, горячего чая и знакомился со своими попутчиками. Тот, кто во сне разговаривал со мной голосом Гоголя, назвался Юрием Владимировичем Синегубом, полустроителем, полуметаллургом, как он шутливо представился. Возраста он был, как мне показалось, уже не пожилого, но еще и не старого, одним словом, находился как раз на той черте, где эти понятия начинают стираться. Как я его понял, именно с ним мне придется делить радость приятного путешествия в одном купе до самой Москвы. Мой визави был пассажир опытный: первым делом он поинтересовался, как у меня насчет храпа. На

214

что я ответил: среди всех моих больших и малых недостатков этот, к счастью, пока отсутствует. Ответ его удовлетворил, он перевел взгляд на своего товарища:

— А вот Виктор Михайлович профессор в этом занятии. Если едем вместе, билеты берем в одно купе. Я всегда любопытствую у соседа, храпун ли он, в случае необходимости у меня есть для него компаньон.

Фамилия у Виктора Михайловича оригинальная — Пушкин. Спустя некоторое время я решил, что он отставной военный, и не ошибся. Виктор Михайлович уже два года как вышел в отставку, но пенсионной спокойной жизни не пожелал, устроился на Петровку — знаменитый в Днепропетровске завод имени Петровского. Безусловно, все свое внимание и любознательность я обратил на человека с таким обязывающим именем. Но он сразу прервал мое любопытство, по-военному четко к сухо доложив, что не имеет отношения ни к великому однофамильцу, ни к другому Пушкину, Ефиму Григорьевичу, полковнику и Герою, командиру танковой бригады, защищавшей Днепропетровск в сорок первом году. На что Юрий Владимирович, с шумом втянув воздух, а вместе с ним и лошадиную дозу чая, с наслаждением крякнув, с хитрецой заметил:

— А вы не совсем точны, Виктор Михайлович. Как это не имеете отношения к Пушкиным? А кто живет на улице Пушкина?

И захохотал, довольный шуткой.

Виктор Михайлович развел руками: совпадение. Мало того, что всю жизнь, начиная с детства, ощущал повышенное внимание к своей личности, так и под старость дали квартиру на улице Пушкина-танкиста, Ефима Григорьевича.

Снова посмеялись.

Поддерживая веселый разговор в приятной компании, решил я тоже рассказать об одной истории с Пушкиным, начало которой связано с Днепропетровском. Как вы сами понимаете, возвращался я домой, переполненный сведениями об этом городе. Года два назад довелось побывать в Калуге, побродить по Полотняному Заводу — родовому имению Афанасия Гончарова, деда Наталии Николаевны, жены Пушкина. Там я услышал о «медной бабушке» — монументе Екатерины II, который получил поэт вместе с другим приданым невесты. Долго и безрезультатно пытался Пушкин продать казне ненужную ему статую, надеясь этим поправить свои трудные денежные дела. Упоминания о монументе встречаются во многих письмах поэта к жене. Бедный дедушка, он купил статую Екатерины в Германии и хотел установить в Полотняном Заводе в память о том, что матушка-императрица посетила его имение, осталась в нем ночевать, пожелала осмотреть его бумажную фабрику и высказала удовлетворение увиденным, а Афанасию Гончарову велела дать дворянское звание и медаль за прилежание. Но времена меняются, Екатерину на троне сменил Павел, а его отношение к августейшей матери мы уже знаем.

Так вот, в Днепропетровске я напал на детали, расширившие рамки прежних представлений об истории «медной бабушки». Услышанное от знающих людей и прочитанное в старых бумагах помогло построить невидимый мост от высоких берегов широкого Днепра к заросшим ивой берегам тихого Суходрева. Оказывается, первым заказчиком «медной бабушки» был вовсе не Афанасий Гончаров, а сам светлейший. Да-да, князь Потемкин, он имел намерение установить статую императрицы возле своего дворца и приурочивал это событие к приезду Екатерины в город, названный ее именем. Заказ был сложным даже для таких мастеров, как немцы скульптор Мейер и литейщик Наукиш. Потемкин остановил выбор на монументе императрицы во весь рост, в римской тоге и панцире. Заказчика не смущала астрономическая сумма, которую запросили германцы за гигантскую скульптуру высотой четыре с половиной аршина и весом свыше двухсот пудов. За все будет заплачено, заверил Гришенька, вспомнив горячие уста императрицы.

Как ни торопились Мейер с Наукишем, но выполнить заказ в срок не сумели. Не был построен к приезду Екатерины и дворец. Основав город, императрица уехала далее на север, а у Потемкина интерес к монументу пропал. Дорога ложка к обеду, одобрил светлейшего Юрий Владимирович, а Виктор Михайлович промолчал. Бронзовая Екатерина осталась в Германии, наводя педантичных Мейера и Наукиша на грустные размышления о необязательности русских вельмож.

А после внезапной смерти светлейшего в бессарабской степи они вовсе пришли в отчаяние: кто выкупит заказ, на который затрачено столько денег. Напрасно горевали скупые германцы, покупатель нашелся! «Без лести преданный» государыне новоиспеченный российский дворянин Афанасий Гончаров на радостях выкупил «медную бабушку».

Между тем живая «бабушка» помирает, на трон садится ее сын, переименовывает Екатеринослав в Новороссийск, заводит на Руси такие порядки, что сообразительный хозяин Полотняного Завода сразу понял: с этим монументом ненароком можно и свою голову потерять. Несколько десятков лет лежала статуя в погребе Афанасия Гончарова, вот и сам хозяин отдал Богу душу, — нет, не находится покупатель на залежалый товар. Не удалось и Пушкину обменять многопудовую статую из чистой бронзы на золотые монеты или хотя бы на ассигнации, а он какие только меры не предпринимал, каких влиятельных друзей не подключал. Наконец, после гибели поэта, с помощью высоких царедворцев его родным удалось передать «медную бабушку» на лом литейному заводу Берга в Петербурге.

Берг был предприимчивым дельцом, сразу пускал все в оборот, мертвых капиталов не признавал, сразу же отдал распоряжение пустить статую в переплавку. Уже подготовили место расправы с императрицей, обхватили ее бронзовое тело стальными тросами, и... Не было лишь взмаха белым платочком, а то можно было подумать, что описываемая сцена взята из авантюрного романа середины девятнадцатого века. Словом, в последнюю минуту «наказание смертью» отменили. Жители города, названного ее именем, прислали в столицу депутацию с просьбой продать статую: ее предполагали установить на Соборной площади. Возле собора, в фундамент которого Екатерина когда-то заложила первый кирпич. Берг оценил патриотические чувства екатерининских дворян в десять тысяч золотом. Депутация бросилась в ноги: это ведь разорение, дети пойдут по свету нищими. Ударили по рукам на семи тысячах серебром.

Для доставки «медной бабушки» оборудовали специальную повозку, подобрали коней-тяжеловозов. За сутки преодолевали 10—15 верст. В сентябре 1846 года императрица въехала в славный город Екатеринослав. Звонили колокола церквей и соборов, провозглашая начало шумных торжеств. На российском троне сидел другой царь, его отношение к венценосной бабке было более теплое, чем у предшественника.

— Впервые слышу такую байку, — сказал, выслушав меня, полустроитель и полуметаллург. — Где же та «медная бабушка», куда она девалась? Хотя ясно, куда.

Отставной военный ничего не сказал.

Вдохновленный вниманием, я здесь же выдал еще один сюжет. А известно ли уважаемым слушателям, что в их городе две недели отбывал ссылку Пушкин Александр Сергеевич? Между прочим, он купался в Днепре, а было это в мае, вода еще не прогрелась, и поэт занемог. Спасли его близкие друзья — семья Раевских, они ехали из Петербурга на Кавказские воды, и генерал Инзов, главный попечитель колонистов Южного края России, под присмотр которого прибыл Пушкин, человек мягкий и гуманный, согласился отпустить поэта вместе с Раевскими. Кстати, поэму «Братья разбойники» он написал на екатеринославском материале. Абсолютно точно доказано, что в основе сюжета поэмы лежит подлинный факт, который случился в Екатеринославе: два разбойника, закованные в цепи вместе, переплыли Днепр и спаслись. Их отдых на острове, потопление одного из стражников Пушкиным не вымышлены.

— Очень интересно, — отозвался полустроитель, полуметаллург. — Нигде не читал о том, что Пушкин болел в нашем городе.

— Чего же здесь интересного? — подал голос отставной военный. — И зачем об этом писать? Правильно, что не пишут. Скажите после этого, что вы из Днепропетровска, вам сразу: а, это в вашем городе Пушкин едва концы не отдал.

— Можно и так повернуть. Не исключаю, в ваших словах есть доля истины. Не всякая правда нужна людям. Иногда она лишь приносит вред, — размышлял вслух Юрий Владимирович.

— Вот-вот, — обрадовался поддержке Виктор Михайлович. — Я за ту правду, которая на патриотизм работает. А так что? Обесславим город. Чуть величайшего поэта не загубили. Нам такого не простят. Скажут: куда же вы смотрели, почему не отговорили от купания? Прогремим на всю Европу.

Я заметил, что вряд ли будет предъявлять цивилизованная Европа счет нынешним днепропетровцам за легкомыслие их далеких предков, позволивших поэту купаться в студеной воде. К тому же с Пушкиным купались офицеры, а они, как известно, люди кочевые, не местные. Так что обвинения в невнимании к Пушкину коренных жителей легко отвести. Общеизвестно, что офицеры в моем Могилеве выкупали поэта даже в ванной, заполненной шампанским. Однако мне почему-то не предъявляют упреков в антипатриотических действиях земляков.

— Оно вроде бы правильно, — как будто соглашается отставник, — но доброе имя города тоже что-то значит.

Батюшки, он еще беспокоится о добром имени! А ну-ка держись, старый вояка! Нет, не зря я все десять дней, будто крот, рылся в архивных завалах. А слышал ли ты, дорогой, о Зенеиде Р-вой? Нет? И полустроитель, полуметаллург тоже не слыхал? Тогда слушайте оба. «Не появлялось еще на Руси женщины такой даровитой, умеющей не только чувствовать, но и мыслить. Русская литература по праву может гордиться ее именем и ее произведениями». Авторитету Виссариона Белинского, надеюсь, вы верите? Тогда открываю секрет: это его слова. А знаете, кто прятался под псевдонимом Зенеиды Р-вой? Елена Андреевна Ган. «Лермонтов в юбке», они ровесники, а пережила поэта она лишь на один год. Умерла, когда ей было всего двадцать восемь. Родилась, уважаемый Юрий Владимирович, в Екатеринославе. Так что вы с ней земляки. Ее девичья фамилия — Фадеева, отец был губернатором в Саратове, после управляющим иностранными колониями в Новороссийском крае. Сестра писательницы, Екатерина, была матерью С. Ю. Витте — председателя кабинета министров при Николае II. Ган — фамилия ее мужа, грубого, ограниченного артиллерийского полковника, командовавшего батареей в поселке Каменском, ныне городе Днепродзержинске, где родились вы, дорогой Виктор Михайлович. Вы тоже полковник, скажите, вам известно что-нибудь о полковнике Гане? Вы имеете высшее военное образование, учились в академии, встречали ли в учебниках по истории стратегического или тактического искусства имя полковника Гана? А вот имя его жены в истории русской литературы — осталось! Что она написала, спрашиваете вы. Первую пробу пера, повесть «Идеал», одобрил и напечатал в своей знаменитой «Библиотеке для чтения» всемогущий «барон Брамбеус» — профессор Санкт-Петербургского университета О. Сенковский. После дебюта за следующие пять лет, которые ей отпустила судьба, одна за другой вышли повести «Утбала», «Джалаладин», «Медальон», «Суд света», «Ложа в Одесской опере», «Напрасный дар», роман «Любушка» и лучшее произведение Елены Ган — повесть «Теофания Абиаджио». После смерти вышло ее собрание сочинений в четырех томах, прочтя его, Белинский заявил, что у автора «был талант и притом замечательный, выходящий из ряда обыкновенных дарований».

Мои собеседники недоуменно переглянулись, конечно, они этих книг не читали. Я тоже. Для нас русская литература девятнадцатого века — это два десятка хорошо профильтрованных имен, утвержденных для обязательного прохождения высшими инстанциями. Все остальное недостойно нашего рабоче-крестьянского внимания. Недостойно, ибо не отражает жизни простых людей, не показывает борьбы классов. Чему научит нас романтическая проза того же Марлинского, где действие происходит в вымышленных странах, в обстоятельствах, далеких от нашей славной действительности? Такие книжки только отвлекают внимание от решения актуальных задач, еще недавно встававших перед обществом развитого социализма. Штатные охранники чистоты социалистических идей, заботившиеся о нашем кругозоре и келейно решавшие, что нам полезно читать, а что вредно, почему-то разрешали печатать и переиздавать миллионными тиражами книги тех же Жорж Санд, Шатобриана и других зарубежных авторов, не видя в них недостатков, которые обнаруживали у Елены Ган, русской Жорж Санд, как назвал ее Сенковский. Мол, на Западе было такое направление в развитии литературы, а у нас ни-ни.

Политические перестраховки и пугливые запреты, бесконечная фильтрация имен и приспособленческая конъюнктура, а иногда простое невежество привели к тому, что из культурной жизни России беспощадно, плугом по живому, выкорчеваны и выброшены на свалку истории множество самобытных произведений литературы.

Это же факт, подтвержденный документами: при Ленине издавались книги противников Советской власти, воевавших против революции и большевиков, тех же Деникина, Краснова, других белогвардейских генералов. А кто сегодня знает, что у писательницы Елены Ган две дочери, Елена Блавацкая и Вера Желиховская, тоже были известными в России писательницами? Спасибо перестройке, новому мышлению, дожили до времени, когда сами начали удивляться нелепым запретам. Объявлена подписка на библиографические словари русских поэтов и прозаиков, начинаются эти списки литераторами семнадцатого века. Каждый из этих словарей — по шесть томов. Берется лишь дооктябрьское время.

Что, задумались, уважаемые попутчики? Подождите, еще не то будет! Писатели — так себе, мелкие пташки, а вот мы сейчас птицу с таким размахом крыльев подбросим, закачаетесь. Как бы это позаковыристее ввернуть? Ага, начнем с Одессы. Так вот, все, даже те, кто не был в Одессе, знают, что главная улица жемчужины у Черного моря — Дерибасовская, а на побережье стоит зеленый дюк — памятник украшателю и первому губернатору города Ришелье. Я был в Одессе и знаю, что Дерибасовскую неудачно переименовывали в проспект Луначарского и из этой затеи ничего не получилось, несознательные одесситы не желали считаться с постановлением горисполкома и по-прежнему упорно называли любимую улицу графским именем. На вопрос, почему они так делают, жители отвечали: потому, что у нас не спросили. Мол, Дерибас есть Дерибас. И дюк есть дюк, сказали они вскоре, и горисполком назвал одну из одесских улиц именем Ришелье.

Был в Екатеринославе в середине прошлого века человек, сделавший для города столько же, сколько Ришелье для Одессы. В честь этого человека был назван один из проспектов, но днепропетровцы оказались более сознательными и послушными, нежели одесситы, и без лишних эмоций позволили переименовать проспект и вытравить тем самым последнюю память об экстравагантной личности, о чудачествах которой ходило множество анекдотов и баек. Звали этого своеобразного и колоритного человека Андреем Яковлевичем Фабром, и занимал он должность губернатора. Старые хроники засвидетельствовали печальный факт: до Фабра в истории Екатеринослава губернаторами были в основном обрусевшие иностранцы, и все они были людьми на удивление неинтересными, бескрылыми. Хотя в смысле происхождения и Фабр не был исключением, но с его назначением городу явно повезло. Губернатор не был похож на своих предшественников ни важным видом, ни недоступностью, ни умением набить собственный кошель золотыми монетами. Его фигура была неуклюжей, носил он всегда один и тот же не первой свежести чиновничий мундир, но встречные еще за полквартала снимали перед ним шапки.

Губернатора почитали, и вовсе не потому, что боялись, а потому, что уважали. Правда, посмеивались над его бесконечными чудачествами, но где вы встречали на Руси способного, неординарного человека, над которым бы в глубине души, а то и открыто не потешались окружающие? Такая у нас национальная традиция. А посмеивались из-за того, например, что губернатор вместо того, чтобы закатывать балы и званые обеды, вести светский образ жизни, лично оберегал тогдашние бульвары от кур, коз, телят и иной домашней живности, распекал неаккуратных жителей, а однажды, сбросив поношенный мундир, вместе с городовыми устанавливал с обеих сторон каждого бульвара «крутелки» — турникеты, чтобы не дай Бог, сюда не проник конный экипаж. Фабр не успокоился, пока не благоустроил главную — Большую улицу города, кстати, он приблизил ее облик к тому грандиозному варианту, который виделся Потемкину, что позволяло ей соперничать с Невским проспектом. Недаром эта улица, после благоустройства возведенная в ранг проспекта, получила название Фабровского проспекта. Я провел небольшой эксперимент: прошелся по проспекту Карла Маркса, так называется он сейчас, и задавал один и тот же вопрос встречным: кто такой Фабр? Отвечали, что это древнегреческий философ, древнеримский сенатор, древний полководец, бог вроде Зевса. О том, что в их городе был Фабровский проспект, не знал ни один встреченный горожанин.

А за два года до того, как в Екатеринославе появился чудаковатый губернатор, город навестил Белинский и, поселившись в его центре, писал жене, что под окнами бродят свиньи с поросятами, пасутся стреноженные лошади.

Отставной полковник ласково так взглянул на меня и очень вежливо спросил: а какая, собственно говоря, мораль этой байки о Фабре? Он, к примеру, прожил честно на белом свете шестьдесят два года, никогда не слыхал о чудаке-губернаторе и от этого особенного дискомфорта не ощущал. «А вы, Юрий Владимирович?» — обратился он к Синегубу. Синегуб ответил, что особых неудобств он тоже не чувствовал. Отставной полковник с поэтической фамилией, ни к кому конкретно не обращаясь, с плохо скрытым раздражением отметил, что, если так рассуждать, то скоро и до Ленина доберемся. Ишь, уже и название проспекта Маркса кое-кому не нравится. Полустроитель, полуметаллург подлил масла в огонь: и улицы Орджоникидзе, Калинина, Ворошилова. Горьковские неформалы житья горсовету не дают: называйте Нижним Новгородом, как до революции, — шел в наступление отставник. А пресса забавляется, тиражирует экстремистские требования, явно брал сторону полковника Пушкина Юрий Владимирович, вон и фрунзенцы зашевелились, даешь, мол, прежнее название — Пишпек. В Днепропетровске общество любителей украинского языка создали. Чего доброго, и Днепропетровск с Днепродзержинском переименовать захотят. На Дзержинского нападки начались, на ЧК, КГБ.

Со всем соглашаясь, полустроитель и полуметаллург, услышав о жутком будущем, уготованном его любимому Днепропетровску, неожиданно заупрямился. Калинин могут переименовывать, Фрунзе могут, а Днепропетровск ни в коем случае. Отставник начал злиться: почему ни в коем случае? Возвратили же старые названия Ижевску, Набережным Челнам. Кто бы мог подумать? Ну, с Брежневым ясно, но ведь Устинов! Маршал, министр, никаких претензий. Синегуб стоял на своем, доказывая, что город Днепропетровск назван в честь рабочего, ничем себя не запятнавшего ни в годы революции, ни во времена сталинских репрессий.

Снова вспомнился бессмертный Гоголь: доедет колесо до Москвы или не доедет. Я не специалист по колесам, и потому сохраняю нейтралитет. А интересно все же послушать, как идеи, рождающиеся в светлых головах, трансформируются потом в сознании обыкновенных людей, которых большинство, которые далеки от большой политики. Неужели основная масса периферийного населения по-прежнему консервативна, неужели большинство людей не желала оставить незыблемую веру в единственную правильность тех представлений, которые им привили в тридцатые годы с помощью «Краткого курса»? Все, что не отвечало усвоенным догмам во время зубрежки в различных промакадемиях, краткосрочных коммунистических институтах, неполноценных школах пропагандистов и организаторов, воспринималось как неправильное, вредное, направленное на размывание основных социалистических ценностей. Механическое заучивание цитат привело к неумению диалектически мыслить, привычке бездумно объявлять новое отступничеством от идеалов социализма, а непонятное — ненужным.

В этой повести-путешествии уже не раз затрагивался вопрос о культовой топонимике. Болезненная, щекотливая тема. Шло время, и она звучала все смелее и смелее, охватывала все более сложные с идеологической стороны нюансы. При Советском фонде культуры был создан общественный совет по топонимике. Мне приходилось беседовать с его председателем, доктором филологических наук Б. П. Нерознаком. То, о чем он говорил, было настолько смело и неординарно, что мне, недавнему провинциалу, иногда становилось не по себе. Крамольными казались раздумья профессора относительно национальных названий. Мы должны вернуть Пишпек, столицу киргизского народа, безапелляционно заявлял ученый, имя, отобранное в результате неправильно понятой интернационализации, идеологизации, советизации. Азербайджанцам следует возвратить древнюю Гянджу (тогдашний Кировоград), известную с седьмого века новой эры. Гянджа и Пишпек — культурные и исторические центры, вокруг которых проходило формирование этносов, складывалась национальная государственность. Таджикам необходимо вернуть древний Ходжент, известный со времен Александра Македонского и переименованный по культовой сталинской модели в 1935 году в Ленинабад, а рядом с 1929 года был Сталинабад. В этом случае возникает деликатная проблема топонимической Ленинианы. Обыкновенно обсуждение этого вопроса считается нелояльным с идеологической точки зрения, но обсуждать надо. Сталин использовал имя Ленина в создании культовой топонимики, причем весьма успешно.

Эти мысли вызывали настороженность к их автору. Он высказал неудовлетворенность тем, что центральные площади большинства наших городов носили одни и те же названия. Он сравнил списки улиц Минска, Москвы, Горького и Донецка и обнаружил, что каждое третье название в этих городах одинаковое. Правильно ли это? Исторические названия были репрессированы незаконно, и не следовало медлить с их реабилитацией! В Москве не было Манежной, Театральной площадей, Моховой улицы, Охотного ряда, Лубянки, зато были Большая и Малая Коммунистические, Партийный переулок. Ну разве могла одна улица быть более коммунистической, чем другая? Или от того, что в переулке когда-то был райком партии, переулок стал партийным? А соседний? Беспартийный? Абсурд!

В августе восемьдесят девятого, когда писались эти строки, высказанные прежде мысли уже не казались крамольными. С карты страны снимался первый слой топонимического селя. Во многих больших городах действовали инициативные группы по возвращению старых названий. В печати мелькали сообщения: топонимическая комиссия убедила Ленгорисполком возвратить несколько названий улиц, среди них Малая Посадская, Почтамтская, Каменный остров; в Москве комиссия по названиям при Моссовете приняла решение о возвращении улице Кирова прежнего названия — Мясницкая, а проспект Новокировский будет просто Кировским. Все верно: вряд ли целесообразно возвращать абсолютно все имена, существовавшие до революции. Как бы не впасть в иную крайность, на что мы большие мастера. Не следовало забывать, что мы носители современного исторического и культурного сознания и должны учитывать изменения, которые произошли в истории двадцатого века.

Безусловно, если бы знать, что пройдет каких-либо полгода после нашего разговора в купе поезда «Днепропетровск — Москва», и мои оппоненты получат возможность прочесть в многомиллионных «Известиях» список городов, которым топонимическая комиссия при Советском фонде культуры считала возможным вернуть старые названия в первую очередь, то и разговор, видно, был бы иным. Но время не подвинешь ни вперед, ни назад, и каждое время, как известно, живет по своим законам. «Крамольные» мысли Нерознака уже давно реализованы, и лишь у неисправимых консерваторов и стагнатов да у тех, у кого период прощания с прошлым затянулся неоправданно долго, эти новации вызывали неприятие и раздражение. Интересно, как восприняли их мои случайные спутники?

Тогда, в купе, они высказались однозначно, едва не заподозрив меня в тайном сочувствии идее замены таблички на центральном проспекте города. Честное слово, не было у меня похожих мыслей и в помине, в конце концов, это компетенция городских властей и населения, я же принадлежу к скромному и бесправному племени путешественников. Просто мне импонировала личность чудака-губернатора, выгодно выделявшегося из ряда его предшественников и преемников. После Фабра в губернаторский дом въехал Сиверс, его кредо воплотилось в крылатой фразе, которую он произнес после прочтения в августовской и сентябрьской книжках некрасовского «Современника» повести Елагина «Откупное дело». «Если цензура будет пропускать такие разоблачения, как «Откупное дело», то надо разрешать дуэль, чтобы избежать палочных расправ!» — гневно воскликнул новый губернатор и развернул такую кампанию против разбитого параличом писателя, что «пасквилянт» вскоре сошел в могилу. Ларчик открывался просто: в повести были выведены екатеринославские типажи, финансовые воротилы. Так что на фоне других губернаторов чудак Фабр был, можно сказать, светлым лучом.

Все, все, товарищ полковник, намек понял, не буду больше терзать вашу чистую душу байками о Фабрах и иных представителях свергнутого эксплуататорского класса. Как абсолютно правильно вы заметили, пускай на могилах наших классовых врагов растет крапива и лебеда, незачем вытаскивать имена царских губернаторов, загромождать сознание современной молодежи именами и делами людей, живших когда-то. Вы всю жизнь провели в армии на политической работе и, как никто иной, знаете, что требуется нашей славной молодежи. Положительные примеры для выполнения патриотического и гражданского долга — вот что требуется нашим замечательным юношам и девушкам. Вон и товарищ ваш, полустроитель, полуметаллург, тоже знает потребности молодых, он пять лет возглавлял профессионально-техническое училище при большом заводе, и тоже подтверждает важность положительных примеров. Старый Екатеринослав — это ведь могучий пролетарский бастион России. Проводя в училище уроки трудовой славы, Юрий Владимирович с особенной гордостью называл желторотым подросткам имена рабочих-революционеров, проходивших здесь университеты политической борьбы.

Одна история Брянки чего стоит! Прошло более ста лет, как на правом берегу Днепра начали строить первый металлургический завод Брянского акционерного общества. Оно имело в Орловской губернии металлообрабатывающий завод, но работал тот на импортном чугуне, своего не хватало. Пуск первой доменной печи нового завода на днепровском побережье состоялся на второй день празднования столетнего юбилея Екатеринослава, 10 мая 1887 года. С востока сюда потянулись бесконечные железнодорожные составы с донецким углем и коксом, с юго-запада — поезда, груженные красноватой криворожской рудой. Из заводских ворот медленно выползали другие составы — с рельсами, балками, мостовыми конструкциями. В Москву паровозы везли трубы, там в то время мастерили водопровод, прокладывали канализацию. Из екатеринославского металла строили броненосцы для Черноморского флота, в том числе и революционный «Потемкин», подчеркнул Синегуб.

Он оседлал своего любимого конька. В душе я позавидовал ему: так любить свой завод! Для Юрия Владимировича он был его прошлым и будущим, его биографией и судьбой, сладостью и болью. Сорок весен, начиная с пятнадцатилетнего возраста, на разных должностях, в разных качествах. Взлеты и падения, разочарования и обиды, награды и премии. Необыкновенная преданность и благодарность. Честное слово, неужели не вызывает чувства симпатии этот надежный, основательный, уверенный в своей правоте человек? Это ведь не его вина, что все неприятности, болячки, волнения, тревожащие большой мир, сфокусировались для него в заводских делах, неполадках на производстве, срывах планов, неритмичных поставках. Мы долго колдовали над воспитанием человека, для которого интересы производства выше всего, — вот он, представитель этих людей. Он послушно читал то, что ему рекомендовали свыше, смотрел кинофильмы, которые, по мнению других, ему будут полезны, задавал на собраниях и лекциях вопросы, которые ему поручали задавать.

Откуда такой вывод, возразит проницательный читатель, он пока не подтверждается фактами. Вон как основательно и даже живописно-приподнято повествует ваш собеседник о начале завода. Да это же лекция! Я слушал ее в заводском музее.

Новый завод назвали Александровским, поскольку холопствующие российские предприниматели верноподданнически просили императора дать согласие, чтобы назвать завод его именем. Однако раболепие заводчиков не дало результатов: царствующее имя не прижилось, и в историю новое предприятие вошло под именем Брянского металлургического завода. В начале двадцатого века здесь уже работало почти двадцать тысяч рабочих. Даже в те времена заводской труд, при всей его неимоверно высокой физической нагрузке, ужасных условиях и скудных заработках, не мог погасить, уничтожить у рабочего человека радости творчества, осознания того, что это твоя сила, твои руки участвовали в преобразовании бесформенной кучи шихты в тяжелый слиток нужного людям металла, выточили сверкающий шпиндель из грубой болванки, прокатали из раскаленных чушек рельсы, по которым вскоре помчатся вагоны. Пускай знают нынешние днепропетровские молодые токари: замечательным, высококвалифицированным представителем чудесной их профессии был на Брянском заводе в конце девятнадцатого столетия славный революционер-большевик, чьим именем назван их родной город, — Григорий Иванович Петровский.

Петровский в молодости был не только опытным подпольщиком, но и замечательным токарем, знавшим и любившим свое дело, выполнявшим точные, требовавшие большого мастерства, работы.

Дальше Юрий Владимирович заученно рассказал

о многих замечательных людях, сплачивавших пролетариат Екатеринослава на революционные бои: о И. Бабушкине и И. Лалаянце, К. Петрусевиче и С. Гопнер, Э. Квиринге и В. Аверине. Но больше говорил о Петровском. Это и понятно: Григорий Иванович действительно человек легендарной судьбы. Большевик со стажем, депутат Государственной думы, в которую, кстати, входили от украинских губерний лишь двое рабочих. Можно представить, какая острейшая борьба разгорелась вокруг этих двух мандатов. Для сравнения приведу квоту для других социальных слоев от Украины: 47 помещиков, 2 епископа, 10 священников, 3 крупных домовладельца и торговца, 6 волостных старшин, 6 лиц свободных профессий. Власти и конкуренты большевиков на депутатские места не жалели ни сил, ни средств, лишь бы не допустить в думу ленинцев. Не получилось, популярность дерзкого токаря с Брянки была такая, что по результатам выборов его превосходительству с Владимиром на шее оставалось лишь изобразить на лице кислую мину, когда он вручал Петровскому депутатский мандат. Петровскому было не до выражения лица его превосходительства. Он уже видел себя на думской трибуне и думал о том, как использовать ее в интересах большевиков и своих избирателей-рабочих. После Октября его ожидал переезд в Киев, громкая слава Всеукраинского старосты.

Григорий Иванович Петровский один из семи членов и кандидатов в члены ЦК ВКП(б), избранных на семнадцатом съезде, которых не затронули ежовско-бериевские репрессии. Его счастливо обошла трагическая судьба многих товарищей по революционной борьбе, которые были расстреляны, замучены в тюрьмах, не выдержали жестокого лагерного режима за Полярным кругом, куда их сослали по сфабрикованным делам. Петровский избежал физического уничтожения, арестов и допросов в НКВД. Небывалый случай, он ставит многих историков в тупик. Сегодня остается лишь догадываться, чем вызвана непонятная милость «отца всех народов» к человеку, над которым уже навис дамоклов меч. Петровского отозвали из Украины в Москву, освободили от всех занимаемых постов... и забыли о нем. Григорий Иванович остался без работы, без всяких средств к существованию. С помощью старых друзей, в частности С. Гопнер, с которой участвовал в революционных событиях в Екатеринославе, устроился на скромную должность заведующего хозяйством Музея революции.

Неизвестно, по каким причинам Сталин оставил Петровского в покое. Зато отыгрался на его детях. Сыновья Григория Ивановича были активными участниками октябрьского восстания в Петрограде, после революции верно служили своему народу. А может, это и есть иезуитская кара, созревшая в болезненном мозгу кремлевского диктатора: расстреляли сына Петра, возвели клевету на Леонида, комкора. Война сорок первого года застала его корпус на белорусской земле, на Гомельщине, одна из частей этого корпуса оказала материальную помощь партизанам Бумажкова и Павловского. Страшна жизнь отца, пережившего своих детей, лучше умереть самому. Кому-то, видно, понравилось видеть мучения старого большевика, заместителя председателя ВЦИК СССР, сына которого приговорили к высшей мере. А на заводе имени Г. И. Петровского и в городе, названном его именем с умилением рассказывали о старом станке и непревзойденном токарном искусстве его бывшего хозяина, который, благодаря старательности и умению, достиг высот государственной власти. И никто не вспомнит о том, что чувствовал государственный деятель, когда его сына вели на расстрел.

Между тем за окнами густела ночь, было уже поздно даже по дорожным меркам, к тому же надо учитывать и возраст моих попутчиков, а также свою собственную усталость. Об этом, видно, подумали и мои собеседники. Я лег на свое место, закрыл глаза и отвернулся лицом к стене. Надеялся уснуть сразу, но предыдущая вечерняя дремота прогнала сон.

Мои мысли блуждали вокруг Казимира Петрусевича, екатеринославца, представлявшего городской «Союз борьбы за освобождение рабочего класса» на первом съезде РСДРП в Минске. В 1898 году в маленьком деревянном домишке, находившемся в те дни на окраине белорусской столицы, собралось девять участников нелегального съезда. Портреты этих людей можно увидеть в Доме-музее первого съезда российских социал-демократов на берегу Свислочи. Работая в Минске, я одно время задался целью выяснить их дальнейшую судьбу. Относительно Петрусевича удалось установить следующее. По образованию он был юрист, выходец из польской семьи. Еще в студенческие годы, сблизившись с марксистским кружком, активно участвовал в распространении революционных идей. Царская охранка арестовала его. Решением суда он был сослан в Екатеринослав. Но и в ссылке молодой юрист не прекращал революционной деятельности. После возвращения с минского съезда с надежно зашитым в одежду тонким листком — манифестом съезда — он направился на квартиру к Лалаянцу. В маленьком окошке справа увидел горшок герани — и отлегло от сердца: все в порядке, можно заходить. Передав Лалаянцу манифест и рассказав ему о съезде, решил идти домой. Лалаянц не рекомендовал этого делать: появились данные, что охранка зашевелилась, и посоветовал переночевать на явочной квартире. Петрусевич не послушался, отправился домой, возбужденность после съезда не проходила — все «Союзы борьбы за освобождение рабочего класса» слились в одну партию! Утром, едва только он вышел за ворота, к нему подошли двое в темных пальто, правые руки в карманах: заждались вас, господин Петрусевич! Отоспались после Минска? Надеемся, вы оценили, что мы дали вам отдохнуть после утомительной дороги? Вы юрист, и мы рассчитываем на искренние показания.

Зря рассчитывали. Но арест и высылка в Сибирь стали неизбежной реальностью. Возвратила Петрусевича в центральную Россию февральская революция. Потом он очутился в Польше. Петрусевич не изменил своих убеждений даже в непростые двадцатые и тридцатые годы, когда буржуазное польское правительство беспощадно расправлялось со всеми попытками демократических движений в общественной жизни. В меру своих возможностей он помогал участникам коммунистического подполья. С его именем связано несколько судебных политических процессов, на них в качестве адвоката он защищал интересы подпольщиков. В суде он защищал руководителей «Белорусской громады», привлеченных к уголовной ответственности режимом Пилсудского. Именно Казимир Петрусевич, участник первого съезда РСДРП, не побоялся выступить в 1934 году в качестве защитника народного поэта Белоруссии Максима Танка на его судебном политическом процессе в Польше.

Собирая материалы о делегатах съезда, я несколько раз встречался и беседовал с Владимиром Петровичем Румянцевым, сыном минского железнодорожника Петра Владимировича Румянцева, которому принадлежал известный ныне домик на берегу Свислочи. Перед моим переездом в Москву он рассказывал, что ожидает одного весьма интересного для меня человека из Польши. Мы условились о телефонном звонке, я оставил ему свой номер, но сигнала почему-то не было — то ли гость не приехал, то ли Владимир Петрович меня не нашел, не знаю. Потом был переезд в Москву, появились новые заботы, новые проблемы, и разговор с Румянцевым постепенно стал забываться. Да и тема эта отошла на второй план, жизнь подсказывала новые сюжеты. И вот в Днепропетровске совсем случайно я услышал о необычной судьбе Петрусевича-младшего. Узнав, что я ранее жил в Минске и собирал материал для документальной повести о первом съезде РСДРП, друг Толика Бондаренко раскрыл папку с выцветшими от долгого пользования тесемками и молча протянул фотоснимок. На нем, обнявшись, стояли двое мужчин. Одного я узнал сразу: это был Владимир Петрович Румянцев. Второй, светловолосый, в сорочке с короткими рукавами, чем-то неуловимым напоминал иностранца, во всяком случае, на соотечественника не был похож, со вкусом одеваться и держать себя раскованно перед фотообъективом наши пока не научились. Я присмотрелся к его лицу более внимательно, перевел взгляд на портреты в рамках, висевшие над их головами. Батюшки, да ведь это Петр Румянцев и Казимир Петрусевич, их портреты висят в Доме-музее первого съезда РСДРП. Последние сомнения развеял друг Толика.

— Казимир Казимирович Петрусевич, польский академик, сын нашего земляка, участника первого съезда РСДРП, — представил он наконец незнакомца на фотокарточке.

Все же встретились! Надо будет обязательно связаться с Владимиром Петровичем. Вот вернусь в Москву и позвоню. Хотя, собственно говоря, зачем переносить звонок, это можно сделать сейчас. Не помню номер телефона? Ничего, коллеги в Минске найдут.

Спустя час я уже разговаривал с Румянцевым, Владимир Петрович был дома. Представляете, кричал в трубку Румянцев, вспомнив меня, нашелся Петрусевич-младший, нашелся. Он крупнейший специалист в области биологии, директор института Академии наук Польши, его имя известно ученым многих стран. В молодости был матросом, принимал участие в революционном движении польских портовых рабочих, сидел за это в тюрьме, работал на шахтах в Арденнах. Когда фашистские войска вошли в Варшаву, гестаповцы, конечно же, не обошли его своим вниманием. В первые дни оккупации он пережил тяжелую потерю: фашисты расстреляли его жену. Вскоре схватили и его.

Я слушал короткие, отрывистые фразы, а воображение рисовало соответствующие картины. Вот группу приговоренных к смерти ведут на расстрел. Остановились возле глубокого рва. Стоят цепочкой вдоль жуткой черноты свежевырытой земли. Их пересчитывают. Офицер конвоя, командовавший расстрелом, отдает приказ «Фойер!». Петрусевич не видел, как сверкнули огнем автоматы, как падали в свежий ров люди. Словно острым стальным прутом его толкнуло сзади в спину и бросило вперед, в страшную пустоту. Пришел в себя глубокой ночью среди неподвижных тел. Раненому, ему удалось выбраться из могилы.

Несколько месяцев опасных блужданий, и вот Казимир Казимирович на территории Белоруссии. Случайно наткнулся на вооруженных людей. Они были из партизанского отряда К. П. Орловского, легендарного героя партизанской борьбы против белопольских оккупантов в двадцатых годах, будущего Героя Советского Союза и Героя Социалистического Труда. Вполне оправданное недоверие, расспросы, проверки, и, наконец, беглеца определяют в разведку. Вот где пригодилось его знание жизни леса! Эрудиция и приметливость молодого наблюдателя поражали даже опытных людей, выросших в лесу. Он умел многое — маскировать следы, имитировать звуки лесных птиц и зверей. Петрусевич часто ходил на опасные задания, несколько раз был ранен.

Здесь же, недалеко от отряда Орловского, в полесских лесах партизанил и Владимир Петрович Румянцев. Вместе с тысячами народных мстителей — русскими, белорусами, украинцами, поляками, чехами, словаками, боровшимися в белорусских лесах, они ковали победу над общим врагом, крепили интернациональное братство людей труда. Ибо их отцы стояли у истоков этого братства.

И такая деталь. В 1941 году был еще жив последний ветеран Парижской Коммуны Андриен Лежен. Румянцев с Петрусевичем во время своей первой встречи в Минске вспомнили, как каждый в своем отряде слушал взволнованные строки его обращения к бойцам Красной Армии. Обращение передавали по московскому радио, текст ловили и записывали партизанские связисты. Парижский коммунар говорил, что советские воины, сражаясь с фашистами, отстаивают право на свободную жизнь не только своего народа, но и право на свободу людей тех стран мира, которые стали жертвой фашистской агрессии.

После окончания войны о Петрусевиче-младшем у нас не писали. Тогда все не наше вызывало подозрение, и человек с такими международными связями не был исключением. Не упоминали и об его отце. Участие в защите деятелей «Белорусской громады», заступничество в суде за Максима Танка замалчивались, ибо еще не стерлись из памяти сообщения о разгроме и роспуске Компартии Западной Белоруссии, репрессиях к ее руководящим кадрам. Интерес к тем событиям ничего, кроме неприятностей, не мог принести. Длительное время вызывало подозрение почти невероятное спасение Казимира Казимировича Петрусевича из-под расстрела. Мол, все погибли, а он остался в живых и даже оказался на советской территории. Вот почему один честный и добрый человек, которого я искренне уважал, принимая меня в не очень большом кабинете соответственно занимаемой скромной должности в солидном научном учреждении, пряча глаза, советовал не заниматься пока повестью о дальнейшей судьбе участников минского съезда РСДРП. Рано, еще не пришло время, терпеливо повторял он, стараясь не отбить охоту у молодого упорного журналиста, но и не сказать правду. Хорошо, что все стало на свои места.

Я лежал с закрытыми глазами, перебирал в памяти многочисленные встречи, беседы, поразившие меня факты, эпизоды, затейливые переплетения судеб и жизней, и думал о том, как найти ответы на мучительные, нередко страшные вопросы, чем объяснить драматический перелом. Надлом, который тяжелым катком прошелся по целым поколениям. Что же такое сталинский феномен? Антипод марксизму-ленинизму или некий временный зигзаг массового сознания? А может, не стоит забивать голову бесконечными вопросами? Сказал ведь один умный человек: надо сложить в исторический саркофаг все смертельно радиационные элементы прошлого и закопать его где-нибудь подальше от человеческого ума. Сколько людей недовольно ворчат: хватит ковыряться в прошлом, давайте строить будущее — время не ждет. Вон и мои попутчики, добрые, честные старики, идеализируют все, с чем встречались. Но разве можно дальше проектировать будущее, не поняв, как стало возможно такое прошлое? Если у хозяина случилась беда, проломилась крыша и обвалился дом, разве он начнет сразу же возводить новый, не выяснив, что стало причиной несчастья с первым домом, не учтя допущенных ошибок?

В Днепропетровске один солидный товарищ, стремясь показаться современно мыслящим и прогрессивным, старательно пересказывал содержание статьи популярного нашего писателя, выдавая его мысли за свои. Речь шла о движении за возвращение улицам и площадям их прежних названий. Не понимаю, пожимал плечами ответственный товарищ, как мог Михаил Иванович Калинин подписать решение ВЦИК о переименовании Твери в город своего имени. А я перед этим прочел документы третьего окружного съезда Советов, состоявшегося в Екатеринославе в мае 1926 года. Нет, я не ошибся: город до этого года еще назывался по-старому. Старый большевик, председатель окружного исполкома Гаврилов сказал: надо раз и навсегда покончить с позорным именем нашего города! Лес рук взметнулся в ответ на предложение соединить в новом имени города имя бывшего токаря Брянки, тогдашнего президента Советской Украины, с названием славной украинской реки, на берегах которой дымились трубы завода, уже названного именем этого токаря. И тогда из-за стола президиума вышел невысокий, каждому из присутствовавших знакомый человек с бородкой клинышком, как у всесоюзного старосты, и, цитирую тогдашний газетный отчет, «с открытым ласковым взглядом, ученик и соратник Ленина». Он сказал, что благодарит за доверие и просит снять его кандидатуру? Ошибаетесь. «Если вам угодно сделать так, чтобы именем моим назывался этот город, я с большой благодарностью принимаю эту честь. И я по мере своих сил буду трудиться вместе с вами для того, чтобы выполнить возложенные на нас исторические задачи». Далее в отчете написано: «Сказал и поклонился залу. Наделенный высокой государственной властью, он остался таким же простым, душевным, каким был, вытачивая шпиндели на своем станке в мостовом цехе».

Каждый документ отражает приметы своего времени, и с позиций наших сегодняшних представлений было бы неправильно осуждать безымянного окружного газетера, он добросовестно записывал все, что видел вокруг себя, что чувствовали он сам и его современники. Григорий Иванович Петровский и в самом деле, видно, не находил ничего предосудительного в том, что его именем называют большой город. Такой был стиль, и он шел из центра.

Переименование городов, улиц и площадей приобрело массовый характер. В тридцать третьем первым секретарем Днепропетровского обкома партии стал М. М. Хатаевич. Уже через год его именем были названы предприятия, колхозы, учреждения, фамилию первого секретаря носили улицы и кинотеатры, парки и санатории. Я видел протокол заседания бюро обкома, которое вел сам Хатаевич, и один из вопросов формулировался следующим образом: «О сборе средств на эскадрилью имени Хатаевича и превращении каждого предприятия в крепость оборонной работы». Странно? С высоты сегодняшних представлений — да. С позиций того времени казалось в порядке вещей. Да что там эскадрилья! У одного днепропетровского долгожителя чудом уцелела похвальная грамота за первое место в соревновании имени товарища Хатаевича на лучшую успеваемость среди учащихся. Не было ничего странного и в том, что на второй областной партийной конференции, которая начала свою работу одиннадцатого января тридцать четвертого года, в приветствиях трудовых коллективов рядом с неизменным «Да здравствует великий вождь и учитель товарищ Сталин!» звучали такие здравицы: «Да здравствует лучший большевик нашей области товарищ Хатаевич!», «Да здравствует любимый бригадир колхозных полей Днепропетровщины товарищ Хатаевич!», «Да здравствует рулевой областной парторганизации товарищ Хатаевич!», «Слава организатору побед нашей области товарищу Хатаевичу!». А делегаты Верхнеднепровского района даже перестарались, провозгласив: «Да здравствует дорогой вождь товарищ Хатаевич!», поэтому присутствовавшему на конференции уполномоченному ЦК ВКП(б) товарищу Осьмову пришлось выступить и внести ясность в формулировку, назвать товарища Сталина «любимым вождем», а товарища Хатаевича «крепким руководителем и организатором масс». Выразив уверенность, что днепропетровские большевики под их руководством выполнят те задачи, которые стоят перед ними, и вместе со всей партией построят во второй пятилетке бесклассовое общество, представитель ЦК под аплодисменты зала, вздохнувшего с облегчением (пронесло!), занял свое место в президиуме.

Видно, правы те исследователи-обществоведы, которые считают, что деформации начались с забвения ленинских заветов не чваниться пролетарским классовым чутьем, а овладевать всеми богатствами прежней культуры; миллионы юношей и девушек, которые механически заучат коммунистические лозунги, принесут делу строительства нового общества больше вреда, чем пользы. В рассуждениях о двух типах жизненной ориентации, политического мышления, мировоззрения, в которых отражались особенности социальной и культурной жизни двух основных слоев революционной массы, есть рациональное зерно. С одной стороны, развитый, культурный слой трудящихся, способный подхватить и продолжить в истории «золотую нить прогресса», который может, по словам Маркса, сохранить и умножить «плоды цивилизации», с другой — слой людей, отброшенных старым обществом на самое дно, отвергнутых в полном смысле этого слова, людей, загнанных этим обществом в угол, неразвитых, ненависть которых к данному обществу и его строю получает преимущественно тотально-разрушительный характер. Сталин не обратил внимания на предупреждение великого мыслителя, что люди этого слоя свои неразвитые потребности, свою, по выражению Ленина, «полуазиатскую бескультурность», свои нравственные установки, рожденные во многом их обесчеловеченным существованием в старом обществе, попытаются возвести во всеобщий закон нового общества. Причем попытаются сделать это с помощью привычного им средства «огня и меча», с помощью всемогущего, по их мнению, принуждения, — и в итоге, как писали Маркс с Энгельсом, может в новой форме произойти «возрождение старой мерзости». Неразвитость, низкий культурный потенциал слоя, который добровольно сделал Сталина своим кумиром, ибо он и в самом деле был без всякой натяжки близким, родным и понятным им, породил массовую эйфорию всемогущества и вседозволенности.

Печально, но многие наши представления и мысли не отключены еще от тех корней, которые питали кровь наших отцов, общественное кровообращение тогдашней жизни. Что же в таком случае говорить о поколении полустроителя, полуметаллурга, который сладко посапывал во сне у противоположной стены, или его товарища с поэтической фамилией. Они с молоком матери впитали незыблемую догму: стоит только напрячь все силы, непослушных заставить, и все можно сделать, все! Напрягались, принуждали, добивались временных успехов на энтузиазме, а не с его помощью, как учил Ленин, и что в итоге? Как у спортсмена, принимающего допинг, — разрушение организма и разочарование.

Понимали ли бесперспективность огосударствления экономических отношений, жестокого диктата из центра тогдашние «кадры, которые решали все»? Тот же Хатаевич, к примеру? Или Аверин и Квиринг, о которых говорил в своей лекции Синегуб? Все трое стали жертвами репрессий тридцать седьмого года. Хатаевич перед кончиной занимал должность второго секретаря ЦК Компартии Украины. Его имя знакомо по «Очеркам истории Компартии Белоруссии». Член партии с тринадцатого года, он был членом Полесского комитета большевиков, после революции избирался секретарем Гомельского обкома партии. Помню, при каких обстоятельствах услышал его имя. Приближалась круглая годовщина юбилея комсомола, я тогда работал в молодежной газете в Минске. На редакционной летучке родилась идея подготовить цикл выступлений бывших комсомольцев всех лет, начиная с восемнадцатого. Мне выпало встретиться с человеком, который вступал в комсомол в девятнадцатом году.

Жил он в Гомеле. От него я и услышал фамилию секретаря губкома партии Хатаевича. Кажется, в газетной статье два или три абзаца было посвящено ему. Он родился в Гомеле, его мать торговала газетами в маленьком киоске. Не потому ли дети научились рано читать? Все они выбрали путь революционной борьбы. Сестра, активная участница Гражданской войны, похоронена в братской могиле на территории Казанского кремля, брат работал под началом О. Ю. Шмидта, сам Хатаевич еще в юные годы, будучи рабочим, вел подпольную работу в Гомеле, не однажды арестовывался, ссылался в Сибирь. После февральской революции вернулся на родину, возглавлял Гомельский комитет РСДРП, работал в политорганах Красной Армии. В свои сорок лет, когда возглавил Днепропетровский обком, он уже имел большой опыт партийной работы. Трудился в аппарате ЦК ВКП(б), секретарем Одесского губкома, Татарского обкома, первым секретарем Средне-Волжского крайкома. Начиная с восьмого, неизменный делегат всех последующих партийных съездов. Был членом Центральной Ревизионной Комиссии и кандидатом в члены ЦК ВКП(б), членом ЦИК СССР. Его знали и высоко ценили Куйбышев, Косиор, Петровский. Пользовался он и доверием Сталина, до тридцать седьмого, безусловно.

В Днепропетровск Хатаевич прибыл в трудное для области время. Голод выкашивал людей тысячами. На первом же пленуме обкома, где его избрали первым секретарем, Хатаевич выступил с жесткой речью, в которой трудное положение с хлебом поставил в прямую зависимость от контрреволюционной работы классовых врагов, которая будто бы в области достигла огромных масштабов. А классовый враг лишь тогда получает большую свободу действий, подчеркнул новый первый секретарь, когда наши люди — шляпы, дураки.

Словом, речь была в стиле «сильной личности», направленной из центра, чтобы поправить положение, железной рукой навести порядок и дисциплину. Но скоро Хатаевич понял: голод возник не потому, что действует злоумышленная рука классового врага. Действительность оказалась не такой, как ее рисовал ему

Сталин в Кремле перед отъездом. И Хатаевич на свой страх и риск принял решение, которое, конечно же, не вписывалось в рамки внеэкономической, административно-политической модели Сталина. Однако уже четыре месяца спустя раздался окрик из Кремля, и в Днепропетровск из Харькова примчался Косиор учить уму-разуму свернувшего с генерального курса новичка. Собрали пленум, и Хатаевич начал каяться. Он рассказал об ошибочной ситуации, сложившейся после публикации в областной газете «Заря» обращения слета бригадиров передовых колхозов области. «Через четыре дня после этого — говорил он, — была опубликована моя речь на этом слете, где по вопросу авансов давалась неправильная установка в том смысле, чтобы первый хлеб использовать на выдачу авансов, причем о хлебозаготовках было сказано недостаточно... Это была серьезная непростительная политическая ошибка, которая подверглась суровой критике со стороны ЦК ВКП(б) и со стороны тов. Сталина. Видно, на меня лично будет наложено то или иное взыскание, которое я заранее признаю абсолютно правильным. Вот эту ошибку следует со всей настойчивостью и прямотой исправить...» И дальше: «Товарищ Сталин сильно обрушился на наше обращение, говорил о том, что объективно мы нашим обращением стали на меньшевистский путь. В чем суть этого меньшевистского пути, о котором говорил т. Сталин? Суть в том, что, ставя интересы колхозников на первый план, смазывая интересы пролетарского государства, мы пошли по течению, мы пошли по линии требований колхозной массы... Наша ошибка не местного значения, это ошибка общего значения, потому что такие настроения могут повторяться не только у нас... Вот почему товарищ Сталин... поднял этот вопрос на очень большую принципиальную высоту и сделал его общим вопросом...»

Я выписал эти строки из довоенной областной газеты в блокнот, он лежит в старом поношенном «дипломате». Выходит, Хатаевич пытался хоть чем-нибудь вдохновить голодных людей. Но период экономических стимулов привлечения сельского населения к труду закончился вместе с эпохой нэпа. Запускалась машина бешеного принуждения, точились костыли, на которых и захромала административно-политическая

240

экономика. «Вождь области» надел полувоенный френч, фуражку и сапоги. И все же иной раз, забыв о глухой униформе, он с тревогой размышлял о том, что руководители попадают под влияние своих аппаратов, которые подминают под себя выборные органы, что стены возведенного здания социализма сделаны поспешно, непрочно, а уютом, теплом в них и не пахнет, но тут же пугливо обрывал себя и говорил верноподданно, сухо и казенно, как все. Эти нюансы достигали ушей человека, ходившего в таком же френче и мягких сапогах по своему кремлевскому кабинету и зловеще разжигавшего огонь в трубке.

Хатаевич шагал вслед за Сталиным по Литейному проспекту в траурной процессии за гробом убитого Кирова, тело которого намеревались везти в Москву, а в Днепропетровске корреспондент «Правды» Д. Ортенберг передавал разгромный материал «Гнилой либерализм Днепропетровского горкома».

Кампания разоблачения «врагов народа» раскручивалась по всем линиям. Публикация появилась в «Правде» 14 декабря 1934 года. Хатаевич был еще в Москве, после участия в похоронах Кирова задержался в ЦК. В день выхода публикации собралось бюро обкома. Все пребывали в растерянности, что предпринимать — не знали. На всякий случай решили признать статью правильной. Едва только Хатаевич вернулся из Москвы, как позвонили из ЦК Украины: вы что, недооцениваете серьезности вскрытых газетой фактов проникновения троцкистско-националистических элементов в аппарат горкома и в университет? Это после осуществления подонками зиновьевской банды теракта против товарища Кирова? Срочно собрали партактив, заменили все руководство горкома. Первого секретаря перевели на такую же должность в Кривой Рог, на «перевоспитание» к рабочему классу. Так предложил Хатаевич. С ним пока еще считались. Но в Киеве и Москве все более подозрительно вчитывались в строки его выступлений: «Превращать борьбу за бдительность в кампанейщину нам не надо. Объявлять поголовную чистку — это не то. Это кампанейщина, перехлестывание, это страховка отдельных товарищей, принимавших подобные резолюции на всякий случай...»; «Если парторганизация этого вуза из 33 преподавателей признает надежными лишь 3-х, о 6-ти вопрос оставляет открытым, а 24-х намечает выбросить как ненадежных, притом в отношении отдельных товарищей проводятся, например, такие формулировки: «Идеализирует вопросы животноводства» (смех в зале) — это значит, всех валить в кучу — и наших, и чужих, и нейтральных...»; «Много разоблачили врагов, выгнали их. Летели не только щепки, но и здоровые поленья. Подходили не только с точки зрения того, чтобы врагов не осталось, но и чтобы показать: «Вот какие мы революционеры, как мы много исключили, разоблачили...»

Повторяя распространенные в то время тезисы о «глубине политического и морального падения этих мерзавцев, всей той глубине вырождения и контрреволюции, на которую оказались способны бывшие оппозиционеры», Хатаевич вдруг заявлял: «Не было такого декрета, не было такого положения, чтобы нигде не допускать к труду бывших оппозиционеров, если они отказались от бывших ошибок и давали обещание трудиться честно». В партархиве обкома я видел документы, в которых первый секретарь обкома отмечал работу тех учреждений, где беспощадно разоблачали «врагов народа», но не меньше и таких, которые свидетельствуют о его либерализме, сдержанности и заступничестве. Он был сыном своего напряженного, сложного и противоречивого времени.

Разве только он один? Какие фамилии мне запомнились из тех недоброй памяти архивов? Член бюро обкома комкор Ф. Ф. Рогалев, коммунист с семнадцатого года, кавалер двух орденов Красного Знамени за гражданскую, призывал на пленуме обкома в тридцать шестом «точной проверкой, придиркой обнаружить врагов, выкорчевать все их ростки», хвалил Хатаевича и членов бюро за то, что они «по-ленински, по-сталински» «открыто, честно, прямо признали свои ошибки, сказали спасибо товарищам, работающим в органах НКВД, за то, что они вскрыли это дело».

Бесстрашный комкор благодарил органы НКВД за то, что они изобличили врагов не где-либо, а в аппарате обкома партии. Ф. Ф. Рогалев был репрессирован в тридцать седьмом. Такая же судьба ждала председателя Днепропетровского горисполкома Голубенко, работников облисполкома Ленцнера и Красного, облпрокурора Ахматова, редактора областной газеты

Никитова, работников обкома партии Собсая, Броуна и многих других. Забота о доказательствах вины отходила на задний план, а то и объявлялась пережитком гнилого буржуазного либерализма.

В августе тридцать шестого по области прокатилась волна партактивов, общезаводских собраний. Вскрывали, изобличали, требовали новых жертв, большей крови. Впервые начали затрагивать в критическом плане и недоступных прежде «вождей» областного масштаба. Это было зловещей приметой. Свою охапку дров в костер подбрасывала и пресса. Восьмого августа «Правда» опубликовала новый разгромный материал «Троцкистские агенты и днепропетровские либералы», на следующий день еще одну статью «Уметь распознавать врага» — снова на днепропетровском материале. Мне показали эти публикации. Их автором был один и тот же человек — тогдашний собственный корреспондент газеты по Днепропетровской области Давид Ортенберг. В годы Великой Отечественной войны он редактировал центральную военную газету «Красная звезда», о нем очень тепло вспоминал в своих мемуарах К. Симонов.

Еще одна известная фамилия. Николай Анисимович Щелоков. Да-да, будущий министр из ближайшего окружения Леонида Ильича. В то время он занимал скромную должность инженера на Днепропетровском заводе металлургического оборудования, который носил имя Хатаевича. В 1938 году Щелоков стал первым секретарем Красногвардейского райкома партии. Из рядового инженера — в руководители районной парторганизации. За какие же заслуги такой головокружительный рост? Заслуги обнародованы в газете «Днепр вечерний» в статье Л. Гомольского, вырезка в моем верном «дипломате». «Днепропетровский обком партии, — заявил инженер Щелоков, — допустил ряд ошибок только потому, что весь упор был направлен на зажиточность рабочих и колхозников. На ответственную работу в организациях посадили чуждую нам стаю...»

Наступал пик жутких времен. Теперь даже самое верное служение невысокого роста человеку с желтыми глазами могло быть расценено как маскировка вредительской деятельности. «Настоящий вредитель должен время от времени показывать успехи в своей работе, ибо это — единственное средство сохраниться ему как вредителю, втереться в доверие и продолжать свою вредительскую работу». Сотни тысяч недобросовестных людей с радостным возбуждением восприняли очередное указание «вождя народов» и стремглав бросились разоблачать, доносить, добиваться выселения членов семей репрессированных, чьи квартиры и должности вызывали завистливые слюнки. Подбирались и к Хатаевичу, к другим областным руководителям, на собраниях и активах вскакивали спасители отечества, кликушествовали: «Почему не вынесено наказание тов. Хатаевичу, у которого троцкисты сидели под самым носом?», «Тов. Гаврилов (председатель облисполкома) укрывал троцкистов, и ему дали лишь выговор... Надо дать больше».

Кровавая вакханалия приближалась к апогею. На декабрьском пленуме обкома в тридцать шестом году заведующий отделом руководящих партийных органов обкома докладывал: по всей ВКП(б) было исключено троцкистов 2,9 процента ко всему составу исключенных, а в Днепропетровской области — 5,5 процента. Хатаевич с места уточнил: в среднем по Украине 4 процента, а у нас — 5,5 процента. Заведующий отделом предостерегал: нельзя забывать о том, что, несмотря на разоблаченные шпионско-диверсионные группы, есть еще очень глубоко законспирированная связь, есть скрытые троцкисты, которые глубоко засели в нашей организации и годами двурушничают по отношению к партии. Мог ли докладчик предположить, что менее чем через год его самого арестуют и расстреляют? Что областной прокурор М. С. Цвик, член партии с 1912 года, не выдержит жестоких пыток в застенках НКВД и «признается» — да, именно заведующий отделом руководящих партийных органов обкома устроил ему встречу с Хатаевичем: «Тот принял меня очень тепло и предложил наладить троцкистскую работу в облпрокуратуре. А главное, сколотить из прокурорских кадров группу боевиков-террористов для осуществления террористических актов» (Цвик реабилитирован в пятидесятых годах).

Хатаевич, безусловно, предчувствовал близкую развязку, хотя из Днепропетровска переезжал в Киев с повышением. Было это в марте тридцать седьмого. В Киеве его ожидали пост второго секретаря ЦК, арест, изощренные пытки ежовских следователей, кошмарные обвинения. Хатаевич не признал себя виновным, не оклеветал ни одного товарища. Жизнь его оборвалась в конце октября тридцать седьмого года. Супруга, Екатерина Куликова, разделила трагическую судьбу мужа. Она была партийным работником, в Днепропетровском горкоме занималась вопросами культуры. Три дочери до реабилитации родителей носили клички детей врагов народа. В их покореженных судьбах принимал участие Н. С. Хрущев.

Подлинная причина расправы с Хатаевичем неизвестна. Высказывалось предположение, что он был среди тех старых большевиков, которые в дни работы семнадцатого съезда партии решили по-товарищески побеседовать со Сталиным о его методах руководства. Существует версия, будто Шеболдаев, Варейкис и Хатаевич поделились своим замыслом с Кировым. Происходило это в кулуарах съезда.

Простодушный, доверчивый Киров тут же обратился к Сталину, который случайно оказался поблизости, и в присутствии Шеболдаева, Варейкиса и Хатаевича весело пересказал ему содержание разговора. Сталин искренне поблагодарил за дружеские замечания, похвалил, что они не стали выступать с трибуны съезда, а по-товарищески, по-большевистски высказали ему критические замечания в лицо, пообещал, что он учтет их в работе и никогда этого не забудет. Не забыл — ни Шеболдаеву, ни Варейкису, ни Хатаевичу. Возможно, и Кирову. Сталин никогда ничего не забывал.

— Где же истина? — мучился я, засыпая под стук вагонных колес. — А какая истина тебе нужна?

Загоралась где-то в усталом сознании маленькая искорка-мысль. Та, которая «служит делу укрепления социализма»? Таких мы уже много слышали. Или подьявольски правдивая и беспощадная? А кто сказал, что истину нам должен кто-то провозглашать? Как это у Твардовского: «Не могу передоверить даже Льву Толстому сказать, что я хочу, и так, как я хочу».

Поезд, пронзая светом мощных прожекторов ночную тьму и образуя хорошо видный машинистам длинный узкий коридор, тоже будто торопил солнечный яркий рассвет.

Глава 4

МЕРТВЫЕ ХВАТАЮТ ЖИВЫХ

В отличие от Днепропетровска, куда я попал неожиданно, к поездке в Карелию готовился основательно, времени было достаточно. Стремился не тратить его зря, а использовать для того, чтобы пополнить знания о крае, знакомом разве что по популярной когда-то песне А. Пахмутовой, мелодия которой звучит при отправлении фирменного поезда из Москвы и Петрозаводска. Правда, сам я этой мелодии в поезде не слышал, говорю со слов петрозаводчан, они рекомендовали ехать именно фирменным поездом «Карелия», но одуряюще цвел июль, погода была чудесной, опасности, что в аэропорту придется застрять надолго, никакой, и я взял билет на самолет. Поездом путешествовать все же лучше зимой.

Книжек о Карелии перевернул гору. В Исторической библиотеке наткнулся на интереснейшее издание «Олонецкий сборник», датированный 1886 годом. На листки-четвертушки аккуратно переписал сведения, касающиеся происхождения, бытовой культуры, занятий карелов. Вот они, камешки на ладони, строительный материал нового произведения, как метко назвал такие записи-коротышки Солоухин, веером рассыпались по поверхности письменного стола, тешат глаз сгустком собранных из первоисточников сведений на любую тему.

Вас интересует происхождение карелов? Пожалуйста. Известно, что прародиной своей карелы считают не те места, которые они занимают ныне. Как финнов и лапландцев, некоторые ученые выводят их из Азии. Значит, это большое племя, утвердившееся в бывшей Олонецкой губернии, есть племя пришлое... Но когда произошло это перемещение, было ли оно известно во время великого переселения народов или после него — непонятно. Следует отметить: чтобы зайти человеку в такие места, как северный край, необходимо иметь особенную, более весомую движущую причину, чем одно лишь кочевание с места на место народа ради насущного пропитания. Здесь к этому могло вынудить движение потоками нахлынувших народов, чужих и по вере, и по языку, и по промыслам, и по обычаям, заставивших чудь, карелов, финнов и лопарей теснить друг друга к северу — в холодные тундры, в дремучие леса и за непроходимые болота. Во всяком случае, карельское население Олонецких мест можно признать весьма давним.

Чувствуете слог? Так могли писать только в старые времена, когда не было телеграфа и телефона, компьютера и электронных пишущих машинок.

А вот слог современный, торопливый, деловой. В IX—XII веках территория Карелии входила в состав Киевской Руси, затем принадлежала Новгороду; в 1478 году была присоединена к Русскому государству. В XIII—XVII веках Карелия неоднократно подвергалась хищническим нападениям со стороны иностранных захватчиков. Их привлекали лес и пушнина, речной жемчуг, природные ископаемые. В Северной войне 1700—1721 годов Россия одержала победу над сильнейшим в то время государством — Швецией и окончательно укрепилась на берегах Балтийского моря. Часть карелов была мобилизована и сражалась в составе русских войск; другие участвовали в ремонте старых крепостей, в строительстве новых военных укреплений, помогали нести пограничную службу. Но разрушительные войны, реформы Петра I тяжелым бременем ложились на плечи карельского народа. Немало крови и пота пролито крестьянами карельских поселений и русских сел на строительстве «Осударевой дороги», проложенной в 1702 году через лесные чащобы, реки, болота от Нюхчи к Повенцу. По этой дороге в южное Приладожье из Белого моря и в Онежское озеро перетащили волоком два фрегата, перебросили пехотные полки, участвовавшие в штурме шведской крепости Нотебург. До Октябрьской революции Карелию называли подстоличной Сибирью из-за бездорожья, территориальной разобщенности, оторванности от центральных районов страны.

Вы желаете знать, чем занимались карелы? Сейчас найдем нужную четвертушку. Вот она. Древнейшими видами хозяйственной деятельности карелов являются охота, рыболовство, сбор ягод и грибов. Знали они толк и в земледелии, животноводстве, отхожих промыслах и лесоразработках, извозничестве, коробейничестве.

Карелия и земледелие? Но ведь основную часть территории занимали непроходимые болота, леса, озера. Что ж, карелу не привыкать к тяжелому, изматывающему тело и душу физическому труду. Только таким образом приходилось отвоевывать у лесов и болот буквально каждый клочок земли. Подсечно-огневое хозяйство сохранилось почти до тридцатых годов. Карелы-земледельцы знали много примет, предсказывающих сроки сева и уборки урожая. Рожь сеяли только в тихую погоду, когда опустится паутина на верхушки вереска и можжевельника. Никогда не сеяли, когда исчезала луна. Старики передавали свои наблюдения молодежи: рожь надо сеять раньше обычного срока тогда, когда у первых пойманных весной щук икра в передней части тела толще, рожь зацветет своевременно, если весной лягушачья икра не перепутана. Из зерна нового урожая обязательно варили кашу или пекли пироги, которые съедали на краю поля, веря, что этим обеспечивают себе урожай будущего года.

Карелы поистине неукротимы в различных заговорах и оберегах. Если хозяйки по утрам гонят скот в лес, то никогда не здороваются ни со встречными, ни с соседками. Нельзя. Увидев в лесу свою корову, хозяйка не должна сразу узнавать ее и тем более гладить. Войдя в дом после доения, она здоровается с присутствующими лишь после того, как умоет руки. Ни в одной карельской избе вам не подадут молока после захода солнца, хоть умрите, так же, как и после отела коровы. Когда покупали корову, ее провожали в хлев обязательно по шубе шерстью вверх. Свиней держали немногие, и только в южной и средней Карелии, причем мяса в пищу не употребляли, использовали лишь щетину, которая шла на выработку щеток для чесания льна. В пойло для животных шли все рыбные отходы, даже вода, в которой мыли рыбу, не говоря уже о костях, высушенных на сосновой коре в печке и толченных в ступе.

Карелы — врожденные рыболовы. Их опытом и наблюдениями могут пользоваться и современные любители рыбной ловли — пожалуйста, мне не жалко, я с большой точностью выписал из старой книги их секреты.

По погоде в определенные дни (масленица и пасха) предсказывали, какой будет сезон. Если дул северный ветер, значит, удачи не жди. Северный ветер и неполная фаза Луны считались весьма неблагоприятными не только для рыбной ловли, но и для изготовления рыболовных снастей. Еще зимой по разным приметам определяли, в какое время весны та или иная рыба начинает и кончает метать икру. Считалось, что плотва начинает нереститься в такую же погоду, какая выпала на масленицу, щука — когда поет дрозд, а лещ — при первом куковании кукушки и цветении можжевельника. Замечали, что при молодом месяце лучше ловилась рыба в светлой воде. Из рыб в особой чести у карелов щука и налим. Щучьи челюсти вывешивали при входе в дома, они выполняли роль оберега. Если во время рыбалки попадалось много щук, а это было плохой приметой, то их выпускали назад в воду. То же делали и с налимом. Зловещей приметой считалось впрыгивание щуки в лодку — верили, что тот, кто в ней сидит, скоро умрет. Отдавали предпочтение рябиновому, черемуховому и березовому удилищам, считали, что ольховое и можжевеловое отгоняет рыбу. А вот относительно следующего рецепта решайте сами, следовать ему или нет. Чтобы удочка была «клевой», ловили змею, зажимали ей хвост расщепленной орешиной и на ольховой палке подносили ко рту крючок, чтобы змея его ужалила.

Карелы — меткие стрелки. Тот, кто промазывал один раз из десяти выстрелов, считался посредственным охотником. Каждый хозяин имел несколько «малопулек», которые обычно изготовлял сам. Шутка из карельского фольклора: «Ствол от Щукина, ложа из Лыкино, замок из Казани, курок из Рязани, а шомпол дядя из полена сделал».

Беру следующую четвертушку-коротышку. Описание жилья карелов. Эти мелочи тоже следует знать, а то невзначай обидеть можно хозяев. Национальная бытовая культура — вещь тонкая, деликатная, к гостю, который знает и чтит местные обычаи, и отношение иное. Дома карелы строят высокие, от 15 до 16 венцов. Где же у них самое почетное место? Ага, в большом углу, где висят иконы, здесь мужская половина. Противоположный угол на фасадной стене называют задним, между ним и печью — женская и детская половина. Здесь подвешивается люлька, имеется отдельный вход в погреб. Важная деталь: рукомойник должен всегда быть наполнен водой, оставить его на ночь пустым считается непростительным нарушением законов гостеприимства. Видно, в целях противопожарной безопасности. Особенность карельских, как и всех северных домов, — исключительная чистота. Полы моют каждую субботу, столы, скамьи, полки, стены обтирают ежедневно, особенно старательно моют крыльцо. По его чистоте сваты судят о достоинствах невесты. Настоящий карел никогда не наступит на крыльцо ногой, всегда его перешагнет, если же гость не сделает этого, карел ничего не скажет, промолчит, но про себя что-нибудь подумает.

Жилье любого народа всегда воплощает его образ жизни, характер, культуру. Карельское жилье невозможно представить без бани. Она имеет исключительно важную роль, и не только как гигиеническое средство. Баня для карела священное место, с нею были связаны все важнейшие моменты в жизни крестьян. Так, баню для девушки накануне свадьбы топят только «легкими» дровами: кленовыми, липовыми либо ольховыми. Ибо березовые дрова — это жестокосердие, непокой; еловые суковатые — печаль приносят; сосновые неровные — тоскливые; осиновые — будет заморозками прихвачена жизнь; ивовые — не к добру. Дрова для бани нельзя рубить острыми предметами, следовало их ломать мирскими руками да с веселыми песенками. Свадебные веники следовало брать с высоких горочек, не рубить топором и не резать острыми предметами, а сучья надо обламывать средние — если взять нижние, как бы жизнь не получилась с заморозками, а на верхних птицы сидели, не было бы большой тоски в замужестве.

Теперь посмотрим, какие любимые блюда у этого народа. Со стародавних времен на столе карела первое место занимает рыба — свежая, соленая, сушеная, вяленая. Мяса ели немного, в основном в зимнее и сенокосное время. Запрещалось употреблять в пищу мясо некоторых животных и птиц: коня, медведя, молодого теленка, зайца, кур, водоплавающей дичи, лебедей. Эти животные и птицы были, вероятно, тотемами предков, об этом свидетельствуют петрографы Карелии, а также ее фольклор. А как у них с напитками? Квас репный, хлебный, солодовый, чай, кофе. Кофе пили преимущественно мужчины. Из спиртных напитков карелы знали вино и водку, употребляли их, правда, весьма умеренно. Обычно на свадьбу покупали одну бутылку и из нее угощали в клети наиболее важных гостей. На стол бутыль не ставили. Курения среди карелов почти не наблюдалось.

Безусловно, в краю озер и рек основным средством транспорта был челн. На нем перевозили грузы, сено с покосов, ловили рыбу, на свадьбах он частенько заменял праздничный конный экипаж и, наконец, в последний путь карела провожали тоже на челне, ибо большинство сельских кладбищ располагалось на островах. Нередко часть старого челна служила и надмогильным памятником, причем на могилу мужчины обычно клали кормовую половину челна (им всегда управлял мужчина, женщина сидела на веслах), на женскую — носовую часть. Зимой пользовались лыжами, они известны в Карелии со времен неолита. Кроме лыж для ходьбы по снегу были и болотные лыжи. Последние имели распространение и в белорусском Полесье, в сорок четвертом они сослужили хорошую службу нашим солдатам, которые незаметно вышли фашистам в тыл и ударили по ним со стороны непроходимых, казалось бы, болот.

А что здесь, в этой четвертушке? Ага, описание характера карелов. Из книги «Карельский край и его будущее в связи со строительством Мурманской железной дороги». Редкая книга, между прочим. Итак, походка у карела быстрая, стройная, уверенная; во всех движениях заметны бодрость и сноровка, а в действиях — основательность. В выражении лица проскальзывает самоуверенность, отсутствие униженности и раболепия, ум и веселое озорство. В отличие от флегматичных, хмурых «пасынков природы» — финнов, карелы общительны и разговорчивы. Вообще облик карела производит приятное впечатление.

Еще одна выписка: воровство среди карелов большая редкость. Во многих глухих деревнях не существует ни замков, ни запоров. В лесных избушках оставляются рыболовные и охотничьи снасти — топоры, сети, ружья; целое лето и осень до санной дороги висит там вяленая рыба, стоят бочки с соленой рыбой, лежит множество добытой птицы — и никто не тронет чужого.

Степень развития общества определяется отношением этого общества к женщине, сказал, сорвав аплодисменты женщин в зале, один из народных депутатов СССР на первом съезде. Интересно, как относились карелы к прекрасной половине своего народа? Беру еще один листок-четвертушку: женщина пользуется здесь большим уважением, семейные ссоры редки. Это объясняется в значительной мере тем, что карельская женщина выходила замуж по своему выбору, а принудительных браков почти не бывает. Внебрачные дети очень редки: если уж и случится, что у какой-либо старой девы, которую почему-то обошли женихи, родится ребенок, то она всю жизнь раскаивается в своем грехе и к двухдневному посту на неделе, в среду и пятницу, добавляет еще и понедельник: не пьет ни чая, ни кофе, воздержание от которых у карелов, при всей их любви к этим напиткам, считается своеобразным подвигом.

С дооктябрьской историей Карелии ясно, отправные сведения есть. Как развивались события после революции? Очередная справка: в 1920 году из районов Олонецкой и Архангельской губерний, населенных карелами, создано автономное областное объединение — Карельская Трудовая Коммуна. Карельский народ впервые получил свою собственную государственность. Через три года вышел декрет о преобразовании Карельской Трудовой Коммуны в Карело-Финскую Автономную Советскую Социалистическую Республику, что стало новой важной вехой в развитии карельской государственности, расширении хозяйственного и культурного строительства. Только за годы довоенных пятилеток в Карелии построены Кандопожская ГЭС и Кандопожская бумажная фабрика, Беломорско-Балтийский канал, Сегежский целлюлозно-бумажный комбинат, другие бумажные гиганты, которые известны всей стране.

Что ж, с таким исходным багажом можно смело отправляться в путь.

Самолет на Петрозаводск улетает из аэропорта Быково. С него взлетают маленькие самолеты, аэропорт обслуживает местные линии. До Петрозаводска лететь недолго — два часа. Пожилая, неприветливая и некрасивая дежурная строго покрикивает на бестолковых пассажиров, стремящихся поскорее вырваться из металлической клетки накопителя. Под ее хмурым взглядом утихомириваются самые недисциплинированные.

Зычным командирским голосом она позвала на посадку. Мы беспорядочной толпой двинулись за ней. Среди пассажиров были женщины с детьми, старики, один или два инвалида на костылях. Словом, я втиснулся одним из самых последних. На переднем сиденье в обнимку с заграничным чемоданом в форме плоского «дипломата» развалился и с интересом рассматривал японские часы «Сейко» щеголь в джинсовом костюме.

Подрулив к Як-40, водитель с шумом открыл дверь. Я снова проявил галантность: пропустил молодую мамашу с ребенком на руках, затем какого-то старикашку, снова молодую маму, но уже без ребенка, двух весело щебетавших студенток. Когда я наконец поднялся по трапу и вошел в салон, он уже был почти полон. Свободные места были только в первых рядах, но и там наблюдалось заметное шевеление, кто-то занимал место, кто-то освобождал его, рядом заходился в плаче ребенок. Нет, останусь-ка я лучше в хвосте, одно место здесь служебное, для стюардессы, а на второе сяду я. В этот миг из первого ряда поднялась знакомая фигура в джинсовом костюме и замахала рукой:

— Сюда, идите сюда. Я занял вам место.

Я заколебался, не зная, что делать, и упустил свой шанс. На место рядом со служебным плюхнулся гражданин деревенского вида с испуганными глазами и небритым лицом. От типа несло таким перегаром, хоть нос затыкай. И как только его пропустили через контроль? Ничего не оставалось делать, кроме как использовать внимание незнакомца и поблагодарить его за заботу.

Щеголь занял лучшее в салоне место — в первом ряду слева, возле иллюминатора. Кресла в Як-40 расположены по два в ряду, на втором солидно громоздился заграничный чемодан. Сосед переставил его вперед, ближе к пилотской кабине. Я сел, выпрямил ноги — хорошо, впереди кресел уже не было, пустовало довольно значительное пространство. Сколько ни летал на местных линиях, ни разу не приходилось сидеть в первом ряду. Только зайдешь в салон, а стюардесса уже предупреждает: занимайте свободные места, независимо от обозначенных в билетах. Первые ряды обычно бывают уже заняты такими вот прощелыгами.

Странное дело, благодарить человека надо, а у меня какая-то непонятная злость. Чертовы джинсы! Они раздражают, что ли? Костюмчик, между прочим, что надо — варенка! Вблизи еще больше привлекательным показался. Нет, не варенка причина глухой раздражительности. Что же тогда? Не знаю.

Мы оторвались от земли. Начали уменьшаться аэропортовские сооружения, летное поле, узкой нитью мелькнуло шоссе с неподвижными, застывшими автомобилями.

— Ну, и как вам перестройка? — усмехаясь, обратился ко мне сосед, оторвавшись от иллюминатора.

Ох уж эти дорожные разговоры с незнакомыми людьми! Через несколько минут я уже знал, что зовут моего беспокойного соседа Сержем, Сергеем Ивановичем, он едет из одной маленькой социалистической страны, где работает переводчиком в нашем торговом представительстве, что у него краткосрочная командировка в связи с заболеванием отца, которому он везет дефицитные лекарства. Отец, известный в Карелии руководитель среднего звена, «пролетел» на выборах в Верховный Совет СССР и, что особенно обидно, проиграл крикуну-неформалу, очень переживал, и вот, пожалуйста, слег. Серж из дружественной близкой страны внимательно следил за перипетиями предвыборной борьбы в своей автономной республике, в письмах домой успокаивал отца, чтобы не очень нервничал, здоровье дороже, не ты один проиграл, не получили привычных депутатских мандатов даже первые руководители республики. Отец не мог прийти в себя: все время его должность была депутатской.

Серж так и сказал: отцовская должность всегда была депутатской. Будто в Верховный Совет избирают должности, а не людей. Но Бог с ней, этой терминологией, мы уже привыкли к чиновничьему казенному языку. «Справка на номер», «решила ли ты свой семейный вопрос», «считали бы возможным согласиться с предложением об укомплектовании...» Тьфу, язык сломаешь. Восемнадцать миллионов служилых людей, которых каждодневно поглощают массивные двери солидных зданий министерств в столицах и множество мелких контор на периферии, калечат не только русский, белорусский, украинский, карельский языки, образуя дикие для слуха нормального человека словосочетания, но и демонстрируют силу командно-административных методов руководства. Точнее сказать — демонстрировали. Еще совсем недавно. Апрель восемьдесят пятого стал той поворотной вехой, с которой начался процесс демонтажа бюрократическо-консервативной доктрины, преодоления искаженных, деформированных представлений о целях социального движения, замены их более точными. Государственное чиновничество с недоумением смотрит на невиданный прежде ледоход демократизма и народовластия, и многие не понимают, что происходит вокруг них. Как это так: первый секретарь обкома партии не набирает достаточного количества голосов на выборах? Гнев еще вчера всемогущей бюрократии обрушивается на прессу, общественные и гражданские объединения и движения, которые, словно грибы после теплого дождичка, начали возникать по всей необъятной стране.

Собственно говоря, и поездка в Карелию вызвана непростой ситуацией, в которой предстоит разобраться, и ситуация эта самым тесным образом связана с различным пониманием перестройки у ее главных действующих лиц. Но не буду забегать вперед, в конце концов, это служебное дело, не излагать же его случайному попутчику. Да и по всему видно, его вовсе не интересует мое мнение относительно перестройки, чувствуется, он сам переполнен переживаниями, сомнениями, которыми хочет поделиться с соотечественником. Я понимаю его душевное состояние: рушатся многолетние представления о престижности, авторитете, карьере, жизненном успехе. Десять лет назад Серж учился в институте иностранных языков, поступление туда гарантировало служебное положение отца. Нет, отец не прилагал никаких усилий, чтобы устроить сына в престижный вуз, не звонил ректору, не искала нужных связей с членами приемной комиссии и мама Сержа. Этого и не следовала делать, ибо фамилия отца Сержа говорила сама за себя. В приемной комиссии работали люди, которые знали все, иначе ректор не включил бы их решать судьбу абитуриентов. Ректор тоже помнил, где его утверждали в свое время. Короче говоря, это были люди одного круга, одной среды.

В институте Серж встретил многих своих знакомых. Одних он знал по школе, других по дому, в котором жил, третьих по квартирам, в которых вместе с родителями с детских лет бывал в гостях. И это тоже были люди одного круга, одной среды. Каждое лето они встречались то в Крыму, то на Черноморском побережье Кавказа, и, как правило, в одних и тех же санаториях. Вернувшись с курорта, они до начала занятий проводили время на одних и тех же дачах — за высоким забором, со спецмагазином и благоустроенными площадками для игр и развлечений. О распределении никто не беспокоился, каждый знал, что и этот вопрос будет решен наилучшим образом — без звонков, просьб, подарков. Благодарность выражалась иным способом, отработанным до совершенства за многие десятилетия существования номенклатуры: своевременной поддержкой нужной коллеге кандидатуры, тихим советом военкому, проявленным интересом к ходу следствия по делу неосторожно попавшего в беду торгового работника. Да мало ли может быть вариантов, чтобы отблагодарить коллегу, услуга за услугу, тихо, аккуратно, без лишнего шума, это только случайные в номенклатуре люди рискуют головой, дразня уголовный кодекс, беря и давая взятки, расплачиваясь дорогими вещами или наличными ассигнациями. За многие годы существования бюрократия породила сотни, тысячи утонченных способов самообеспечения и самовыживания, сложнейшую, затейливо переплетенную систему взаимных расчетов. Брежневщина довела эту систему до совершенства, торжествующий бюрократический слой плевал сверху на принцип социальной справедливости, придумав и пустив в оборот лицемерную концепцию воспитания у народа культуры потребностей. Обещая простым смертным молочные реки с кисельными берегами в будущем, функционеры обеспечивали себя и свои семьи всем необходимым сегодня.

Серж и его поколение «золотой молодежи» сформировались как раз во времена, когда бал правили силы застоя, когда не каждый энергичный, инициативный человек мог найти сферу применения своим способностям, ибо все ключевые участки были заняты людьми старыми, немощными, выработанными. Все творческое, живое было связано по рукам и ногам этой многочисленной категорией бюрократов с помощью созданных ими законов, уставов, инструкций, рекомендаций, положений. И наплодилось их почти восемнадцать миллионов — дорогих, а нередко и просто неумных нянек. Они все что-то пишут, считают, решают, бесконечно согласовывают друг с другом, составляют задания, графики, распоряжения. Для кого? Неужели тот же современный крестьянин не знает, что и как делать на земле? Кто сидит в высокооплачиваемом аппарате? Зачем их столько? Где и чем эти люди проявили себя? Что сделали, показали, внедрили, чего достигли?

Тогда мне казалось: раскручивался маховик перестройки, сотрясал стены нашего общего дома, сбрасывал то здесь, то там целые комья грязи, накопившиеся за годы деформаций. С самого низа, с шахт, заводов, колхозов, совхозов, словно все в один момент проснулись, раздавались требования самоуправления, перехода на хозрасчет, экономических методов воздействия на производство. Обезличенные объекты вдруг заговорили, дружно восстали против министерского диктата, против ненасытной армии проверяльщиков, которые любили вкусно поесть и отхряпать от пирога трудовых коллективов; кто раньше, кто позже, но все наконец поняли простую, как день, истину: необходимости в них нет, они больше не нужны. Истина эта ударила примерно так, как известие о культе личности Сталина. «Вождь народа» казался незыблемым, вечным, сама мысль о том, что он может физически умереть, вызывала страх и подозрения к соседям и сослуживцам, не догадались ли они случайно, о чем думает их коллега, сталинщина вбила в наши гены страх. Брежневщина влила развращенность. Как и сталинщина, брежневщина казалась неизменной. Но жизнь нельзя остановить, никогда еще не было так, чтобы общество, в котором меньшинство чувствовало себя комфортно, а большинство обманывалось, выделялось стабильностью и гармоничностью.

Так думалось мне тогда. Даже в самом страшном сне не могли присниться последствия перестройки: расчленение великой державы, обнищание большинства людей и сказочное обогащение меньшинства — притом не самой лучшей части народа.

Сержа понять можно: рушилось многое, к чему он привык, что воспринимал как положенное. Не стал депутатом отец, не получили депутатских мандатов другие высокие руководители. Отцовская должность стала выборной, где гарантия того, что в следующем году из нескольких альтернативных кандидатур предпочтение отдадут именно ему? В этом году несколько отцовых друзей уже пролетели. Да и в Сержевом торгпредстве отношение к нему, и к таким, как он, заметно изменилось. Поползли слухи о введении конкурсов даже на переводческие должности, открыто стали говорить об изнеженных маменькиных сынках — они, мол, попадают в советские учреждения за рубежом благодаря служебному положению родителей, им все позволено, а они не умеют и не желают трудиться на необходимом уровне, что не может не влиять на качество работы представительств. На одном из последних собраний критиковали работу Сержа. И никто не вступился за него, бедного. Правда, вылез один старый козел с бородкой, Серж видел его то ли в Ялте, то ли в Сочи в гостях у родителей, бормотал что-то о весьма скромных должностях, которые занимают в их учреждении дети руководящих родителей. А потом с места вскочил краснобай этот, Ниточкин, сын доярки и пастуха из-под Рязани, «афганец», благодаря Афганистану и в Институт международных отношений пролез, ученостью блеснул: вот видите, какие у них сынки? Серость и посредственность. На большее, чем быть переводчиками, не способны.

А большего Сержу и не надо. Переводческая работа не пыльная, да и страна такая, что русский язык знают многие. А бытовые удобства, возможности что-то приобрести — такие же, как и у дипломатов. В этой стране все есть, не в пример любимой Карелии. Сержа потянуло на откровенность, близость родных мест подействовала, что ли? Нет, высоких должностей ему не надо, громким шепотом, чтобы не слышали в соседних рядах, делился он своими мыслями. И страна пребывания вполне удовлетворяет. Некоторые стремятся в экзотические уголки шарика, а ему и здесь нравится. Да это сейчас и опасно, сами понимаете, обстановка в Союзе сложная, отцу может повредить.

Я слушал Сержа, и вдруг вспомнил «афганца» Ниточкина. Острый глаз у бывшего десантера, ничего не скажешь. Смотри ты, как остро подметил меткую деталь. Действительно, и мне в зарубежных командировках встречались взрослые дети известных в СССР людей. Как правило, все они на скромных должностях, особыми способностями не отличаются, руководители посольств жалуются: серость, ни одной светлой мысли, но и ни одного проступка, за который можно было бы избавиться от балласта. Бюрократия возобновляет сама себя, порождает таких же бессловесных и бездумных исполнителей! А только ли за границей, в многочисленных советских представительствах, процветают и ведут беззаботный, сытый и комфортный образ жизни сыновья и дочери номенклатурных работников? Тихо и незаметно приходят в столичные и периферийные научно-исследовательские институты упитанные добрые молодцы и накрашенные барышни, получают скромные должности, а после растут, как на дрожжах, не по заслугам и талантам. Поступают в аспирантуру, защищаются, занимают престижные места в культуре, науке, туризме, торговле, юриспруденции, медицине. Они неприкасаемые, их нельзя уволить по сокращению штатов, им нельзя объявить взыскание, нельзя промедлить в увеличении зарплаты. Одним словом, «золотая молодежь», и мой попутчик Серж — ее представитель.

Признаюсь, мне порядком надоела его болтовня о нравах жителей маленькой европейской страны, которых он осчастливил своим пребыванием, о магазинах и ценах, сервисе и рок-музыке. Надо сосредоточиться на более существенном, настроиться на дела, которые ожидают меня в Петрозаводске. Где это я был последний раз в командировке? Кажется, в Афинах. А внутри страны? В Днепропетровске? Вот время бежит, а? Действительно, в Днепре, как называют сами жители свой город. Днепропетровск и Петрозаводск. Странно, корень у обоих слов будто бы один. Значение, безусловно, разное. С двадцать шестого года и почти до начала войны название города на Днепре писалось через дефис: Днепро-Петровский. После

№ _____

КПСС: ВЧЕРА, СЕГОДНЯ И ... ЗАВТРА?

Сборник материалов зарубежной печати

Москва
ИЗДАТЕЛЬСТВО «ПРОГРЕСС»
1990

Такие книги получало руководство КПСС еще в 1990 году

для удобства оно трансформировалось в более короткое слово — Днепропетровск. А сегодня в разговорной речи и еще короче — Днепр.

Петрозаводск старше Днепропетровска, столица Карелии ровесница Петербургу. Название городу дал основанный Петром I завод на Онежском озере. Петровский завод. На нем отливали ядра, делали пушки, ружья, палаши. Петр был в Олонецком крае десять раз. Царскими своими ручищами вытаскивал коней, тонувших в трясине, приближенных принуждал засыпать уголь в горны. Проложил «Осудареву дорогу»

260

СОДЕРЖАНИЕ

Оглавление сборника, рассылавшегося по специальному списку

между Белым морем и Онежским озером, до самого
Повенца. Кажется, историк и поэт Случевский записал
предание, будто император в Повенце не посетил церковь святого Петра и поехал дальше озером, но только
отошел от берега, как поднялся шторм. «Видно, пове-
нецкий Петр сильнее петербургского», — вроде бы сказал царь, возвратился, помолился, и озеро понесло его
ладью уже дружелюбно. Петр основал в Олонецком
крае пять заводов, среди них самый старый — Александровский, четыре его доменные печи поставили над
рекой Лососинкой, говорят, она и сегодня течет быст-

рой волной возле самого завода. Правда, теперь уже он не выпускает ни пушек, ни ядер, ни корабельных якорей. Онежский тракторный завод специализируется на выпуске тракторов для лесопромышленности. Случевский пишет, что в екатерининские времена к Александровскому заводу было приписано семнадцать тысяч крестьян. Кто знает, может, и предки моих могилевских земляков потели у горнов олонецких заводов. Где только не встретишь следов несчастных бульбашей. Вон в Днепропетровске...

Мысль внезапно оборвалась, и в памяти всплыли строки из коласовской «Новой земли». Перед фразой «Куда не попадут белорусы» есть слова: «ходили в пруссы». Не мог понять, что это за пруссы. И вот совсем недавно узнал: так в стародавние времена в Белоруссии называли Пруссию. Вон куда забирались на заработки мои предки, почему бы им не испытать счастья на олонецких заводах. Забрался же один мой отчаянный землячок в Екатеринослав.

Я невольно улыбнулся, вспомнив сцену, о которой услышал на заводе имени Петровского в городе на Днепре. Судите сами: по окружности доменной печи бегает чисто одетый господин в цилиндре, почетный гость самого хозяина Александровского завода, финансовый туз, известный парижский банкир Д'Аризон. За ним, грохоча «козой» и держа ее обеими руками, молодой каталь. Господин Д'Аризон совсем выбился из сил, пот градом стекает с его полнощекого лица, проклятущая «коза» все ближе и ближе. Каталь кричит, «коза» подскакивает, вырываясь из непослушных рук, вот-вот догонит респектабельного парижанина. Банкир от ужаса не может свернуть в сторону, он, словно загипнотизированный, носится по одному кругу. На крик сбежались доменщики, подошел директор завода Горяинов, который отлучился от гостя из Парижа буквально на несколько минут, и вот такой пассаж. Наконец тачка с грохотом ударилась о болванку, которой перегородили дорогу, и гневный, перепуганный иностранец высказал по-французски бедолаге каталю все, что думает лично о нем, а также о его маме, которую он, по русскому обычаю, вспомнил несколько раз. Как же удивился директор Горяинов, когда его каталь, грязный, покрытый красноватой рудной пылью, работяга, паршивец лет восемнадцати, на отлич-

ном французском языке иронически попросил проще-
ния у мсье Д'Аризона, объяснив, что не сумел удер-
жать проклятую «козу». Доменщики молча давились
смехом: проучил все же Мишка наглого француза,
молодец! Банкир не подал руки горновому, но, увидев,
что Горяинов не брезгует здороваться с рабочими
крепким рукопожатием, мсье после каждого такого
знакомства старательно вытирал ладонь о носовой
платок. Мишка Курако заметил это, и ему стало обидно за товарищей. Поблизости валялась чья-то «коза»,
остальное было делом техники.

Горяинов был прогрессистом, любил поговорить
с рабочими, мог помочь займом на строительство
дома, всячески стремился закрепить нужных заводу
людей. Он имел славу талантливого инженера, участвовал в строительстве завода, считался одним из лучших отечественных знатоков доменного дела. О его
существовании напоминает название пригородной же-
лезнодорожной станции возле Днепропетровска. Зако-
номерно, что директор заинтересовался необыкновенным подростком — каталем, умеющим говорить по-
французски. Начальник доменного цеха француз Пье-
рон и вовсе заинтриговал директора:

— Мальчишка не без способностей. Очень честен.
Недавно побил моего сына. Он у меня, знаете, настоящий Дон Жуан. Отделал, как Бог черепаху. За своих
землячек вступился. Иной раз мне кажется, что он
человек нашего круга. Следит за собой, воспитан.

Горяинов отдал распоряжение найти каталя Курако и доставить в кабинет безотлагательно. Разговаривали по-французски. Директор узнал, что Курако
из Могилевской области, из обедневшей дворянской
семьи, его отец был участником севастопольской обороны. Миша учился в гимназии в Могилеве. Все шло
гладко, приближался выпускной бал, но в один прекрасный день гимназист влепил пощечину... директору
гимназии. Домой Миша не вернулся, решил жить самостоятельно. Случайно оказался в Екатеринославе,
устроился на Александровский завод. В цехе ему вручили многопудовую «козу», и он начал тяжелую жизнь
каталя.

Горяинов во все глаза смотрел на рабочего-дворя-
нина. Отказался от привилегий своего сословия, выбрал тяжелый, обессиливающий труд обыкновенного

пролетария. Директор любил нестандартных, увлеченных людей, ему нравилось, что сообразительный, юркий парнишка не отгораживается от простых людей, не задирает нос, топчется возле горновых каждую свободную минуту. Поговорив с Курако, Горяинов отдал распоряжение перевести его в пробоносы. Зачем держать образованного, со знанием французского языка, юношу на неквалифицированной работе? Пусть будет ближе к технической интеллигенции, к тому же Модесту Пьерону, которого так ловко отделал за чрезмерное любопытство к молоденьким белорусочкам. Несмотря на отдельные недостатки, в том числе и легкомысленное отношение к прекрасному полу, мсье Пьерон-младший был все же непревзойденным знатоком секретов шихты.

Молодой пробонос понравился специалистам-французам, которые, кстати, занимали все ключевые посты в доменном цехе. Перед разносчиком проб металла замаячила реальная возможность перейти в заводскую лабораторию. Но эта перспектива его уже не удовлетворяла. Курако хотелось полностью изучить все процессы, которые проходят в доменной печи. И он становится подручным горнового. На глазах рос умелый, опытный доменщик, пытавшийся внести новшества в привычные технологические процессы. Это злило и беспокоило французских специалистов. Очередная придирка Пьерона-младшего, не забывшего о кулаках бывшего каталя, и горновой мастер Курако решил покинуть Александровский завод, тем более что его уже давно переманивали на новый, более современный Гданьтьевский, на котором хозяйничали поляки. Использовав момент, будущий знаменитый мастер доменного дела, гордость нашей отечественной черной металлургии, переехал в Кривой Рог.

Коллеги из многотиражки завода имени Петровского утверждали, что если хорошенько поискать, то среди ветеранов можно найти людей, которые помнят моего могилевского земляка. Он плодотворно трудился в советское время и умер в сороковых годах. Я поблагодарил и сказал: мне и без того приятно, что на знаменитой Петровке, вырастившей тысячи славных имен, память о Курако не исчезла. Хотя был случай, когда я сильно обиделся на одного уважаемого товарища с завода.

В середине шестидесятых годов, работая в Минске в молодежной газете, я решил написать материал о Курако. Уж не помню, где, в каком источнике, прочел о нем скупые сведения. Написал в комитет комсомола Петровки с просьбой сообщить, какими материалами они располагают, может, что-то имеется в заводском музее. Через некоторое время получил ответ: заводская комсомолия все свои усилия направила на поиск материалов, связанных с жизнью и деятельностью товарища Леонида Ильича Брежнева, а также его соратников. Интересоваться теми, кто трудился на заводе в конце девятнадцатого века, считаем нецелесообразным, отвлекающим внимание молодежи от насущных задач занятием...

Не все просто было с Курако.

Дворянское происхождение, гимназия, знакомство в молодые годы с. французами и поляками можно было повернуть в любую сторону. И поворачивали. Так что и секретарь комитета комсомола не мог сказать всю правду в письме. Теперь все изменилось, теперь мы все с гордостью говорим: Курако проходил трудовую закалку в коллективе Петровки!

— Ходят слухи: будут и Махно реабилитировать. Что об этом в Москве говорят?

Махно? Какого Махно? А, это снова мой друг Серж. Я заколебался, поддерживать разговор на эту тему или нет. С серьезным собеседником можно было бы обменяться мнениями. С историком, например. Просто с глубоким и умным человеком. А здесь кто? Вершки, скольжение по поверхности. И жажда новостей, все равно каких, проверенных, приблизительных, основанных на фактах, на собственных представлениях. Есть такая категория людей — пенкосниматели. Они всюду бывают: на премьерах спектаклей, концертов, кинофильмов, на встречах с популярными деятелями театра и кино, на литературных вечерах. Они первыми узнают обо всем на свете, им известно, какая знаменитость развелась с супругой и с кем снова сошлась, что вчера вечером сказала Алла Пугачева и какой гонорар получил за книгу Жванецкий.

Кажется, и мой милый Серж из этой породы. Между прочим, был я в Гуляйполе, знаменитой столице «батьки» Махно, это на границе с Запорожской областью. В архивах Днепропетровска есть интересные материалы, связанные с деятельностью этой трагической, противоречивой, так до конца и не понятой ни современниками, ни последующими поколениями, личности.

Ну вот, представьте себе Екатеринослав, двадцать восьмое октября девятнадцатого года. В городе деникинцы. Прекрасный осенний день, солнце светится в золотых куполах церквей, гуляют офицеры с дамами. И вдруг идиллию нарушают пулеметные очереди, со стороны Соборной площади на центр города двинули бесчисленные черные колонны вооруженных людей.

— Махновцы! — раздаются испуганные возгласы.

Деникинцы пытаются организовать оборону, но с другого конца, со стороны Кайдака, тоже трещат винтовочные залпы, приближается шум и горячее дыхание тысяч людей. Это в союзе с Махно наступают мощные коммунистические отряды, сформированные подпольным комитетом большевиков.

Союзники оставались хозяевами города ровно неделю. Шестого ноября деникинцам удалось вернуть Екатеринослав назад. Но ненадолго: через три дня Махно с коммунистическими отрядами повторно вступает в город. Деникинский генерал Слащев и губернатор Щетинин оставили город за день до того, как Махно снова захватил его. Значит, знали, что перед «революционными повстанцами» не устоят. Факт, зафиксированный в документах: «батька» ходил по улицам отбитого большого губернского города без охраны, никого не боясь, невысокий, худощавый, похожий на гимназиста, в добротном кунтуше, с большими темными очками на мелком лице. Байка для доверчивых, темных крестьянских «повстанцев»: очки «батька» носит по необходимости, ибо его пронзительного взгляда не выдерживает ни одна живая душа.

Махновское войско имело «ежедневную газету революционных повстанцев Украины» под названием «Путь к победе». В течение последних трех месяцев девятнадцатого года газета выходила в Екатеринославе. В номере за 15 ноября говорится: «Мы, махновцы, — те, кто не может мириться с насилием человека над человеком. Мы те, кто решил жить независимой жизнью или умереть. Мы бьемся за безвластие, за уничтожение насилия. Наша цель святая...»

Имя Нестора Ивановича Махно знакомо нынешнему поколению по приключенческим фильмам, посвященным Гражданской войне, этаким лихим вестернам, где опереточные герои проявляют чудеса изобретательности, догоняют на конях поезда, вскакивают на ходу на крышу вагона, метко стреляют на звук, так же уверенно, как и в седле, держатся в великосветских гостиных, обыгрывают в бильярд белогвардейских офицеров, разговаривают с ними по-французски, спасают красных разведчиков и счастливо возвращаются назад. Время от времени в кадрах появляется гротескный, комичный образ человека в окружении здоровенных мордоворотов в сыромятных полушубках, в шикарных буржуйских шубах, а то и в женском нижнем белье, обвешанных бомбами, револьверами, саблями, с пулеметными лентами крест-накрест. Вокруг пьяный хаос, выстрелы, грабеж. И над всем этим неприятный, даже отвратительный голос «батьки», который в сочетании с отталкивающим обликом должен создать отрицательный образ анархиста.

Насчет голоса киношники перестарались. Если следовать исторической правде, то выясняется, что у Нестора Махно голос был певучим, теноровым. Он не изменился у него даже под конец жизни, когда Махно после всех бед и несчастий в конце концов после концлагеря в Румынии скончался в Париже, среди людей, с которыми воевал. Произошло это в 1934 году. Не был Махно и учителем — с чьей-то легкой руки эта байка кочует по многим печатным источникам. Абсолютно точно установлено, что Нестор Махно родился в бедной многодетной семье украинского крестьянина, что рос он младшим ребенком без отца, что с семи лет мать устроила мальчика подпаском, а вскоре восьмилетний Нестор уже самостоятельно преодолел первую ступеньку служебной лестницы — стал пастухом. Батрачил. Мальчишку жалели и одновременно побаивались — сызмальства сидела в нем какая-то непонятная болезнь, наступало затмение ума, маленькое немощное тельце билось в истерическом припадке. И тогда никто не мог перечить, беспамятство лишь углублялось, Нестор не осознавал, что он делает.

Шестнадцатилетним подростком Махно устроился учеником столяра на одно из предприятий Гуляйполя. Случай свел с группой людей, придерживающихся анархистских взглядов. Впечатлительному, с болезненно обостренным восприятием жизни Нестору импонировали внешние атрибуты романтической деятельности новых знакомцев. Анархистская группа занималась экспроприацией денег и ценностей. Но как это делалось? По всем правилам «хорошего тона». «На дело» облачались в черную одежду, надевали черные маски. Жертвам ставились условия: такого-то числа они должны положить в условленное место такую-то денежную сумму в пользу обездоленных. Чем не современный рэкет? То, что они не обыкновенные грабители, а работают во имя высокой цели, во имя голодающих и страждущих, тешило самолюбие подростка, возвышало его в собственных глазах, придавало жизни значительность и таинственную окраску. В таком возрасте обычно все мальчишки бредят романтикой, некоторых влечет уголовный мир именно своими неписаными законами и конспирацией. К тому же Нестор воспитывался без отца.

Кажется, в 1907 году группа романтиков с большой дороги напала на почтальона и пристава, сопровождавшего почтовую карету. Обоих нашли убитыми, денежный ящик исчез. Делом занялись лучшие силы уголовной полиции и вскоре вышли на следы нападавших. Арестовали четырнадцать человек, четверо из них показали на Махно. Нестор признать вину отказался, тем не менее военный суд влепил ему на полную катушку — двадцать лет каторги. Правда, учитывая несовершеннолетний возраст подсудимого, каторгу ему заменили заключением в московской Бутырке, из которой, после девятилетнего пребывания в ручных и ножных кандалах за вызывающее поведение, его освободила февральская революция.

В Москве ни приюта, ни дела Махно не нашел. Крестьянин, сын и внук крестьянина, он по-крестьянски не любил город. Сердцем тянулся к милому Гуляйполю. То, что в художественной литературе иронически называлось «батькиной столицей», до сих пор никем серьезно не изучалось. Между прочим, уже отрывочные документы свидетельствуют, что в Гуляйполе, особенно поначалу, не все было плохо. Например, первого мая семнадцатого года из «батькиной столицы» в Петроград за подписью председателя Совета крестьянских депутатов Махно летит депеша: выгнать из Временного правительства десять министровкапиталистов. На следующий месяц на гуляйпольских предприятиях вводится рабочий контроль, при Совете создается комитет батраков, его деятельность направлена против помещиков и кулаков. В августе генерал Корнилов двинулся на Петроград. Казалось бы, где тот Петроград, а где Гуляйполе, но нет, Махно откликается на угрозу революции созданием комитета ее обороны, первой обязанностью комитета является безотлагательное разоружение всей буржуазии в районе. Постепенно Гуляйполе становится «советским районом»: Махно призывает крестьян не выполнять распоряжений Временного правительства и Центральной Рады Украины, отбирать у помещиков и церкви землю и организовывать свободные сельскохозяйственные коммуны, там, где возможно, с участием в этих коммунах самих помещиков и кулаков. Представителю Временного правительства, приехавшему в крамольный район наводить порядок, Махно дает двадцать минут, чтобы тот покинул его столицу, и два часа — «пределы его революционной территории».

Не пускал Махно в свой «вольный район» и большевистские продовольственные отряды, не позволял создавать в селах комбеды. Правда, Антонова-Овсеенко, Бела Куна и Каменева принял, вел с ними долгие переговоры. Чем они закончились, видно по телеграмме Каменева Ленину: «...Махно не выпускает ни угля, ни хлеба и, видно, не будет выпускать, хотя мне лично обещал и клялся в верности». К девятнадцатому году за плечами Махно было столько событий, что их хватило бы на жизнь не одному десятку людей. В восемнадцатом году, когда Украину заняли немцы, он уехал в Москву, где, как писал в своих мемуарах, встречался с Лениным. Была ли на самом деле эта беседа, точно неизвестно, во всяком случае, я проштудировал биохронику Владимира Ильича, но соответствующих свидетельств не обнаружил. Сам Махно подробно описывает встречу с Лениным, во время ее Владимир Ильич будто бы сказал, что считает анархизм крестьян временной и быстроизлечимой болезнью. До поездки в Москву, зимой семнадцатого, Махно относился к большевикам довольно приязненно, работал вместе с ними, входил в состав судебной комиссии Александровского ревкома. Но когда начались аресты меньшевиков и эсеров, заявил о выходе из ревкома. После возвращения из Москвы возглавил крестьянскую «повстанческую» армию, которая до прихода красных освободила значительную часть восточной Украины от петлюровцев, заключил, казалось бы, прочный союз с большевиками.

Были моменты, когда под черные знамена Махно стекалось от 50 до 80 тысяч человек. Безусловно, хватало среди них и разного сброда — преступников с уголовным прошлым, анархистов-боевиков, просто пьяниц и бродяг и иных деклассированных элементов, но ведь было немало и крестьян. В его «повстанческой» армии махровая партизанщина — выборность командиров, ненадежная «самодисциплина», анархическая безалаберность — затейливо переплеталась с расстрелами за погромы. Известен пример, когда атаман Григорьев, взбунтовавшись против Советской власти, снял с фронта свои части. Махно не только приказал своим войскам оставаться на позициях, но и выпустил воззвание против Григорьева. Кстати, именно Махно на повстанческом съезде назвал Григорьева изменником и собственноручно прикончил его выстрелом из револьвера. Все же, прав, вероятно, В. Голованов, автор одной из первых нашумевших публикаций о Махно в «Литературной газете». Противоречия, раздиравшие повстанческую армию Махно, считает он, были во многом противоречиями самого крестьянства, в сознании которого уживались не только коммунистические уравнительные представления о справедливости, но и дикая ненависть к «белой косточке», недоверие к интеллигенции, стремление побольше урвать у «буржуйского города».

Взрывом бомбы была публикация в «Новом мире» писем Короленко к Луначарскому. Они пролежали в спецхране шестьдесят лет. Как это Короленко называет Махно? Ага, средним выводом украинского народа. Короленко, очевидно, первым глубоко разобрался в противоречиях личности «комбрига-батьки Махно», как тот любил подписывать приказы, первым увидел, что личность Махно наиболее отвечала представлениям крестьянства об идеальном вожде: грамотный (но не интеллигентный), умный (но не очень компетентный в политике, дипломатии, экономике), хитрый (но недальновидный — отличный тактик, плохой стратег), непереборчивый, не терпел болтовни, казенщины, прежде всего опирался на силу, на пулеметы. Действительно, даже власть, которой Махно, как это ни грешно было для анархиста, ублажал себя, в значительной мере привлекала его (что также типично для крестьянского сознания) именно внешними, эмоциональными атрибутами: коляской, обитой небесного цвета тканью, тройкой чудесных, мышиной масти коней, красивым мундиром венгерского гусара, хлебом-солью, с поклоном поднесенными на полотенце. Он очень ценил титул «батька», присвоенный ему повстанцами, но не менее — звание красного командира, комбрига.

Голова идет кругом: с одной стороны, красное командование позволяет махновской армии называться революционной повстанческой, а с другой — оставляет черные знамена; дает комиссаров-большевиков и не трогает анархистских принципов внутренней организации. Попробуй разберись: почему, выступив против Советской власти, Махно не переметнулся к белым, почему упорно вел борьбу на два фронта?

Автор статьи в «Литературке» В. Голованов считает, что роковую роль в развитии отношений с Махно сыграл Троцкий. Лев Давидович был принципиальным противником различного рода коалиций с «попутчиками». Коалиции, по его мнению, лишь «размягчали линию», твердость которой он укреплял крайними мерами по отношению к тем, кто, подобно Махно, колебался, поскольку сомневался в правильности курса на ограничение социальной базы революции лишь пролетариатом и беднейшим крестьянством. Приехав в тогдашнюю столицу Украины город Харьков, председатель Реввоенсовета узнал, что в Гуляйполе собираются провести очередной съезд независимых от большевиков крестьянских Советов, и увидел в этом подготовку к мятежу. Четвертого июня девятнадцатого года в харьковских «Известиях» появился разгромный материал «Махновщина», а на следующий день передовая статья «Еще раз долой махновщину!». Шестого июня вышел категорический приказ Троцкого: махновщину ликвидировать, съезд в Гуляйполе запретить, делегатов отдать под суд, самого Махно объявить вне закона.

Махно о приказах всемогущего председателя Реввоенсовета пока не знает, он носится по фронту, пытается заткнуть дыры, которые уже сделаны Деникиным. Армия «батьки» в труднейшем положении, ей угрожает разгром. Седьмого июня красное командование присылает ему бронепоезд с просьбой держаться, сколько сумеет. Махно держится еще два дня. Только сейчас мы получили возможность узнать правду о тех страшных днях. Непосредственный участник событий Антонов-Овсеенко в четвертом томе «Записок о гражданской войне», которые стали наконец достоянием всех читателей после долгих десятилетий заточения в спецхране, цитирует написанную им в июле девятнадцатого года записку в ЦК большевиков, в которой объясняет причины неудач: «Махно еще держался, когда побежала соседняя 9-я дивизия, затем и вся 13-я армия... Причина разгрома Южного фронта вовсе не в украинской «партизанщине»... прежде всего здесь виноват аппарат Южного фронта, который не сумел сохранить их (повстанческих частей) боеспособность и закрепить их революционную дисциплину».

Речь идет о том, что в трудное для красных время Махно открыл фронт для дивизий деникинского генерала Шкуро. Высказывались даже утверждения, что «батька» вступил с белым генералом в сговор еще раньше и, дождавшись благоприятного момента, изменил Советской власти. Как было в действительности, сказать трудно. Известно лишь, что Махно о приказах Троцкого узнал девятого июня и в тот же день телеграфировал ему и в Москву о своем намерении оставить пост комбрига из-за «невыносимо-непонятного положения». Он заявляет: «Я считаю неотъемлемым... правом рабочих и крестьян самим проводить съезды для обсуждения и решения как частных, так и общих дел своих». С нынешней точки зрения особой крамолы в этом заявлении нет. Но тогда шла Гражданская война, республика изнемогала в кольце фронтов. В тот же день, подвластные приказу Троцкого, несколько красноармейских полков ворвались в «вольный район» и разгромили махновские Советы и коммуны. Это произошло девятого, а через два дня в бронепоезде, где располагался совместный штаб махновцев и 14-й армии Ворошилова, на махновских командиров внезапно набросились крепкие красноармейцы из особого отдела, обезоружили их, а через неделю расстреляли в Харькове как предателей.

Дальнейшие события снова напоминают кадры приключенческого фильма. Объявленный Троцким вне закона, что значило: любой гражданин РСФСР мог убить его без суда и следствия, Махно оказывал упорное сопротивление Деникину. Парадокс, объяснить который непросто и сегодня: объявленный вне закона человек сражается против врагов тех, кто объявил его вне закона. В то время Красная Армия отступила с Украины, и махновцы остались, по сути, той единственной реальной силой, которая противостояла белогвардейцам. В сентябре девятнадцатого его жестоко обманул Петлюра, который внезапно объявил о своем нейтралитете, на самом же деле дал возможность белым окружить Махно.

«Батька» вырвался из кольца, положив в страшном коридоре два полностью вырубленных офицерских полка. С ходу берет Александровск, захватывает Екатеринослав, наголову разбивает крепкие деникинские силы под Перегоновкой. О его военных успехах пишут в московских газетах. Махно налаживает контакты с 14-й армией, членом РВС которой был С. Орджоникидзе. Снова обострение отношений: в начале января двадцатого года реввоенсовет 14-й армии предписывает Махно выступить на польский фронт. Реввоенсовет махновцев ответил отказом: в армии несколько тысяч раненых, тиф свалил почти половину бойцов, в том числе и Махно. Больной «батька» боится оторваться от своей «столицы», боится воздействия бойцов регулярной Красной Армии на своих «революционных повстанцев». Вот если помощь потребуется поближе, он согласен, а на польский фронт выступать — нет, уж больно далеко.

Снова, во второй раз, Махно объявляют вне закона. Он распускает свою армию и бесследно исчезает. Через некоторое время объявляется во главе восьмитысячной, хорошо вооруженной и сплоченной крепкой дисциплиной армии, в которой слово командира — закон, за грабеж — расстрел, реквизиции запрещены, за каждого свежего коня махновец отдает перепуганному хозяину двух-трех уставших. Махновская армия нападает на красноармейские отряды, уничтожает комбеды и чоновцев. Попытки захватить махновцев внезапно, окружить и захлопнуть в мышеловке успеха не приносили. Вооруженные до зубов «повстанцы» словно сквозь землю проваливались, растворялись во мраке. А после объявлялись вновь.

В конце шестидесятых годов мне пришлось бывать в знаменитой 30-й Иркутско-Пинской дивизии, «боевой жемчужине армии», как называл ее когда-то Фрунзе. Дивизией командовал Блюхер, она участвовала в разгроме Колчака и брала его в плен в Омске, осенью двадцатого года ее перебросили в Крым, против Врангеля. Помню, меня поразило, когда я узнал в музее дивизии, что вслед за ней через Сиваш двигалась конница Махно. Я не поверил своим ушам, ибо имя «батьки» у моего поколения ассоциировалось с бандитизмом, с боевыми действиями против наших. А тут такой пассаж! Начальник музея, очевидно, и сам не больно много знал об этой странице истории своей дивизии, потому и ограничивался общими фразами. Так вот, сегодня, благодаря тому, что открылись наконец двери спецхранов, стало известно, что, действительно, осенью двадцатого года командующим фронтом Фрунзе, представителем правительства Советской Украины Яковлевым и Махно было подписано соглашение о совместных действиях против Врангеля.

Остается только догадываться, какую цель ставил Фрунзе, предлагая такое соглашение. Не исключено, что это была обыкновенная политическая или военная, как хотите ее называйте, хитрость. Можно допустить, что таким образом Фрунзе думал вытянуть махновцев из их вотчины, где они чувствовали себя как рыба в воде, использовать их при взятии Крыма, а после окружить и разоружить, дождавшись удобного случая. Какой бы план ни родился в мозгу командующего, но факт остается фактом: Махно поверил Фрунзе. Поверил и дал согласие на участие в совместной операции против Врангеля. В соглашении, скрепленном тремя подписями, есть пункт, который для Махно превратился в идефикс. Речь шла о предоставлении автономии «вольному району» — Гуляйполю.

Конница Махно брала Симферополь! Представляю, как воспримут эту весть в областном центре нелюбопытные служебные лица, которые еще недавно организовывали встречи детворы с героями Гражданской войны, участниками освобождения областного центра от врангелевцев.

Дальше события разворачивались следующим образом. После того как махновцы с боем взяли Симферополь, им было приказано расформироваться и разоружиться. Первыми связали командиров, возглавивших этот поход. Их сразу же расстреляли. Убежать удалось только одному, Марченко, во главе небольшого отряда в двести сабель он бешеным аллюром оторвался от преследователей через Перекоп. Одновременно кольцо окружения сомкнулось и вокруг Гуляйполя. Махно, не знавший о приказе Фрунзе, пришел в бешенство. Как ему удалось избежать плена — пока тайна за семью печатями. То, чем он занимался до начала осени двадцать первого года, называется ясно и однозначно: политический бандитизм. Махно действовал, не выбирая средств, у него уже не было ни страха, ни надежды. С горсткой преданных «повстанцев», получив последнее, двенадцатое ранение, неотступно чувствуя погоню сзади, в сентябре двадцать первого он перешел румынскую границу.

Получив доступ к документам и историческим свидетельствам, которые по-новому проливают свет на эту трагическую фигуру, можно не сомневаться, что исследователи дадут основательный ответ на вопрос: почему такое движение, как махновское, оказалось на другой стороне баррикад, что вынудило повстанческого «батьку» и красного комбрига бросаться между двумя противостоящими в революции силами — красными и белыми. Как это Волкогонов называет Троцкого? Демоном революции. Ну, а Махно тогда — оборотень. Оборотень Гражданской войны.

— А что в Москве слышно относительно секретных протоколов? До августа немного осталось. Как-никак — полвека. Круглая дата, за бугром на эту тему много болтают.

Снова Серж со своими надоедливыми вопросами. Не дает подумать над планом командировки, определить, с кем встретиться в первую очередь, кто может подождать. Чтобы отвязаться от соседа и не показаться невежливым, все же я чем-то ему обязан, на сей раз решил не молчать.

Как же ответить на его вопрос? Перескажу точку зрения Бережкова. Дипломат, был переводчиком Сталина и Молотова. Подлинника дополнительного протокола нет ни в наших, ни в немецких архивах. Об этом неоднократно говорилось и в печати, и в официальных кругах. Ходят лишь копии. Правда, тот же Бережков, доктор исторических наук и дипломат, задает вопрос: как могла Красная Армия двинуться 17 сентября 1939 года в Западную Украину и Западную Белоруссию навстречу шагавшему на восток вермахту без предварительной договоренности между Москвой и Берлином? Логика в этих рассуждениях есть, ибо откуда германское командование знало бы об этой акции? Откуда советским войскам было известно, на какой линии остановятся германские вооруженные силы и где они должны встретиться?

Бережков рассказывает, что в тридцать девятом году он служил в Военно-Морском флоте и был прикомандирован к Днепровской военной флотилии. Я, кстати, довольно длительное время занимался ее историей, написал документальную повесть, собрал богатый архив. Так вот, утверждает дипломат, корабли флотилии, поднявшись вверх по Днепру и Припяти, на рассвете 17 сентября вместе с другими частями Красной Армии вступили на территорию Польши, имея в своем распоряжении карты с указанием линии, на которой наши части встретятся с немцами. Выходит, эту линию кто-то согласовывал? А затем в Пинске состоялся совместный парад германских и советских войск, и проходили они вперемежку перед трибуной, а на ней стояли германские генералы и командиры Красной Армии. При отсутствии предварительной договоренности между двумя вооруженными сторонами встречи обычно парадами не кончаются. А здесь ни одного конфликта, ни одного выстрела, ни одного территориального спора. Я много раз бывал в западных областях Белоруссии, беседовал с местными жителями, у меня и сейчас там близкие живут, все как один заявляют: стычек между нашими и немецкими солдатами не было.

— Сколько еще белых пятен в нашей истории, — заметил Серж. — Ну хорошо, пакт о ненападении тридцать девятого года был для нас вынужденной необходимостью. А вот после крушения Польши, после ввода советских войск в Западную Украину и Западную Белоруссию и образования общей советско-германской границы, пожалуй, следовало бы ограничиться пограничной конвенцией или просто договориться о демаркационной линии. Вместо этого Сталин пошел на заключение с Германией договора о дружбе и границе. Вот это была серьезная ошибка.

Ишь ты, однако и «золотая молодежь» способна трезво рассуждать, думал я, слушая попутчика. Не иначе, нахватался на политзанятиях в своем торговом представительстве. Все кругло, правильно и скучно. Ничему так не завидовал, как умению посольских работников и журналистов-международников, говоря много, ничего не сказать.

Очевидно, исчерпав весь запас обычных формулировок, Серж перевел разговор на другую тему:

— А что в прессе новенького о «зимней войне»? Тоже скоро юбилей, пятьдесят лет. Не удивлюсь, если снова начнутся разоблачения, обвинения Сталина, Ворошилова, Жданова, опровержения официальных версий, издевки относительно того, что маленькая Финляндия первой начала агрессивную войну против такого колосса — Советского Союза. Когда уж прекратятся эти выколупывания жареных фактов, обливание грязью своей собственной истории, перечеркивание смысла жизни целых поколений. Мне, к примеру, все это уже порядком надоело, читать газеты не хочется, смотреть программы нашего телевидения — тоже.

— Что-то вас на военные темы все тянет, — улыбнулся я, чтобы разрядить атмосферу. — Давайте лучше о чем-либо более приятном, хотя уже и некогда. Как у вас в нынешнем году с ягодами?

— У нас — это где? — уточнил Серж. — В Карелии или...

И он назвал страну своего временного пребывания.

— В Карелии, конечно, — засмеялся я.

— Мама пишет, что ягод видимо-невидимо. Хоть косой коси. Вот только с сахаром проблема. Талоны. На все талоны: на сахар, мясо, мыло, стиральный порошок. Недавно ввели на чай. Теперь, знаете, демократия, перестройка, — он криво усмехнулся, — пресса требует социальной справедливости, неформалы желают знать, в каких магазинах номенклатура отоваривает свои талоны. Гласность, ничего не поделаешь. Каждый пытается в тарелку соседа заглянуть. А если увидит, что у того больше, глотку дерет: отобрать и между всеми разделить. Пусть будет мало, но всем поровну, пусть будет плохо, но всем. Как это габровцы говорят? Лучше у меня пусть не будет ни одной коровы, чем у соседа — две. Между нами говоря, был буфетик в дачном поселке, не для широкого круга, конечно, с детства его помню, прикрыли после конференции. Да и дачи, кажется, отдают городу. Мама плачет: привыкла, говорит, к буфету, закрыли его, и такое ощущение, будто во второй раз корову за недоимки со двора увели. Времена коллективизации вспомнила, хотя совсем ребенком тогда была.

Расчувствовался Серж, растаял. Вот что значит ступить на родную землю. Такие потайные дверцы в душу открывает, что не верится. Давай, давай, иностранец, делись наболевшим, мне подобные детальки позарез нужны. Ишь, и мама твоя из простой крестьянской семьи, голодное детство помнит, и отец не графского и не княжеского роду — племени, а сын плотника, сам плотничал до армии в леспромхозе. А вот привыкли к привилегиям, спецбуфету, дачному поселку для узкого круга лиц, спецполиклиникам, санаториям на берегу ласкового моря, к комфорту, о котором миллионы соотечественников даже не подозревают.

Понятно, прощаться с прошлым всегда трудно. Легко лишь человечеству в целом, оно, как метко заметил классик, прощается с ним, смеясь. Каждому отдельно взятому человеку это стоит иногда огромных усилий. Ибо связан он со своим прошлым тысячами видимых и невидимых нитей, у некоторых вообще вся их жизнь в прошлом, и они, существуя в нем, не в состоянии понять, какое тысячелетие на дворе. Не было бы особой беды в такой позиции, если бы ее носитель, скажем, занимался индивидуальной деятельностью, если бы от него не зависели тысячи иных людей. Подлинная драма для подчиненных, когда они перерастают своего начальника на одну, а то и две головы, видят дальше и глубже его. Бьются беспомощно люди головой о стену, ничего не могут изменить. Остается прежний, привычный путь: обратиться в высшую инстанцию, оттуда приедет представитель, он изречет истину, тогда и станет ясно, на чьей стороне правда. Народный депутат от Карелии обратился в Верховный Совет страны помочь разобраться в ситуации, сложившейся на одном из предприятий республики.

Не сразу же ехать на это предприятие, сказали мне в обкоме партии, надо созвониться, выяснить, кто на месте, кого нет, давайте поедем завтра с утра, а сегодня познакомьтесь с городом, с его достопримечательностями, мы вам расскажем об обстановке в автономной республике.

Хорошее предложение, так и поступим. С чего начнем? Ну конечно, с новостей общественно-политической и культурной жизни. Оказывается, здесь все живут только что закончившимся событием. Отношение к нему разное, одни одобряют, другие укоризненно качают головами, третьи открыто и резко осуждают, тоскуют по твердой руке и железному порядку. В Петрозаводске создана инициативная группа Народного фронта Карелии. По ее поручению Сухарев, сотрудник Карельского филиала Академии наук СССР, подготовил для главной республиканской газеты «Ленинская правда» статью, в которой изложил позиции новой общественной организации. Газета материал напечатала. Того номера не найти, предприимчивые молодые люди наделали копий на ксероксе и торгуют из-под полы.

Редактор почти не отрывается от телефонной трубки. На повышенных тонах разговаривают руководители, издалека подъезжают многоопытные аппаратчики, пытаются узнать, санкционирована публикация в главном доме или нет, чтобы в зависимости от этого выбирать линию поведения. Редактор, в прошлом партийный работник, окончил аспирантуру Академии общественных наук, ни на какие высокие авторитеты и должности не ссылается, говорит спокойно, держит себя ровно со всеми, хотя заметно, каких усилий это ему стоит. Инициативная группа Народного фронта — реальность, она существует объективно, нравится это кому-либо или не нравится, рассуждает редактор, значит, наш читатель должен знать, что это такое, чего она добивается, какие задачи ставит. Инициативная группа проводит митинги, собрания, слухи о них распространяются по всей республике, нередко в искаженном виде. Редакция не комментировала публикацию, не вносила никаких изменений в представленный вариант, не навязывала читателю свою точку зрения, словом, сделала все для того, чтобы он сам мог составить мнение о целях и задачах нового движения.

Так вот, инициативная группа, ведя курс на радикальную перестройку, призывает к созданию в Карелии широкого общественного движения. Оно должно быть направлено на демократизацию экономической и политической жизни в республике, на борьбу с силами, тормозящими дальнейшее развитие общества по этому пути. Речь идет именно о самоорганизации общества, ибо, по мнению инициативной группы, реальный контроль над бюрократическим аппаратом со стороны неорганизованного населения абсолютно невозможен. Поэтому одной из форм самоорганизации народа и должен стать Народный фронт. Одной из форм... Что ж, инициаторы действуют в духе сегодняшнего дня, не претендуя на исключительное право представлять народные интересы. Далее следует положение о том, что Народный фронт — это народный контроль за ходом перестройки.

Инициаторы создания новой общественной организации сразу предупреждают, что НФК не может быть политической партией и, понятно, не стремится к захвату власти. Его роль совсем иная. Он представляется в виде свободной ассоциации общественных организаций, групп и отдельных граждан, заинтересованных в достижении реальной политической, культурной и экономической свободы. По мнению энтузиастов, гарантом того, что НФК не затронет бюрократическая болезнь, разъевшая многие официальные общественно-политические структуры, является то, что НФК не претендует на власть, а его участники не получают никаких материальных благ. Сама же инициативная группа, чтобы подчеркнуть демократический характер нового движения, действует открыто и в рамках законности. Любой человек может прийти на ее заседание и лично составить мнение о характере ее работы. Вместе с тем группа оставляет за собой право избавляться от демагогов и тех, кто вредит делу. Правда, критериев, по которым можно квалифицировать такие действия, из текста не видно.

Вот тут уже что-то проясняется. Участником НФК может считать себя каждый, кто признает его программу и действует для достижения общих целей. Чтобы такая свободная ассоциация эффективно работала, предполагается создать центр НФК, членство в котором будет фиксированным, решения станут приниматься большинством голосов и будут обязательны для его членов. НФК должен действовать исключительно методом убеждения, только умные аргументы сумеют воздействовать на общественное сознание и через демократический механизм влиять на принятие решений. НФК не собирается «во все вмешиваться, ни за что не отвечая». И в кавычки взято. Кое-кто из проницательных высокопоставленных читателей не преминул глубокомысленно догадаться, в чей огород камешек брошен.

Далее следовали тринадцать тезисов программы, сформулированные коротко и понятно. Назову несколько, наиболее значительных. Создание общественно-политической обстановки, при которой невозможно возвращение к методам подавления, к рецидивам сталинизма и брежневщины, обстановки, гарантирующей необратимость демократической перестройки. Постепенное создание в Карелии новой экономической обстановки, характеризующейся самоуправлением трудовых коллективов на основе полного хозрасчета, равноправного сосуществования различных форм собственности, образованием рынка и конкурентных механизмов саморегулирования, переходом к экономическим методам воздействия на производство. Обеспечение социальной защиты, юридическая, моральная и материальная помощь людям, подвергающимся несправедливым преследованиям со стороны администрации, обеспечение гласности каждого подобного случая. Проведение акций милосердия, помощь инвалидам, престарелым, детским домам. Проведение независимых научных экспертиз при помощи организованных на добровольных началах групп ученых. Разработка обоснованных предложений в области экономики, законодательства, культуры и в других отраслях.

А вот проблема посложнее. Есть над чем лоб нахмурить. Создание условий для реализации каждым жителем Карелии зафиксированного во Всеобщей декларации прав человека права иметь и распространять свои убеждения, предоставление технических возможностей для осуществления такого права. Или вот такой тезис: предоставление трибуны группам, лишенным голоса по той или иной причине — национальным меньшинствам, «зеленым», противникам (или сторонникам) АЭС, молодежным объединениям, культурным, историческим, иным клубам. Как будто уже заранее выражается недоверие официальным институтам. Хотя, понятно, эти тезисы имеют лишь объяснительный характер, программу будет принимать учредительная конференция. Уточнения и изменения неизбежны, особенно если на конференцию попадут люди авторитетные. Получат большинство экстремисты, можно ожидать и худшего. Пример народных фронтов Прибалтийских республик — яркое тому свидетельство. Что осталось от их первоначальных добрых намерений? Все более скатываются на крайние позиции, впадают в националистические амбиции.

С другой стороны, и запретить нельзя, не те времена. Инициативная группа это тонко подметила и даже отразила в одном из тезисов: неформал, загнанный в подполье, лишенный слова и прав, легко становится социально опасным. Следовательно, необходимо развивать культуру неформальных объединений, особенно молодежных. А это возможно только через их легализацию, через их взаимодействие с обществом. Карельские коллеги, узнав, что я из Белоруссии, буквально забросали вопросами об отношении к Народному фронту у моих земляков. Они читали в прессе о беспрецедентном пока случае: не получив разрешения на проведение учредительного съезда Белорусского народного фронта за перестройку «Возрождение» у руководства республики, оргкомитет провел съезд в соседней Литве. Мои официальные земляки повели жесткую линию, объявив неформалов пеной на волне перестройки, многие члены партии сразу же получили спущенную сверху директиву: либо партия, либо Народный фронт, середины быть не может. Партийные билеты, безусловно, были для большинства дороже, вынужденные подчиниться дисциплине, немало авторитетных, серьезных людей, чье слово было веским, а само присутствие уже являлось стабилизирующим фактором, поскольку сдерживало чересчур горячую часть молодежи от необдуманных поступков, прекратили свои контакты с неформалами. Что получилось в результате таких действий? То, о чем говорил М. С. Горбачев на встрече в ЦК КПСС с первыми секретарями обкомов и крайкомов партии. За окнами партийных комитетов пульсирует жизнь со всеми ее сложностями и противоречиями; нарастает шквал митингов и дискуссий, обсуждаются важнейшие проблемы, волнующие миллионы людей, а в некоторых парторганизациях этого словно не замечают, у них свой стиль — бюрократический, царит казенщина и формализм, произносятся заранее написанные, серые тексты.

Съезд «Возрождения» в Вильнюсе принял программу, из которой действительно трудно понять, что для него первично: политическое признание, развитие национального самосознания или борьба за власть. Программа Белорусского народного фронта требует суверенитета республики, отмены шестой статьи Конституции, признания белорусского языка государственным (со ссылкой на традиции Великого княжества Литовского, Русского и Жемойтского), а также принятия закона о гражданстве БССР. Для защиты прав национальных меньшинств декларируется принцип «национально-культурной автономии». Предоставленные сами себе, опьяненные свободой и собственной отвагой, а также вниманием наиболее экстремистского крыла литовского «Саюдиса», латвийского и эстонского народных фронтов, «возрожденцы» договорились до того, что ни в составе Великого княжества Литовского, ни даже в составе Речи Посполитой белорусы не ощущали национального ущемления, что и полонизация белорусов резко усилилась именно после присоединения польско-белорусско-литовских земель к России!

В выступлениях участников съезда смешивались причины и следствия, одно понятие подменялось другим, и наоборот. Причины проведения съезда БНФ за пределами республики и на самих заседаниях, и на пресс-конференциях, и в послесъездовских комментариях изданиями «Саюдиса» объяснялись одинаково: в условиях аппаратного экстремизма и стягивания спецвойск в Минск организаторы не решались подставлять свой народ под десантные лопатки. Экстремистские народнофронтовские издания прибалтийских республик пестрели в те дни интервью с «возрожденцами», где они обвиняли руководство Белоруссии в сверхконсерватизме, в том, что оно, мол, стремится сохранить Белоруссию как «реликтовую республику» в лучших застойных традициях. Звучали требования о привлечении партийных работников высокого ранга к судебной ответственности за то, что будто бы они всеми силами препятствовали своевременному предупреждению населения республики об опасности радиоактивного заражения и замалчивали последствия чернобыльской аварии. От споров, сенсационных сообщений, неожиданных разоблачений и, главное, от собственной силы и значимости кружились молодые головы. Приняли резолюцию о республиканском хозрасчете, отвергавшую официальный проект куцых, по их мнению, экономических реформ. В резолюции о политическом плюрализме требовали провести референдум по шестой статье Конституции, которая закрепляла руководящую роль Коммунистической партии. Понесло парней, понесло! Вот уже принята резолюция о свободе совести и белорусизации религиозной жизни, проголосован документ о белорусской национальной символике, требующий вместе с официальным флагом и гербом разрешить использование в качестве национальных символов бело-красно-белого флага и герба «Погони».

Приняты обращения к «Саюдису», к белорусской молодежи. Мало! Тесно в зале Дворца профсоюзов на горе Таурас, хочется пространства, масштабности. Проголосованы обращения к Верховному Совету и Совету Министров СССР. Мало! Давайте обратимся ко всем народам СССР? Давайте! Прошло на «ура». Снова мало. А что, если к Организации Объединенных Наций? Белоруссия — член ООН. Приняли!

Не нашлось ни одной трезвой головы, ни одного более-менее серьезного, зрелого человека, который противопоставил бы многим голословным утверждениям, звучавшим на съезде, проверенные, основательные, закрепленные на научном знании аргументы. Таких людей в зале не было. Дискуссии вести не было кому, выдвигать альтернативные варианты — тоже. На гору Таурас приехали взбаламученные, критически настроенные молодые люди, многие из которых считали себя отверженными...

Ойва Андреевич Ленсу, секретарь Карельского обкома партии, понял все. Безусловно, с неформальными организациями надо работать, это же наши люди. Конфронтация, противостояние пользы не принесут.

Но, к сожалению, эта мысль ох как трудно пробивает себе дорогу. Многие директора заводов, руководители солидных учреждений, некоторые партийные работники не преодолели настороженности и даже подозрительности к неформалам. Это же факт, и Ойва Андреевич был свидетелем: одна уважаемая женщина на большом заводе назвала неформалов темной силой. Ее собеседник с негодованием махнул рукой: что, мол, с ними возиться, вы посмотрите, кто туда идет — недовольные, неудачники, те, кто долго стоит в очереди на квартиру, на место в детском саду. Тут уж Ойва Андреевич не выдержал, слово вставил: где это видано, чтобы человек, которому жить негде, ребенка не с кем оставить, пока он сам за станком вкалывает, благодарным был? Откуда взяться удовлетворенности? Недовольные — это наши недоработки, наш позор и боль, и отмахиваться от них — значит допускать грубую ошибку.

Насчет Народного фронта, кажется, к общему мнению пришли. Поспорили относительно декларированного права использовать свою печать, митинги, демонстрации, сбор подписей, сбор средств, запросы в различные организации и учреждения, создание объединений для решения тех или иных проблем, а после согласились: почему бы и нет? В конце концов, появится соответствующее законодательство о порядке регулирования трудовых споров, об общественных организациях, о печати и других средствах массовой информации. А пока — вот оно, народное правовое творчество, питающее законодательные акты животворными соками молодой, обновленной жизни.

Второе событие, о котором также было много слухов и разговоров, это научно-практическая конференция. Я во все глаза смотрел на Ойву Андреевича: не шутит ли он? Где это видано, чтобы такое мероприятие было событием? Слава Богу, я достаточно отсидел на скучных сборищах неинтересных людей и идей. Что? Такая конференция первая за послевоенное время? Как же она называлась? «Карелы: этнос, язык, культура, экономика». Приезжали даже представители карелов из Калининской, Новгородской, Ленинградской, Московской областей? А что, и там живут карелы? Не знал, не знал, прошу извинить.

Вспомнив о своих четвертинках-коротышках, я упрекнул себя, что не запомнил такую деталь. Хорошо, что Ойва Андреевич финн по национальности, а если бы на его месте был карел?

Чтобы загладить вину, начал задавать вопросы о конференции. Ойва Андреевич, вдохновленный вниманием, с удовольствием на них отвечал. Он приложил к ее проведению немало сил, выступал с приветствием обкома партии на открытии, записал интересные мысли и предложения. Листая массивную записную книжку, напомнил их гостю.

Основной проблемой для карелов является отсутствие письменности, забвение национальной культуры. Ее и следует решать прежде всего. Необходимо садиться за создание букваря, заниматься подготовкой кадров. Надо как можно быстрее принимать группу студентов в педучилище, создавать кафедру карельского языка в пединституте. Это из выступления А. Трофимова, заместителя Председателя Совета Министров Карелии. А вот мнение Г. Керта, доктора филологических наук, старшего научного сотрудника Института языка, литературы и истории Карельского филиала Академии наук СССР: состояние межнациональных отношений в Карелии обычно называют спокойным, но, по моему мнению, нормальным его назвать нельзя, если последние полвека нарушаются права карельского народа на национальную культуру, язык. Мы можем только благодарить 80-тысячный карельский народ, не имеющий сегодня письменности, за терпеливость и благородство. Остановить процесс ассимиляции можно, лишь восстановив ленинскую концепцию национальной политики, освободившись от сталинских догм.

Как, карелы не имеют своей письменности? У них до сих пор нет даже букваря? У людей, о которых еще в середине прошлого века писали, что они отличаются чувством собственного достоинства, гордые, уверенные, чувствительные ко всякой обиде и несправедливости? Я снова вспомнил свои записи. Карел не гнет спину перед сильными, не будет стоять без шапки перед начальством и не даст взятку чиновнику, зная, что тот за свою службу получает жалованье и должен при исполнении своих обязанностей действовать по закону... Как житель севера, карел страдает от суровости климата и бедности почвы, но экономическая сторона его жизни не хуже, если не лучше, жизни крестьян внутренних губерний... Над карелами никогда не висело иго крепостничества... У карелов весьма развитый вкус к прекрасному, это воплощается в их чистоплотности, в стремлении во время праздничных дней одеться в костюм а-ля Европа, станцевать под звуки кантеле нечто вроде французской кадрили, известно, с местными импровизациями...

— На каком же языке говорит коренное население республики?

— На русском и финском.

— И что, во всей Карелии нет ни одной школы с карельским языком обучения?

— Ни одной. Нет ни своего театра, ни газеты, ни журнала. Откуда им взяться, если нет карельской письменности вообще.

Вот так сюрприз! А я готовился, ковырялся в Исторической библиотеке, выписывал сведения о быте и культуре карельского народа. Республика, название которой образовано от названия нации, не сохранила ничего от ее культуры и даже языка! Между прочим, следуя из аэропорта в город, я обратил внимание на отсутствие в его облике заметных национальных черт архитектуры — подобные здания можно встретить и в Минске, и в Москве, и в Иваново, — но подумал, что новые кварталы в больших городах, а в столицах союзных и автономных республик в особенности, обычно не имеют ярко выраженного национального колорита. Союзные ведомства диктуют всем одинаковый образ жизни, разве может автономное образование сопротивляться их мощному диктату? А как же с табличками на улицах? Я их сам видел: и названия улиц, и названия организаций обозначены на двух языках. Мне показалось, как в Минске: одна надпись на русском языке, вторая на национальном. Здесь то же самое, с той только разницей, что на национальном — значит, на финском.

Дух карельской культуры, очевидно, больше сохранился в людях, чем в архитектуре. Нынешнее время дало карелам исторический шанс самим определить свое будущее. Видно, правду говорили участники конференции по этносу карелов: упустить этот шанс — значит, потерять последние островки карельской культуры, оборвать нить, ведущую к оздоровлению нации.

Невероятная новость вызвала желание выяснить историю вопроса. Неужели карелы никогда не имели своей письменности? Ну, до революции ясно: такая картина была типичной почти для всех малочисленных народов Севера. А после Октября? Быть не может, чтобы не нашелся собственный просветитель, который не загорелся бы дерзкой идеей обессмертить свое имя в памяти потомков, подарить народу букварь на родном языке. Мне сразу назвали его фамилию: Хамеляйнен Матвей Михайлович. Но предупредили: Хамеляйнен сделал то, что зависело от Хамеляйнена, успех же его дела определялся временем, в которое он жил, и конкретными историческими личностями, которые олицетворяли власть.

Хамеляйнена ныне нет в живых. Так получилось, что подробности его жизни мало кто знал. Одно время опасались: был арестован, сидел в тюрьме за политику, от такого лучше подальше, под монастырь может подвести. Да и он не сидел на месте, ездил по разным городам, продолжительное время, спасаясь от репрессий, жил в Ленинграде. В энциклопедию Матвей Михайлович не попал, таких во времена Брежнева обходили вниманием. Так, видно, и осталась бы во многом неизвестной его биография, если бы не журналист из республиканской молодежной газеты Боря Матвеев. Старик жил в двух шагах от редакции, и Борис частенько захаживал сюда, чтобы послушать о событиях, о которых не прочитаешь ни в одной книге.

Так что основные вехи биографии человека, с именем которого связана история создания и, что особенно обидно, забвения карельской и вепсской письменности, петрозаводцы узнали благодаря Боре Матвееву. Матвей Михайлович много рассказывал журналисту о своей родине — небольшой деревеньке в Царскосельском уезде под Петербургом. Жили в ней финны — коренные жители здешних мест. В девятилетнем возрасте пошел в школу, в нее записывали не каждый год, учитель был один, финн, но детей учили на русском языке. Учителя-финна в шестнадцатом году сменили две сестры Телегины, русские по национальности. Что поразило подростка Мати, так это то, что русские учительницы, приехавшие в финскую деревню, начали изучать финский язык. Они и упросили родителей Мати направить способного мальчика в соседнее двухклассное училище. Семья была бедная, десять детей, и Мати проучился только один год. Пришлось идти на завод, где кочегарил отец.

Через несколько лет судьба подарила чернорабочему Мати Хамеляйнену счастливый случай лично познакомиться с человеком, имя которого тогда знала вся Карелия. Человека звали товарищем Ровио. Эта фамилия встретится нам еще много раз, причем не все поступки товарища Ровио будут восприниматься одинаково положительно, поэтому сразу дадим о нем развернутую справку.

Ровио Густав Семенович, 1887 года рождения, член партии с пятого года, по профессии токарь. За участие в революционных событиях в седьмом и десятом годах арестовывался и ссылался в Сибирь, оба раза из ссылки убегал. С конца десятого года в Финляндии. Член социал-демократической партии Финляндии. С тринадцатого по пятнадцатый год — секретарь ЦК социал-демократического союза молодежи Финляндии. В апреле семнадцатого года выдвинут рабочими организациями начальником милиции Гельсингфорса. В августе — сентябре семнадцатого в своей квартире прятал Ленина от преследований Временного правительства и выполнял обязанности связного. Был активным участником рабочей революции восемнадцатого года в Финляндии. Затем возглавлял финскую секцию Северо-Западного бюро ЦК ВКП(б), работал проректором Ленинградского отделения Коммунистического университета национальных меньшинств Запада, комиссаром Интернациональной военной школы. С июля 1929 по август 1935 года — секретарь Карельского обкома ВКП(б), делегат XVI и XVII съездов партии. Незаконно репрессирован. Реабилитирован посмертно.

Ровио сделал многое, чтобы Мати Хамеляйнен поехал учиться в Петроград. Матвей Михайлович окончил сначала педтехникум, три года учил в школе родной деревни, которую заканчивал до революции сам, потом снова уехал в город, носивший уже имя Ленина. Герценский институт он окончил с отличием. В тридцать первом году приехал в Петрозаводск, где ощущалась острая потребность в кадрах. Ему сразу дали высокую должность — заместителя заведующего этнографо-лингвистической секцией Карельского научно-исследовательского института. Петрозаводцы знают, что этот НИИ был предшественником Карельского филиала АН СССР. Одновременно Хамеляйнен учился в аспирантуре ЛГУ. Там слушал курс лекций печально известного Марра, его имя стало известно после войны в связи с дискуссией по языкознанию, начатой Сталиным. Марр в языкознании был тем же, чем Лысенко в биологии, но лекции читал ярко и запоминающе. Хамеляйнен все же отдавал предпочтение другому преподавателю — Дмитрию Владимировичу Бубриху, замечательному знатоку финно-угорских языков.

Прибыв в Петрозаводск, Матвей Михайлович начал с изучения карельского языка. Каково же было его удивление, когда выяснилось, что единого литературного карельского языка не существует. Язык, на котором разговаривали карелы, состоял из множества диалектов. Карел с юга республики с трудом понимал своего соотечественника, живущего на севере, где ощущалось значительное влияние финского языка. Имели место и небольшие различия в самой речи — в зависимости от местности. Но где их нет! На моей Могилевщине говорят совсем не так, как, скажем, на Витебщине, а географически области расположены в одной зоне на востоке. Хамеляйнен понял задачу так: чтобы создать единый литературный язык, необходимо сначала договориться специалистам.

В Тверском округе (в советские времена Калининская, ныне Тверская область) над такой же задачей трудился профессор Ленинградского университета Бубрих. Видно, дела у профессора двигались вперед более живо, ибо любознательный Боря Матвеев обнаружил в одной из пыльных архивных папок свидетельство о том, что «признано необходимым... всю культурно-просветительную работу в Московской области поставить на карельском языке, положив в основу карельского языка толмачевское наречие (Тверской округ). План научного изучения карельского языка. На ближайшее время: безотлагательная разработка алфавита, к I/IX-30 букварь для школ I степени и книгу для чтения для второго года обучения, букварь для взрослых».

Разыскался и другой интересный документ, решение президиума Совета Национальностей ЦИК СССР от 12 июня 1930 года: «Констатируя расхождение линий в вопросе о языке карельской национальности (в то время как в Ленинградской и Московской областях культурная работа среди коренного населения ведется на карельском языке, в самой Карельской АССР она ведется на финском языке) — признать необходимым поставить на президиуме Совета Национальностей доклад Правительства Карельской Республики, Ленинградского и Московского облисполкомов о проблеме языка карельской национальности».

Президиум Совета Национальностей запросил мнение ЦИК Карелии лишь 27 октября. ЦИК сразу же доложил, что ответ в Москве получат к первому декабря. Меньше месяца, учитывая время на подготовку текста и отправку его в Москву, чтобы изучить такой жизненно важный для целого народа вопрос? А его изучать не надо, судьба карельского языка уже предопределена, общественное мнение обработано публикацией статьи Густава Ровио в журнале «Карело-Мурманский край». Исходя из тезиса о правильности введения финского языка и оценивая «изобретательство» особой карельской письменности как реакционное явление (чувствуете влияние теории Марра и его последователей: все языки произошли от четырех элементов — сал, бер, он, рош; марксистский принцип единства исторического процесса исключает исследования местных этнических особенностей; отождествление классовых различий с этническими), статья за подписью партийного руководителя республики должна была рассеять все сомнения. Биографию Ровио мы знаем, в полном собрании сочинений Ленина можно прочесть записки, адресованные Владимиром Ильичом Ровио, в ленинской записке сотруднику ВЧК Беленькому дается высокая оценка качеств финского коммуниста Ровио. Но из песни слова не выбросишь, замалчивание лишь порождает нелепые слухи.

Доказательства, почему карельскому народу не нужен свой литературный язык, сначала вроде воспринимаются с пониманием. В то же время из 800—900 тысяч человек, разговаривавших на карельском языке, в Советском Союзе проживало около половины, остальные — в Финляндии. Еще одно важное обстоятельство: нет единого, всем карелам одинаково понятного языка, наречия в Карелии делятся как финскими, так и русскими лингвистами на четыре основные группы — северная, или ухтинская; южнокарельская, или олонецкая; людиновская, или вепсокарельская; вепская. К тому же карельское наречие сохранило все основные черты финского языка.

А вот дальше следовали такие рассуждения. Карелы, даже неграмотные, весьма быстро усваивают финский язык. Иное отношение встретил вопрос о языке со стороны карельского кулачества, агентов финских белогвардейцев и других классово-враждебных элементов. Сначала карельское кулачество вело агитацию против русского языка и требовало финского языка. Теперь же, когда школьная сеть перешла на финский язык, мы встречаем среди кулачества требования о переводе на карельский язык. Здесь же и историческая аналогия: дореволюционные русификаторы в Финляндии при знаменитом генерал-губернаторе Бобрикове пытались развить такую же деятельность по изданию листовок на карельском языке и при помощи этого языка разорвать языковое единство карелов с финским языком и этим облегчить дело русификации карельского народа. Резюме: создание нового карельского литературного языка в Карелии надо рассматривать как реакционный замысел.

Оставалось лишь догадываться, было это мнение личной позицией Ровио или оно отражало чью-то высшую волю. Не исключено, что Ровио действовал на свой страх и риск, похожие взгляды на интернационализм и мировую революцию в то время разделяли многие коммунисты. Вспомните шолоховского героя, который в глуши донского хутора зубрил английский язык, чтобы помочь братьям по классу сбросить иго капиталистов. А тут создание нового языка, что могло разъединить пролетариев, усложнить понимание ими общих задач. С другой стороны, нельзя было сбрасывать со счетов и опасений относительно обвинений в национализме. Ситуация осложнялась еще и тем, что карельский язык пошел из республики в районы за ее пределами, где компактно проживали десятки тысяч карелов. Вопрос мог бы приобрести политическое значение.

Президиум Совета Национальностей на своем заседании, которое состоялось 25 апреля 1931 года, мнение карельского правительства не поддержал. Но и карельское правительство было с характером! Через две недели, 12 мая, в Петрозаводске созывается совещание областного актива. Принимается резолюция «О языке карелов». Пунктом первым записано, что принятое президиумом Совета Национальностей постановление, в котором предложено правительству Карельской АССР приступить к работе по созданию карельского литературного языка и перевода на карельский язык работы государственного, культурного и иных аппаратов, вынесено без серьезного и всестороннего изучения. Вот так, ни много ни мало. Далее отмечалось: если Московская область считает необходимым вводить для тверских карелов свою письменность, то, по мнению совещания, из этого вовсе не вытекает необходимость вводить карельскую письменность в КАССР. Совещание высказалось за то, чтобы предложение президиума Совнаца о создании карельской письменности в КАССР отменить и опротестовать перед ЦК партии.

Редкое упрямство правительства Карелии в вопросах национального языка несло в себе отголосок недавних политических конфликтов и вооруженных стычек с Финляндией. В августе 1921 года финское правительство обратилось к Советской республике с нотой, в которой среди других претензий говорилось и о культурном угнетении карелов. По просьбе Финляндии этим вопросом занялась Лига Наций. В самой Финляндии появились организации, которые в срочном порядке начали разработку карельского языка со своей азбукой и грамматикой. Руководство Карельской Трудовой Коммуны обозвало их белогвардейцами, пытавшимися спровоцировать среди карелов недовольство новой властью. По ту сторону границы иронически комментировали национальный состав Карельской Коммуны: русские — 111 890, карелы — 85 802, финны — 990 человек, языков же, на которых обучали карельских детей, было два: русский и финский. Ситуация была напряженная. Не обошлось и без вооруженных действий. Собственно говоря, на финско-карельской границе, начиная с восемнадцатого года, никогда не было тихо. Попытки интервенции повторялись в двадцатом, двадцать первом, двадцать втором годах. В двадцать первом финны захватили значительную часть территории Карелии. И только в двадцать втором году Красная Армия окончательно завершила их разгром. Из Финляндии в Карелию возвращались большие массы беженцев. Снова возрос приоритет финского языка. Эти частые изменения, почти до сорокового года, объяснялись событиями политического характера, которые оказывали влияние на отношение к финскому, карельскому и вепскому языкам. Лига Наций обратилась за разъяснениями и относительно карельского языка. Пожалуйста, вот решение карельского правительства, карелы сами избрали финский язык, как наиболее близкий им. Международная общественность успокоена, «карелизация» населения продолжалась.

Ох уж эти проницательные журналисты! Боря Матвеев откопал, что стояло за словом «карелизация», которое появилось в тридцатые годы. Термин этот часто встречался в трудах ученых и воспринимался как закономерный процесс пробуждения национального самосознания карельского населения, перевод школ на преподавание предметов на родном языке. Дудки! В двадцать пятом году в Карелии насчитывалось 209 школ, в 63 из них преподавание велось на финском языке. В соответствии с отчетом, карелизация составляла 30,7 процента. В тридцать первом году процент карелизации равнялась уже ста процентам. Все 278 школ вели преподавание на финском языке! Довольные чиновники системы народного образования докладывали начальству о достигнутых успехах, вписывая в отчеты красными чернилами цифры, отражавшие их весомый вклад в дело карелизации, не обращая внимания на то, что эти проценты пришли в кошмарное несоответствие с другими статистическими данными. Согласно переписи населения, в те годы лишь 200 карелов из более чем ста тысяч назвали финский язык родным, а из 8587 вепсов — никто.

Так делали на практике. А в теории они старательно конспектировали труды Ленина, механически переписывая в толстые тетради ссылки на первоисточники: «Ни одной привилегии ни для одной нации, ни для одного языка! Ни малейшего притеснения, ни малейшей несправедливости к национальному меньшинству — вот принцип рабочей демократии». Несоответствие призывов и их воплощения в жизнь бросалось в глаза любому вдумчивому человеку. А Хамеляйнен к тому времени был доцентом, одним из активных участников Ленинградского общества изучения культуры финно-угорских народов, хотя и жил в Петрозаводске. Ученый все более склонялся к мысли — карельскую письменность следует разрабатывать, получают ведь свою азбуку и грамматику куда менее малочисленные народы Севера и Дальнего Востока. Свое мнение он высказывал всюду. Дошло до того, что молодого ученого вызвали к Ровио и Председателю Совета Министров республики Гюлингу. Последний тоже разделил трагическую участь первого секретаря. После ареста и необоснованных обвинений их портреты сжигали по всей Карелии. Это были жуткие минуты, когда люди, которые еще вчера чествовали руководителей на первомайских демонстрациях, с любовью смотрели на праздничную трибуну, где они стояли, гордо несли над колоннами их портреты, теперь так же самоотверженно проклинали их имена, бросали в костры газеты с вражескими фотоснимками и речами, требуя бешеным собакам бешеной смерти.

Как и Ровио, имя Гюлинга на долгие времена было вычеркнуто из истории Карелии. И лишь в горбачевские времена оно вернулось к людям. Из небытия всплывали вехи его биографии, становится ясно, кем он был в действительности. В пятом году, двадцатичетырехлетним молодым человеком, Эдвард Отто Вильгельм Гюлинг стал членом социал-демократической партии Финляндии, ее левого крыла. С семнадцатого — член компартии Финляндии, был членом ее ЦК. Активный участник рабочей революции в Финляндии восемнадцатого года — член революционного правительства, начальник Главного штаба Красной гвардии. С 1920 года — член РКП(б). С июля двадцатого года по февраль двадцать первого возглавлял Карельский ревком, затем исполком Карельской Трудовой Коммуны. С августа двадцать третьего до середины тридцать пятого — Председатель Совнаркома Карельской АССР. В 1935—1937 годах — сотрудник Международного экономического института в Москве. Член ЦИК СССР всех созывов.

Ровио и Гюлинг в весьма категоричной форме предложили Хамеляйнену отказаться от своих взглядов относительно карельской письменности и выступить с соответствующим заявлением в печати. Ученый от своих убеждений не отказался. В феврале тридцать третьего года Матвею Михайловичу показали приказ об увольнении с работы в Карельском научно-исследовательском институте. На просьбу отпустить в Ленинград ответ был отрицательным. Бросился в одно учреждение, в другое — нигде не берут. Совсем впал в отчаяние. А здесь еще друг дров в костер подбросил: Мати, ты ведь финн, откуда у тебя такая финнофобия? Почему ты не любишь финнов? Смотри, в одиночестве останешься. Обидно и горько стало от этих слов. Устроился было в издательство «Кирья», но и там столкнулся с настороженностью и даже открытой недоброжелательностью интеллигентных, казалось бы, людей.

Плюнул Матвей Михайлович на столичные нравы и ограниченных обывателей, да и махнул в свои Лукаши. Не разрешают создавать карельскую письменность? Ну и ладно. Он возьмется за вепскую. К тому времени при отделе национальных меньшинств Ленинградского облисполкома образовался комитет нового алфавита, подчинявшийся Всесоюзному Комитету нового алфавита при президиуме Совета Национальностей ЦИК СССР. Вот какие, оказывается, были формирования, сегодня мало кто знает об их существовании. Использовав дружеские связи, не без поддержки доброго Бубриха, оказался в вепской комиссии комитета нового алфавита, побывал в экспедициях в районах, где проживали вепсы. А после безвылазно сидел в своих Лукашах, в отцовской избе, дни и ночи проводил над первой вепской азбукой и книгой для чтения. Помогали языковед Богданов, карельский учитель Михкиев и вепс Иван Гуркин. Потом были грамматика, букварь, в соавторстве с Андреевым — первый русско-вепский словарь объемом свыше трех тысяч слов. Всего за пять лет, с тридцать второго по тридцать седьмой, Матвей Михайлович принял участие, непосредственно или в качестве консультанта, в выпуске почти тридцати книжек на вепском языке.

Между тем произошли перемены в высшем эшелоне руководства Карелии. Сняли с должностей Ровио и Гюлинга. Их «разоблачали» беспощадно, приписывая все, что только можно приписать. До чего же легко впадаем мы из одной крайности в другую. Еще совсем недавно доказывали, что карельский язык карелам не нужен, добивались стопроцентного перевода школ на финский язык и радостно рапортовали, глядя в рот начальству, ожидая новых указаний. Они поступили, и вот посыпались, словно горох из решета, обвинения в политических ошибках бывших руководителей, имена классово-чуждых председателей сельсоветов, «не наших» председателей райисполкомов, скрывавших свои тайные связи с фашистскими элементами, названия целых предприятий и организаций, где свили себе гнезда контрреволюционные элементы. Речь шла о канадских и американских финнах, а также о финнах, эмигрировавших в Карелию из Финляндии из-за преследований. Безусловно, у них оставались родные и близкие за границей, они с ними переписывались, а те, кто жил у самой границы, еще и контачили с зарубежными родственниками, товарищами, земляками. Имели в Финляндии знакомых по совместной революционной борьбе Ровио и Гюлинг. И за это их тоже ждала жестокая расплата. Страна все больше изолировалась от внешнего мира, и горе приходило в дома тех, кто не понимал этого страшного перелома.

Новые руководители, первый секретарь обкома П. А. Ирклис, он до переезда в Петрозаводск работал секретарем Ленинградского обкома, и председатель Совнаркома П. И. Бушуев, тверской карел, начали исправлять ошибки, допущенные Ровио и Гюлингом. Делалось это, как у моряков, по команде «все вдруг». Среди обвинений, предъявлявшихся бывшим руководителям их преемниками, было и такое: врачей, инженеров, вообще специалистов высокой квалификации из карельского населения имеем единицы, главное равнение было на узкую прослойку товарищей финнов, представлявших собой 8—9 процентов населения Карелии, и товарищ Ровио, и товарищ Гюлинг попались на удочку отдельных националистически настроенных людей. Значит, поворот на сто восемьдесят градусов к коренной национальности.

Новое руководство брало круто. Двадцать первого сентября, несмотря на то, что учебный год уже начался, Совнарком автономной республики принимает постановление о неотложном переводе карельских школ на родной язык. Уже через два дня наркомат просвещения детализирует в своем приказе, что и как следует предпринимать. Прекращалось преподавание финского го языка во вторых — девятых классах четырнадцати районов. Прекращалось издание учебников финского языка, все, что были в наличии, изымались и сдавались в Петрозаводск. В пединституте и педучилищах языком обучения вместо финского становился русский. С тридцать восьмого года предписывалось перевести на родной язык вепсские школы.

Хамеляйнен мог торжествовать, пробило его время. Срочно вместе с Беляковым он заканчивает работу над учебником карельского языка для неполной средней школы. Рукопись еще не отшлифована, но ее уже берут для рецензирования и выпуска в свет. Быстрее, быстрее! Было в этой спешке нечто такое, что не очень нравилось ученому. Нет ли здесь другого перекоса? Ишь, в немилость попадает уже финский язык, изымаются учебники, свертывается сфера применения, как же тогда насчет ленинского требования — ни малейшего притеснения, ни малейшей несправедливости ни к одному из языков?! Сомнения ученого заглушает победная дробь наркомпросветовских барабанов: на первое сентября тридцать девятого года в Карелии уже 371 начальная, 128 неполных и 46 средних школ с карельским языком обучения.

Первое ноября тридцать седьмого года. Сессия КарЦИК. Главный вопрос — утверждение решения Президиума КарЦИК об исключении некоторых членов ЦИК из его состава как врагов народа. В списке тридцать человек. Всех их присутствующие знают как самих себя. Вместе работали, заседали вот в этом торжественном зале, собирались по праздникам дома, со многими вместе учились, жили по соседству, родились в одной деревне. Как будут голосовать? Может, члены ЦИК республики потребовали, чтобы кто-нибудь сказал, в чем все же вина их товарищей, что они натворили? Такие вопросы не прозвучали. Условились: будет достаточно, если секретарь ЦИК Золотарева назовет, «кто они, и все». Золотарева назвала: Ирклис П. А. — бывший первый секретарь обкома ВКП(б), Бушуев П. И. — Председатель Совнаркома, Архипов Н. В. — председатель КарЦИК, а также фамилии других двадцати семи врагов народа. Не прошло и двух лет, как вторую волну врагов народа, которая когда-то гневно разоблачала первую, ждала та же участь. Решение президиума сессия утвердила единогласно. Здесь же, мимоходом, утвердили решение и о снятии с работы девяти наркомов и их заместителей. Пострадали и те, кто чрезмерно заботился о переводе школ на карельский язык. Пройдет два года, и учебники, написанные Хамеляйненом, будут свозить со всей Карелии в Петрозаводск, и их постигнет та же участь, что и раньше финские.

Матвей Михайлович, правда, этого не увидел. Его взяли в начале сентября тридцать восьмого в отцовской избе в родных Лукашах. Привезли в Петрозаводск. Допросы — по трое суток подряд, и все это время ученого заставляли стоять на ногах. Требовали признаться в шпионаже. Вина, мол, уже доказана. Ты был связан с карельскими руководителями, а они оказались врагами, националистами. Ты портил, финизировал карельский язык. Вел профинскую политику. Признавай свою вину, нет времени с тобой возиться.

Он не признавал за собой никакой вины. И очутился в Ленинграде, в знаменитых «Крестах». Сидел в камере вместе с бывшими работниками Коминтерна, участниками штурма Зимнего, большевиками с дореволюционным стажем, героями Гражданской. Иногда ему казалось, что он сходит с ума. Кто задумал эту гигантскую мясорубку, кто запустил чудовищную машину уничтожения ни в чем не повинных людей? Разум отказывался воспринимать ужас картин, происходивших на глазах. В камере рядом с бывшими участниками взятия Зимнего сидел немощный старик. Выяснилось — один из министров в правительстве Керенского. Нашлись среди узников такие, кто в свое время арестовывал Временное правительство, в том числе и этого старика. И вот парадокс судьбы — через столько лет в одной камере.

Хамеляйнену предъявили заключение экспертной комиссии, из которого вытекало, что он финизировал карельский язык, занимался вредительством в области языкознания. Под заключением стояли подписи знакомых ему людей. Он не осуждал их. Доказывал обратное. Создали новую комиссию. Она обвиняла уже не столь категорически, как первая, однако факт вредительства признала. В числе подписавших членов комиссии пятеро были его студентами. Он не держал зла и на них. Через полтора года отсидки ему выдали бумажку такого содержания: «Освобожден из заключения в связи с прекращением дела». Паспорта при нем не было.

Ленинград встречал замаскированными огнями: война с Финляндией подходила к концу. Он боялся патрулей, обходил группы военных. Увидев на перроне жену, которой накануне дал телеграмму, с облегчением вздохнул.

Ну и Боря, ну и хитрец, выкрутился все же из положения. Хороший ход придумал Борис Матвеев, ничего не скажешь. Закончил свой исторический экскурс, ставший настоящим открытием для большинства молодой части населения Карелии, постановлением Совнаркома уже не Карельской автономной республики, как раньше, а Карело-Финской Советской Социалистической Республики. Чтобы овцы были целы, и волки сыты. Словом, угодил всем. А может, и правильно поступил? Чтобы не вызывать грома и молний на свою непослушную голову.

А привел Боря Матвеев вот такой документ. «Руководствуясь решениями VI сессии Верховного Совета СССР, первого съезда Коммунистической партии (большевиков), Карело-Финской ССР и первой сессии Верховного Совета Карело-Финской ССР, согласно которым финский язык может и должен стать главным средством подъема национальной по форме, социалистической по содержанию культуры, роста литературы, науки и искусства и создания кадров интеллигенции в КФССР, Совет Народных Комиссаров КФССР постановляет: 1. Перевести с начала 1940—41 учебного года на финский язык обучения 1—7 классы всех карельских школ... 4. ...с начала 1941—42 учебного года перевести все карельские школы полностью на финский язык преподавания».

Снова поворот «все вдруг»? Теперь уже в обратную сторону? Причину следует искать в политических событиях того времени. Двенадцатого марта 1940 года подписанием в Москве мирного договора окончились кровопролитные бои, продолжавшиеся между СССР и Финляндией в течение трех с половиной месяцев. Тридцать первого марта того же года VI сессия Верховного Совета СССР постановила передать Карелии большую часть той территории Финляндии, которая отошла к Советскому Союзу согласно мирному договору. Верховный Совет Карело-Финской союзной республики образовал на этой территории семь новых районов.

Давно нет КФССР, Карелия снова стала автономным образованием, и только с наступлением гласности в республике во весь голос заговорили о необходимости возобновления карельской и вепской письменности. Лед, кажется, тронулся. Началась работа по созданию вепского национального района. На практические рельсы был поставлен, наконец, бородатый вопрос о карельском и вепском языках.

Пусть кому-то не нравилось, что молодые журналисты вытаскивали на свет имена незаслуженно забытых деятелей, правилом жизни которых было одно слово — трудиться. Работать, не ожидая ниоткуда и ни от кого ни награды, ни похвалы. Работать до тех пор, пока служат тебе руки и пока бьется сердце в твоей груди, работать на пользу своего народа, своей отчизны. Кривой взгляд, грубый окрик, телефонный разнос, испорченное настроение — что они значили по сравнению с тем громадным делом, которое делали многочисленные энтузиасты вроде петрозаводского журналиста Бориса Матвеева.

Мне вспомнились днепропетровские встречи в мемориальном доме-музее академика Д. И. Яворницкого. Десятки лет имя этого крупнейшего украинского историка, археолога, этнографа, фольклориста, писателя, основателя и первого директора Екатеринославского исторического музея было под запретом, его произведения надежно запрятали в спецхран. Забыли грозные чиновники, что город многим обязан Деду, так его с любовью называли в народе, что здание музея, которое и сегодня украшает город на Днепре, построено по проекту, привезенному Яворницким .из Египта, и этот парк из невиданных в здешних местах каменных баб тоже оказался здесь согласно его желанию. И только ли он? Немало культурных сокровищ, которыми любуются посетители музея, добыты чудаковатым Дедом, нередко с большими трудностями, еще в годы его молодости.

Делом всей жизни Деда было написание правдивой истории запорожских казаков. Многотомный труд поистине уникален. Он основывается на редких документах — архивах Запорожской Сечи. Долгое время считалось, что бесценные архивы потеряны навсегда. Пролежав в старом сарае уездного суда почти шестьдесят лет, они были случайно обнаружены старательным судебным канцеляристом. В Одессе, в канцелярии генерал-губернатора Новороссии князя Воронцова (того самого, «полукупца, полуневежды») с обветшавших бумаг сделали копии, обработали, систематизировали. Яворницкий пользовался и иными источниками. А зачем это нужно, морщились сторонники новой пролетарской культуры, глядя на собранные академиком казачьи песни и предания, описания старинных народных обычаев, предметов быта. Идеализирует прошлое — навесили ярлык те, кто привык отгадывать мысли начальства и здесь же предлагать свои услуги в их реализации.

Богатейшее научное наследие академика все же вернулось его землякам! Более того, энтузиасты восстановили даже дом, в котором жил Дед, открыли музей. Кто здесь только не трудился! Студенты и школьники, художники, рабочие лакокрасочного завода, управления автодорог, отдела коммунального хозяйства Жовтневого района. Даже вход сделали таким, каким он был при жизни Деда: старинный механический звонок-вертушка, отверстие, куда опускали почту. А переписывался он и имел дружеские отношения с Л. Толстым, И. Репиным (конверты, подписанные художником, с финскими почтовыми марками лежат в зале под стеклом), Л. Украинкой, В. Гиляровским, Н. Телешовым, другими известными людьми того времени. В поисках материалов побывали у внука Н. Телешова, у наследницы В. Гиляровского; произведения академика, изъятые из библиотек, приобретали у букинистов Москвы, Ленинграда, Киева, Харькова, выпрашивали в институтах Академии наук Украины, в мемориальных залах его друзей — Репина, Украинки, композитора Лысенко. Собрано множество его трудов, рукописей, картин, мебели, личных вещей. Разыскали чемоданчик, с которым ученый ездил на археологические раскопки, зонтик, кресло, в котором он сидел, вазы, посуду. Привезли откуда-то бывшую домработницу, она с 1935 года жила в доме академика. У старого днепропетровского фотографа сохранились снимки кабинета и других помещений, что дало возможность с точностью восстановить интерьер комнат. На стенах повесили любимые росписи Деда «Тарас Бульба с сыновьями» и «Сцены из казачьей жизни». Цвет стен, двери, балкон — все, как при жизни хозяина.

Страна переживала чудесную эпоху возвращения отобранных у нас ценностей. Диктат командно-административной системы привел к социальному разложению: массовой апатии, депрофессионализации, отчуждению масс от официальной политической жизни, неестественному конфликту между властью и интеллигенцией. В Днепропетровске в различных аудиториях приходилось слышать настойчиво повторяемую мысль: следует безотлагательно заняться вопросами теории национальных культур. Формула — культура национальная по форме и социалистическая по содержанию — грешила механицизмом и забвением диалектики содержания и формы. В повестку дня становилось правдивое, объективное накопление исторических знаний о каждом из народов Советского Союза, изучение их культурных традиций, осмысление этнической специфики в сфере фольклора, народного искусства, обычаев и обрядов, словом, все то, что десятилетиями вытравливалось из народной памяти, объявлялось устаревшим, вредным, идеализирующим старое.

В моей Белоруссии тоже немало попортили крови тем, кто осмеливался заглянуть в белорусскую хатку восемнадцатого — девятнадцатого веков. Хорошо помню, как доктор философских наук, профессор, работавший в ЦК Компартии Белоруссии, распекал на одном высоком совещании издателей, что это, мол, они увлеклись выпуском книг для детей — какие-то там сказочки, песенки, ручейки, цветочки. Сызмальства воспитываем пацифизм. А где произведения, которые воспитывали бы у подрастающего поколения гордость за свершения развитого социализма, за счастливую жизнь советских людей, ненависть к империализму?

Да что в Белоруссии! Общая волна беспамятства захлестнула и Россию. Благодаря гласности стало известно, что происходило в Ленинграде накануне и после принятия постановления о журналах «Звезда» и «Ленинград», которое, наконец, к всеобщему удовлетворению, при Горбачеве было отменено. Опубликованы речи бывшего секретаря Ленинградского обкома партии по идеологии М. Д. Казьмина на совещании заведующих отделами пропаганды райкомов и горкомов партии области, а также на пленумах обкома 1949 и 1950 годов. Вот образец отношения к историческому

303

наследию, заметьте, народному: «Захожу я в ремесленное училище Сосновского района. Тоже любопытный факт, он характеризует безыдейность, аполитичность, которая, к сожалению, у нас проводится. Мне показали выставку, связанную с рукоделием — это полотенца, скатерти, салфетки и т. д. Девчата очень красиво вышивают, но рисунки настолько пусты и бессмысленны, что просто удивляешься. Почему такая аполитичность и безыдейность в вышивке? Что там отражено? Известно, грибочки, цветочки, крестики. Советская тематика совсем отсутствует. Невольно задаешь вопрос, где же руководители, где же там партийная организация». Второй образчик, на сей раз из речи в связи с запрещением выставки художников-кружковцев при управлении культуры: «Выставка, прямо следует сказать, плохая. Это главным образом пейзажики, на которых изображены озеро с соснами, озеро с березами, озеро с черемухой. А где наша советская тематика, где наши новостройки, где же наши колхозы, совхозы, наши животноводческие фермы? Нет, этого там нет. Там представлено несколько рисунков Выборга, но Выборг не представлен как советский город, дали Выборг в виде пейзажа, притом обязательно не там, где развевается красный флаг, где показан райисполком, горсовет, но показан старый Выборг — какой-то рыцарский замок, башня с зубцами...»

Ну что здесь скажешь? Даже Троцкий, с его требованиями бдительной и суровой цензуры, высказывался за «тонкую и дальновидную политику в области искусства». В его выступлениях можно найти утверждения, которые звучали в унисон идеологемам Горбачева во второй половине восьмидесятых годов. Вот, пожалуйста: «Отрасль искусства не такая, где партия призвана командовать. Она может и должна защищать, содействовать и лишь косвенно — руководить». Известно и другое высказывание Троцкого: «Методы марксизма — не методы искусства», которое было встречено в штыки вульгаризаторами и неутомимыми ревнителями пролетарской незамутненности.

Запреты, просеивание через собственное, иногда далекое от истинного знания сито ценностей и имен прошлых эпох, лишение поколений исторической памяти к добру не приводят, думал я, перебирая подробности услышанного. В жизни общества не бывает секретов — бывает лишь искаженная и несвоевременная информация. Настолько искаженная, что она иногда оказывается хуже горькой правды.

В редакциях петрозаводских газет помнили звонок из высоких сфер относительно острых публикаций: проблема поднята верно, но незачем будоражить народ, он еще к таким статьям не готов. В доверительных беседах с авторами смелых материалов разговаривали приблизительно таким образом. Перестройка захватила всех нас врасплох. Многие растерялись, занимают пассивную позицию. Люди же решительные идут напрямик. Ваши газетно-телевизионные дискуссии выливаются в неадекватные обсуждения на улицах, площадях, в очередях. Словесные перепалки угрожают перейти в рукопашные. Разжечь негативные эмоции легче, чем предложить и сделать нечто полезное, конструктивное.

Смеялась в открытую какая-нибудь молодая шельма с журналистским билетом в кармане, срезала беспощадным ответом:

— Делать должны вы, уважаемый Иван Иванович (или Иван Петрович). Мы — пресса, мы реальной силы не имеем. Мы — ваше зеркало. Пресса вторична. Организация полезного и конструктивного за вами. У вас вон какие возможности — власть, кадры, актив. А в редакции знаете сколько людей работает? А зарплата какая?

Не соглашался юный радикал и со ссылками на экономические трудности. Ему — один аргумент, а он в ответ — два контраргумента. Его просили: подожди немного, дай развязать экономический узел, ты же видишь, в магазинах пусто, товары первой необходимости по талонам, рабочие по очереди командируют друг друга за продуктами в Ленинград, сбрасываются на билет, работают за того, кто отсутствует. Вот наладим немного торговлю, вырвемся из кризиса, за межнациональные отношения возьмемся. Э нет, возражал он. Эти вопросы взаимосвязаны. Вы ведь читаете в центральной прессе: почти в каждой республике говорят — если бы мы не кормили других, у нас было бы все. Все «кормим» друг друга, а страна — голодная. Вопрос же языка для любого народа — словно хлеб. Без хлеба нет человека. Без языка — народа. В республике сложилось так, что значительная часть коренного карельского населения в основном разговаривала на родном языке лишь дома, «домашний язык» —это как пирог с клюквой, испеченный бабушкой по вековым традициям. Разве сравнишь его с городским тортом — языком тех же городских учреждений? Вот и получается, что у народа, давшего название республике, сфера родного языка сужена до уровня деревенской избы и сарая.

Мне была понятна обида карельских коллег. Разве не такое же положение сложилось и с белорусским языком? Мой сын, пошедший в Минске в первый класс в 1975 году, тоже изучал родной язык как иностранный. Вон мои земляки добиваются признания его в качестве государственного. И сразу раздались предупредительные голоса: а не вызовет ли это оттока из республики русскоязычных специалистов? Как это скажется на экономике? Не получится ли так, что на руководящих постах будут только лица белорусской национальности?

Но нельзя было не прислушаться и к совершенно правильным замечаниям с иной стороны. Как можно считать свою землю родиной и не знать ее языка? Может ли работать, скажем, в той же Ивановской или иной срединной российской области руководитель, не знающий русского языка? А отчего же тогда в Белоруссии немало руководителей высокого ранга, не знавших белорусского языка?

Словом, сотни, тысячи непростых вопросов. Нельзя было не прислушаться и к этому, главному для русскоязычного населения Белоруссии, Прибалтики, Средней Азии: а не станет ли закон о языке средством политического нажима? В карельской гостинице прочел сообщение из Таджикистана: и там власти были встревожены обострением межнациональных отношений. Какая-то нелепость, парадокс. Благодаря новому политическому мышлению нас переставали бояться другие страны. Но при этом мы начинали бояться друг друга в своей собственной стране. На смех всему цивилизованному миру, который, открывая и даже упраздняя границы, объединялся, ставили вопрос о новом внутрисоюзном переселении народов. Верно рассуждали душанбинские руководители: лишь наивные сторонники национальной изоляции могут полагать, что если в республике останутся исключительно «местные кадры», жизнь станет лучше. Наивно считать, что экономические проблемы решаются через национальные. Скорее, наоборот. Конечно, наоборот. Именно через экономику можно решить национальные вопросы. Только от бедности начинают отгораживаться языковыми, национальными, таможенными и иными барьерами.

Так что, карельские журналисты не правы? Сначала надо развязать туго завязанные застойными временами социально-экономические узлы, а после уже, всем вместе, бороться за национальные? В Душанбе как поступили? Чтобы не допустить несанкционированного митинга на облюбованной жителями площади, где предполагалось повести разговор о таджикском языке, переводе его с кириллицы на арабскую графику, придании статуса государственного, площадь решили срочно заасфальтировать. Чисто восточное решение вопроса! Хотя, кто знает, может, в том и была необходимость. Только вот «асфальтировать» национальные проблемы еще не значит их решить.

Асфальтируй не асфальтируй, как хочешь выкручивайся, а от вопросов, поставленных жизнью и народом, не отвертеться. Разве есть разница, каким алфавитом напечатаны стихи древних, всемирно известных таджикских поэтов? Неформалы требовали перехода на прежнюю графику — арабскую? Это что — предосудительно? А если бы нас заставляли читать стихи Пушкина, написанные латинскими буквами? Вот и говорите после этого, что все народы были равны в нашем едином Союзе. Сколько же еще осталось деформаций, мифов и легенд! В Петрозаводске многие считали, что карелы сами отказались от своего языка, добровольно предпочли финский, вон и в решениях съезда все зафиксировано. Республиканская молодежная газета слегка приоткрыла занавес над запретной темой, показала, что стояло за затейливыми зигзагами в приоритетах одного языка над другим, легко опровергла представления, которые удовлетворяли доверчивых людей, ставших жертвами не только этой фальсификации. Много народу с трудом отказывалось верить в то, во что верили раньше. И от веры в правильность той политики не желают отказаться многие. Так было, пожалуй, с публикацией Виктора Астафьева в «Правде»: как же возмутились обманутые

Сталиным люди, стремившиеся оставаться такими навсегда, высказанным писателем-фронтовиком горьким признанием о том, что мы не умели воевать в Великую Отечественную.

Мертвые хватают живых! Грандиозный социальный катаклизм, принудительно изменивший жизнь абсолютного большинства населения на шестой части планеты, создал дух «осадного положения», при котором любая форма диктатуры казалась оправданной. Брежневская эпоха представлялась лишь отрыжкой эпохи «великого перелома», и той и другой двигала бешеная энергия активистов, охваченных идеей превратить природу и общество в некую единую машину, управляемую из одного центра. Всем: сталинистам и неосталинистам, консерваторам и прогрессистам, критиканам и стражам идейной незамутненности была уготована одна роль, роль сырья, которое планомерно загружалось в чудовищную сверхмашину и так же планомерно двигалось по ее трубам. Никогда не забуду сцену из повести В. Распутина, где один из персонажей говорит: «Матера на электричество пойдет». Матера — это деревня с ее жителями. Ну, а управлять этой машиной будут, безусловно, они, активисты с бешеной энергией, им будет подвластно все, в том числе и человек — винтик. Общество — машина и человек — винтик в ней — вот устойчивый образ, наиболее отвечавший духу командной системы.

Как же мы возмущались сталинско-брежневской наследственностью, ее железными законами, поверив сладкоречивому Горбачеву. Прошлая жизнь? Да это только подчиненность, только брать под козырек, записывать ценные указания начальства, самоотверженно выполнять их, и не более того. Свое мнение иметь? Не разрешается! Проявлять самостоятельность? Ни в коем случае! Оспаривать решения? Мудрое начальство никогда не ошибается! Критиковать? Это уже дискредитация, нападки на партийные и советские органы, очернительство грандиозных усилий любимого всем коллективом руководства.

Возьмем представителя «золотой молодежи» Сержа. Как он воспринял известие о том, что его отец, от движения левого мизинца которого зависели судьбы людей, пролетел на выборах? То-то. Двадцать шестого марта 1989 года по тщеславию партийных руководителей высокого ранга впервые был нанесен ощутимый удар, десятки секретарей обкомов, горкомов партии не набрали необходимого количества голосов, чтобы получить депутатские мандаты. Наиболее самокритичные признали: народ не принимает их стиль работы, не удовлетворен слабыми результатами. Но таких оказалось немного. Большинство, оправдывая себя, свалили вину на прессу. Она, мол, будоражила людей, выступала с критическими статьями, спекулировала на трудностях, подогревала нездоровые настроения.

Нелегко быть партийным работником в сложное, даже в чем-то кризисное время, жаловались в Карельском обкоме. В самом деле, представьте себе психологию рядового аппаратчика: работал не поднимая головы от стола, до полуночи высиживал в кабинете, искренне верил, что ускоряет перестройку, и вдруг выясняется — был занят пустым делом, сочинял бумаги, которые так и оставались бумагами, не трансформировались в дело. Согласитесь, такое открытие — драма.

А разве сохранила цельность, устойчивость жизнь других категорий служилых людей? Одни пришли в раздражение, другие пали духом, третьими овладела апатия, и они никак от нее не могли избавиться. А сколько бывших преуспевавших чиновников, считавших, что сделали блестящую карьеру, пробившись в аппарат различных высоких учреждений, искали ответ на мучительные вопросы, от которых не было покоя ни днем, ни ночью. Что будет с ними, что будет с огромной армией таких, как они? Все священные заповеди и мудрые установки потеряли силу. И стало понятным уже даже самым неумным и бесталанным, что жизнь в тишине монументальных зданий — одно, а за стенами — совсем другое. Что делать?

Как что? Отбиваться! Отбиваться до последнего патрона. От всех этих перестройщиков, писак, телекомментаторов, неформалов, народнофронтовцев, сторонников социальной справедливости, детей и внуков репрессированных, членов обществ милосердия. А при случае и наступать, давать по зубам, чтобы не забывали, у кого власть. Демократия демократией, но слова о твердой руке, порядке и железной дисциплине находили положительный отклик среди определенной части людей.

С трудом шло осмысление новой роли прессы. Номенклатурные работники привыкли рассматривать ее в качестве неотъемлемой части командно-административной системы. Она такой и была. Но начался демонтаж сталинской системы, и не затронуть печать он никак не мог. Совершенно естественно, что печать так дружно обрушилась на то, что столько лет сдерживало ее развитие, ограничивало поле деятельности. Не понять этого — значило не понять времени и перемен, произошедших с приходом Горбачева. Верно говорят, что правдивый барометр — редакционная почта. Читатели впервые без страха начали писать о том, что их волновало.

Огромное количество писем было посвящено событиям тридцать седьмого года. Тысячи людей ничего не знали о судьбе своих близких, которых полвека назад увезли куда-то черные «воронки». Куда-то — это значит и сюда, в Карелию. Репрессировали и местных жителей. О масштабах беззакония можно было судить по цифрам, названным прокурором республики В. М. Богдановым. В ходе реабилитационной работы, начатой в 1954 году, было рассмотрено около одиннадцати тысяч уголовных дел. Потом — почти двадцатилетнее молчание. И вот вместе с КГБ прокуратуре надо будет рассмотреть еще около девяти тысяч дел.

Исторический парадокс: старожилы утверждают, что в Петрозаводске никогда не было улицы Сталина. Основание для утешения? Но были памятники ему, были доносы, расстрелы, лагеря. В редакции газеты «Ленинская правда» мне показали письмо П. А. Корчуева из города Беломорска. Автор писал, как арестовали его мать, пятидесятилетнюю колхозницу Лукерью Васильевну Корчуеву.

«Нелегально мне посчастливилось поговорить с ней. Она сказала, что трое суток не давали спать и заставляли стоять, но она не подписала ничего. Да что там ее подпись, две буквы «ЛК». Она была неграмотная».

Вот еще одно письмо, от жителя города Медвежьегорска Ю. М. Тральмана: «В 1936 году мой дед Иван Константинович Красильников был арестован органами НКВД и исчез бесследно. Мой отец, Тральман Михаил Юрьевич, в 1936 году был арестован и осужден, десять лет провел в Колымских лагерях. В 1949

310

году был арестован второй раз и сослан на пять лет в Сибирь. Я сам после шести лет службы в армии 8 марта 1950 года был арестован и приговорен военным трибуналом Северного флота по статье 58-9 к 25 годам лишения свободы».

И таких писем сотни. Во многих селах, пишут читатели, фамилий погибших во времена репрессий не меньше, чем тех, кто не вернулся с войны.

По словам прокурора, Карелия пострадала в этом смысле не меньше, чем иные регионы страны. Сыграло в этом свою роль, видно, и приграничное положение республики, и наличие финнов-эмигрантов, а также родственников за границей у многих жителей Карелии. Следовательно, при желании легко было навесить невиновному ярлык шпиона или диверсанта. Много людей пострадало за «участие» в так называемых контрреволюционных организациях, их, как в дальнейшем было установлено, в республике не существовало ни одной. Даже бытовые посиделки крестьян с обсуждением жизненных вопросов, с выражением обоснованного недовольства могли рассматриваться, как «контрреволюционное гнездо» со всеми трагическими последствиями. Владимир Михайлович выразил мысль, близкую к убеждению, что репрессии тридцать седьмого — тридцать восьмого годов проводились по заранее разработанной разнарядке. Человека могли обвинить во вредительстве, к примеру, за падеж нескольких животных, за неосторожную реплику о том, что в колхозах мало получают на трудодень.

То же было и на моей Могилевщине! Мать рассказывала: стоило острой на язык соседке произнести необдуманные слова, как через день-два ее забирали в райцентр. Хватали даже за частушки о Сталине и Гитлере, мы, малолетки, едва лишь заводили озорные сатирические куплеты, как матери тут же затыкали нам рты, больно обжигая голые ноги крапивой, угрожали каким-то страшным черным вороном.

Прокурор Карелии рассказывал, что стоило карелу или финну похвалить качество изготовленной в Финляндии вещи или сказать, что надои молока там выше, как его сразу арестовывали за контрреволюционную пропаганду. То же было и у нас. Переселенец из Гродненщины, собрав возле себя сельских мужчин, сочувственно отозвался о единоличной жизни на хуторе в панской Польше. Через неделю его забрали, а жена с малыми детьми ходила из двора во двор, просила подписать ходатайство, чтобы выпустили. Помнится, многие не подписывали, боялись. Мой отец подписал. Но бедолагу так и не выпустили. Где он встретил свою последнюю минуту — неизвестно.

Владимир Михайлович рассказывал о реабилитированных во второй половине восьмидесятых годов. Люди известные, малоизвестные и вовсе неизвестные. Старики и молодежь. Дедушки и женщины. Подростки. Семидесятилетний помор из Беломорского района Черницын. Расстрелян по постановлению тройки НКВД республики за контрреволюционную пропаганду и агитацию. На самом деле вся его «вина» состояла в том, что он был верующим. Шестнадцатилетний учащийся Петрозаводского лесотехникума Кузнецов написал письмо Сталину, где размышлял о том, что в обществе много беспринципных приспособленцев, выражал желание трудиться на пользу Родине. За «искажение действительности» ему влепили три года лишения свободы. Ничего, еще по-божески. Но ведь юноше было всего шестнадцать лет. Другой юноша, восемнадцатилетний Ларионов, тоже отхватил три года — за то, что выразил сомнение в реальности установленного для леспромхоза производственного плана.

В тридцать шестом году арестовали заведующую Петрозаводской детской поликлиники Радомысльскую. Она член партии с восемнадцатого года, все знали ее лишь с хорошей стороны. И вдруг тюрьма, допросы. Особое совещание НКВД СССР приговорило к лишению свободы на пять лет. За что? Никаких доказательств ее контрреволюционной деятельности не было. Не было — будут. А то, что она родная сестра «врага народа» Зиновьева, разве не доказательство? Еще какое, большая птица свила гнездо рядом с границей.

Начиная с октября 1988 года было реабилитировано уже около трех тысяч человек. Раньше существовал только один порядок реабилитации, судебный, независимо от того, кто принимал решение о наказании — суд, «тройка», особое совещание или комиссия НКВД. Президиум Верховного Совета СССР своим указом в январе 1989 года упростил этот процесс. С тех пор по делам, рассмотренным внесудебными органами, после их скрупулезного изучения работниками прокуратуры и КГБ составляли заключение, и после его утверждения прокурором человек считался реабилитированным. Пересматривались все архивные дела, за исключением дел на изменников Родины и карателей периода Великой Отечественной войны, нацистских преступников, участников националистических банд, формирований, их прислужников, и на работников, занимавшихся фальсификацией уголовных дел, а также лиц, совершивших убийства и иные общеуголовные преступления. Читать дела реабилитированных было тяжело. Механизм беззаконий поражал автоматизмом: из каждых трех репрессированных двое приговаривались к расстрелам. Особенно трагична была участь заключенных, занятых на строительстве Беломорско-Балтийского канала. Многих из них репрессировали дважды. В тридцатом — тридцать пятом годах по решению внесудебных органов их направляли в исправительно-трудовые лагеря канала, а в тридцать седьмом — тридцать восьмом годах расстреливали. В большинстве случаев, приговаривая этих несчастных людей к высшей мере, даже не допрашивали. Достаточно было характеристики администрации лагеря, чтобы признать человека антисоветчиком и учинить над ним расправу. Мотив был один — контрреволюционная пропаганда и агитация. И это в отношении к темным, полуграмотным людям! Шили политику только за то, что малограмотные поморы пытались разобраться в этой самой политике.

Абсурдность массового террора была настолько очевидной, что Сталину и его окружению пришлось принимать срочные меры, чтобы замести следы. Нашли выход: объявили врагом народа и расстреляли наркома внутренних дел СССР Ежова. В конце тридцать восьмого года в областях, краях и автономных республиках распустили «тройки» НКВД. Искали тех, на кого можно было взвалить ответственность за массовые репрессии. В Карелии таким козлом отпущения стал нарком внутренних дел К. Теннисон. Он умер в тюрьме в процессе следствия по его делу. Теннисона сменил С. Матузенко. Но и его ожидала участь предшественника. Матузенко расстреляли за фальсификацию уголовных дел. К такой же мере приговорили многих работников органов НКВД, в том числе и тех, кто работал на Беломорско-Балтийском канале. Расстреливали за фальсификацию, но сами сфабрикованные дела не пересматривались до пятьдесят четвертого года.

Как и в других регионах, в Карелии была создана комиссия по реабилитации лиц, пострадавших во времена репрессий. Ее председатель, секретарь обкома партии О. А. Ленсу, говорил, что работники КГБ, МВД, прокуратуры, архивные учреждения работали с большим напряжением, но объем работы огромный, а штаты остались те же. Наиболее нетерпеливые горячились, иногда впадали в крайности. «Как хватать, сажать, допрашивать, охранять — нашлись у страны силы, хватило штатов, а сейчас, для ускорения процесса реабилитации, нет ни материальных возможностей, ни человеческих ресурсов? — вопрос через молодежную газету ее запальчивого читателя. — Мне, гражданину, стыдно за страну, которая экономит на совести. Никакие аргументы меня не убеждают».

Резко? Резко. Но ведь Горбачевым объявлено: не только гражданин отвечает перед государством, государство тоже отвечает перед гражданином. Прекрасно сказано! Или мы хотим, чтобы сказанное снова осталось лишь словами?

Нет, не хотим. Ибо знаем, сколько стоило бесправие нашим отцам и дедам. И в Карелии открывались двери архивов, свидетельства тех страшных времен становились достоянием гласности, публиковались требования хотя и посмертных, но справедливых оценок. Встречались, правда, и другие требования. Вроде следующего: «В последнее время в газетах все чаще появляются трогательные статьи о тех, кого нет в живых очень давно, а точнее — полвека. Пишущие эти строки не были свидетелями и не знают, за что осуждены, кто были эти люди, кто их арестовывал. Почему ни разу не показали документ — приказ, указ за подписью самого Сталина о массовых арестах?»

Жаль их, наивных жертв своего идола. Даже спустя пятьдесят лет, они не могут понять, что не светлое будущее строили на необъятных пространствах, а мрачные казармы, в которых тесно и неуютно их собственным детям. Сердце отказывалось признать горькую правду. Признать — значит, перечеркнуть свою жизнь. Они свято верят во вредительство, шпионаж, обострение классовой борьбы.

Приведенное письмо, не буду называть имя его автора, пришло из Пудожского района. Заместителем председателя райисполкома здесь работал Евгений Григорьевич Нилов, известный в Карелии краевед. Он исследовал белые пятна коллективизации в своем районе. За что тогда осуждали? Вот его ответ: в большинстве руководителями колхозов, специалистами, бригадирами были люди, не имевшие элементарных агрономических и зоотехнических знаний, настоящие хозяева пошли по этапу вместе с семьями. Неумелая организация труда и плохой его учет, небрежность в сохранении обобщенного имущества, уравниловка в оплате приводили к кражам зерна, падежам молочного и рабочего скота, свиней. Это было закономерной болезнью колхозного роста, через нее надо было пройти. Но выводы следственных органов были иными, этим действиям начали давать политическую окраску, разворачивалась компания чистки колхозов от классово-вражеских элементов. Кулаков вычистили, а бесхозяйственность по-прежнему процветала. Кто виноват? И вот гонения перебросились на рядовых колхозников. Криминалом становились высказанные сгоряча резкие слова в адрес партийцев-соседей, советских работников, бригадиров. Иногда достаточно было критической заметки в районной газете за подписью «Глаз» или «Видящий», а то и подброшенного доноса на знакомого, более трудолюбивого односельчанина. Четверть имущества репрессированного доставалась борцу за победу колхозного строя.

Газета «Красная Карелия» 18 сентября 1937 года опубликовала краткое сообщение о том, что органами НКВД в Пудожском районе изобличена вредительская организация правых. По делу привлечены И. Харламов, бывший заведующий райземотделом, В. Корнилов, бывший заместитель заведующего райземотделом Ф. Колотухин и другие. Им предъявлено обвинение по статьям 58-7 и 58-11. Нилов заинтересовался газетной информацией, начал раскручивать старую историю. Судила их выездная сессия Верховного суда Карельской АССР. С целью устрашения и более эффективного воздействия на массы «врагам народа» было устроено публичное судилище. На городской площади за ночь построили трибуну. В день суда все учреждения и организации Пудожа не работали, а сотрудников обязали прибыть на суд. Прибыло 1200 человек. Свидетели по делу требовали расстрела подсудимых. Делегация колхозников из Карбозерского сельсовета обратилась через районную газету к суду, «чтобы все эти гады были приговорены к расстрелу». Выездная спецколлегия вынесла приговор: мера наказания — высшая.

Поиски «врагов народа» продолжались. Райотдел НКВД раскрыл «вредительство» в медицине. Затем начали искать «врагов» в просвещении. Заведующего районо обвинили в троцкизме, учителей Васина и Лопаткина в том, что они «пролезли» в школу для вредительской подрывной работы (это с первоклассниками!). Подбирались к первому секретарю райкома Алексееву. И вот в январе тридцать восьмого районному партактиву сообщают, что их первый — «разоблаченный враг народа». Маховик раскручивался все сильнее, доносы сыпались один за другим. Второй секретарь райкома имел тесные связи с врагами народа Логуновым и Эглитом. Инструктор райкома Кустов имел близкую связь с врагами народа. На квартире инструктора Рудакова жила свояченица, занимавшаяся контрреволюционными делами. Уполномоченный райторга Чикин — жулик с партийным билетом, имевший связь с врагами народа. Начальник райлеспродторга, член партии Фролов связан с вражескими элементами. Дом крестьянина (гостиница) отдан на откуп чуждому элементу Галашовой.

Как видим, не бестелесные духи выдергивали людей из семей, из коллективов. Конкретные энтузиасты быстрейшей реализации доктрины усиления классовой борьбы не щадили никого, даже своих. В Карелии, как и в других регионах страны, громко звучало настойчивое требование назвать имена участников репрессий. Об этом шел острый разговор на заседании городского дискуссионного клуба «Альтернатива». Председатель комиссии по реабилитации Ленсу выразил мнение: он не уверен, что надо разыскивать виновных — новых «врагов народа». Кого считать виновным — того, кто приводил приговор в исполнение, или того, кто выносил приговор? Или того, кто писал донос, подбрасывал анонимку, гневно разоблачал на собрании, рассчитывая надеть кожаное пальто своего начальника и занять его кабинет? В республике было несколько волн репрессий, вчерашние судьи становились подсудимыми. Имеем ли мы право наносить травмы детям и внукам тех людей? Видно, цель изучения этой страницы истории в другом. Трагический опыт должен помочь в строительстве правового государства.

Мысли, предложения, суждения... Их было много, как и фактов, которые становились достоянием общественности. Репрессировали руководство республики. О Ровио, Гюлинге, Ирклисе и Бушуеве мы уже говорили. Ирклиса, обвиненного в национализме, сменил Иванов. Вскоре сняли и его. После войны из Ленинграда в Петрозаводск направили Г. Куприянова, его избрали первым секретарем. В марте пятидесятого года Куприянова арестовали. Первоначальный приговор — расстрел — заменили двадцатью пятью годами лишения свободы. После двадцатого съезда партии Куприянова освободили. Репрессировали простых, малограмотных тружеников, приписывая им контрреволюционную агитацию и пропаганду. Во многих делах два-три листка бумаги, нет даже протоколов допросов. Арестовывали за малый улов рыбы, за допущенный производственный брак. Через пятьдесят два года вернули партийный билет престарелой У. А. Григорьевой из Муезерского района, исключенной из партии «за связь с финским шпионом». «Финский шпион», шофер Пентонен, был мужем Ульяны Амосовны, ему тоже вернули доброе имя.

«Были ли в Карелии Куропаты», «Когда-нибудь и трупы заговорят», «Тайна квартала № 22», «Безымянные могилы» — вот заголовки статей, которые пестрели в карельскою печати. Где проходили похороны узников? Куда возложить цветы? На эти вопросы приезжих родственников невинно расстрелянных никто не мог ответить. И тогда за дело взялись непрофессиональные историки и непрофессионалы-архивисты. Как и в Белоруссии, на Украине, в Ленинграде, в Москве. Напрасно сопротивлялись противники гласности, обвиняя журналистов в экстремизме, сенсационности. «Зачем Карелии непременно Куропаты? Неужели вы не видите тенденциозности в самом названии этой статьи, — возмущалась одна читательница. — Да и весь его смысл в том, что если их нет, то можно «вспомнить» и объявить, что и у нас есть чем присоединиться к этой теме в более кровавом виде».

Знакомый мотив. Точно так же воспринимались поначалу публикации о Куропатах в Минске. Не было здесь массовых расстрелов, сопротивлялись некоторые должностные лица, для которых лишние хлопоты словно заноза под ногтем. Что? Местные жители слышали выстрелы? Так ведь там был полигон войсковой части.

Громадным испытательным полигоном системы ГУЛАГа еще до начала массовых репрессий стала территория Карелии, где отрабатывалась методика будущих Дальстроя, Воркуты и Колымы. Только на строительстве Беломорско-Балтийского канала трудилось около 126 тысяч осужденных. Невероятно! Знаменитая стройка социализма тридцатых годов, название которой увековечено на пачках популярной марки папирос, — и будущая модель ГУЛАГа. Никто бы не мог поверить. И не верили. Даже такие люди, как Алексей Толстой и Леонид Леонов, Мариэтта Шагинян и Виктор Шкловский, Валентин Катаев и Михаил Зощенко, художники Кукрыниксы. Эти прославленные творцы в августе тридцать третьего проехали по Беломорско-Балтийскому каналу. В Москве им выделили спецпоезд из мягких вагонов, загрузили его ящиками с вином и коньяком, икрой, колбасой и шоколадом и направили на стройку социализма. Такое пожелание высказал сам Сталин, который вместе с Ворошиловым и Кировым навестили канал месяцем раньше. Поездка вождя была секретная, рассказывали, что их сопровождали эсминцы, даже подводную лодку держали наготове. Задачу писателям поставили следующую: подготовить сборник о стройке социализма, показать, как происходит «перековка» бывших преступников. На канале, мол, безусловно, трудится какая-то часть людей, допустившая в прошлом некоторые отклонения от общепринятых в советском обществе правил поведения.

Клюнули на удочку мастера пера и кисти, клюнули! Даже Горький, который был составителем замечательного панегирика «Беломорско-Балтийский канал имени Сталина», с завидной оперативностью вышедшего уже в начале тридцать четвертого года. Вот как описывали мастера слова свои впечатления: город Медвежьегорск хоть и встретил их лагерем за колючей проволокой, но — беленькими аккуратными бараками, цветниками, дорожками, усыпанными желтым и белым песочком, волейбольными площадками, футбольным полем. А какое чудное меню красовалось перед входом в один из бараков! Мастера слова переписали названия блюд в свои блокноты: «Обед. Щи (1,2 килограмма на человека). Каша пшенная с мясом (по 300 граммов), котлеты рыбные с соусом (до 75 граммов), пирожки с капустой (по 100 граммов)». На скамейках, греясь в лучах ласкового солнышка, сидели лагерники — все здоровенькие и веселые. На любые вопросы отвечали бойко и бодро, без запинки. Да, был грех раньше, воровали, грабили, осуждены справедливо. Теперь стали ударниками. Были преступниками, стали нормальными людьми. Некоторые вредили на советских заводах и фабриках, злились, глядя на победную поступь советского народа. Сейчас им стыдно вспоминать, какими они были до «школы пролетарской перековки».

Да что отечественные писатели! Высокое внимание, путешествие на флагмане «Иосиф Сталин», одурманивание вином, речами, указами, законами, лозунгами, прессой, энтузиазмом, верой сделали свое дело. Клюнул на удочку великий датчанин Мартин Андерсен-Нексе: «Замечательная эта поездка по каналу. Настоящее удовольствие плыть сотни километров по местности, преобразованной руками человека». Перед зарубежными гостями разыгрывался невиданный оперёточный театр времен Иосифа Сталина: зеков вывозили с маршрута их следования и заменяли сытыми, откормленными охранниками, переодетыми в аккуратные ватники.

А сейчас пойдут архивные свидетельства. Сухим, официальным языком цифр и служебных отчетов они рассказывают о тех, благодаря кому водный путь из Ленинграда в Белое море стал короче почти на четыре тысячи километров. В центральном государственном архиве Карельской АССР был обнаружен небольшой фонд документов, связанных с историей Беломорско-Балтийского комбината — подразделения, созданного, как вытекало из краткой характеристики, подписанной заместителем начальника ББК и УББК НКВД СССР лейтенантом госбезопасности Левинсоном, «по инициативе товарища Сталина в 1933 году с целью освоения Беломорско-Балтийского канала и прилегающих к нему районов средней зоны Карелии». Беломорско-Балтийский комбинат возник после переформирования Белбалтлагеря. Одну часть заключенных перебросили на строительство канала Москва — Волга, вторую — на БАМ. В Карелии остался ББК — аббревиатура учреждения, которой после постройки канала поручили осваивать лесные массивы. Короче говоря, заниматься лесоповалом.

Из положения об отделениях Белбалткомбината: отделениями ББК назывались территориально обособленные единицы, которые организовывались с целью определенных строительных работ, промысловой и хозяйственной эксплуатации. В состав отделений входили лагеря (лагпункты и командировки), заселенные заключенными, спец- и трудпоселки, заселенные спец- и трудпереселенцами. Начальникам отделений в отношении спецпереселенцев принадлежали все права, присвоенные участковым и районным комендантам, согласно утвержденному заместителем председателя ОГПУ временному положению.

Из архива, который, видно, насчитывал десятки тысяч листов, осталось не более двух десятков папок. Многие документы были уничтожены в конце тридцатых — начале сороковых годов в связи с утерей ценности. Из описи вытекает, что это коснулось сообщений о несчастных случаях среди заключенных, актов о разутости, списков на отправку части контингента в Волголаг, списков заключенных из числа карелов и финнов на отправку в Ухтпечлаг. Часть документов попала в Финляндию. Еще одна часть уничтожена в 50—60-е годы.

Давайте полистаем то, что чудом сохранилось в архивных фондах. Производственные приказы, копии отчетов отделений, в них указаны дислокация лагерей, количество заключенных и характер работы. Характер работы понятен: Белбалтлаг образовывался не только как исправительно-трудовое учреждение, но и как гигантский леспромхоз. А вот и данные относительно контингента. На первое апреля 1939 года в двадцати двух отделениях ББК существовало 139 лагпунктов. В них насчитывалось 83 810 человек. Кроме того, на территории Белбалткомбината располагался 21 трудпоселок с населением 28 083 человека. Обитатели трудпоселков скрупулезно учитывались в документах НКВД. Отдельно учитывался рабфонд (т. е. взрослые), отдельно дети и подростки (очевидно, будущий рабфонд). К примеру, в трудпоселке Неминск-3 на первое августа 1939 года насчитывалось взрослых — 712, подростков — 121, детей — 321. А вот справка о заботе Бачиловского лагпункта: людей вольнонаемных — нет, заключенных — 848, лошадей — 140, тракторов — 13.

Каких только встреч не было в этих лагпунктах! Первое горькое изумление ощутил двадцатилетний студент гидротехнического техникума из Спасской Губы П. Сидоров, когда на Медвежьей Горе увидел известного гидротехника, по учебникам которого он готовился к зачетам. Отныне у них была одна участь — тяжелый физический труд, где основные орудия лопата, кирка и тачка. От систематического недоедания и болезней гибли тысячами. Немало и моих земляков закончили свой земной путь здесь, среди снежных карельских лесов. Не лучше была участь и тех, кого ссылали на безлесые острова Олений или Гольц у пудожского берега Онежского озера. Туда свозили жен и детей членов семей «врагов народа». Одна женщина, чудом уцелевшая, плакала: «Приехали туда, а остров голый, пустой, одни камни. Мама осмотрелась и говорит: «Было бы хоть дерево, повесилась бы».

Карельский журналист Б. Семкин вместе с художником В. Кидру составили схему расположения лагерей и трудпоселков Белбалтлага. Редактор «Ленинской правды» рискнул ее напечатать. Что началось! Упреки в антипатриотизме, обвинения в сенсационности, растерянность школьных учителей: что говорить детям? Схема пестрела условными знаками почти возле каждого крупного населенного пункта. Заштрихованный треугольник — лагерный пункт, кружочек — трудколонна, квадратик — трудпоселок. Численность трудпереселенцев и лагерных заключенных равнялась четвертой части тогдашнего населения Карелии. Территория Белбалтлага занимала седьмую часть ее территории. Редкие деревеньки, окруженные лагерными знаками, казались беззащитными резервациями, последними островками «свободной» жизни.

Никуда от правды не скроешься. Пусть хоть эта карта-схема будет единственным пока указателем мест всенародной скорби. Не хочется честным людям Карелии быть последними в раскрытии белых пятен истории. Пускай и с опозданием, но непременно придет правда о Белбалтлаге ОГПУ, о страданиях заключенных, которых перекрестили в романтичных «каналармейцев», о том, почему вся страна верила мифам, в которых некие абстрактные личности под символами КР (контрреволюционер), СОЭ (социально опасный элемент), СВЭ (социально вредный элемент) перековывались в активную часть народа. На самом деле его активной частью были они до клеветы и наветов, приведших за колючую проволоку, к охранникам и унижениям.

Конечно, неприятно сознавать, что именно на территории твоей республики десятки тысяч раскулаченных крестьян и тех, кому выпало стать жертвами первой волны террора, при помощи лопаты и тачки, среди диких скал и непроходимой тайги за короткий срок проложили голубую ленту канала длиной 227 километров, что именно на карельской земле возникли первые пятна зловещей россыпи «архипелага ГУЛАГа» — лагерей для репрессированных. Еще более неприятно узнавать, что не кто иной, как тогдашнее карельское правительство, ходатайствовало о награждении орденами главных каналостроителей во главе с заместителем председателя ОГПУ Ягодой. А СЛОН — аббревиатура, известная по документальному фильму «Власть соловецкая», первые буквы которой образуют полное название страшного учреждения: Соловецкий лагерь особого назначения, — этот СЛОН, где фактически были уничтожены остатки русской интеллигенции, генофонд нации, подчинялся карельским властям, по положению, начальником СЛОНа одновременно являлся начальник ГПУ Карелии. Не зря говорят, что Белбалтлагерь ОГПУ — это прямой наследник Соловков, только вдвое больший по масштабам.

Правду, ничего, кроме правды! Пусть она будет горькой, колкой, саднящей, пусть многое перевернется в душах, но лишь полная и ясная правда позволит разобраться в причинах всеобщего ослепления, массового гипноза. Лишь она даст возможность понять, почему Горький, знаменитый Горький, написал произведение, весь пафос которого свелся к следующим словам: «Присматриваясь к современным «социально опасным», я не могу не видеть, что хотя труд восхождения на гору и тяжек для них, они, «социально опасные», понимают необходимость стать социально полезными. И это результат тех условий, в которые они, «социально опасные», сейчас поставлены... Я думаю, вывод понятен: нам нужны такие лагеря, как Соловки...»

Смысл последней фразы воспринимался на фоне знания особенностей соловецкой жизни как никогда контрастно. Контрастом она звучала уже после ознакомления со справкой, которая хранится в Центральном государственном архиве Карелии. Документ свидетельствует, что в начале 1930 года в соловецких лагерях содержалось до 50 тысяч заключенных. Среди них были, безусловно, белогвардейцы, уголовники, но ведь был и цвет науки и искусства Ленинграда и Москвы, представители армии, советские служащие. Всех наделили одинаковыми аббревиатурами — КР (контрреволюционер), СВЭ — (социально-вредный элемент), СОЭ — (социально-опасный элемент). Голод, издевательства охранников и уголовников, болезни и непосильные «уроки» в лесу — вот что ждало таких, как искусствовед Д.С.Лихачев. В барак, рассчитанный на 200 человек, загоняли две тысячи, люди спали на нарах сидя, в несколько рядов на полу и под нарами. Пресная вода продавалась по рублю за кружку. Для «урока» на лесоповале выделялось 16—18 часов, тот, кто не выполнял норму, кроме 500 граммов хлеба ничего не получал. В лес выводили в лаптях без теплых портянок. В ноябре 1928 года на «командировке» «Красная горка» на морозе было поставлено «на камень» 300 заключенных, из них 150 отморозили себе руки и ноги, после чего им ампутировали конечности.

Фильм «Власть соловецкая» в Карелии показывали. Молодежная газета опубликовала интервью с режиссером М. Голдовской. Она рассказала, что отыскала в Карелии трех соловчан. Один из них заупрямился: отрывки из старой ленты «Соловки», снятой по заказу ОГПУ в двадцать шестом — двадцать седьмом годах, включенные в фильм М. Голдовской, правильны, некоторые новые — нет. Заключенные с конвойными жили дружной семьей, вместе занимались спортом, в Кеми ими построен отличный стадион. Правда, гонять футбольный мяч на поле — это одно дело, а строить стадион — несколько иное, но в конце концов, даже в самых невыносимых условиях, случается, кому-то и везет, меньше достается. Во всяком случае, «молодежка» не стала утаивать и противоположное суждение относительно фильма и Соловков. Читатели сами во всем разберутся, монополией на истину не обладает никто, ни режиссер, ни корреспондент.

Факты, суждения, гипотезы — иное дело. Вон краевед из Пудожа Евгений Григорьевич Нилов добрался, наконец, до таинственного лесного квартала номер 22. Вокруг него ходило множество невероятных слухов. Говорили, что там находятся могилы, в которых лежат останки людей, расстрелянных в годы репрессий. Старожилы даже показывали место, метрах в ста пятидесяти от старой дороги. Решили проверить. В конце мая начали раскопки. В самом деле, земля как-то подозрительно осела, значит, правду говорили местные жители. Через полметра лопата уперлась во что-то твердое, предмет осторожно окопали со всех сторон, вытащили на поверхность. Резиновые галоши! Хорошо был виден штамп фабрики «Красный треугольник» и подпись «СССР 38». Год выпуска? На глубине около метра нашли скелет человека. Посередине черепа — отверстие, словно от пули. Раскопки остановили, дальше следовало связываться с прокуратурой.

Представители прокуратуры из Петрозаводска назначили официальную эксгумацию. Раскопки продолжались. Стало ясно, что здесь похоронены штатские люди, в том числе женщины. Одну за другой извлекали вещи из могилы. Находки леденили кровь. Футляр с очками, у которых, о чудо, даже стекла не разбились, целехонькие. Кошелек. Ботинки и сапожки, фабричного и домашнего изготовления. Из подметок торчит береста — ее подкладывали в довоенное время молодые мужчины для скрипа. Гильзы разного калибра. Неужели обнаружено место захоронения расстрелянных людей? Скелеты громоздились один на одном, беспорядочно, об этом свидетельствовали позы костей и черепов. Сколько их было, трудно сказать.

Карельские Куропаты? Вот два свидетельства старожилов. Рассказ первый.

— Однажды, это было в сентябре тридцать седьмого года, мой товарищ по работе пришел на службу очень возбужденным. Весь день он молчал, а вечером рассказал, что накануне ходил на охоту в те самые места, о которых идет речь. В полумраке он увидел, как на дороге остановилась полуторка (она была единственная на весь Пудож и принадлежала НКВД) и из нее начали сталкивать людей. Ему показалось, что руки у них были связаны. Вскоре послышались выстрелы, и мой товарищ бросился бежать. После он вернулся на это место и увидел свежезасыпанную яму, заваленную деревьями. На земле валялись семь кепок. Одна из них бобриковая — очень похожа на ту, которую носил мой зять, арестованный накануне НКВД, — домой он не вернулся. В то время арестовывали многих людей. Случалось, их сажали группами, по 10—15 человек в эту полуторку и везли, как говорили, в Медвежьегорск. Но вот такое дело. Ходили слухи, что машина эта не доезжала до Медгоры. Где-то по пути арестованных связывали, бросали в кузов, накрывали брезентом и везли назад через город в тот самый район расстрелов. Находились люди, видевшие их под брезентом с кляпом во рту. Потом, уже в 1942-м, я сам очутится в том лесу и видел эти могилы...

Рассказ второй:

— Там их стреляли. Мне это сотрудник НКВД рассказывал. Говорили — враги народа. А место было выбрано не случайно: от города недалеко, но безлюдно. Грунт песчаный — копать легко, тем более что копали могилы сами энкавэдэшники. Говорили, пили они много после этого... Расстрелы, как я знаю, продолжались почти до конца 1938 года. Потом всех арестованных начали отправлять в Петрозаводск. В годы войны расстрелы возобновились, но уничтожали спекулянтов и дезертиров. Их могилы совсем в другом месте...

Еще один адрес — старое карельское село Киндасово. В сорок первом оно было оккупировано финнами, в сорок четвертом освобождено Советской Армией. В Киндасово было два лагеря. Один при финнах, где содержались пленные советские бойцы и командиры, с сорок первого по сорок четвертый. Второй — с сорок восьмого по сорок девятый. При ком? Местные жители умолкают, ищут подходящее слово. Ну, при наших, — опускают глаза вниз сельчане. При Лаврентии, уточняет кто-то, и все с облегчением вздыхают, найдено нужное слово.

Оба лагеря размещались в одних и тех же бараках — бывших хлевах для скота. Заключенные занимались одним и тем же делом — лесоповалом. По сторонам четыре вышки с пулеметами, зона с колючей проволокой. В сорок пятом в Киндасово приезжала комиссия, эксгумировала останки тех, кто погиб при финнах. В сорок девятом не приезжал никто. Над братской могилой партизан и подпольщиков, замученных оккупантами, бетонный обелиск в центре села. Над другою братской могилой, точнее, братской ямой, нет ни обелисков, ни крестов. Только роща одиноких молодых сосен — почти как в Куропатах. Казалось бы, никаких следов, все навечно спрятано под толстым слоем земли. Но есть ниточка, есть, — отозвался Василий Ефимович Васильев, восемнадцатилетним юношей он, местный житель, был разнорабочим при лагере. Он привел интересующихся к двухметровому бетонному карцеру, куда зимой бросали за самые мелкие нарушения режима, начал рассказывать, и мороз побежал по коже. Карцер, оказывается, был построен при финнах, и при Лаврентии тоже использовался по прямому назначению. Важное обстоятельство подметил Евгений Григорьевич Нилов: ни один из тех, кого арестовывали как врага народа, не оказывал сопротивления при арестах, не пытался убежать. Невероятно, но факт: «шпионы», «диверсанты», «террористы, готовившие покушения на товарища Сталина и его ближайшее окружение», ни разу не использовали оружие, не вступили в перестрелку с охранниками, покорно собирали необходимые для тюрьмы вещи — белье, мыло, зубную щетку, кое-что из продуктов, и шли к черным «воронкам», не пытаясь рвануть в спасительную темноту. То же было и в Белоруссии, и в других районах страны. Пытаясь оторваться от преследователей, стреляли в работников НКВД и бросались на них с ножами воры, бандиты, оказывали отчаянное сопротивление при арестах другие представители уголовного мира, и лишь задержанные по политическим мотивам, от высших эшелонов власти до темного неграмотного деда-помора, тихо следовали в тюремные камеры и на допросы. Почему это обстоятельство не бросилось в глаза тем, кто организовывал, кто давал санкции на репрессии, почему никто из них не обратил внимания на эту невиданную по масштабам всеобщую подозрительную послушность? Никому не пришла в голову простая мысль: видно, эти люди не чувствовали за собой никакой вины и были убеждены в том, что произошла какая-то ужасная ошибка, все скоро выяснится и они снова возвратятся домой.

Ну и Евгений Григорьевич, ну и светлая голова! В глухом провинциальном городишке, на хлопотной должности — и такие мысли! Сколько неординарных людей в разбросанных по громадной территории глубинь-городках. Заместитель председателя райисполкома — должность официальная, строгая, ко многому обязывающая, не давала ни минуты передышки. Казалось бы, при таких нагрузках не до исторических экскурсов. А Евгений Григорьевич последнее время все больше и больше начал интересоваться советско-финской войной 1939—1940 годов.

Вот где пятно! В центральной печати не было ни строчки, в местной тем более. С Финляндией у нас отношения хорошие, как бы их не испортили непродуманные публикации, говорили редакторы, возвращая отвергнутые статьи смелым по тому времени авторам. Не подписывались в печать даже безобидные зарисовки об участниках зимних боев, а о более широком полотне и речи не могло быть. Евгений Григорьевич, неуемный фанатик, углублялся в запрещенную тему с завидной настойчивостью.

И меня с юношеских лет влекла таинственность, которой была окружена незнаменитая, по словам Твардовского, малоизвестная моему поколению война. Память о ней у моих земляков захлестнула более трагическая и масштабная, она ворвалась в каждую могилевскую избу, не обошла ни одну дверь. А та, гремевшая где-то вдали от белорусских дубрав и пущ, воспринималась хотимчанами смутно, ибо сообщения о ходе боевых действий были чрезвычайно скупыми и лаконичными. Мужчин из окрестных сел вызывали в военкомат без счета, многие не возвратились. А вот те, для кого военная судьба была более милосердной, кто потерял лишь руку или ногу, фронтовые эпизоды отчего-то вспоминать не любили и этим отличались от участников следующей, более страшной, войны. В нашей маленькой, всего на полтора десятка дворов, лесной деревеньке единственный, как его прозвали, «финн» тоже обычно отмалчивался, в разговоры о боевых подвигах не включался, и лишь темнел лицом, когда иссеченные осколками и пулями, но беззаботно-отчаянные односельчане, прошедшие Сталинградский, Юго-Западный и иные адские фронты, тряся пустыми рукавами застиранных гимнастерок или тяжелыми, неудобными костылями, вслух вспоминали боевые эпизоды, от которых у нас, босоногой детворы, дыхание перехватывало. По деревне ходил неизвестно кем запущенный слух, будто всем, кто пришел с финской войны, было строго запрещено о ней рассказывать.

Неизвестно, давал наш «финн» подобную подписку или нет, но однажды его все же прорвало. Было это поздней осенью в году пятьдесят четвертом или пятьдесят пятом. Сталин умер, прошелестел сенсационный слух о разоблачении английского шпиона Берия, деревенские политики горячо хвалили Маленкова за отмену натурального налога, тогда же в наш лексикон прочно вошло название граненого двухсотграммового стакана — маленковский. Мы веселой гурьбой возвращались из школы — все, кому было по дороге на Соколовку, Новый Путь, Зеленец, Терпиловку, Криничку. Идти вместе надо было километров пять по большаку, потом каждый сворачивал на свою тропинку к родительскому дому. Тот вечер мне запомнился надолго, очень уж непривычным и страшным было услышанное от «финна».

Он был пьян, я понял это еще издали, когда заметил его на тропинке. «Финна» сильно заносило то вправо, то влево, он едва удерживал равновесие, изо всех сил стараясь не упасть. Тропинка была скользкой от бесконечных проливных дождей, ноги сами по себе разъезжались в стороны, и, учитывая, что одна нога «финна» осталась на Карельском перешейке, можно себе представить, сколько усилий стоило ему преодоление сильно пересеченной местности. Он материл все подряд — дрянную дорогу, самодельные костыли, линию Маннергейма и ее создателя, создателя всей Вселенной и персонально какого-то капитана Похитайло, который завел батальон в ловушку, под прицельный огонь проклятых невидимых «кукушек».

Кто такой Маннергейм, я знал. И о «кукушках»

тоже. Эти сведения черпал из второго тома «Боев в Финляндии», книги-кирпича красного цвета, неизвестно как попавшей в наш дом. Первого тома не было. Я выучил ее почти наизусть. Отдельные заголовки помню до сих пор, например вот этот: «Как боец Яшин бил врагов минометной плитой». В шестьдесят четвертом году, придя в аппарат республиканской молодежной газеты, случайно наткнулся в редакционной библиотеке на первый том. Ветераны газеты рассказывали: библиотеку подарили московские коллеги сразу после войны в качестве шефской помощи республике, пострадавшей от фашистской оккупации. Я потянулся к знакомому переплету. Повеяло детством, вспомнилась теплая печка в родительской избе, снежная вьюга за окном, трепетный язычок пламени от шахтерской лампы, очередная страница толстенного тома с непривычными названиями озер и населенных пунктов. Взглянул на выходные данные: Военное издательство, 1941 год. Книга не имела инвентарного номера, не была зарегистрирована в библиотеке, да, собственно, какая библиотека в «молодежке», так, несколько старых шкафов. Книжного бума тогда еще не было, редкие издания десятилетиями лежали в шкафах. Через десять лет, начав специализироваться по военно-патриотической тематике, я вспомнил о первом томе «Боев в Финляндии», подошел к старому застекленному шкафу и увидел, что книги уже нет.

Затерялся и второй том. Очень уж много было переездов. Из города в город. С квартиры на квартиру. Искренне сожалею об утере редкой книги. Как бы понадобилась она сейчас. Книга имела четко определенный жанр: заметки непосредственных участников боев в Финляндии. Значит, мы имели дело с записями тех, кто знал войну не издалека. Хотя по детской вере в правдивость написанного в книгах о войне первый беспощадный удар нанес пьяный односельчанин-«финн» на скользкой от грязи тропинке между Ельней и Соколовкой:

— Брехня в твоей книжке! Ее писаки разные сочиняли. А подписи поставили вымышленные. Эх, если бы я мог писать! Всю правду рассказал бы. Об этой сволочи Похитайле... Каких ребят погубил...

Он заскрежетал зубами с такой силой, что мне стало не по себе. Дальше было и вовсе страшно:

— И в штабах сидели дураки недоделанные. Командиры, мать их... Самое большее — взводами могли командовать, а им дивизии и бригады давали. Вот и докомандовались...

Внезапно остановился и захохотал на все поле:

— Это же надо додуматься: Финляндия напала на Советский Союз! Заяц объявил войну волку... Ха-ха-ха...

Я испуганно посмотрел на небо, ожидая, что сейчас оно расколется и обрушится на землю. Нет, небо оставалось прежним, а инвалид-односельчанин все так же дергался в пьяном смехе:

— Сказочки для юных пионеров...

Моя пионерская совесть не могла больше терпеть грубых выпадов против того, что было святым и неприкосновенным, и я охрипшим от благородного гнева голосом решил дать отпор несознательному односельчанину. Видно, детское возмущение было таким искренним, что ниспровергатель идейных устоев, несмотря на алкогольные пары в мозгу, понял: злость взрослых не должна отравлять чистые детские души. Во всяком случае, остальную дорогу до деревни он уже к этому разговору не возвращался, а горланил бодрые маршевые песни.

И после, во время журналистских командировок, немало приходилось встречать различных недоговоренностей, намеков, слухов по поводу этой незнаменитой войны. Как и мой односельчанин, многие из участников финской кампании, не шли на откровенность, отводили глаза, ограничивались общепринятыми в те времена формулировками, позаимствованными из учебников по истории. А в них боям на Карельском перешейке, штурму линии Маннергейма уделялось скромное место, нередко даже меньшее, чем вооруженным конфликтам на Хасане и Халхин-Голе.

С такими же трудностями встретился и карельский краевед Нилов. Отсутствие систематизированной информации вынудило его обратиться к тогдашним подшивкам центральных и местных газет, внимательно изучить общую политическую ситуацию, которая в конце тридцатых годов была чрезвычайно сложной и противоречивой. Известно, что в результате Октябрьской революции Финляндия стала независимым государством. В 1920 году между РСФСР и нею был подписан Тартусский мирный договор, в 1932 году — пакт о ненападении, который спустя два года продлили еще на десять лет. И вдруг — советско-финляндский вооруженный конфликт, переросший вскоре в настоящую войну с ее специфическими особенностями.

Что это была война, историки не сомневаются. И раньше была известна численность боевых сил, которые противостояли друг другу. Финская сторона, например, не скрывала, что в боевых действиях против Советского Союза участвовали практически все ее наличные вооруженные силы — десять дивизий, семь специальных бригад и военизированные формирования «шюцкора», всего около четырехсот тысяч человек. С нашей стороны, в период наибольшей концентрации войск, а он приходится на март 1940 года, в боевых действиях принимали участие 52 стрелковые и кавалерийские дивизии, несколько десятков отдельных бригад и полков. Это были две армии в составе специально образованного Северо-Западного фронта, командующим которого был командарм первого ранга С. К. Тимошенко. Кроме этих войск, еще три армии действовали на участке от Ладожского озера до Баренцева моря. На их вооружении было 11 266 орудий и минометов, почти три тысячи танков, свыше трех тысяч самолетов. Действия сухопутных войск поддерживали корабли Балтийского и Северного флотов, а также Ладожской военной флотилии. Общая численность этой крупной группировки сухопутных войск, военно-воздушных сил и сил флота составляла около 960 тысяч человек.

Как видим, по количеству мы имели перевес более чем в два раза. И все же, несмотря на бодрые репортажи в печати о героизме наших бойцов, военный успех советской стороне сопутствовал в меньшей мере. Красноармейские части и в самом деле, выполняя приказы командования, проявляли массовый героизм. Вот красноречивая цифра: орденами и медалями в той войне награждено около 50 тысяч человек, 405 стали Героями Советского Союза. Но в целом война принимала затяжной характер, наши войска вели тяжелые бои, решительного продвижения на всех участках фронта не получалось. Маленькая Финляндия сопротивлялась отчаянно, искусно используя неблагоприятные условия погоды и естественные препятствия лесистой, заболоченной местности. Сказывалось и отсутствие опытных военных кадров в Красной Армии, по которым беспощадным катком прокатилась уничтожающая волна репрессий тридцать седьмого и тридцать восьмого годов: командирами полков и бригад стали вчерашние командиры рот и батарей, которым не хватало оперативного искусства и даже заурядных военных знаний. Прибавьте к этому недостаточную обученность красноармейских частей, перебои с их обеспечением, невозможность использовать авиацию и танки, и вы поймете, почему первоначальный замысел советского командования решительно и быстро дать отпор антисоветским действиям финнов, надежно обеспечить безопасность Ленинграда щел с таким скрипом, почему наша сторона несла значительные потери в живой силе и боевом вооружении. Хотя большое количество жертв было присуще обеим сторонам. Согласно финским официальным данным, во время зимней стопятидневной войны потери Финляндии составили 23 тысячи убитых и пропавших без вести, ранено и обморожено 176 тысяч. Особенно страдали наши военнослужащие от обморожений. Кстати, и моему односельчанину-«финну» ампутировали ногу, которую он отморозил, неподвижно лежа под огнем «кукушек» на снегу, пока не стало темно.

Подшивки «Правды» и «Известий» конца ноября — начала декабря тридцать девятого года при их внимательном прочтении давали противоречивые представления о тогдашних событиях. То, что нагнеталась антифинляндская кампания, сомнений не было. Об этом свидетельствовали заголовки публикаций: «Долой провокаторов войны!», «Ответим тройным ударом!», соседи по ту сторону границы назывались «белофинскими бандитами», «финской белогвардейщиной», «белофинляндией». Знаменитый поэт-песенник В. Лебедев-Кумач напечатал в «Известиях» несколько политических стихотворений, в которых гневно осудил «финских поджигателей войны». Кстати, и финские газеты не стеснялись в выражениях, призывая население «сражаться против большевистского фашизма», поддерживать меры правительства по проведению мобилизации и введению всеобщей трудовой повинности. Правда, эти призывы особенно громко зазвучали после того, как советские газеты постепенно перешли от пропаганды первоначального тезиса необходимости обеспечить безопасность Ленинграда к освободительным целям Красной Армии в отношении к Финляндии. В печати все более настойчиво проводилась мысль о том, что финские трудящиеся ждут своего освобождения от эксплуатации с помощью советских войск.

Напряженность росла. Наши газеты с тревогой писали о военных приготовлениях в соседней стране. Известие за известием, сообщение за сообщением. В Финляндии объявлен дополнительный набор в армию. На Карельском перешейке у советской границы сосредоточивается большое количество войск. В морских портах страны вводится режим военного времени. Проводится минирование побережья Финского и Ботнического заливов, вод Аландских островов. Нарушения пограничного режима, воздушного пространства.

«Правда» от 27 ноября 1939 года. Сообщение штаба Ленинградского военного округа: вчера, 26 ноября, в 15 часов 45 минут, произошел орудийный обстрел советских войск в районе местечка Майнилы, осуществленный с финской территории. Краткая информация: в тот же день вечером В. М. Молотов вручил посланнику Финляндии А. С. Ирие-Коскинену ноту правительства СССР. Заявив протест по поводу случившегося, Советское правительство предложило финскому правительству «незамедлительно отвести свои войска дальше от границы на Карельском перешейке — на 20—25 километров и тем предотвратить возможность повторных провокаций».

«Правда» 29 ноября. 27 ноября А. С. Ирие-Коскинен вручил В. М. Молотову ответную ноту, в которой отвергался протест Советского правительства и утверждалось, что Финляндия не осуществляла враждебных действий в отношении Советского Союза. В финляндской ноте предлагается «начать переговоры по вопросу о двустороннем отводе войск на определенное расстояние от границы», а также провести совместное расследование инцидента пограничными комиссарами обеих сторон. В этом же номере публикуется ответная нота Советского правительства от 28 ноября. Нота Финляндии характеризуется как документ, который «отражает глубокую враждебность правительства Финляндии к Советскому Союзу и призван довести до крайности кризис в отношениях между обеими странами». Дальше следует заявление о том, что с этого числа Советское правительство «считает себя свободным от обязательств, взятых на себя в силу пакта о ненападении, заключенного между СССР и Финляндией и систематически нарушаемого правительством Финляндии».

«Правда» 1 декабря. 29 ноября 1939 года финляндский посланник в Москве Ирие-Коскинен был вызван в МИД СССР, где ему вручили ноту о разрыве дипломатических отношений. Еще сообщение: в восемь часов утра 30 ноября 1939 года согласно приказу Главного командования Красной Армии войска Ленинградского военного округа перешли границу Финляндии. В тот же день президент Финляндии Каллио опубликовал заявление, в котором говорилось, что Финляндия объявляет состояние войны.

Из публикаций «Правды» за 1, 2 и 3 декабря 1939 года: Советскому правительству путем радиоперехвата стало известно, что в городе Териоки левыми силами Финляндии сформировано Народное правительство Финляндской Демократической Республики во главе с финским революционером-эмигрантом, секретарем Коминтерна О. В. Куусиненом. Город Териоки Красная Армия освободила на второй день после начала боевых действий против Финляндии, это нынешний Зеленогорск, расположенный на территории Карелии. Новое известие: ЦК компартии Финляндии обратился к трудящимся с призывом свергнуть правительство страны, не идти за предательскими вождями финской социал-демократии, которые слились с поджигателями войны, а поддерживать новое правительство. Еще сообщение: правительство Финляндской Демократической Республики заключило с СССР договор о взаимной помощи и дружбе и объявило ненастоящим правительство Финляндской Республики в Хельсинки. Советское командование передало новому Народному правительству в качестве его вооруженных сил корпус в составе двух дивизий, сформированных из советских граждан финской и карельской национальностей. Приказ о формировании этого корпуса был подписан Ворошиловым 11 ноября 1939 года. Корпус, а им командовал финн, комдив А. Антилла, участвовал в боевых действиях против

Финляндии вместе с красноармейскими частями на северном участке фронта.

Точно неизвестно, кто был инициатором создания правительства во главе с Куусиненом. В финской печати ведется дискуссия, называется то компартия Финляндии, то советская сторона. Как бы там ни было, но поддержка Советским правительством импровизированного правительства вызвала негативную реакцию в мире и была расценена рядом стран как посягательство на суверенитет соседнего государства. В номере за 16 декабря 1939 года газета «Известия» сообщила о том, что Лига Наций осудила действия Советского Союза и ее Совет принял резолюцию об исключении СССР из числа ее членов. Этому решению предшествовали следующие события. Третьего декабря постоянный делегат Финляндии в Лиге Наций передал в Лигу письмо, в котором обвинил СССР во внезапном нападении утром 30 ноября «не только на пограничные позиции, но также и на открытые финляндские города», и этим он денонсировал пакт о ненападении, срок действия которого заканчивался лишь в 1945 году. Лига Наций сделала соответствующий запрос, который Молотов категорически отверг и 4 декабря заявил, что «Советский Союз не находится в состоянии войны с Финляндией и не угрожает войной финскому народу». 12 декабря НКИД СССР вновь получил от председателя комитета Ассамблеи Лиги Наций по финляндскому вопросу телеграмму, в которой предлагалось «прекратить военные действия и приступить при посредничестве Ассамблеи к безотлагательным переговорам для восстановления мира». Молотов отказался участвовать в заседаниях Совета и Ассамблеи Лиги Наций. В сообщении ТАСС от 16 декабря в связи с исключением СССР из Лиги Наций было заявлено, что Советский Союз не ведет войну с Финляндией, а Лиге Наций советовалось, чтобы она «способствовала прекращению войны между Германией и англо-французском блоком, а не разжигала войну на северо-востоке Европы».

На Карельском перешейке между тем с обеих сторон гремела орудийная канонада, амбразуры финских дотов и дзотов огрызались огнем, цепи красноармейцев зарывались в снег у бесконечных километров колючей проволоки. Туда, на северный театр боевых действий, были направлены взгляды военных атташе Германии и Италии, Франции и Англии. Донесения в высшие военные ведомства были примерно одинаковы: положительные оценки советского солдата и критические отклики о профессионализме командиров всех рангов, их неумении организовать взаимодействие в бою. Слабой, по мнению зарубежных послов и атташе, была и воинская дисциплина в Красной Армии. Почти миллионная армия несколько месяцев безуспешно топталась на одном месте против вдвое меньшего по численности противника. Выводы были не в пользу молодых красных командиров, почти все столицы западных стран приходили к заключению относительно общей слабости нашей страны в военном отношении. Горько сознавать это, но от правды никуда не уйти: неудачная война укрепила Лондон и Париж во мнении не рассматривать Советский Союз в качестве серьезного партнера в возможных переговорах относительно военного сотрудничества, а Гитлера убеждала в том, что восточный гигант — колосс на глиняных ногах, которому никак нельзя предоставлять отсрочку, а то еще и в самом деле окрепнет.

Двенадцатого марта сорокового года между СССР и Финляндией был подписан мирный договор, и уже на следующий день с двенадцати часов умолкли орудийные жерла. Военные действия прекратились. В том же месяце состоялся Пленум ЦК ВКП(б), обсудивший итоги войны, а в апреле собрался Главный военный совет с участием руководящего командного состава действующей армии до командиров дивизий включительно. Уроки войны осмысливались жестко и правдиво. Как ни тяжело было признавать, но вынуждены были все же констатировать горькую истину: многих жертв можно было бы избежать, обойтись меньшей кровью. Что еще говорилось на заседании Главного военного штаба страны, какие кадровые перемены в среде военных и другие меры последовали за этим, можно узнать из воспоминаний военачальников — Жукова, Мерецкова, Василевского. А вот смысл слов, произнесенных на шестой сессии Верховного Совета СССР в марте сорокового, о том, что если бы Советский Союз и Финляндия осенью 1939 года мирно договорились между собой, то войны можно было бы избежать, стал понятен лишь позже.

Через месяц после моего возвращения из Карелии коллеги-международники сказали, что открыты для широкого пользования документы, имеющие отношение к истории стопятидневной войны. И действительно, вежливые и предупредительные сотрудницы историко-дипломатического управления МИД СССР подтвердили: материалы, приподнимающие завесу таинственности над советско-финляндскими переговорами по заключению мирного договора 12 марта 1940 года, ждут меня в архиве внешней политики СССР. Да, да, с ними можно познакомиться и использовать в открытой печати. Теперь это разрешено. Вот и конец еще одному белому пятну истории, возбужденно подумал я и порадовался за неутомимого карельского краеведа Нилова. Вон сколько неизвестного прежде материала! Выпишу-ка я кое-что для Евгения Григорьевича, когда ему еще выпадет приехать в Москву и попасть в этот архив.

Из записи беседы народного комиссара иностранных дел СССР Литвинова с посланником Финляндии в СССР Ирие-Коскиненом: «Я вызвал сегодня Коскинена и после обмена обычными приятными словами заявил ему следующее. В наших отношениях с Финляндией на очереди стоят два важных вопроса, требующие решения: экономические отношения и Аландские острова. Для положительного решения этих вопросов желательно было бы создать необходимую атмосферу доверия и доброжелательности. Это, по нашему мнению, могло бы быть достигнуто принятием финским правительством следующего нашего предложения. В Финском заливе есть несколько островков, не представляющих большой ценности для финского правительства и не используемых им, а именно: Гогланд, Лавансаари, Сейскаари и Тютерс. Мы хотели бы получить в аренду эти острова лет на тридцать. Мы не имеем намерения укреплять эти острова, а используем их в качестве наблюдательных пунктов, контролирующих важный для нас морской путь на Ленинград. Согласие финского правительства, несомненно, окажет доброжелательное влияние на начатые вчера экономические переговоры...»

Беседа состоялась, как отмечено в документе, 5 марта 1939 года. Из нее следует, что, использовав приезд в СССР финляндской делегации для заключения торгового договора, Советское правительство поставило перед правительством Финляндии вопрос о сдаче в аренду четырех островов. Кстати напомнить, что за год до этого в неофициальном порядке через второго секретаря миссии СССР Б. Ярцева предпринималась попытка узнать о точке зрения правительства Финляндии относительно заключения пакта о взаимопомощи. Правительство Финляндии такое предложение отклонило. Не приняло оно к рассмотрению и советское предложение об аренде островов. Восьмого марта Ирие-Коскинен зачитал Литвинову полученный из Хельсинки ответ: «Согласно требованию СССР острова нейтрализованы и поныне остаются без всякого оборудования для обороны. Даже дискуссию на эту тему следует признать несовместимой с политикою нейтралитета, которую проводит финское правительство. Оно очень просит ни в коем случае не обнародовать сделанного предложения, ибо опубликование его может сильно взбудоражить общественное мнение Финляндии. Финское правительство также просит не смешивать политические вопросы с экономическими. Если т. Микоян заявил посланнику о своем согласии на приезд торговой делегации, он не имел в виду никаких политических вопросов и ими переговоров не обусловливал».

На что Литвинов ответил: «Мы сделали предложение, принятие которого могло бы в довольно значительной степени улучшить со всех сторон советско-финские отношения. Финская торговая делегация выдвинула предложения, которые для нас, возможно, тоже интереса не представляли, но мы готовы, однако, учесть финские интересы и максимально пойти навстречу финским предложениям. Мы, однако, можем ожидать, что и Финляндия отнесется с большим вниманием к нашим предложениям в другой области. Я также хочу надеяться, что сообщенный мне ответ не является последним словом финского правительства и что оно готово будет пересмотреть свое отношение к нашему предложению. Мне лично кажется, что можно было бы даже перевести переговоры в плоскость обмена территориями. Для Финляндии, например, могла бы представлять большой интерес уступка ей соответствующей части нашей территории вдоль карельской границы, чем пустынные острова. Финляндия всегда интересовалась лесом, какого много в Карелии... Я прошу потому посланника предложить финскому правительству еще раз обсудить вопрос в свете высказанной мною аргументации».

Одновременно переговоры велись и по другой линии. В дело включился полномочный представитель СССР в Италии Б. В. Штейн. Учитывая его хорошее знание Финляндии и личные контакты с премьер-министром Каяндером, министром иностранных дел Эрко и министром обороны Ньюканеном — Штейн с 1932 по 1934 год был полномочным представителем СССР в стране Суоми, — ему придали статус представителя Советского правительства и направили с деликатной миссией в Хельсинки уговорить упорных финнов. Из записи беседы Штейна с Эрко в Хельсинки 11 марта: «Эрко отметил следующее: советское предложение о передаче островов было полной неожиданностью для финского правительства. Он должен обратить мое внимание на то, что, согласно финской конституции, правительство не имеет права ставить перед сеймом вопросы об отделении даже самой маленькой части финской территории. Вот почему на первое предложение, переданное через Ирие-Коскинена, финское правительство вынуждено было дать категорический и отрицательный ответ. Так же и второе предложение, переданное Ирие-Коскиненом, обсуждалось в кабинете министров и получило отрицательное решение. Этот вопрос для финского правительства не дискуссионный».

Штейн проводит в Хельсинки серию встреч с представителями финского правительства. 24 марта — заключительная беседа с министром иностранных дел: «Эрко начал с извинения за то, что не мог принять меня вчера. Вчера и сегодня были заседания правительства, и он только теперь может переговорить со мной. Он только что получил телеграмму из Москвы о том, что т. Микоян вызвал председателя торговой делегации и заявил ему, что договор не может быть подписан, пока не будет достигнуто соглашение по политических вопросам. В связи с тем что руководитель делегации не только не был уполномочен разговаривать на эту тему, но и не был в курсе дел, беседа, безусловно, не могла дать никаких результатов. Делегация решила в этих условиях покинуть Москву. Половина делегации уехала уже вчера, а вторая половина выезжает сегодня. Эрко считает это разрывом переговоров и предполагает, что делегация больше не вернется в Москву...». И далее: «Финское правительство решило дать нам письменную гарантию относительно позиции Финляндии в будущем. Эта гарантия должна, по мнению финского правительства, создать именно то чувство безопасности, о котором мы говорили, формулируя наше предложение. Гарантийная нота, по словам Эрко, будет заключать в себе два обязательства финского правительства: 1) защищать территорию Финляндии против любой агрессии и 2) не заключать никаких соглашений, которые бы могли нарушить нейтралитет Финляндии».

Советские предложения об обмене территориями кабинет министров Финляндии упорно не желал принимать. Переговоры зашли в тупик и были прекращены. Торговая делегация вернулась в Хельсинки ни с чем.

Между тем обстановка в Европе осложнялась. Западные государства срывали планы создания системы коллективной безопасности. Разгоралось пламя Второй мировой войны. Правительство СССР осенью тридцать девятого года вновь обратилось к финским властям с предложением возобновить переговоры о советско-финляндских отношениях. Переговоры начались в Москве 12 октября. Финляндию представлял государственный советник, министр Ю. К. Паасикиви. Позднее к нему присоединился министр финансов В. Таннер. Предложение правительства СССР — заключить пакт о взаимопомощи — оба отвергли. Мол, это противоречило бы нейтралитету страны.

14 октября правительство СССР объявило правительству Финляндии меморандум. Вот его основные положения: «Главную заботу Советского Союза в переговорах с Финляндией составляют два момента: а) обеспечение безопасности Ленинграда, б) уверенность в том, что Финляндия будет стоять прочно на базе дружественных отношений с Советским Союзом. И то и другое необходимо для того, чтобы сделать берега Советского Союза в Финском заливе, а также берега Эстонии, с которой Советский Союз связан обязательствами защищать ее независимость, неподступными для внешнего врага. Необходимыми условиями для

всего этого являются: во-первых, возможность перекрыть артиллерийским огнем с обоих берегов вход в Финский залив, чтобы корабли и транспорт врага не могли попасть в воды Финского залива; во-вторых, возможность не допускать врагов к островам в Финском заливе, расположенным на подступах к Ленинграду с запада и северо-запада; в-третьих, отодвинуть нынешнюю границу с Финляндией на Карельском перешейке, где она проходит на тридцать втором километре от Ленинграда, т. е. на расстоянии орудийного выстрела из дальнобойной артиллерии, немного на север и северо-запад. Отдельно стоит вопрос о полуостровах Рыбачий и Средний, граница по которым проведена нелепо и искусственно и должна быть исправлена в соответствии с приложенной картой».

Далее следуют вопросы, которые надо было решать по взаимному согласию и в интересах обоих сторон. Назову наиболее важные.

Сдать в аренду Советскому правительству сроком на тридцать лет порт Ханко (Гангут) и территорию вокруг порта радиусом в пять-шесть миль на юг и на восток от порта и в три мили на запад и на север от него — для строительства морской базы с береговой артиллерийской обороной, способной вместе с береговой артиллерийской обороной на другом берегу Финского залива у балтийского порта перекрыть артиллерийским огнем проход в Финский залив. Для охраны морской базы разрешить Советскому правительству держать в районе порта Ханко один пехотный полк, два дивизиона зенитной артиллерии, два полка авиации, батальон танков — всего не более пяти тысяч человек.

Передать Советскому Союзу в обмен на соответствующую советскую территорию острова Гохланд (Сурсаари), Сейскари, Ловенсаари, Тютерсаари (малый и большой), Бьерке, а также часть Карельского перешейка от села Липала до южной оконечности города Койвисто, а также западную часть полуострова Рыбачий и Средний — всего 2761 квадратный километр.

Разоружить двусторонние укрепленные районы на Карельском перешейке, вдоль финляндско-советской границы, оставив на этой границе обычную пограничную охрану.

Укрепить существующий пакт ненападения между Советским Союзом и Финляндией, включив пункт о взаимных обязательствах не вступать в группировки и коалиции государств, прямо или косвенно враждебные той или иной договаривающейся стороне.

Из ответного меморандума правительства Финляндии правительству СССР от 23 октября: «Финляндское правительство готово заключить соглашение о передаче в обмен на советскую территорию расположенных в Финском заливе следующих островов: Сейскаари, Пенисаари, Лавансаари, Тютюрсаари (малый и большой). Сверх того финляндское правительство готово обсуждать вопрос о Суурсаари, принимая во внимание интересы обеих сторон». Второй пункт тоже вроде обнадеживает: «Имея в виду близость города Ленинграда от финляндской границы, финляндское правительство, с целью усиления безопасности этого города, в обмен на советскую территорию не возражает против пересмотра границы на Карельском перешейке в тех местах, где граница по вышеперечисленным соображениям является неудобной для СССР», вместе с тем: «Финляндское правительство не сумеет обсудить вопрос о переносе границы так далеко, как это предусматривалось в советском предложении, потому что это означало бы угрозу для позиции и безопасности самой Финляндии. Сверх того, названная территория является густо заселенной и древней финской землей, передача которой означала бы уничтожение поселений десятков тысяч финских граждан и их переселение в другое место». И уж совсем твердо: «Что же касается порта Ханко, территории вокруг него и бухты Лопахья, то финляндское правительство вынуждено настаивать на неприкосновенности Финляндии. Уже безусловный нейтралитет, как это понимается в Финляндии и вообще, исключает передачу военных баз иностранным властям. Мысль о постоянном или долговременном расположении войск иного государства на территории Финляндии является с точки зрения Финляндии неприемлемой».

В тот же день, 23 октября, финская сторона была информирована о том, что обмен мнениями между представителями СССР (Молотов, Сталин) и Финляндии (Таннер, Паасикиви) облегчил взаимное понимание сторон, но и вскрыл вместе с тем наличие разногласий между ними. Идя навстречу пожеланиям финляндского правительства, Советское правительство заявляет, что оно не может отказаться от своего предложения о предоставлении Советскому Союзу военно-морской базы в Ханко, считая это свое предложение абсолютно необходимым условием для минимального обеспечения безопасности Ленинграда, поэтому Советское правительство во изменение его меморандума от 14 октября считает возможным держать сухопутные войска для охраны военно-морской базы в количестве не более 4 тысяч человек, ограничив время пребывания этих войск в районе Ханко периодом времени до окончания англо-франко-германской войны в Европе. Советское правительство считает также невозможным согласиться на предоставление десятикилометровой полосы финляндской территории на Карельском перешейке в обмен на территорию СССР, как это предложено в меморандуме финляндского правительства от 23 октября, ибо оно считает эту меру абсолютно недостаточной для обеспечения минимальной безопасности подступов к Ленинграду со стороны восточной оконечности Финского залива. Советское правительство, идя навстречу Финляндии, полагает, однако, возможным в крайнем случае слегка изменить свое первоначальное предложение, уменьшив размер территории на Карельском перешейке, отходящей к СССР в обмен на территорию СССР.

Третьего ноября правительство Финляндии сообщило, что в вопросе о сдаче в аренду порта Ханко оно придерживается принятой им раньше точки зрения, и отказалось одобрить пограничную черту, предложенную в меморандуме Советского правительства. В тот же день советская сторона предложила финской новый вариант. Считаясь с заявлением Финляндии о том, что она не может согласиться на то, чтобы гарнизон или база для морского флота другого государства находилась на территории Финляндии, Молотов предложил продать Советскому Союзу соответственный участок земли в районе порта Ханко. Такое решение, по его мнению, снимало бы возражения, которые исходят из того, что этот участок земли является территорией Финляндии, поскольку после продажи Советскому Союзу он стал бы уже территорией СССР. Далее, Советское правительство заявило, что если участок земли возле Ханко не может быть продан или обменен, то оно предлагает правительству Финляндии продать или обменять другие острова — Хермансе, Куэ, Хестабуссе, Лангшер, Фуршер, Экен и еще некоторые острова поблизости от указанных.

Девятого ноября правительство Финляндии сообщило правительству СССР: те же причины, по которым является невозможным предоставление военной базы в Ханко, касаются также и островов, о которых шла речь. Тринадцатого ноября Ю. Паасикиви и В. Таннер обращаются к Молотову с письмом: «В связи с тем, что в наших переговорах с Вами и с господином Сталиным не удалось найти почву для предложенного между Советским Союзом и Финляндией соглашения, мы сочли целесообразным сегодня вечером вернуться в Хельсинки».

Выходили ли советские предложения за рамки норм международного права? Как видим, нет. Правительство Финляндии сочло необходимым отклонить их и не проявило интереса к достижению соглашения. Переговоры были остановлены, и отношения между двумя странами резко ухудшились.

Кто виноват в том, что они больше не возобновлялись, что далее заговорили пушки? Пушки, известно, не лучшее средство решения пограничных споров. А может, виновато время? Оно не давало отсрочки, торопило с решением задач, от которых зависела обороноспособность страны. А может, не надо комментировать документы, не надо навязывать свое мнение? Может, пусть каждый прочитает, по возможности, конечно, вдумчиво, и сделает свои выводы?

Тем более что после заключения мирного договора от 12 марта 1940 года спорные вопросы были урегулированы в пользу Советского Союза. В его состав вошли весь Карельский перешеек, включая город Выборг, Выборгский залив с островами, западное и северное побережья Ладожского озера, часть полуострова Рыбачий и Средний, а также некоторые другие небольшие территории. Финляндия сдала СССР в аренду сроком на тридцать лет полуостров Ханко, а Советское правительство обязалось вывести свои войска из области Петсамо. Наши стратегические позиции на северо-западе были значительно укреплены, расстояние от Ленинграда до новой границы составляло уже 150 километров. Но какой ценой это достигнуто! Семьдесят тысяч погибших и 176 тысяч раненых и обмороженных с нашей стороны.

В архивных документах, имеющих отношение к заключению мира между СССР и Финляндией, часто встречается имя А. М. Коллонтай. Шведы говорили: если бы полномочным представителем СССР в их стране был другой человек, а не Александра Михайловна, то Швеция давно бы была втянута в войну с русскими. Вспомнились Екатеринослав, Дыбенко, приезд жены, которая оставила первую семью ради революции и его, короткая любовь, разлука. Полномочный представитель СССР в Швеции А. М. Коллонтай была уже не той романтичной личностью. Немолодая женщина, она перенесла инсульт, но, несмотря на болезнь, занималась трудными, нередко деликатными делами по урегулированию военного конфликта между Советским Союзом и Финляндией. Неофициальные, а иногда и официальные представители шведского и норвежского правительств неоднократно намекали Александре Михайловне, а через нее и Советскому правительству, что финляндское руководство не против их посредничества в поиске возможностей начала мирных переговоров. Одновременно Швеция и Норвегия выражали обеспокоенность обстановкой, сложившейся в этом регионе.

Основания для тревоги были. В ряде стран северной и западной Европы, в том числе в Норвегии и Швеции, начался набор добровольцев для участия в войне на стороне Финляндии, вскоре в Хельсинки для помощи прибыли около 11 тысяч шведов, норвежцев, датчан и представителей других стран. Правда, военной подготовки большинство из них не имели, и к 1 марта на фронт были направлены лишь два батальона да две артиллерийские батареи, но помощь оружием шла из Англии, Франции и некоторых других государств сильным потоком. В ходе войны Финляндия получила от этих европейских государств полтысячи орудий, 350 самолетов, свыше 6 тысяч пулеметов, около 100 тысяч винтовок, 2,5 миллиона снарядов и другого вооружения и амуниции. В январе 1940 года конгресс США одобрил продажу Финляндии 10 тысяч винтовок, в Хельсинки была направлена большая группа американских военных летчиков, поощрялся набор добровольцев.

И в Советском Союзе понимали, что дальнейшая затяжка войны может привести к вовлечению в нее западных государств. Если конфликт продолжится еще два-три месяца, предупреждал премьер-министр Швеции А. Хансон в доверительной беседе советскую представительницу, его кабинету весьма трудно будет сдержать нажим «интервенционалистов» — сторонников вмешательства Англии и Франции в советско-финляндскую войну. В другой раз шведский премьер сказал более откровенно: промедление с мирными переговорами приведет к тому, что Англия создаст в Скандинавии свой плацдарм и перенесет сюда войну.

Хансону удалось все же провести через свой кабинет решение и заявить о нем финнам: Швеция не пропустит через свою территорию англо-французские войска и советует Финляндии прекратить военные действия и направить делегацию в Москву для мирных переговоров. После некоторых споров и колебаний в Хельсинки утром пятого марта было решено не обращаться за помощью к Западу и принять советские мирные условия. Шведы срочно передали в Москву эту важную новость, выступив таким образом в привлекательной роли миротворцев (ну и Коллонтай, недаром ее автомобиль постоянно стоял у подъезда на площади Густава-Адольфа, где, и это известно каждому шведу, расположено шведское министерство иностранных дел).

Не лицемерил Молотов, когда сообщал Лиге Наций, что Советский Союз не находится в состоянии войны с Финляндией. Официально Советское правительство состояние войны и в самом деле не объявляло. Просто был отдан приказ войскам Ленинградского военного округа за подписями Мерецкова и Жданова «перейти границу и разгромить финские войска». Приказ известен и финским историкам, они обращают внимание на противоречивость его пунктов. С одной стороны, из приказа вытекает, что необходимость применения военной силы вызвана интересами обеспечения безопасности Ленинграда. С другой стороны, в приказе прямо сказано, что «мы идем в Финляндию не как завоеватели, а как товарищи и освободители финского народа от ига помещиков и капиталистов». Этот тезис дал основание финской печати утверждать, что в секретном приложении к советско-германскому пакту о ненападении от 23 августа 1939 года Финляндия была отнесена к сфере советского влияния.

* * *

Все, кто когда-нибудь посетил Карелию, с восхищением рассказывают о ее памятниках деревянного зодчества. Живописные буклеты, которые продаются в киосках уже в речном порту Петрозаводска, передают красоту и самобытную силу древнего Онежского озера, вековечного леса, знаменитых «Марциальных вод» — первого российского курорта, основанного в 1719 году Петром I. Ну и, разумеется, острова Валаам. Туристам напоминают, что на берегах Онего и на Валааме создавали свои замечательные полотна Клодт, Шишкин, Куинджи, Рерих, бывали Лесков, Чайковский. Множество литературы посвящено жемчужине Карелии острову Кижи, его неповторимому ансамблю — основанной в 1714 году Преображенской двадцатидвухглавой церкви, немного более поздней, 1764 года, Покровской церкви.

На Валаам мне, к сожалению, съездить не удалось. А вот в Кижах побывал, впечатление от посещения острова-музея чрезвычайно сильное. Ничего похожего в жизни встречать не приходилось, деревянные церкви, построенные без единого гвоздя, без прикосновения железной пилы — действительно чудо из чудес. Радуют глаз оригинальной северной архитектурой и перевезенные на остров из других деревень Карелии крестьянские избы, амбары, ветряные мельницы, часовенки. Скальпель реставраторов возродил из небытия немало первоклассных памятников древнерусской иконной живописи. Они ждут любознательных туристов под серебристыми куполами Преображенского собора, словно вырезанного на фоне северного неба рукой талантливого зодчего Нестора почти 300 лет назад.

Кижи — национальная жемчужина русского Севера, не устают повторять экскурсоводы пораженным путешественникам. Мне же остров-заповедник представился сплошной болью и почти тридцатилетним укором цивилизованным людям, на глазах которых то ли от их непонимания, то ли от лени гнили, приходили в запустение бесценные шедевры. В пятидесятые годы неумелые реставраторы содрали почти со всех деревянных памятников тес и открыли дождям и туманам бревна, впитывавшие влагу и разрушительные микробы. Сделали это для чего, как вы думаете? С хорошим намерением, в целях дезинфекции — чтобы обработать специальным раствором старинные венцы. Те самые бревна, для заготовки и обработки которых имел значение даже свет луны, не говоря о том, на какой почве росли деревья, на опушке или в глубине леса. Плотники восемнадцатого века учитывали даже эти мелочи, их горе-наследники в конце двадцатого действовали, как слоны в посудной лавке. Бревна катастрофически гнили, и от разрушения их не спасали никакие растворы. Тогда какой-то умник ввел в собор металлические конструкции, подвесив на них сооружение, как на костыли. И это не помогло, гниль не отступала. В восемьдесят шестом году кто-то подбросил вообще сумасшедшую идею: собор уничтожить, а на его месте возвести новый, можно и не из дерева.

После многочисленных протестов общественности родилась альтернатива: разобрать собор, заменить бревна, пришедшие в негодность, а после снова собрать. Сотрудники музея-заповедника выступили против. У всех на памяти была аналогичная переборка церкви Дмитрия Салунского в деревне Верхняя Устюга, вызвавшая множество нареканий. Для наших современников не имеет значения, в каком месте и на какой почве росло дерево, секрет деревянного зодчества потерян навсегда. Но что могла какая-то горсточка сотрудников музея против союзного Министерства культуры? То же, что бутылки с горючей жидкостью против тяжелых танков. Женщин из музея поддержали Д. Лихачев, другие известные ученые, защитники и подвижники отечественной культуры. Напрасные усилия! Министр культуры Карелии приказал директору музея в Кижах заключить договор с архитектурно-производственным кооперативом на переборку Преображенского собора, на что отсчитали два миллиона рублей. Да за эти деньги!.. Если у вас так зачесалось, дорогие реставраторы, беритесь за восстановление Покровского собора в Анхимове на берегу Вытегры. Сгорела, бедолага, пострадала от пьянки жителей еще в 1962 году. А Преображенку не отдадим, ни за что.

Куда там, не помогло даже решение симпозиума Международного комитета по дереву, проходившего под эгидой ЮНЕСКО. Симпозиум счел, что переборка памятника ничем не оправданное преступление? Ну и пусть так считают. Мы у себя дома, что хотим, то и делаем. Почему они свой нос в наши дела суют?

Суют? Суют. Финский профессор Ларс Петерсон, автор двухтомной диссертации о деревянных памятниках Заонежья, приехал в Кижи и передал музею-заповеднику и Советскому фонду культуры свыше двух тысяч страниц микрофильмов. Тех самых, которые он, тогда двадцатилетний офицер финской армии, делал в прошлую войну. Ему поручили изучить и охранять памятники истории и культуры Заонежья, они имели статус памятников мирового класса. Петерсон со своими помощниками, чертежником и художником, изучили 120 церквей и часовен, сделали обмеры, фотосъемки, карандашные эскизы разных строительных деталей, копии старинных церковных книг. От значительной части неисчислимых культурных богатств остались лишь микрофильмированные воспоминания. Оригиналы утрачены навсегда. Сразу после заключения мирного договора все до одной иконы, вывезенные во время войны в Финляндию, возвратились по списку на родину. Их аккуратно погрузили в Хельсинки в два вагона и отправили в Петрозаводск. Думаете, на вокзале ценный груз встречали наши представители? Ошибаетесь. Ящики выгрузили на платформы и оставили лежать под открытым небом. Ящики мешали, и им вскоре нашли место в заброшенном сарае с протекающей крышей. Там и пролежали они немало лет, портились, лишались живописного слоя, который обрастал грязью. Поныне неизвестна участь знаменитого «неба» Преображенской церкви — огромных потолочных икон треугольной и трапециеобразной формы. Длительное время существовала версия, что иконы были распилены на дрова и сожжены. Петерсон, посетивший Кижи летом восемьдесят девятого года, поведал, что «небо» не вывозилось в Финляндию, при отступлении иконы оставили в бывшем доме епископа, прикрепив соответствующие таблички на финском и русском языках: здесь хранятся иконы кижских церквей. Дом был каменный, и это вселяло надежду, что бесценные сокровища сохранятся. Но дом сгорел вместе со всем имуществом — кто-то поджег его. Так это было или нет, неизвестно, но следов «неба» Преображения ни в одной стране не обнаружено.

Да и было ли основание не верить семидесятилетнему профессору-искусствоведу, который не был здесь с 1944 года и под старость привез в подарок микрофильмированную память о замечательных шедеврах, из-за небрежности, беззаботности и, может, из-за бескультурья нашего навсегда потерянных для потомков. И Ларс Петерсон против переборки старой Преображенки, он за то, чтобы сохранить ее старческий шарм, но чтобы у бабушки остались в глазах живые искры. Один раз разобрав, а после собрав, прежнюю историческую данность уже не будешь иметь.

Совал профессор свой нос в наши дела, совал. По его мнению, под фундамент следовало подвести железобетонную подушку. Это первое. Второе: выпрямить стены церкви нельзя, а вот остановить выгибание можно, для этого необходимо вокруг постройки натянуть незаметные стальные прутья. Только ни в коем случае не выпрямлять, слышите? Сломав ребра, старого сутулого человека уже не выпрямишь. И еще: с железобетонной подушкой будьте осторожны, сделайте так, чтобы она дышала, не притягивала влагу. Влага для дерева — смерть! Потому и крышу надо делать надежную, чтобы никакой воды.

* * *

Месяца через два после возвращения из Карелии в один из выходных знакомые художники пригласили меня в свой дачный поселок. Вечером в саду пили травяной чай. Мать хозяина домика, доктор искусствоведения, взяла в руки газету и, вчитавшись, воскликнула:

— Сколько помню себя, никогда не видела, чтобы первый секретарь обкома на такую тему выступал. Да еще — в «Правде»!

Уважаемого возраста женщина передала газету нам. Я увидел крупный заголовок «Валаам: надежды и тревоги» и подпись первого секретаря Карельского обкома партии.

Что ж, подумалось мне тогда, и еще одно долгое прощание с прошлым закончилось.

Увы, это был запоздалый поворот.

На историческую сцену неудержимо выходили новые силы, сменяя тех, кто спохватился слишком поздно.

Глава 5

ВОЙНА С КРЕСТЬЯНАМИ

БЕСЕДЫ ПРИ ЯСНОЙ ЛУНЕ
С АЛЕШЕЙ КАРУЛЬКОЙ (1)

Спасибо коллегам-краснодарцам, помогли выйти на след моего земляка и соседа Карульки.

С детства помню, как собирались в отцовской хате деревенские дядьки и все завидовали какому-то Карульке — вот отчаянная голова, продал избу, подался куда-то на Кубань, пишет оттуда, что живет по-царски, всего в избытке, а земля — жирнющий чернозем, сама родит, без всяких удобрений.

Кряхтели практичные сельчане, смолили самосад, изумлялись Карулькиной смелости — на край света уехал, на какую-то «капказскую» гору, с которой стекает сказочная молочная река Кубань с кисельными берегами. Позже, когда немного подрос, я узнал, кто такой Карулька. Его усадьбу приобрела партизанская вдова из соседней деревни. Такой же колхозник, как и мой отец, доведенный до нищеты послевоенной разрухой и голодом в Белоруссии, бросил в отчаянии родимую сторонку и уехал в чужедальние края.

С детства помнится: несть числа было разным преобразованиям на моей малой родине. Чего только не выделывали с нашим бедным колхозом. То его укрупняли и сельчанам обещали, что это принесет бездну зерна и по мешку денег каждому, то разукрупняли, опять же убеждая, что после этого, мол, жизнь наверняка станет солнечной и беззаботной, то снова объединяли с соседями.

Но в нашей семье ровным счетом ничего не менялось. Как собирал я по весне в льняную котомочку перезимовавшую под снегом прошлогоднюю картошку в поле, так собирал и через год, и через два, и через три; как пекли из них дома лепешки, от которых пучило живот, так и продолжали печь; как варили крапиву и картошку ни с чем, так и продолжали варить. И так было во всех хатах, не только в нашей.

И еще помнится, как всхлипнул отец, когда вырубал посаженные им же в честь рождения детей яблоньки: сколько тех яблок, молодые деревца совсем, а налог был непомерным. Навзрыд, страшно заголосила мать, когда узнала о варварском отцовском поступке, бросилась ему в ноги: что же натворил, гицаль, нехорошо это, беда будет. Но было уже поздно. Деревца, с любовью посаженные форсистым красноармейцем, который ходил по деревенской улице в островерхом шлеме с красной звездой и пел песни про Буденного с Ворошиловым, лежали срубленные и жалостливо дрожали на ветру листочками-сиротинками. Те самые яблоньки, которые он холил-поливал безводными летними днями, заботливо обвязывал еловыми лапками зимой, оберегая от морозов и обнаглевших зайцев. До какого же отчаяния надо было довести деревенского мужика, чтобы тот в порыве безысходности поднял топор на будущее своих детей — именно так оценила его поступок мать, пророчески увидев в этом знак беды. Не ошиблось материнское сердце: распалась наша дружная семья, опустело родное гнездо, одичал каштан на месте бывшего подворья, и горький ветер разлуки сызмальства разбросал нас по чужим углам.

Колхоз то укрупнялся, то разукрупнялся, менялись его названия — имени Буденного, «Новый путь», «Путь к коммунизму», «Авангард», происходили бесконечные передачи нашей деревни то в один сельсовет, то в другой, а насчет района и говорить не приходится. Несколько раз наш Хотимск объявляли районным центром, и несколько раз нами правили соседние Костюковичи, Климовичи и даже Кричев. Менялись вывески, таблички, печати, почтовые адреса, каждый раз при этом начальники в одежде полувоенного образца обосновывали необходимость многочисленных реорганизаций заботой о трудящихся. Ну а теперь обязательно будет всего вдоволь, заверял очередной уполномоченный. Сельчане под строгим взглядом председателя вяло аплодировали, выражая одобрение, уполномоченного местное начальство провожало в контору, а дальше все шло, как и прежде. Уполномоченные жили своей жизнью, сельчане — своей. И от активности первых в сочинении бумаг, разработки проектов укрупнений и разукрупнений, перенесения сельсоветов и райцентров в другие населенные пункты, переименования колхозов и совхозов, сел и городов экономические и социальные условия других не улучшались.

Что ж, что было, то было, из песни слова не выкинешь, историю заново не перепишешь, новые поколения должны знать правду, почему их предки жили так трудно, почему они все время жертвовали во имя светлого будущего и счастья новых поколений, почему призывали к этому в течение многих десятилетий, разъясняли, что сами как-нибудь преодолеют невзгоды и лишения, проклятый дефицит, а вот завтра придет безоблачный день для детей и внуков, построенный родительской преданностью и самопожертвованием. Где же он, этот райский денечек, в его ожидании прошла жизнь моих родителей и старших сестер, да и моя перевалила за полдень. Стыдно признаться, но и я до недавних времен кормил красивыми обещаниями своих детей. Вот уж у старшего сына и своя семья появилась, а обещанной райской жизни все нет и нет.

Потянуло, потянуло-таки на откровения. Сын моего земляка и соседа Григория Ивановича Карульки — механизатор, ему под пятьдесят, мы встретились с ним в Усть-Лабинском районе, в большой краснодарской станице Раздольная, где Алексей Григорьевич имеет свой дом, где каждый знает его владельца как рачительного и добропорядочного человека. Отца уже нет в живых, похоронили и жену, а вот дети и внуки прочно пустили корни в кубанской земле.

Свою малую родину на Хотимщине в Белоруссии Алексей Григорьевич помнит смутно. Ему было восемь лет, когда отец, окончательно убедившись в невозможности выжить и поставить детей на ноги, покинул родные места и с семьей направился на реку Кубань, о которой в нашей местности ходило столько красивых сказок. Настроения подогревали кадры знаменитого в те времена кинофильма «Кубанские казаки». Меня, десятилетнего мальчугана, выросшего на лепешках, испеченных матерью из перезимовавших под снегом гнилушек, изумляли невиданные в моей короткой жизни горы вкуснятины, ею, будто специально дразня нас, был щедро нашпигован почти каждый кинокадр.

Безусловно, на Северном Кавказе было сытнее, чем на послевоенной голодной Могилевщине, но разве что в сравнении с ней. Богатства-миражи, украшавшие сцены кинофильма, исчезли неизвестно куда, стоило только хотимчанину-бедолаге приехать на молочную реку с кисельными берегами. Алексей Григорьевич вспоминал не очень веселое переселенческое бытье, картинки ставшего уже далеким детства. Я слушал его рассказ и ловил себя на мысли, что собеседник повествует и о моем детстве. Та же нищета, страшная экономия на всем, нехватка продовольствия. Как и моя Соколовка, обезлюдевала богатая когда-то станица Раздольная, распадались крестьянские семьи, белый хлеб считался редким угощением, ели его несколько раз в году, когда ездили в город.

Алексей Григорьевич во время первого знакомства показался мне человеком спокойным, рассудительным, не очень говорливым. Но это впечатление исчезло, едва только беседа коснулась наболевшего — возрождения крестьянского в крестьянах. Мой земляк и бывший сосед преобразился, его было не узнать. Расстегнув пуговицы сорочки, из которой выглядывала могучая загорелая шея, он стакан за стаканом опорожнял крепкий горячий чай, предварительно выливая его на блюдечко. У нас так чай не пьют, отметил я про себя и тут же спохватился. У нас чай вообще не пили, и по той простой причине, что в сельмаге его никогда не продавали. К этому напитку я пристрастился уже в Минске, впервые попробовав его вкус в пятнадцатилетнем возрасте. Своей привязанностью к водохлебству я удивлял даже некоторых москвичей. Видно, природа берет свое, то, что недобрал в детстве и в молодости, лихорадочно восполняется сейчас, каждому организму отведена своя цистерна жидкости — разной. Нет, соревноваться по этой части с Александром Григорьевичем было напрасным делом. Я понял это после шестой или седьмой чашки.

Хозяин со вкусом, как ни в чем не бывало, хлебал из блюдечка душистый напиток. Лишь на лице проступали обильные капли пота; скатываясь по глубоким бороздам-морщинам, они образовывали мокрые дорожки, и тогда собеседник тянулся к чистой салфетке.

Изредка капли пота падали на стол, но, разгоряченный беседой, Алексей Григорьевич не обращал на них внимания. Все, что наболело на душе, накапливалось за долгие годы тяжелых ночных раздумий, выплеснулось в горьком и обидчивом монологе перед земляком — он, как и тысячи его сверстников, будучи крестьянским сыном, не остался на земле, направился в город. Алексей Григорьевич со скорбью и болью в голосе жаловался на то, что колхозное крестьянство в течение многих десятилетий фактически было второсортным классом, его постоянно унижали, лишали элементарных человеческих прав. Отец Алексея Григорьевича никогда не имел паспорта, он и умер без него; отдав сначала белорусскому, а после кубанскому колхозу полвека тяжелейшего изнурительного труда, под старость не получил ни копейки пенсии. А разве он единственный, мой дорогой односельчанин?

Но это еще полбеды, главная трагедия в том, что, прожив свой век на земле, целые поколения крестьян фактически не были ее хозяевами. Кто только не командовал сельскими наемными работниками, да-да, именно наемными, подчеркнул Алексей Григорьевич, заметив мой нетерпеливо-протестующий жест. Разве повернется язык назвать наших соколовцев хозяевами, вспомни, это же были самые настоящие поденщики. Что такое колхоз, как представляли его поначалу? Это же кооператив, значит, дайте ему свободу, не держите ежеминутно за глотку, не командуйте. Командовали, да еще как! Не моги, баба, нажать серпом травы для своей козы, скорее тащи свою кривулю в музей народного быта, там уже и коса с лаптями висят, о прошлой горестной жизни внукам повествуют; не моги, глава крестьянской семьи, иметь участок при доме, отрежем землю по самое крыльцо, твои потребности отныне будет удовлетворять общественное производство.

Учили кур, как надо яйца нести! Бедный мужик, сколько издевательств он вынес, сколько унижений и запугиваний перетерпел. То ему спускали грозные директивы неотложно ликвидировать корову и поросят, которых испокон века крестьянский род держал в собственном пользовании, то приказывали немедленно, не откладывая, перебираться на постоянное место жительства в другое село, ибо его деревенька, где сам на свет появился и детишки первый шажок сделали,

Об обращениях граждан в адрес Съезда
народных депутатов СССР

В адрес Съезда народных депутатов СССР по состоянию на 29 мая с.г. поступило 21,3 тысячи писем и телеграмм от граждан и трудовых коллективов. ·

Советские люди проявляют большой интерес к работе высшего органа государственной власти, рассматривают его как важнейшее историческое событие в жизни страны и народа. Обращаясь к Съезду, трудящиеся призывают депутатов сосредоточить внимание на решении назревших проблем страны, возрождении полновластия Советов народных депутатов, формировании социалистического правового государства.

Много откликов и пожеланий вызывают первые дни работы советского парламента. С большим удовлетворением встречено избрание Председателем Верховного Совета СССР товарища М.С.Горбачева. Трудящиеся видят в этом одну из гарантий дальнейшего развития перестройки, необратимости революционных преобразований.

Во многих обращениях с одобрением отмечается, что обстановка открытости и гласности, возможность увидеть и услышать происходящее на Съезде в прямой трансляции позволяют каждому человеку чувствовать себя причастным к работе высшего органа государственной власти страны.

Советские люди высказывают свои суждения и мнения о повестке дня, процедуре работы Съезда, порядке голосования, выражают свое отношение к выступлениям отдельных депутатов. Обращается внимание на то, что в этот рубежный в жизни нашей страны и перестройки период каждый народный депутат должен по-деловому, без демонстрации

Верили в Съезд народных депутатов: вот он-то сделает всех счастливыми!

356

объявлялась неперспективной и подлежала сносу с лица земли. Страшные были времена, мало чем отличались от трагических времен раскулачивания: в больших семьях со слезами на глазах и стенаниями провожали из двора коровенку, которая для многих была единственной кормилицей, покидали родные очаги десятки тысяч крестьян, которым согласно новой системе расселения надлежало жить в других деревнях, в двух- и трехэтажных панельных коробках, где ни корма поросенку не приготовить, ни его самого содержать. Да что там поросенка, куренку места не хватало. А вы, газетеры, словно загипнотизированные, кричали в восторге: ура, формируется сельское поселение нового типа!

В яблочко попал мой землячок, в самое яблочко. Время покраснеть и мне, тем более перед односельчанином, каюсь, и я приложил руку к воспеванию «агрогородков» и прочих райских прелестей, ожидавших сельских жителей, стоило им только распрощаться с деревнями, в которых на будущее — ну никаких перспектив! Красиво преподнесенная учеными романтическая идея на практике оказалась еще одним шагом к пропасти. Не помогли ни миллиардные дотации, ни такие же миллиардные списания долгов с хозяйств, которые лежали буквально на лопатках, ни расширения и преобразования различных сельскохозяйственных органов, ни перемещения руководящих вывесок, столов и портфелей. А тут еще новая беда — деревня начала пить. И раньше не без того было, но зачисление в бесперспективные наполнило сердца сотен тысяч людей безнадежностью, безысходной тоской. Доярки на несколько дней оставляли фермы без присмотра, механизаторы с утра приходили на машинный двор под градусом. После непогоды непролазная грязь на десятки километров. Едешь, а вокруг ни огонька, ни звука, словно все вымерло.

Уже забылось, что вырастали и старились целые поколения, которые никогда не видели мяса в свободной продаже. При этих словах Алексея Григорьевича я вспомнил срединные области России — Московскую, Калужскую, Ивановскую, Владимирскую, Рязанскую, Тульскую. Возле московских магазинов годами по выходным дням паслись стада автобусов с номерными знаками этих городов, «экскурсанты» с рюкзаками оставляли после себя опустошенные полки гастрономов; нынешний либерализованный родник тоже начал в последнее время значительно усыхать — мясопродукты в столице исключительно импортные.

Ты прав, Алексей Григорьевич: ну разве не глупость стоять по шею в воде и не иметь возможности утолить жажду. В самом деле, иметь такие щедрые земли, трудолюбивых людей, прогрессивный государственный строй — и ходить по миру с протянутой рукой: продайте зерна, продайте картофеля, продайте лука. Картошку, которая может расти под окном у каждого, везем из Голландии, лук — из Египта, зерно — из Америки. Хорошо еще, что нефти, газа, леса много, гоним на Запад, а взамен картошечки просим. Тьфу! Этак и недра свои можем проесть. Вы только взгляните на нашу землю, она ведь слезами исходит, криком кричит, зовет не дозовется хозяев. Что с ней сделали — искалечили, крестьян обидели, а кто, как не мы, крестьяне, страну кормить должны? Слово «крестьянин» и то вытравили, не пощадили.

Снова ты прав, дорогой соседушка! Считалось, что понятия «крестьянин», «крестьянство» устарели, они отошли в прошлое вместе с сохой и лошадью, которую погонял пахарь в лаптях и домотканой свитке. Называли даже точное время, когда отмерли эти слова, оно ведет свой отсчет от создания колхозов. Ученым и руководителям сельского хозяйства, публицистам и пропагандистам вдруг показалось, что от слова «крестьянин» и производных от него веет седой стариной, патриархальщиной и даже мрачной религиозностью. Помнится, при обсуждении проекта Конституции СССР летом 1977 года каких только предложений не вносили относительно того, как называть тех, кто работает на земле. И аграрными рабочими нового типа, и операторами технологических процессов по выращиванию зерна и скота. Чего только не придумывали оторванные от жизни сытые, откормленные умники с научными степенями. И что особенно горько — государственные лидеры шли у них на поводу.

Крой их, Алешенька, дорогой мой землячок, вот мы уже и на «ты» перешли. Я полностью на твоей стороне, и в моей давно уже городской душе живет, не обрывается святое чувство крестьянское, интерес к селу. Их никому и никогда не вытравить. Напрасно старалась взращенная номенклатурой москитная армия охранников инструкций, проверяльщиков и прочих плодов многолетней социальной селекции — кажется, они только сейчас начали понимать свою ненужность — уничтожить крестьянскую силу, напрасно она ломала судьбы людей и отцовских нив. Попытки руководить сельским хозяйством с помощью диктата, возносить систему отношений, которая лишала колхозы жизнедеятельности, привела к таким потерям человеческих и природных ресурсов, что кроме как катастрофической эту ситуацию уже не назовешь. За годы советской власти разрушен сам уклад сельской жизни, крестьянин оказался отчужденным от земли, проблема продуктов питания оттеснила далеко назад все другие проблемы. В годы горбачевской перестройки со всей остротой встал вопрос: кто накормит страну? Трезвый анализ привел к осознанию необходимости вернуть сельчанам интерес к жизни, к труду. Выход представился один, и довольно радикальный — экономические реформы.

Операторы технологических процессов, аграрные интеллектуалы нового типа! Попробуйте зайти в операционную палату во время хирургической операции — дудки, кто вас туда пустит! Колхоз же — огромный проходной двор для множества начальников, уполномоченных и иного служивого люда, и каждый дает руководящие указания. Давай, Алешенька, не жалей крепчайших слов в адрес тех, кто превратил колхозы в полигоны для экспериментов, кто лишал хозяйства даже чахлых корешков, которые связывали бы с землей, подпитывали бы хоть какой интерес жить в селе. Ты прав: никогда еще установки сверху земледельцу не давали бездну хлеба, мяса, овощей и море молока. Никакого диктата, никакого командования жизнью крестьян! Контроль? Да, но только через банки, притом желательно, чтобы они были разные. Прибыль? Правильно, но не ценой насилования нив, лесов, рек. А ты еще и философ, Алексей Григорьевич! Как это ты выразился? Все мы арендаторы, все арендуем годы жизни у вечности. Сам дошел своим умом или подсмотрел где-нибудь?

В конце концов, дело не в авторстве, а в понимании

проблемы, в убеждении, что наступило время развязывать или даже резать путы, которыми стреножено сельское хозяйство, что перестройка, экономические реформы, с одной стороны, расшевелили село, пробудили могучую крестьянскую силу, а с другой — поставили его на грань катастрофы. Безусловно, реформы — не ровная и не гладкая дорога вверх, а крутая, щербатая, с колючими выступами. Вон Александр Григорьевич создал в свое время подрядное звено, и все лучшие механизаторы пошли к нему. А те, кто любил сладко да поздно поспать, вороньем налетали на бухгалтерию, долбили арендаторов да подрядчиков: почему им столько много денег выписали? Бушевали в конторе: о социальной справедливости забыли, кулаков возрождаете.

Моего земляка не запугаешь. Кто просыпается от петушиного крика и на рассвете шагает в поле, тот себе цену знает. А лодырям, конечно, новшества не по вкусу, вчерашний день куда милее их сердцу. Выросло не выросло, какая разница, платили ведь за выход на работу, а не за конечный результат. Вот и завидуют, высокими словами прикрываются, а на самом деле ностальгия по дармовым деньгам ими двигает. Все правильно: самостоятельность привлекает лишь трудолюбивых, умелых, хозяйственных. С лодырями им не по пути. Ничего, что любители уравниловки, прилипалы и приспособленцы высшей пробы спокойно приспособились к существованию в колхозах в новых условиях, ломают технику арендаторов и фермеров, вредят по-мелкому, из-за угла. Наше время — это и ломка психологии, и борьба, притом не только словесная.

Молодец, Алексей Григорьевич, я рад за тебя, за твердую позицию, за твой выбор. Спасибо тебе, что ты так болезненно переживаешь за страну и народ, уставший от пустых обещаний, длинных очередей, от дороговизны, низкого качества, от грубой торговли, от сначала непривлекательных, а теперь вот крикливых витрин, обмана и лицемерия. Успеха тебе и твоему колхозу, который после беседы с его председателем представился мне уже не бывшей бесправной хозяйственной единицей командно-административной системы, а своеобразным штабом по координации производственной деятельности отраслевых кооперативов. Это ассоциация, задача которой — обеспечивать совпадение интересов государства и кооператоров на новой экономической основе, предоставить возможность каждому крестьянину почувствовать вкус труда, свободного от командования, вкус сладкой власти земли.

Неделю прогостил я в благодатной станице Раздольной. О чем только не переговорили! Горячились, остывали в цветущем яблоневом саду, снова начинали спорить. Почему не идет земельная реформа? Почему крестьянам, пожелавшим выйти из колхозов, не раздают земельные наделы, как того требует постановление правительства? Мои собеседники улыбаются: нет желающих. Председатель станичного колхоза, молодой, энергичный парень, напорист, эрудирован, владеет статистикой: в 1996 году число фермерских хозяйств в России увеличилось ненамного — на три с половиной тысячи. А сократилось за этот период на шесть тысяч. Согласитесь, это о чем-то говорит. А вот другие цифры. Пять с половиной тысяч колхозов и совхозов преобразованы в ассоциации и акционерные общества, две с половиной тысячи перерегистрированы в прежнем качестве.

По мнению моего земляка Алеши, ориентация российского правительства на ускоренное развитие фермерства не что иное, как очередная авантюра. Бесконтрольный рост единоличных хозяйств непременно приведет к земельным спекуляциям и в конце концов резко скажется на плодородии почв. Севооборота, чередования культур новоявленные фермеры придерживаться не будут. Станут они картошку сажать, держи карман шире! Надо им в грязи копаться. Все бросятся арбузы да подсолнухи выращивать, чтобы быстрее кошельки набить.

И, вообще, политики недооценивают почти семидесятилетний путь, который за плечами колхозно-совхозного строя. А это три поколения людей. Социализм, как ни говорите, а все же вылепил на селе если не совсем новые, то уж во всяком случае отличающиеся от дореволюционных типы жителей. Да, постсоветская Россия многое открыла людям, показала, какой ценой достигалось изменение традиционного уклада сельской жизни. Зная о жертвах, согласятся ли крестьяне на новые? Вот в чем коренной вопрос. Кстати, у них ведь

361

никто не спрашивал, хотят ли они пойти по фермерскому пути. Впрочем, как и по пути коллективизации. А расплачиваться за эксперименты приходится им.

* * *

Председатель станичного колхоза затронул самые сокровенные струны моей души. Ему, конечно же, невдомек, что у заезжего столичного писателя-историка столь необычное хобби. Так уж случилось, что мои социологические замеры были, наверное, последними в истории социалистического хозяйствования. Спустя месяц после их завершения страна официально вступила в рыночные отношения. Думается, собранный мной материал представит определенный интерес для экономистов, историков, политологов, всех, кто пытается дать ответ на мучающий многих вопрос: «Что это было?» Речь идет о событиях на шестой части земного шара, последовавших после октября 1917 года.

Если говорить более предметно, то речь идет о конкретных социологических исследованиях, цель которых — проследить на судьбах реальных людей изменения в характере и содержании их труда, уровне культуры и образованности, семейном бюджете и структуре его расходной части, о том, какие телепередачи смотрят, какие книги читают, как проводят свободное время промышленный рабочий и учительница, научный работник и колхозница, врач и продавщица. Объектами исследований были люди обыкновенные, славой не отмеченные, не герои и не лауреаты.

С 1971 года они были у меня под писательским «колпаком». По договоренности они вели дневники, делали записи обо всем, что их волновало. Объектами социологического анализа стали переписка с родственниками и друзьями, семейный бюджет, бухгалтерские ведомости, служебные бумаги, отношение к важнейшим событиям общественно-политической и своей частной жизни. Мы часто встречались, я включал диктофон, и голоса моих подопечных ложились на магнитную ленту.

Сколько накопилось кассет? Около пятидесяти. Половина из них легла в основу публикаций, увидевших свет в 1978—1980 годах. Вторая половина, охватывающая период после апреля 1985 года, передо мной. Это плод трудных, порой горьких раздумий. Нелегкого прощания с прошлым. Непростого разговора с собой вчерашним.

Итак, кого вылепил социализм в деревне? Чтобы ответить на этот непростой вопрос, надо обратиться к главным действующим лицам современного села. Нет, мы не будем следовать традициям вульгарной социологии, а возьмем за основу обыкновенных мужчину и женщину. Независимо от их профессии, образования, социального статуса. Мужчина и женщина, как таковые, — вот кто определяет облик любого населенного пункта. Кто же они, сельские жители наших дней? Сначала посмотрим, что есть сегодня деревенский мужик.

ГДЕ ЖИВЕТ КОРОТКИН,
или Вопрос, над которым чем больше думаешь, тем меньше торопишься с ответом

«18 марта 1981 года. Жена привезла с почты газету. Очерк про совхоз и про меня. Читали вслух. В основном жена. Она у меня учительница. Странно как-то слушать о себе. Начало ничего, занимательное. Из жизни взято. Так все и было».

А было так. С того счастливого дня, когда старик Короткин справил пятому сыну свадьбу, и тот привел в новую, выделенную совхозом по такому случаю двухкомнатную квартиру молодую жену — учительницу местной школы, прошло довольно много времени. А вот при встрече со старыми дружками или одноклассниками в райцентре на вопрос, где он сейчас живет, Виктор нет-нет да и ответит по привычке: в Литвиновичах. И тут же спохватывается — в Городище! Друзья с недоумением переспрашивают: где все-таки? В Литвиновичах или в Городище? «Городище» — это же, кажется, название совхоза. Точно, отвечает Короткин, совхоз так называется и центр хозяйства тоже. Там столько сейчас понастроено. Как раз посреди небольших деревушек Литвиновичи, Русаки и Старое Вильяново. Новые здания стали их естественным культурно-хозяйственным центром, имя которому...

И тут Короткин останавливается, подыскивая нужное слово. Уж очень не хотелось ему употреблять старые названия, которые прежде обозначали поселения сельских жителей. Слобода, фольварок, хутор, деревня — от них веяло какой-то затхлой патриархальщиной, дикостью, неграмотностью, суевериями. А новых, отвечающих его, Короткина, представлениям, тогда еще не придумали. Не скажешь же, что проживаешь в «благоустроенном поселке Городище» или в «агрогородке Городище». Над этими терминами, возникшими в начале пятидесятых в Московской области во времена Никиты Сергеевича, селяне откровенно смеялись. С середины семидесятых годов на всех углах начали трубить о необыкновенном чуде эпохи развитого социализма — формировании сельского поселения нового типа, в котором городские удобства органически сочетаются с преимуществами сельской местности. Городище — уменьшенная копия этого необыкновенного чуда.

Однако вернемся к дневнику Короткина Виктора Михайловича, механизатора племзавода «Городище» Шкловского района Могилевской области, окончившего десятилетку и Могилевское СПТУ, служившего в армии и вернувшегося, как и многие его сверстники, в родные места, поблизости от которых, кстати, в совхозе «Городец», трудился будущий президент Белоруссии Александр Лукашенко. Слово свое он сдержал: купил большую общую тетрадь и записывал туда сведения о важнейших событиях в своей жизни и жизни совхоза, а также свои мысли и раздумья.

«29 марта 1981 года. Два раза перечитал свой портрет. Так вот откуда все идет. А я-то, наивный, думал: это все наш Галица экспериментирует. Ну, в крайнем случае, Вера Феофановна. Нет, секретарь райкома и директор совхоза — крайние в этой цепочке. Ниточка с такой верхотуры тянется — дыхание захватывает. «Сколько деревень в совхозе?» — спросил писатель. Я подсчитал. Ни много ни мало — 17. Сколько перспективных? А что тут считать? Директор давно всем объявил. Я распрямил указательный палец — одна! Из очерка узнаю: в нашем районе из 250 населенных пунктов предполагается сохранить 35. А всего в республике из 26 940 деревень в качестве перспективных определено 2700. Судьба остальных предрешена — они не имеют будущего.

Прав писатель: когда я сказал, что из семнадцати деревень совхоза жить будет только одна, в моем голосе прозвучала озабоченность. Но кто с нами считается, кто у нас спрашивает, каким быть нашему дому? Многоэтажному или одноэтажному, кирпичному или деревянному? Многоквартирному? Коттеджному? Все кому не лень за нас решают. Притом в таких сферах, что возмущайся, сколько влезет, ни до чего хорошего возмущение не доведет».

Такую вот реакцию вызвала у моего героя вычитанная им фраза о том, что осуществление магистрального направления по коренной перестройке белорусской деревни получило положительную оценку товарища Л. И. Брежнева во время его пребывания в Минске летом 1978 года.

Нет, сказать, что Короткин уже тогда был убежденным противником сноса неперспективных деревень, я не могу. Откровенно говоря, не был им и я. Уж больно мощным был напор на общественное мнение, и оно дрогнуло, заколебалось и... поддалось. Наступление велось одновременно по разным направлениям, с применением как дальнобойной артиллерии, так и оружия ближнего боя. Стреляли журналисты, демографы, экономисты, социологи, архитекторы; снаряды и ящики с патронами бодро подносили неунывающие проектировщики, послушные передовики полей и заслуженные ветераны колхозного движения, осевшие в городских теплых квартирах.

Мы пребывали в какой-то эйфории. Действовал массовый гипноз. Все доводы в пользу перестройки деревни принимались на веру, ведь они шли оттуда, сверху, а там не ошибаются. Проклятое раболепие, сидевшее в каждом сызмальства, толкало на изобретение все новых и новых обоснований правильности взятого курса, якобы объективного и закономерного, подготовленного всем ходом предыдущего развития сельского хозяйства.

Узнаете ситуацию? Точь-в-точь как и сегодня: указание о переводе села на фермерские рельсы снова пришло оттуда, сверху.

Тогда срабатывала и многолетняя оглядка на соседей: как бы не оказаться в худшем свете по показателям. Все равно, по каким — по численности ударников коммунистического труда, Героев Социалистического Труда, привесам скота, надоям молока на корову. Сначала, примерно в середине семидесятых годов, в Белоруссии было определено в качестве перспективных около шести тысяч населенных пунктов. И тут руководство республики узнает, что в соседних Псковской и Новгородской областях для перспективной застройки запланировали оставить только каждый десятый населенный пункт. В Калининской области 12 тысяч деревень, к перспективному строительству намечено немногим более одной тысячи. И вот спешно в первоначальное количество — 6000 — вносят коррективы. Оставили 2700. Судьба более 3000 крупных населенных пунктов одним росчерком пера решена — без необходимого обоснования и проработки на месте, в порыве чиновничьего рвения и рапортомании.

Но это уже детали, и они стали известны сравнительно недавно. А тогда все силы командно-административной системы были брошены на то, чтобы вызвать карнавальное ликование селян, которым предлагалось покинуть десятки тысяч и без того обезлюдевших деревень ввиду их неперспективности. Хотя время было другое — семидесятые годы, но в методах, и это было видно, чувствовался все тот же почерк, знакомый с двадцать девятого года, когда крестьяне, ликуя и поздравляя друг друга с созданием колхоза, радостно в него записывались, добровольно отказываясь от нажитого тяжким трудом «своего» ради сулившего процветание и счастье «нашего». Увы, и коллективизация преподносилась во время написания очерка совсем по-иному, она была вне критики, «чернить» ее никому не позволялось. Помню, при подготовке очерка о Короткине я собрал громаднейший материал об истории российского и белорусского крестьянства. Откуда-то выписал понравившееся высказывание известного русского экономиста Н.Кондратьева, впоследствии репрессированного. В конце двадцатых годов он писал: только богатеющий мужик может быть творческой фигурой, а если он едва сводит концы с концами, то годится лишь для борьбы на баррикадах, но не для того, чтобы накормить страну. Цитата осталась неиспользованной.

Несмотря на успокаивающее воркование с экранов телевизоров и газетных страниц, что перестройка системы расселения сельского населения несет ему только благо, Короткин все же интуитивно чувствовал: здесь что-то не то. Сомнения возникали чаще всего тогда, когда приезжал к старику-отцу. Михаил Ефимович жил отдельно от сына, в старой, но все еще крепкой бревенчатой избе. В двадцать девятом он одним из первых подал заявление в колхоз, был активистом и неустанным поборником новой жизни. И только под старость что-то надломилось в нем. Во время застолья мог поднять тост: «За колхозы! Которые есть результат героических усилий партии и народа!» Поди разберись, всерьез он или с иронией. Или еще похлеще: «Село стерли, а грани остались. За грани!»

На чудачества отца Виктор смотрел сквозь пальцы. Хотя иронические реплики порой задевали. Наслушавшись радио, Михаил Ефимович заводил такие ученые беседы с сыном, что Шукшину впору описывать. За порогом же отцовской избы жизнь текла иная. Окунувшись в привычную среду, в кругу друзей Виктор начинал жить заботами коллектива, которые отодвигали посеянные отцом сомнения на задний план.

«8 октября 1984 года. Отметили День Конституции. К празднику подбросили деньжат. Сумма довольно приличная. Батя ухмыльнулся: а разбогатеть, Витек, не боишься? А чего бояться, отвечаю, — свое, заработанное. Целое лето ишачил, ни свет ни заря вставал, в полночь спать ложился. Оно-то так, согласился отец. И те, кого потом кулаками объявили, к классовым врагам причислили, тоже кровавыми мозолями свое добро наживали. А не посмотрели, в черный «воронок», и на Колыму. Вместе с семьями. Отец назвал несколько фамилий односельчан, вывезенных из родных мест и неизвестно где закончивших свой век. Говорил об активистах, переселившихся в их дома, завладевших их имуществом. Оказывается, четвертую часть добра выдавали доброхотам в качестве вознаграждения за разоблачение затаившихся мироедов. А не получится ли так, спрашивает, что пройдет время, и вас тоже раскулачат, придумают какой-нибудь новый термин, за этим дело не станет, да и погонят с малыми ребятишками в Сибирь или еще куда-нибудь? Вон какую хоромину себе отгрохал, мебелью да дорогими вещами ее набил, машину купил, телевизор цветной. Да разве сосланным кулакам такое снилось? Раскулачивали даже за то, что в доме появлялся самовар, которого не было у пропойцы-соседа через улицу. А уж новая крыша выдавала сразу буржуйское нутро. Я от души посмеялся: напрасны твои страхи, батя. Сейчас иные времена. Только вот что знай, сказал отец, богатеющий крестьянин любой власти невыгоден, он всегда подозрителен. Вот новая власть и раскрестьянивает его. Чего-чего? — переспросил я, уж слово-то больно мудреное. Раскрестьянивает... Ну, ты, батяня, даешь. Да где ты крестьянина видишь? Я, что ли, крестьянин? Механизатор, рабочий совхоза, даже племзавода. А чем колхозный механизатор от меня отличается? На таком же тракторе вкалывает. Вот то-то и оно, вздохнул отец, раскрестьянили тебя вконец. У тебя даже дома своего нет, совхозный он, государственный, значит, ты не хозяин в нем, а как это?.. Во, вспомнил — квартиросъемщик! Чудит старый».

Во второй раз чудное слово «раскрестьянивание» Короткину попалось вот в какой связи. Опять обратимся к его дневнику, теперь уже более близкого, 1988 года. «19 апреля. Все в доме уснули. А я сижу на кухне над развернутой «Правдой». Чем не иллюстрация для социологического очерка о современном аграрном рабочем? Рядовой совхозный механизатор В. М. Короткин читает одно из трех выписываемых им периодических изданий. Да еще на фоне домашней библиотеки из полутысячи книг. Жаль, что они в гостиной. Ничего, журналисты народ ушлый, любой монтаж сварганят.

А если по-серьезному, то задела статья. Где это место? Надо его непременно выписать. Ага, вот оно. «И, наконец, доплыли мы до неперспективных деревень. Я считаю, что люди, которые готовили, «протаскивали» идею неперспективности, преподносиди ее правительству, должны понести государственную, административную ответственность. Это было преступление против крестьянства. У нас на Вологодчине из-за «неперспективности» прекратили существование несколько тысяч деревень. А по Северо-Западу — десятки тысяч. Вдумаемся: из 140 тысяч нечерноземных сел предполагалось оставить лишь 29 тысяч. Трагические потрясения, пережитые деревней за короткий срок, не могли, конечно, не сказаться на духовных, нравственных устоях народа. Культура и нравственность немыслимы без материальной основы. Земледельческая культура — тем более. Чему же удивляться, если ныне работать и жить на земле, заниматься крестьянским трудом считается неперспективным?»

Это слова Василия Белова. Его интервью газете «Правда» напечатано под заголовком «Возродить в крестьянстве крестьянское...». Писатель исследует этап за этапом, период за периодом, когда планомерно и целенаправленно раскрестьянивали русских крестьян. Неужели против них велась настоящая война? Выходит, так. И тянулась она десятилетиями. Чего только не приписывали крестьянству — темная сила, мелкобуржуазность, политическая неустойчивость, классовая ненадежность. Миллионы людей до сего дня искренне верят, что зажиточный, самостоятельный крестьянин — угроза светлым идеалам. Поэтому на крестьянство и перекладывали все экономические тяготы. Не оттого ли и вызывает у сторонников «казарменного социализма» неприятие и раздражение экономически независимый крестьянин, которого они обрекли на вымирание. Как это у Белова? «Сельский житель обретает себя как творец только в предоставленной ему свободе действий. Когда не понукают, не поучают, как пахать, что сеять, и не стоят над душой с очередным указанием». Где-то я еще читал: можно проанализировать многие политические системы и обнаружить прямую зависимость — чем свободнее крестьянский труд, тем демократичнее, гуманнее все общество.

Получается, что и перепланировка сел, и новая застройка населенных пунктов, ликвидация неперспективных сел не что иное, как звено в общей цепи бедствий, обрушившихся на кормильцев великой державы, продолжение процесса раскрестьянивания, начатого многие десятилетия назад. А нам что говорили, что обещали? Формируется сельское поселение нового типа, в котором... А мы и рады стараться, уши развесили. Так же, видимо, верили и в двадцать девятом, когда «добровольно объединялись» в крупные коллективные хозяйства. Отец вон верил-верил, да изверился. Полки в магазинах скудеют, цены на продукты растут. Сколько было разных реорганизаций, а проку ноль целых ноль десятых».

Из дневниковых записей за 10 августа 1989 года: «Трагедия нашей деревни состоит в том, что человек

369

отчужден от земли. Можно принимать сколько угодно самых распрекрасных продовольственных программ, ставить в них сколько угодно самых распрекрасных задач, обещать завалить полки дешевыми и вкусными продуктами, и все равно из этих благих побуждений ничего не получится, если не добиться самого главного — воссоединения исконной связи человека с землей. Крестьянин полностью деформировался. Он словно перекати-поле, наемный работник. Хотя разве можно представить умного хозяина, который послал бы наемного работника сегодня пахать в одном месте, завтра за двадцать километров, послезавтра косить траву совсем в другом месте. Никто ни за что не отвечает, никому нет дела, выросло там что или нет».

Запись от 20 октября 1989 года: «Прочел статью академика А. М. Емельянова, и болью отдалась в сердце мысль о том, что механизм хозяйствования на селе, который у нас сформировался после разгрома нэпа, уничтожил живую крестьянскую душу. Действительно, мы десятилетиями подгоняли крестьянскую психологию, крестьянское мировоззрение под политические и идеологические догмы и в конце концов разрушили их. А вместе с ними разрушили и нравственные устои, на которых веками держались народное мировоззрение, мораль, быт. Мы отняли и мечом разрушили то, что накапливалось столетиями и передавалось по наследству от поколения к поколению».

Что ж, по части разрушения мы и в самом деле непревзойденные рекордсмены. Стихия разрушения началась с храмов-памятников, заканчивается уничтожением экологической среды. Стихия разрушения, словно эпидемия, захлестнула всю нашу жизнь, и мы видим, какой беспомощной оказалась деревня, когда право на распоряжение своей землей отняли у нее и передали в цепкие руки оборотистых монстров-ведомств, безответственных и безотчетных перед народом и его кормилицей-деревней. А теперь вот это право хотят отдать в другие руки — не менее цепкие и оборотистые, набившие тугие кошельки и отмывающие неправедно полученные деньги. И снова деревня как бы в стороне, ее мнение, похоже, не интересует и политиков новой, постперестроечной волны.

Однако вернемся к монстрам-ведомствам. Но ведь

и мы строили, скажут, наверное, те, кто сидел, да и сейчас продолжает сидеть за несметным количеством министерских столов. Давайте посмотрим, что они построили.

С начала семидесятых годов, когда началась разработка схем рационального расселения сельских жителей, прошло немало времени. Каково же соотношение по благоустройству жилья между городом и деревней? Пожалуйста, вот данные 1991 года: в городе государственный жилой фонд и кооперативные дома были обеспечены водопроводом на 91,8 процента, канализацией на 87,9, центральным отоплением на 88,9, горячим водоснабжением на 71,2 процента. Сравните с селом. Здесь цифры были соответственно такие: 36, 29, 30 и 30 процентов. Одно небольшое, но весьма существенное уточнение: на селе речь идет только об общественном фонде, он составлял всего 30 процентов жилья, остальные 70 процентов домов находились в личной собственности, поэтому можно представить, какой там уровень благоустройства. Но ведь еще не так давно кое-кто оптимистично заверял, что ликвидация неперспективных деревень — это прямой шаг к более глубокому сближению социально-экономических условий жизни городского и сельского населения, а автор социологического очерка о Короткине легкомысленно расписывал, какие блага ждут крестьянина в поселке нового типа, формирование которого уже началось, едва на порог сельских хат вступил развитой социализм.

В совхозе «Городище» Шкловского района, племзаводе «Несета» Кличевского, где сейчас работает Короткин, да и в других хозяйствах Белоруссии, и не только этой республики, в советское время построили много новых домов без инженерного обустройства. Рассчитаны они, конечно, не на одно десятилетие. Поэтому можно себе представить, сколько людей вынуждены будут отапливаться дровами или углем, ходить за водой к колодцам, греть ее в печах или на плитах.

Простите, но ведь поборники переустройства деревни — как российской, так и белорусской — одним из веских доводов в пользу сноса малонаселенных поселков и уплотненной, комплексной застройки, возведения многоэтажных домов без усадеб как раз и выдвигали экономию средств. Я помню, как они скрупулезно подсчитывали, насколько при концентрации сельского населения в укрупненных поселках городского типа сократятся линии коммуникаций, водоснабжения, канализации. Выглядело вполне убедительно. И вот какой пассаж. На инженерные сооружения не хватило средств.

А может, всеобщая перепланировка сел хоть как-то будет способствовать сокращению миграции населения? Ведь угрохано столько средств, построено столько новых многоэтажных сел взамен существовавших? Обратимся к статистике. За последние 12 лет сельское население сократилось в Белоруссии на 23 процента, в Центрально-Черноземном районе — на 25, в Волго-Вятском — на 23, в Центральном — на 22, Поволжском — на 17. Как раз в тех регионах, где особенно рьяно усердствовали поборники концепции переустройства.

А может, строить многоэтажные поселки и не следовало? В той же Белоруссии специальное обследование показало: крестьяне, имевшие квартиры в домах городского типа, содержали в три раза меньше крупного рогатого скота и в два раза меньше свиней, чем те, кто живет в усадьбах. В блочных многоэтажках с узкими крутыми лестницами и крохотными кухоньками, рассчитанными на небольшую городскую семью, корм для скота не приготовишь, да и сносить его трудно. Опять же крестьянская психология: люди земли, они и жить хотят на земле, а не над нею. И вот тут начинаются противоречия: секционное строительство дешевле, чем усадебное. А коль уж об экономии речь зашла, то специалисты считают, что строительство многоэтажных поселков «нового типа» — неоправданная трата сил и средств, рецидив гигантомании. Во всем мире поступают иначе. Нам же обязательно революционный размах подавай. Гораздо дешевле обеспечить существующие деревни коммунальными услугами, заменяя только те дома, которые обветшали, и сооружая новые разве что для молодоженов. С привлечением средств населения.

«Свой дом есть свой дом, его просто так не бросишь, как совхозную квартиру», — записал в дневнике Короткий, с легкостью необыкновенной переехав в другой район.

ИНТЕЛЛЕКТУАЛЬНЫЙ ЛИ ТРУД
У ТРАКТОРИСТА,

*или Что произошло в совхозе зимой 1973 года и
какое влияние оказало то событие на Короткина
и его товарищей*

В феврале 1973 года к слову «совхоз» была прибавлена маленькая приставка. С того времени официальное название хозяйства — племсовхоз «Городище». Это событие стало поворотным в истории совхоза, созданного в апреле 1957 года на базе нескольких развалюх-колхозов.

И далее на шести машинописных страницах шли наивно-утопические обоснования очередной реорганизации, которая, по мнению автора, уж теперь-то обязательно обеспечит райские кущи. Племсовхоз «Городище» вместе с другими одиннадцатью совхозами и двумя госплемпредприятиями вошел в состав Могилевского областного производственного объединения по племенному животноводству.

Превращение совхоза в племсовхоз и переподчинение его вновь созданному областному управлению по племенному животноводству совпало с возвращением Виктора Короткина из армии. Отслужив два года, он вернулся домой и сел за штурвал почти новенького МТЗ-50. На тракторе он работал и до службы в армии. Казалось бы, разницы быть не должно. Та же работа — вспашка, прополка, уборка, а вот результаты, по мнению автора, должны быть иными. Это мнение основывалось на искреннем убеждении самого Короткина, что возросшая концентрация техники позволит совершить прорыв в сельском хозяйстве, вдоволь накормить страну. Шутка ли — в совхозе уже тогда было 50 тракторов, 14 зерноуборочных, 8 картофелеуборочных и 4 силосозаготовительных комбайна, 57 различных агрегатов по механизации животноводческих процессов. Это позволяло делать выводы об изменении характера труда профессиональных групп аграрного отряда рабочего класса и, следовательно, об изменении уровня квалификации, образования, общей культуры сельского населения. Сельскохозяйственный труд, писал я, вспоминая ряды совхозной техники на машинном дворе, превращается в разновидность индустриального, на глазах Короткина уходит в прошлое примитивный универсализм крестьянского труда.

Поразительно, что не только эмоциональный беллетрист, которому в какой-то мере простителен необузданный полет воображения, но и тогдашний директор совхоза Галица, крупного телосложения деревенский мужик, обеими ногами стоявший на грешной земле, практичный, сметливый, и тот, увлеченно размахивая руками, молол какую-то псевдонаучную околесицу о всеобъемлющем, многостороннем влиянии нового этапа аграрной политики на формирование сельского труженика нового типа, о сближении аграрных рабочих с индустриальными. Это было время всеобщего опьянения несуществующими достижениями и дон-кихотскими представлениями о реалиях, полнейшего отрыва от действительности. Каждый сколько-нибудь значительный начальник писал диссертацию, витая в облаках, воображаемое выдавал за действительное. Из монографии в монографию, из статьи в статью кочевала пущенная кем-то в оборот расхожая фраза о том, что человек без специальности, так называемый универсальный работник, — это уже вчерашний день села. Красивую фразу подхватили практики, ею стали руководствоваться в действиях. А кто такой универсальный работник? Это же прежний хозяин, который в давние времена был и за доярку, и за скотника, и за слесаря, и за бухгалтера, и, извините, товарищи или господа начальники, за руководителя. И ничего, получалось, страну-то ведь он кормил.

Из дневниковых записей В.Короткина: «16 января 1987 года. Голова идет кругом от обрушившихся разоблачений, идей, лопающихся авторитетов. Снова перечитал очерк о себе. С одной стороны, правильно написано: интересы производства требуют работников, умеющих управлять машинами — трактористов-машинистов, комбайнеров, шоферов, мастеров машинного доения, операторов. В статье расписаны некоторые процессы технологии выращивания скота, организация труда приближается к заводской. Обо мне сказано, что мой труд, труд сельского механизатора, по своему содержанию приближается, с одной стороны, к труду индустриального рабочего, с другой — к труду агронома. Раньше эта формула не вызывала у меня сомнений. А теперь...

Возьмем доярку. Она трудится на современном животноводческом комплексе. Что входит в ее обязанности в течение всей смены? Подключать и отключать доильный аппарат. Чем занимается оператор по уходу? Изо дня в день сгребает навоз. А мы, механизаторы? Один пашет, другой боронит, третий сеет, четвертый убирает, пятый руководит. Короче, каждый отвечает за отдельную операцию. В самом деле, какие мы после этого хозяева? Скорее наемная сила, пристегнутая к якобы нам принадлежащим средствам производства, земле. Куда девались мудрые, думающие, полные достоинства крестьяне? Свертывание индивидуального строительства на селе привело к тому, что деревенский житель, домовладелец, превращается в квартиросъемщика. Раньше он был хозяином дома, в котором родился, стены которого хранили звуки голосов отца и матери, а сейчас ему предоставили казенную квартиру — чужую, в ней неизвестно кто жил. Он и относится к ней как к чему-то временному, преходящему. Выходит, что углубление концентрации и специализации на основе межхозяйственной кооперации и агропромышленной интеграции, тьфу, ну и термин, направлено на еще большее отчуждение работника от земли?

Вынужден признаться: я согласен с теми, кто считает, что в сельском хозяйстве, которое имеет дело с живой природой, разделение цельного процесса производства на отдельные операции не совсем правильно. Ведь в течение дня может возникнуть ситуация, когда надо принимать решение незамедлительно. А это сможет только тот, кто владеет всей технологией производства продукции. Работать по команде — значит не иметь самостоятельности».

Присоединяя приставку «плем» к слову «совхоз», послушные городищенцы, как им и предписывалось, стали еще более эффективно и качественно трудиться, чтобы быстрее стерлись грани между городом и деревней. Увы, из очередной попытки бездумного администрирования, которое уже не однажды сотрясало нашу деревню и прежде, ничего путного не получилось. Впрочем, народу уже не один раз обещали поправить положение дел, но заметного сдвига как не было, так и нет, а по многим позициям даже явное ухудшение.

Ученые утверждают: по количеству сельхозугодий

на душу населения нам нет равной страны в мире. Русский чернозем завезен в Париж, наша земля считается эталоном плодородия. Парадоксально, но факт: самая богатая по плодородным землям держава имеет самые пустые полки магазинов и скудные рынки. Мы оказались чуть ли не единственной страной в мире, где за последние пятнадцать советских лет урожайность почти не выросла. Короткин был потрясен, когда узнал такие цифры: урожайность зерновых за указанные пятнадцать лет в СССР возросла в среднем с 15,6 до 16,2 центнера (всего на 60 килограммов — за пятнадцать-то лет, не находил себе места ошеломленный Короткин), тогда как во Франции — с 33 до 56, в США — с 31 до 47, в Нидерландах — с 37 до 70, в Югославии — с 23,9 до 38,2. Даже Албания дала более чем двойной прирост — с 14 до 32 центнеров. Мы закупили зерна за рубежом на 600 миллиардов инвалютных рублей. Площадь угодий только в Нечерноземье сократилась на 14,2 миллиона, а в целом по стране на 20 миллионов гектаров. 6,5 миллиона гектаров ушло под затопление. Обезлюдели 139 тысяч деревень.

Открывшаяся наконец широкой общественности тщательно скрываемая прежде статистика оказалась более жестокой, чем можно было предположить. Несостоятельными были уверения о сближении города и деревни по уровню культуры, благоустройства, бытовых удобств, здравоохранения. Более того, по ряду показателей за последние годы этот разрыв резко увеличился. Не нашли подтверждения мои прогнозы относительно развития тенденции к сближению аграрных рабочих с индустриальными по уровню квалификации. Скоропалительно было заявлено о том, что ручной малоквалифицированный труд вытесняется квалифицированным.

Можно себе представить, что я чувствовал, когда слушал выступления тружеников сельского хозяйства на первом съезде народных депутатов. Вот они, горькие слова признаний. Председатель колхоза из Смоленской области А.Трудолюбов: «Продовольственная проблема, в частности, для нас, для Нечерноземья, стала не только экономической — это уже социально-политическая проблема. В настоящее время деревня Нечерноземья стоит у пропасти». Г. Стоумова, начальник цеха совхоза «Гатчинский»: «Мы уже надорвали своих людей тяжелым ручным физическим трудом». В. Хмура, председатель сельсовета из Краснодарского края: «Только за последние годы из станицы уехало две с половиной тысячи человек, и работать некому». З.Бейшекеева, чабан из Иссык-Кульской области Кыргызстана: «Механизации нет. Спасибо нашим предкам, что они изобрели вилы. Это наша главная «механизация». Писатель В. Белов: «В моей деревне крестьянин косит сено тем же способом, что в XII веке».

Статистика эмоциями не оперирует, это не ее стихия. Статистика дает цифры. Вот они, боль и стыд наши. Удельный вес рабочих, занятых ручным трудом в сельском хозяйстве, составляет 71 процент. Это вдвое больше, чем в промышленности. Труд животноводов механизирован менее чем наполовину — всего на 41 процент. И уж совсем туго приходится свекловичникам, картофелеводам и другим растениеводам: их труд механизирован лишь на... один процент. На этом грустная статистика не кончается. Из 272,8 тысячи сельских населенных пунктов 36 процентов не имеют стационарных магазинов, 76 процентов — предприятий общественного питания, 75 процентов — домов быта или комплексных приемных пунктов. Вдвое ниже, чем городского, обеспеченность сельского населения врачами, амбулаториями, поликлиниками. Смертность мужчин на 18, а женщин на 21 процент в селе выше, чем в городе, и этот разрыв продолжает увеличиваться, конечно, не в пользу села. И по продолжительности жизни сельчанин тоже обделен: его век на два года короче, чем у горожанина. Вот вам и свежий воздух, и каждодневное общение с природой.

Будь такие цифры открыты во время работы над циклом социологических очерков, и их содержание, и тональность, безусловно, были бы иными. Дело даже не в цикле. Общество было бы обеспокоено положением дел на селе, оно бы ужаснулось этой картиной, потребовало бы по-новому взглянуть на крестьянский вопрос, вести хозяйствование на земле цивилизованно. Кому было лучше от того, что статистика скрывалась или тщательно препарировалась? И вот сегодня мы имеем то, что имеем.

Из дневниковых записей В.Короткина: «10 ноября 1988 года. Перед праздником были с женой в райцентре, пытались сделать кое-какие покупки для дома — напрасная затея. Раймаг пуст. Исчезли посуда, белье, одежда, мебель. Зашли в книжный. Подержал в руках две красиво оформленные брошюры. Заголовки-то: «Человек вдохновленный» и «Человек увлеченный». Говорю жене: жаль, что нет книжки «Человек недоверчивый». Это кто же такой, спрашивает. Батя мой, его соседи-старики из Новоселок. Может быть, и я тоже. Ты у меня доверчивый, засмеялась жена, несмотря на плохое настроение, что ничего не купили.

Доверчивый я или недоверчивый? Кажется, становлюсь недоверчивым. Есть основания. Я верил, а меня обманывали. Слили в пятьдесят седьмом развалюхи-колхозы в совхоз, я тогда пацаном был, обещали: ну теперь жизнь другая будет. Поверил, вкалывал до армии. Из армии вернулся — то же бездорожье, беспросветная нищета. Добавили приставку — племсовхозом стали, опять поверил, ну, теперь-то заживем. Потом говорят: все мои беды от того, что угораздило меня в неперспективной деревне родиться, в Новоселках значит. Мы, говорят, быстренько исправим историческую несправедливость, как это по-научному, ага, вот: приведем систему расселения сельского населения в соответствие с углублением концентрации и специализации сельскохозяйственного производства. Ладно, думаю, валяйте. Пятнадцать лет проводили, из Новоселок заставили переехать в Городище, квартиру казенную дали, вот тебе, мол, будешь отныне жить в поселении нового типа. Батя в Новоселках остался, в своем доме, говорит, помирать буду не у чужих людей.

Вольному воля. Я человек покладистый, согласился переезжать. Все же к трактору ближе, не надо ни свет ни заря вскакивать и переть за пять километров на машинный двор. Техники много нагнали, это мне понравилось. Снова поверил — пойдут дела на поправку. Оказывается, не та техника. Нужны совсем другие системы машин. Кто-то где-то решает за нас, и мы безропотно покупаем то, что они производят. И снова шиш с маслом. Как батя говорит — с большого грома малый дождь.

Его-то поболе обманывали, чем меня. Уж он повидал на своем горемычном веку разных зигзагов. Сначала землю дали, потом отобрали — куда, мол, в коммунизм с частной собственностью? Сдавай-ка ты лучше, Михаил Ефимович, в общий котел коровенку, лошадь, упряжь, да и хлебец сдай, не жадничай. Отныне все общим будет. Трудно мужику расставаться со скарбом, горбом нажитый, да против силы не попрешь. На тех, кто упирался, быстро управу нашли, в кулацкую клеточку вписали, сгребли в одночасье, бросили в сани да в Сибирь, поостыть малость. Уполномоченные из города шутить не любили. В Новоселках посевное зерно в ямах не хранили, не было такой традиции, а вот в Литвиновичах старики непременно в землю прятали. Давным-давно, лет двести назад, не при Екатерине ли еще, сгорела деревня дотла. Скотину успели вывести, детей повытаскивали. А вот зерно спасти не смогли, попробуй его быстро из амбара выгрести. С тех пор пошел обычай — посевное зерно в ямах беречь. От огня. Городские уполномоченные приехали, копнули в одном месте, в другом, оторвали доски — зерно спрятано. Револьверы из карманов повытаскивали: да здесь бандитское гнездо, кричат, хлеб гноят кулацкие морды, Советскую власть на гибель обрекают. Им о пожаре, о страхе крестьянском, извечном, а они свое: контры вы все здесь. Полдеревни как языком слизало.

После войны, правда, крестьянину в ножки поклонились: выручай, мол, накорми страну. Ишь какая она разрушенная да голодная. Землю копали лопатами, плуг и борону на себе таскали, старались посадить лишнюю яблоньку, завести лишнего поросенка, пчелиную семью, все прибавка к столу горожанина, да и свои ребятишки сыты будут. Залечили военные раны, подняли хозяйство, накормили народ. И вдруг — чрезмерное накопление и насыщение, рост частнособственнических пережитков, не наш это путь, не наши идеалы.

Потом... Было сселение и расселение. Объявлялось: не нужна коровенка селянину, назад она в мелкобуржуазное проклятое прошлое тянет, а вся страна будет залита молоком с помощью кукурузы, и сельчанам хватит. Были мелиорация и химизация. Плата за непроизведенную продукцию. Закрытие неперспективных деревень. А результат всего этого — дома заброшенные, сады усохшие, поля заросшие. Вот и сейчас, словно солнце взошло темной ночью: бери, мужик, сколько хочешь, земли, сей на ней, что хочешь, держи любое количество живности, покупай любую технику. Никто тебе поперек дороги не встанет. Расти хлеб и скот, торгуй и зарабатывай хоть в валюте. А у меня отцовские слова из головы не выходят: не боишься, сынок, разбогатеть? Такое уже было, и не однажды. Действительно, поневоле недоверчивым станешь».

Крестьянин-арендатор вызывает недовольство у своих же односельчан. А почему он должен жить лучше меня, зло спрашивает сосед, который не умеет или ленится вести собственное хозяйство. И ярлык ему, умнику-выскочке: корыстолюбец, индивидуалист, недобиток. А при встрече — презрительно-издевательское снятие шляпы: здравствуйте, господин фермер. Все это издержки общества, приученного к иждивенчеству и уравниловке, к тотальному поиску друг у друга «родимых пятен» пережитков прошлого.

Да и сам вскормленный бездумным администрированием «аграрный работник нового типа», превратившийся по сути в наемного рабочего, занимающийся земледелием принудительно, не стремится особо подаваться в фермеры. В 1989 году в Москве состоялась учредительная конференция, которая провела подготовительную работу по созданию в России Ассоциации крестьянских хозяйств и сельских кооператоров. Факт сам по себе отрадный. Но участвовало в конференции всего двести с лишним крестьян. И это со всей громадной России! Учредительная конференция союза сельских хозяев состоялась и в Минске. В Белоруссии арендаторов, кооператоров, фермеров тоже не густо. По подсчетам, только около семи тысяч колхозников хотели бы обзавестись индивидуальными хозяйствами. Конечно, это капля в море. Что поделать, если молодежь начисто лишили крестьянских генов. Труден и трагичен был путь к раскрестьяниванию. Не менее сложен и путь обратный — к закрестьяниванию.

Короткин внимательно следит за дебатами между сторонниками крупных коллективных хозяйств и теми, кто ратует за крестьянское, индивидуальное. С одной стороны, колхозы не накормили страну: примерно треть коллективных хозяйств давали 80 процентов всей сельхозпродукции, остальные две трети — это середняки или вообще убыточные, которым самим уже никак не подняться из нищеты и разрухи. С другой стороны, нынешнюю сельскую молодежь, вскормленную агропромом, привыкшую к восьмичасовому рабочему дню, выходным и отпускам, трудно прельстить перспективами жизни на хуторе. Сторонниками сохранения колхозов и совхозов являются, как правило, самые крепкие, самые высокорентабельные хозяйства, и они, исходя из своего опыта, убеждены, что колхозная форма еще не исчерпала себя.

Короткин тоже полагает, что было бы неверно распускать колхозы и совхозы. Но неправильно и сдерживать фермерское движение. Конечно, идеальным было бы, если бы оно развивалось именно в тех хозяйствах, которым уже никак самим не подняться на ноги. Единственное, чего Короткий сильно опасается — это принудительного внедрения фермерства в больших масштабах, насильственного закрестьянивания огромных масс населения. По его мнению, могут и должны существовать и колхозы, и совхозы, и кооперативы, и крестьянские хозяйства. И пусть они дополняют друг друга, соревнуются при строгом соблюдении правового и экономического равноправия. И — упаси нас Бог командовать крестьянами! С ними надо считаться, все беды от того, что за крестьян всегда решали наверху.

Из дневниковых записей Короткина: «20 августа 1989 года. Вчера приезжал писатель из Москвы. Собрал нас, долго мучал расспросами, как работается на арендном подряде. Рассказывали все как есть, без оглядки на начальство. Формально хозяева мы, а на деле? Нас в бригаде 15 механизаторов и один слесарь. За ненадобностью упразднили ставки бригадира и учетчика. Сколько же их развелось, начальства разного, всяких проверяльщиков да контролеров, прямо-таки плодятся со скоростью мушки дрозофилы. Мы взяли в аренду 1100 гектаров пашни, весь севооборот. Казалось бы, нам и карты в руки.

Но вот покупаем четырехкорпусный плуг. Это наши затраты, они должны потом окупиться. Не успели вспахать и четырех гектаров, как треснула рама. Что прикажете делать? Культиватор развалился еще на первом гектаре, лущитель ЛДГ-10 даже до поля не дошел. Как должно быть в идеале? Завод-изготовитель приносит извинения, меняет агрегаты, в крайнем случае производит ремонт за свой счет. Ишь, дурашка, размечтался. Вы что, с Луны свалились, спросят на заводе. Да и как туда добраться? Время-то горячее, страдное. Пришлось самим варить, клепать, из своих лимитов рассчитываться с бригадой ремонтников. Ну, ладно, рама треснула — не велика беда. Но вот новехонький «Дон» прибыл неукомплектованным. Для арендаторов? Сойдет! И вынуждены брать, что дают. Какие же мы после этого хозяева? Разве хозяин будет покупать неукомплектованную машину?

Или еще ситуация: заказали сеялку. Ждать ее надо два года. А нам это невыгодно. Появилась возможность купить такую же сеялку в соседнем хозяйстве. Понятно, мы постарались ее не упустить. Но потом пришла и та сеялка, о которой мы уже забыли и думать. Однако не взять ее нельзя, в противном случае придется платить большой штраф. Взяли. Сейчас она без дела стоит. Тяжелым грузом свалилась она на затраты арендного коллектива. Аналогичная история со стогосбрасывателем, другими агрегатами.

Путами на ногах висит лимит горюче-смазочных материалов. Нам его тоже навязали, хотя в наших интересах экономия топлива. Так кто же хозяева: мы или те, кто душит нас лимитами, фондами, сроками, лишает возможности приобретать необходимую нам технику?

Агроном допустил оплошность, внесли чрезмерно высокую дозу азота, и зерновые полегли. Действовали по его рекомендациям, ведь специалист с высшим образованием. Сейчас мы в накладе. Можем ли мы потребовать с агронома компенсацию? Наивные люди. Что же тогда мы можем? То, что и прежде: хорошо работать, брать, что дают, делать, что скажут.

Вот что такое аренда. Нет условий, навыков, традиций. По-прежнему жесткий диктат и шоры, отжившие методы командования, материального снабжения.

Писатель тщательно записывал все наши сетования. Интеллектуализацией труда сельских механизаторов почему-то не интересовался. Десять лет назад было иначе: тогда все приставал, сколько времени у меня уходит на физические усилия, а сколько на умственные».

Я прочел последние строки и улыбнулся. Править ничего не стал. Ведь раздумья Короткина — это документ времени, отражение психологии раскрепощенного реформами сознания. Пусть он и донесет до потомков правду о том, что думали, о чем мечтали первые арендаторы. А мечтали Короткин и его товарищи вот о чем: если в ближайшие пять — семь лет выдержат противодействие старых кадров и если дело не обюрократят, то к 2000 году можно ожидать, что новые формы хозяйствования пустят глубокие корни. Увы, не пустили.

ГДЕ БЫТЬ ОГОРОДУ,
или Почему Короткий корову не держит

Когда я узнал, что объект моего долговременного наблюдения переехал из племсовхоза «Городище» в соседний, Кличевский район, да еще стал арендатором, у меня загорелись глаза: вот он, конфликт, который может стать стержнем продолжения записок. С Короткиным договоренность была такая: пишу о нем в 1991 году — через десять лет после выхода первой публикации, и если будем живы — в 2001 году. Три томика, в которых будет спрессовано время.

Наконец-то проснулось в моем герое извечное, крестьянское, дали знать о себе гены, которые вытравливались различными чужеродными прививками, думал я про себя, услышав эту новость. Не поддалась-таки здоровая натура моего Короткина попыткам превратить его в отработчика, поденщика, начхал он на обвинения в отказе от социализма, его предательстве, чем нередко стращали тех, кто задумывал перейти на аренду, да и переехал в другой район, где, очевидно, административно-командные вожжи не так туго натянуты. Радуясь в душе такому повороту событий, я помчался на племзавод «Несета».

Развалюха какая-нибудь, едва на ладан дышит, думалось по дороге в хозяйство. Если землю арендаторам раздают, совсем до ручки дошли. Каково же было мое удивление, когда узнал, что племзавод — экономически крепкое хозяйство, его рентабельность составляла 36,3 процента, прибыль за последние годы не сползала ниже миллиона рублей. «Несета» специализируется на выращивании племенного молодняка крупного рогатого скота и свиней. Надои молока на корову не опускались ниже 4000 килограммов. Познакомившись с хозяйством поближе, я убедился, что оно почти точная копия племсовхоза «Городище». Выяснилось, что и Короткин не индивидуальной арендой занимается, не хозяином самостоятельного крестьянского двора стал. Виктор Михайлович — член арендного коллектива в составе племзавода. И вошел он в него не сразу, как переехал в «Несету», арендные коллективы здесь возникли гораздо позднее.

Я долго бился, выясняя подлинную причину перемены места жительства и работы своего героя, пытался вызвать его на откровенность.

— Да никакой особой причины не было, — честно признался Короткин. — Переехал, и все. Какая разница, где жить. Ну разве что квартиру большую дали. Да, как и обещали, сам трактор себе выбирал.

И тут меня осенила простая и неожиданная мысль: передо мною человек, у которого идущие сверху беспрестанные реорганизации уничтожили живые крестьянские инстинкты. Он давно уже не хозяин, у него нормированный рабочий день, чем я десять лет искренне восхищался, он спит сколько хочет, у него магазин под боком — действительно, его труд, его образ жизни все более приближаются к труду индустриального рабочего. С той только разницей, что свободное перемещение городского рабочего ограничивают прописка и дефицит жилья, у его сельского собрата такой проблемы нет. В «Несете» каждый год сдается по 15 квартир, многие стоят свободными не одно лето, пожалуйста, занимай любую. Прописка? Какие трудности с пропиской могут быть в сельской местности, да еще у замечательного механизатора, с прекрасной характеристикой? В самом деле, какая ему разница, где жить? Своего дома все равно нет. А казенные везде одинаковые.

Но вот новость. Вступил мой Короткин в арендный коллектив. Это уже кое-что. Зачем поденщику и отработчику дополнительные хлопоты? Ведь арендные отношения, пускай даже в такой форме, как внутри самих хозяйств, требуют много новых качеств. Выходит, что-то сдвинулось в привычных представлениях о колхозах и совхозах, стали явственнее видны их обезличка и уравниловка, а то и громоздкость, несуразность «общего котла». Можно ли предположить, что, скажем, через некоторое время следующим шагом будет крестьянский двор?

Ю. М. Чурбанов с супругой Г. Л. Брежневой. Справа — министр внутренних дел СССР Н. А. Щелоков

Эпоха М. С. Горбачева. Зять Л. И. Брежнева генерал-полковник Ю. М. Чурбанов на скамье подсудимых

Сказ о «Лысой горе». Обложка анонимной сатирической поэмы о нравах номенклатурных писателей Советской Белоруссии. Впервые издана в годы горбачевской гласности в библиотечке журнала «Вожык» («Еж»). Редактор Валентин Блакит (В. В. Болтач)

Кадет К. Г. Маннергейм (справа) с товарищем по Николаевскому кавалерийскому училищу. Санкт-Петербург

Жена К. Г. Маннергейма Анастасия Арапова

Командир кавалерийской бригады русской армии К. Г. Маннергейм. 1914 г.

2 декабря 1939 г. Подписание договора с назначенным в Кремле главой «Финляндской Демократической Республики» О. Куусиненом. Дипломатия сорвалась и началась «зимняя война»

Маршал Финляндии К. Г. Маннергейм в годы Второй мировой войны

Высший военный орден Финляндии — Крест Маннергейма

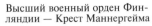

Командующий 7-й армией К. А. Мерецков (третий слева) в группе команди-
ров-саперов при подготовке штурма г. Выборга

Один из дотов на «линии Маннергейма», разбитый прямым попаданием
снаряда.

Супруга барона П. Н. Врангеля с детьми. Фото 1922 г.

Меняются князья, цари, генсеки, президенты. Неизменна лишь вера народная в то, что с новым правителем будет лучше ➤

Белград. Храм Троицы, где погребен барон П. Н. Врангель

Февраль 1986 года. Алма-Ата. Последний съезд Компартии Казахстана, проведенный под руководством члена Политбюро ЦК КПСС, первого секретаря ЦК Компартии республики Д. А. Кунаева (четвертый слева в первом ряду). Рядом с ним — молодой Н. А. Назарбаев, будущий президент суверенного Казахстана

1989 год. Календарь, выпущенный Политиздатом, тиражом 12 миллионов экземпляров со страничкой, где официально упоминается о юбилее И. В. Сталина, был резко осужден демократической общественностью

Рисунок художника П. А. Белова (1929—1988)

«Требуем мемориала жертвам сталинизма!» Митинг в белорусских Куропатах, где якобы НКВД расстреливало невиновных людей. Потом выяснится, что это было очередным заблуждением. 1990 г.

2 февраля 1989 года. Митингуют 3 тысячи сотрудников АН СССР, не согласных с выдвижением кандидатов в народные депутаты СССР

Жаркое лето 1989 года. Митинговые страсти захлестнули Кузбасс.

Лето 1989 года. Бастуют шахтеры Кузбасса.

1987 год. Нет, это не популярный тогда танец «летка-енка». Это очередь
за спиртным в разгар антиалкогольной кампании

А это цена трезвости в 1989 году

В 1989 году потребление
алкоголя возросло
на 34 процента

В 1988 году
было изготовлено
120 млн. декалитров
самогона.

Ежегодно от заболеваний,
связанных с употреблением
алкоголя,
в стране умирает свыше
20 тысяч человек.

70 процентов преступлений
совершается на почве
употребления алкоголя.

В 1988 году
было совершено
в состоянии опьянения
362 тысячи
уголовных преступлений.

В 1988 году
было помещено
в медицинские
вытрезвители
4528.3 тысячи человек.

Закончилась горбачевская перестройка, перестал существовать СССР, и люди понесли разные портреты... Кто уверовал в Ельцина...

Кто вымещал злость на Горбачеве...

Кто ностальгировал по Сталину...

Кто обращался к убиенному государю-императору

Короткий мысль понял, засмеялся:

— На хутор кличете? Хлопцы, кто на хутор хочет?

Михаил Грузд не хотел. Эдуард Станчук тоже. Руководитель арендного коллектива Николай Дубинин кивнул в сторону Короткина:

— Его жена не отпустит. Она у него учительница. А мне уже поздно сызнова начинать, коровой обзаводиться.

В общем, пришли к такому выводу: то, что сегодня называют словом «аренда», — это что угодно, только не аренда. В точном и полном смысле этой формулы хозяйствования у нас просто не существует. Есть робкие попытки, причудливые симбиозы. Пусть они развиваются, доказывают право на существование. Дом с чего строить начинают? С фундамента. Фундамент — это низы, практика. А мы все норовим сверху — с крыши дом поставить. Кто же так делает? Вот и наломали дров при коллективизации, насильственно загоняя людей в колхозы. Как бы и сейчас так не получилось, если будем навязывать только аренду или только коллективные формы ведения хозяйства. То же насилие. Нет уж, пора поумнеть, надо дать возможность самим людям разобраться и выбрать то, что для них наиболее подходит.

Все четверо собеседников едины в опасениях: уж больно живуч административный зуд у десятков тысяч управленцев, как бы снова умное, толковое разъяснение политики в области сельского хозяйства не подменили бюрократизмом, чиновничьим декретированием сверху цифровых данных и искусственным вздуванием процента охвата теперь уже не коллективизацией, а арендизацией и фермеризацией. Не приведи Бог дожить до того часа, когда целые области и регионы начнут соревноваться, кто быстрее проведет эту кампанию. Это же факт, от него никуда не денешься: в некоторых районах коллективизация за несколько дней возрастала с 10 до 90 процентов.

Я спросил у Дубинина:

— Вот вы сказали, что корову не держите. А почему, позвольте полюбопытствовать?

— Так не я один не держу. У Виктора, точно знаю, что нет. Миша и Эдик, у вас коровы есть? Нет? Ну, вот, и они не держат. Виктор, ты у нас самый грамотный, у тебя жена учительница, объясни человеку из Москвы, почему у тебя своего подворья нет?

Короткин, глядя мне прямо в глаза, мечтательно произнес красивые слова:

— Придет время, когда необходимость в личном подсобном хозяйстве как источнике дохода отпадет совсем. Приусадебные участки во все большей степени будут удовлетворять потребности людей в перемене трудовой деятельности, эстетическом наслаждении, в связи с природой.

Механизаторы кисли от смеха, восклицая: ну и Витька, ну и артист. Во дает!

Красивые слова показались очень знакомыми:

— Многие уже сейчас имеют подворья не только из чисто экономических побуждений. Как показывают исследования, развитие подворий затрагивает большой круг нравственно-этических, воспитательных, психологических, культурно-бытовых и других проблем...

Механизаторы совсем уж покатывались со смеху: лектор, да и только. Из района. Нет, бери выше, из области. А то и из самого центра. Из Москвы, из Москвы, подхватили мужики, из района что — они все знают, чай, на земле живут, а вот в столицах — там в эмпиреях витают.

И тут я вспомнил. Ну, конечно же, социологический цикл, очерк о Короткине, ответ на вопрос, почему он корову не держит.

Вечером мы встретились с Короткиным у него дома. Был хороший разговор — задушевный, обстоятельный. Не буду его пересказывать, лучше предоставлю слово самому Виктору.

Итак, из дневниковых записей Короткина: «22 августа 1989 года. Черт дернул меня за язык, чуть человека не обидел. Настроение, кажется, все же испортил. Правда, вечером объяснились, и все стало на свое место. При чем здесь писатель? Да, писал он, но ведь и я читал тоже, мне давали текст для предварительного ознакомления, я мог править что угодно, и вычеркивать, с чем не был согласен. Не правил и не вычеркнул, значит, разделил точку зрения автора. Что делать, если мы все были тогда, десять лет назад, совсем другими.

А интересно все же вернуться к написанному много лет назад, обратиться к мыслям, которые тогда казались непогрешимыми, кладезем премудрости, истиной в последней инстанции. Ну, ладно, со мной ясно. Действительно, разделение традиционного крестьянского труда в России и Белоруссии складывалось так, что хозяин обычно «отвечал» за лошадь, хозяйка — за корову, свиней, птицу. И сейчас большая часть времени по уходу за скотом (87,5 процента) затрачивается женщиной. Моя супруга — учительница. И хотя она родилась в сельской местности, жила в многодетной семье, привычна к любому крестьянскому труду, не хочется, чтобы она обрастала домашним хозяйством. Здесь журналист прав, он психологически точно подметил мотивы моего нежелания иметь личный скот. Вон сколько работы у жены: до полуночи сидит, школьные тетрадки проверяет. Ладно, у меня жена учительница, а у других? У Дубинина, Станчука, Грузда? У остальных членов коллектива? Насколько мне известно, институтов они не кончали.

В публикации говорится: сельские жители, не имеющие в личном пользовании домашнего скота, объясняют это отсутствием времени. Но ведь в другом месте утверждается: переход на интенсивные технологии привел к изменению режима рабочего времени. На животноводческом комплексе в «Городище» — односменная организация труда при семичасовом рабочем дне с одним выходным в неделю. Точно такой режим и в «Несете». Значит, свободное время все-таки есть, правда, не столько, как в городе, там его в полтора-два раза больше, чем у сельских жителей. Конечно, есть, отвечает писатель, об этом в публикации прямо сказано, но вы обратили внимание, для чего нужно свободное время сельскому жителю? Ответы городищенцев были самые разные: от поездки в Минск на экскурсию до посещения библиотеки и книжного магазина в райцентре. И вы поверили этим ответам, спросил я. А как же не верить, изумился журналист, распространялась специальная анкета по методике, утвержденной Белорусским отделением Советской социологической ассоциации. Ответы обобщались, они и сейчас хранятся у него в архиве.

А вы знаете, что у народа подразумевается под словами «поездка на экскурсию в Минск»? Думаете, они по музеям да по картинным галереям, затаив дыхание, ходят, древнегреческим искусством наслаждаются? Это все байки для проверяющих и начальников разных. Экскурсии — по магазинам! В наших-то хоть шаром покати — пусто. И не только за промышленными товарами в минских очередях простаивали славные труженики совхоза «Городище». Много ли их надо? В основном — за продовольственными, они требуются по крайней мере трижды в день.

Как, воскликнул пораженный автор, городищенцы ездили за покупками в Минск? В такую даль? За маслом и мясом? Из ближних районов, конечно, приезжали, никто из этого секрета не делал, но чтобы из Шкловского района? Это же две сотни километров. Ничего, совхоз все вынесет, да и профсоюз у нас богатый, что ему стоит заплатить за два-три автобуса раз в неделю. Постойте, вскричал писатель, что же получается? Почти как у государства, оно ведь, вместо того, чтобы хлебное изобилие у себя стимулировать, покупает зерно за границей. И в вашем совхозе поступают точно так же: крестьяне мяса и молока не производят, а ездят в город, и там его покупают. Абсурд какой-то. Где здравый смысл?»

На этом я прерву записи Короткина, потому что, щадя самолюбие автора, он несколько сглаживал остроту оценок. Некогда верховные головы в Москве решили: не надо коровы селянину, она его, несознательного, в темное царство предрассудков тянет, не нужны ему «лишние» сотки, на них, мол, буржуазные предрассудки произрастают. Поголовье домашней живности на нет свели запретами на сенокос, пастьбу. Зато у тебя времени свободного больше будет, сказали верховные головы неразумному мужику, развиваться будешь гармонично, формировать свою личность комплексно. И развиваются, и формируются поныне, будучи батраками государственными на переданной в вечное владение советской властью земле. Получают зарплату от государства, живут в государственных домах, потребляют хлеб, мясо и масло из государственного магазина.

Коровенка, которая раньше молочком да маслицем кормила не только крестьянина и его детишек, а еще пять-шесть человек в городе, на заготскот пошла под вой негармонично развитой бабы; сотки, показавшиеся лишними кремлевским вождям, по самые окна отрубили, и вскоре заросли они чертополохом да лопухами.

Ни себе огурчика с помидорчиком, ни горожанину. Отрезвление пришло быстро, утверждения о том, что личное подсобное хозяйство отражает остатки частно-собственнической психологии крестьянина, пришлось срочно отменять. Но паровоз уже ушел: выросло целое поколение, которому успели вдолбить нелепицу об удовлетворении его потребностей в продуктах питания за счет общественного сектора. Не помогали никакие призывы о необходимости развития и поддержки этого вида пополнения продовольственных ресурсов. С генами от поколения к поколению переходил страх, вбитый в дедов-отцов: не высовывайся, сковырнут. Ведь сколько уже то отнимали, то разрешали.

Не буду пока обращаться к записям Короткина, как я уже говорил, он щадил мое самолюбие, а я должен сказать об остальном самокритичнее и резче. В том числе и о своей собственной тогдашней позиции. И автор этих строк легко клюнул тогда на удочку, принял на веру байки об экспериментах в некоторых колхозах и совхозах по совершенствованию способов ведения личных подсобных хозяйств. Ох уж это неуемное племя управленцев, местных активистов идеологической борьбы! Во все совали они свои длинные носы, принюхивались да примеривались, а соотносятся ли новшества со схемами и догмами, от которых они боялись отступить на шаг. Сколько уже говорено: если не хочешь загубить живое дело, и близко не подпускай к нему административно-командный аппарат. Вмиг подведут теоретическую базу о необходимости совершенствования чего-нибудь, развернут такую кипучую деятельность, что от первоначального замысла ничего не останется.

Вот, пожалуйста, в Минской области додумались до второй коллективизации. Предложили обобществить личные подсобные хозяйства. Давно это было, но коль в публикацию эпизод попал, да еще с положительной стороны, как пример для подражания, не могу не пожурить себя за легкомысленную доверчивость. В общем, местные идеологи из особенно ретивых и непоседливых пришли к глубокомысленному и, несомненно, научному выводу — а в середине семидесятых, если читатель помнит, под все подводилась солидная научно-теоретическая база, — что призыв к развитию личных подворий нуждается в поисках новых путей, поскольку, дескать, старые формы не отвечают задачам коренного переустройства деревни, преобразования всего жизненного уклада сельских тружеников. Как на беду, в Минской области прошел республиканский семинар по проблемам решения социальных вопросов на селе, после которого в сотнях кабинетов засели за планы мероприятий по реализации ценных указаний руководства. Идеологи тоже не дремали, ломали головы, чем привлечь к себе внимание верхних сфер.

Придумали! В одном из крупных и крепких совхозов весь личный скот перевели на круглогодичное централизованное содержание. Видите ли, примитивные постройки возле домов, в которых раньше содержались буренки, портили эстетический вид и санитарное состояние поселка. Во-вторых, агитаторам, пропагандистам и политинформаторам, не говоря уже о таких крупных величинах, как докладчики и лекторы, трудно было проводить с владельцами домашнего скота политико-воспитательную работу, рассказывать о достижениях развитого социализма. Разбредутся бабы по своим хлевам, попробуй собрать их вместе. И тогда в совхозе построили типовой коровник. Уход за буренками сельчан осуществлял выделенный совхозом один человек. Владельцы сами доили своих коров. Обходилось содержание личного скота каждому в шесть рублей в месяц в стойловый и в три рубля пятнадцать копеек в пастбищный период.

Кто оказался в выигрыше? Ну, конечно, прежде всего рядовые труженики. Для их же блага делалось. Все о них заботятся, сердешных, — и управленцы в конторах, и активисты устной политической агитации.

Неймется москитной армии надсмотрщиков, инициатива через край хлещет. Честно отрабатывают свой хлеб с маслом, ничего не скажешь. Опять новшество, и опять в этом же районе. Земли приусадебного фонда включили в полевой севооборот. На практике это выглядело так. По осени ничего не подозревавшего человека отлавливали где-нибудь в районе совхозной конторы и приглашали зайти в бухгалтерию. Там протягивали платежную ведомость, где против фамилии оторопевшего механизатора значилась весьма приличная сумма. «За что? — чесал за ухом несообразительный труженик. — Премия иль как?» Какая еще премия, отвечали ему, за проданный совхозу картофель. С твоего приусадебного участка. У тебя ведь есть приусадебный участок?

Недогадливый труженик морщил лоб, силился что-нибудь понять. Участок вроде должен быть, во всяком случае, раньше, когда он жил в отцовском доме, огород был прямо под окном, полоской тянулся к реке. Как-никак почти полгектара — 40 соток. А потом деревню объявили неперспективной, старые дома заколотили, переехали в новый поселок, стали жить над землей, на третьем этаже. Огородов поблизости нет, отвели участки довольно далеко от села, не набегаешься туда, а поливать, пропалывать надо каждый день. Многие махнули рукой на грядки, недосуг, вот если бы под окнами. Засевали все сорок соток картофелем. Вот тут и подоспели доброхоты: а на фига каждому горбатиться на своих сотках? У всех одна культура — картофель. Дальше — больше: а на фига эти участки? Какая разница, где сеять? Да и агротехнику соблюдать надо: картофель на одном участке каждую весну сажать нельзя.

В севооборот, в полевой севооборот! — призвали в очередной раз радетели сельского труженика. Бухгалтерия завела на каждого ведомость, аккуратно производит вычеты за механизированную посадку, обработку и уборку картофеля. Потом он его как бы продает совхозу, а совхоз как бы покупает. То есть, прикидывается сумма, в которую обходится площадь картофельного поля, равная 0,4 гектара. Правда, при желании, работник может получить картофель натурой. А зачем он ему? Домашнего скота нет, кормить некого. Для нужд семьи пяти мешков с избытком хватает до следующего урожая. Денежки — иное дело.

В бухгалтерской ведомости к выдаче крупных сумм денег за якобы проданный совхозу картофель фамилии специалистов — агрономов, зоотехников, инженеров. По статистике они владельцы личных подсобных хозяйств, на практике — свободны, как городские жители. Помню, мне что-то не понравилось в этом новшестве, не лежала к нему душа, сам сельский житель, я знал, сколько труда надо вложить в картофельное поле. А тут фантастические расценки: механизированная посадка, обработка и уборка обходятся в сорок копеек за одну сотку. Даже не расценки беспокоили, я не понимал, как можно было получать деньги ни за что, ведь никто из работников совхоза пальцем не шевельнул на своем огороде, да чаще всего и не знал, где он расположен. Выходит, сдавали землю в аренду? Рабочие — совхозу? Мне затыкали рот постановлением Президиума Верховного Совета БССР. Оказывается, на его заседании опыт этого колхоза был одобрен и рекомендован для распространения.

Обман на обмане, сплошные деформации, бюрократические извращения, лицемерие, очковтирательство, пустозвонство. Что я могу еще сказать, дорогой мой Виктор Михайлович? Разве только то, что жить в обществе и быть свободным от него нельзя. Хотя я не снимаю с себя определенной доли вины. Не исключаю, что публикацию читали, и она таким образом пропагандировала сомнительные нововведения.

А сейчас снова обратимся к августовским запискам Короткина: «Высказанная десять лет назад в цикле социологических портретов мысль о том, что личные подворья будут удовлетворять потребности людей в перемене трудовой деятельности, эстетическом наслаждении, в общении с природой в основе своей верна. Так оно, наверное, и будет. Но сегодня она звучит (сначала было написано слово «издевательски», затем зачеркнуто и сверху поставлено другое. — *Н. З.*) несдержанно. Люди озлоблены, взвинчены, заводятся по пустякам. Поэтому всю эту главку надо переделать, приблизить ее к реальной жизни, к тем трудностям и проблемам, которые существуют на самом деле, а не навеяны чтением наукообразных трактатов.

К примеру, в совхозе «Городище» мой заработок составлял 390 рублей в месяц. Плюс 70 рублей, если перевести в денежное выражение, приносил огород. Итого 460 рублей. Сейчас, в арендном коллективе, у меня выходит в полтора раза больше, только одна зарплата с разными надбавками где-то в пределах 700 рублей. Огород тоже имеется, но, пока, к счастью, свой, не в совхозном севообороте. Кстати, если все передадут свои приусадебные участки в общее поле, как это сделано в районе, о котором сказано в публикации, то как же тогда быть с тезисом об удовлетворении людей в перемене трудовой деятельности, в эстетическом наслаждении от общения с природой? Огород-то будет временным, обезличенным, общим, как сейчас казенное жилье. Так вот, меня эти деньги не радуют, на них ничего не купишь, а вкалываю я за них, между прочим, больше, чем в «Городище».

И второе. Не хочу, чтобы мой сынишка, а он вот-вот закончит школу, был как я, недоверчивым, не хочу, чтобы он чувствовал себя квартиросъемщиком, временным жителем. Подумать только, мой сын не знает, что такое домашняя колбаса — с тмином, перцем, зажаренная на сковородке! Он вырос на зеленой городской. Ладно, меня таким сделали помимо моей воли, но неужели мы превратим еще одно поколение из производителей продовольствия в завсегдатаев городских магазинов? Если мы это допустим, то нужно прямо и честно сказать: с крестьянским родом покончено, его корни выкорчеваны полностью и безвозвратно. И тогда останется одно: ложиться и помирать».

На такой вот трагической ноте заканчивалась последняя дневниковая запись механизатора Короткина Виктора Михайловича, противника любой кампанейщины и принудиловки в сельском хозяйстве, будь то модификации колхозов и совхозов или аренда. Его кредо: хватит, наконец, решать и думать за крестьянина. Он сам способен это делать не хуже других.

Немало неожиданностей подготовила и давняя знакомая Елена Дорох, с которой я писал портрет современной крестьянки. Впрочем, начнем по порядку.

ПОЧЕМУ РАБОТАЕТ ЕЛЕНА ДОРОХ

История, которая во многом поможет понять содержание следующих

— Елена Иосифовна, чем бы вы объяснили свое решение идти работать в колхоз после рождения третьего ребенка? Что двигало вами: материальные интересы, желание быть в трудовом коллективе или сознание необходимости участия в общественно полезном труде?

Как вы думаете, в какое время мог быть задан этот вопрос? Обратили внимание на последовательность слов, на их подбор? Да, постановка вопроса не посткоммунистическая и даже не перестроечная. Вы угадали: разговор с Еленой Иосифовной Дорох состоялся задолго до распада СССР, летом 1978 года.

Что ж, какой вопрос, такой и ответ:

— Материальные интересы? В какой-то степени да. Не хочется отставать от соседей. Люди вон как хорошо живут! Говорят, у наших колхозников на сберкнижках более семисот тысяч рублей. Но материальный достаток каждой семьи зависит от экономической мощи страны, а это значит — от трудового вклада каждого из нас. Богатеет страна, богаче становимся и мы. И не только в материальном плане. Труд — источник и духовных ценностей. Работая рядом с другими, чувствуешь моральное удовлетворение, переживаешь за коллектив, за дело...

Типичный ответ застойных времен, не правда ли? Официально-казенный, бесстрастный, заученно-правильный. Как на занятиях в системе политпроса. Кажется, и формулировки почерпнуты из учебника, рекомендованного в качестве пособия для изучающих влияние труда на развитие личности. Елена Иосифовна опускает глаза:

— Так и было. Мне сказали, что приезжает корреспондент и будет обо мне писать. Только корреспондент какой-то чудной, мудрено говорит, и непонятно, что ему нужно. Мол, через твою особу, Ленка, будет всех женщин-тружениц показывать. Так что не подкачай. Подначитайся на всякий случай. Я и подначиталась.

Наша встреча состоялась через двенадцать лет после той, первой. Я помню, как тогда в кабинет председателя колхоза Ю. П. Цвирко вошла молодая, цветущая женщина, и в строгом официальном помещении вдруг стало по-домашнему уютно. Она светилась той неброской, но привлекательной женской красотой, которая нравится многим мужчинам. Статная фигура, гордая посадка головы, прелестное лицо без следов косметики. Нет, писаной красавицей ее не назовешь, но все же... Я порадовался за село. Хорошо, что не перевелись еще в нем такие вот женщины, не сманили их шумные и праздные города, не растворили в своих каменных джунглях. И вот сейчас, глядя на сидевшую напротив женщину, с трудом узнаю в ней некогда поразившую меня красотой Елену Иосифовну. Словно угадав мои мысли, она сказала:

— Что поделаешь, в сорок лет сельская женщина выглядит старше, чем ее городская ровесница. Минск у нас под боком, я там часто бываю, вижу своих ровесниц. Мы выглядим старше лет на десять — пятнадцать, не меньше. А ведь мы кормим этих городских красавиц.

Нет, злости в голосе Елены Иосифовны я не услышал. Была тихая грусть по рано увядшей женской красоте. А ведь ей всего сорок три года.

— Среди своих, на работе, об этом как-то не думаешь. Некогда, да и подруги так же быстро стареют. Приходите на комплекс, вы наших женщин не узнаете. Что сделалось с нами, что сделалось... Городская в сорок пять — баба ягодка опять, а мы? Столетние старухи. Даже рук своих стесняемся, прячем в карманы или за спину. Спасибо, хоть карманы на спецодежде пришили. Раньше не было.

— Елена Иосифовна, а как бы вы сегодня ответили на тот вопрос?

— Это насчет работы? Почему пошла на комплекс после третьих родов? Так иначе бы дом отобрали. Помните, особняк с полированными шкафами и сервантом, телевизором и стиральной машиной, пылесосом и радиоприемником? Вот его бы и отхряпали. Мы ведь с мужем не здешние, мы из другой деревни, и дом колхоз выделил нам с условием, что я буду трудиться в животноводстве, а муж на тракторе. Так и в договоре сказано было, и мы его подписали. Жилье-то всем желающим не дают. Вон сколько стоит пустых особняков, жильцов дожидаются. На ферме сами знаете какая работа, вот и приманивают жильем казенным. У моего отца избенка старая, повернуться негде, кроме меня еще были дети, у Алеши, мужа, то же самое — он седьмым был в семье. Поженились, а жить где? Свой дом строить тогда не разрешали, да и не по карману было бы нашим родителям. А тут в «Немане» начали строить казенное жилье. Пожалуйста, приезжай, откуда хочешь — из Молдавии, Украины, Сибири. Вселяйся, проблем никаких нет. Но только будь добр — на ферму или на трактор.

— Подождите, подождите, — растерялся я. — Но ведь вы немало отработали до рождения третьего ребенка. Имея маленьких детей, можно было посидеть с ними несколько лет, пока поднимутся на ноги, а потом снова идти на комплекс. Или этому препятствовали причины материального порядка? Хотя вы тогда уверяли меня, что муж зарабатывает прилично. Вот, пожалуйста...

И я зачитал то место из очерка десятилетней давности, где говорилось, что заработка мужа вполне было бы достаточно, чтобы иметь все необходимое. Алексей Владимирович Дорох, с которым я немало дней провел в философских рассуждениях о житье-бытье, зарабатывал 240 рублей в месяц, плюс 78 рублей дохода ежемесячно приносил приусадебный участок, семья имела свой огород, держала корову, свиней, кур. Свое молоко, сметанка и маслице, яйца и мясо, огурчики да помидорчики, картошечка да морковка. А дом-то, дом, хвастался удачливый хозяин, четырехкомнатный коттедж со всеми удобствами — газ, водопровод, теплый туалет.

— Это вы правильно описали, — тихо говорит собеседница, — все так, но, отбыв декретный отпуск, я должна была приступить к работе на ферме. Понимаете? Должна была...

— Почему? — недоумевал я. — Ведь после третьих родов вам, как женщине, могли и полегче работу дать. И не обязательно на ферме.

— Какой вы непонятливый, — с укором бросила Елена Иосифовна. Чувствовалось, что в ней подымалось раздражение, этого раньше за ней не наблюдалось, она отличалась ровным, спокойным характером. — Кто бы меня заменил на комплексе? Туда ведь никого силком не загонишь. А меня бы начали воспитывать, взывать к партийной совести и долгу, полоскать на собраниях, сдрейфила, мол. Я покладистая, все равно согласилась бы. Да и привыкла. Это только когда в город выбираешься, видишь, что другая жизнь есть. А на комплексе обо всем забываешь, весь мир сводится к коровьему вымени и электродоильному аппарату.

Ну и ну, думал я про себя, слушая откровения усталой умной женщины. Куда же девалась та улыбчивая, восторженно-прелестная Леночка Дорох, бойко выговаривавшая правильные и красивые слова о том, что она не представляет своей жизни без общественно-полезного труда? Вот ее прежние размышления на сей счет. Труд поднимает престиж, авторитет женщины как в обществе, так и в семье. В колхозе нет ни одной трудоспособной женщины, которая занималась бы только домашними делами, не участвовала в общественном производстве. Труд становится внутренней потребностью. Человеком в полной мере чувствуешь себя только в коллективе. А вот и вовсе категорическое утверждение: отношения, возникающие в процессе коллективной трудовой деятельности, ничем не заменишь: ни домашним уютом, ни приемом гостей. И это, показавшееся мне, мужчине, довольно смелым: вакуум коллектива не заполнят даже хорошо ухоженные, здоровые и веселые дети.

Так куда девалась та, прежняя Леночка? Осталась в развитом социализме, с горькой иронией говорит она. Там же пребывают и ее наивные подруги, операторы машинного доения коров Дроздовского животноводческого комплекса, те самые одиннадцать человек, которые на вопрос: «Назовите побудительные мотивы своей трудовой деятельности», не отрицая, конечно, роли материальных стимулов, в качестве главных мотивов называли, как тогда предусматривалось правилами хорошего тона, гражданский долг и стремление быть в коллективе. Труженицы общества развитого социализма обладали удивительным единомыслием и все единодушно поддерживали и всецело одобряли прекраснодушные выводы верховных голов о том, что широкое участие женщин в общественном производстве объясняется прежде всего глубоким осмыслением ими роли трудовых коллективов в удовлетворении своих таких жизненно важных потребностей, как заинтересованность в социальном общении и развитии личности.

За неделю пребывания в колхозе я вдоволь наговорился с этими прозревшими, избавившимися от иллюзорных представлений, женщинами. Гласность долетела и сюда, в дальний уголок. Сначала робко, боясь, как бы не обвинили в симпатиях к сообщениям забугорных голосов, а потом, по мере того как и в отечественной прессе появились публикации на эту тему, все смелее и смелее заговорили о невероятно длинных оплачиваемых отпусках по беременности и родам за границей, о запрещении использования там женского труда в ночное время, о специфических женских профессиях сельской части населения дикого Запада. Сравнения, конечно, были не в нашу пользу. Женщина на тракторе, на ферме, на дорожном строительстве — такова ее нынешняя доля. Нет ресурсов дешевле, чем человеческие, — в такой вере воспитаны целые поколения хозяйственников. Ладно, были периоды, когда страна жила предельным напряжением, когда победа, скажем, на фронте, добывалась любой ценой. Но ведь скоро уже полвека, как спало военное напряжение, а сама система хозяйствования остается прежней. Наиболее трудную и грязную работу — женщинам, непривлекательную и непрестижную — опять же им.

— Этого нельзя, того нельзя, — с горечью говорила старейшая доярка Н.П.Бесько. — Сплошные ограничения. Даже на мыло. А ведь от нашего оператора на расстоянии чувствуется, откуда она идет. И дают нам, как и везде — 200 граммов мыла на месяц. Почему наши технические умы не придумают, как уменьшить содержание аммиака на комплексах вроде нашего? Почему мы спасаемся, а не предотвращаем? Как влияют условия труда будущей матери, то, что она весь день дышит испарениями аммиака и других газов, на здоровье детей? Кто-нибудь поинтересовался, сколько нормальных родов, сколько недоношенных детей?

Нину Павловну поддерживают все женщины-животноводы. Как и двенадцать лет назад, на комплексе ни одного мужчины. Нет и среди женщин пополнения — все те же лица. Елена Иосифовна грустно замечает:

— Не каждой девушке захочется не то что работать, войти в помещение с таким запахом. Работа тяжелая, профессия непривлекательная. Ребята еще кое-как остаются механизаторами, шоферами, строителями, а девушки, те деньки считают до следующих приемных экзаменов в вуз.

— Женихов развелось, никогда столько не было в деревне; а вот невест не хватает, не на ком жениться, уехали невесты в города, — сокрушается М. И. Турко, заведующая животноводческим комплексом. — Вернется парень из армии, посмотрит, что пары ему нет, и будьте здоровы, помашет родителям ручкой на прощание. Село обезлюдело. Уж и ума не приложу, кто придет нам на смену.

Одиннадцать женщин, измотанных каждодневным

тяжелым трудом, который иссушил их, держат на своих уже поникших плечах весь этот комплекс, всю животноводческую отрасль колхоза. Они будут служить делу истово, фанатично, до последних своих дней, потому что другой работы не знают и к ней не приучены. Да и поздно уже, говорит Дорох. Подтверждается старая истина, что за все надо платить — за просторный дом и огород. Ладно, уже заплачено, и какой ценой, тоже ясно. А вот жизнь свою дважды не проживешь и прошлое назад не вернешь. Так что и сожалеть незачем. Действительно, что может быть дешевле, чем человеческие ресурсы? Особенно на селе.

Я слушал размышления Елены Иосифовны, а в голове крутился навязчивый образ, вычитанный недавно у русского писателя Владимира Ситникова. Ни одна из перемен не бывает без последствий, писал он, а взаимозависимости бывают самые неожиданные. В Англии, например, убеждены, что развитию молочного животноводства активно способствуют... старые девы. Как именно? Известно, что шмели опыляют клевер, но их гнезда разоряют мыши, а старые девы любят кошек, которые ловят мышей. Следовательно, чем больше будет старых дев в Англии, тем больше будет кошек, меньше мышей, богаче шмелиные гнезда, больше клевера. У нас так можно добраться до сырокопченой колбасы. Неразъемная цепь.

Елена Иосифовна от души расхохоталась, в ней снова промелькнуло что-то от прежней Дорох. Она преобразилась, в глазах зажегся интерес. Конечно, согласилась она, если из цепи выпадет хоть одно звено, все нарушится, неминуемо встанет проблема. А как вы считаете, задал я вопрос, почему вдруг такой дефицит работников животноводства образовался, этому явлению уже немало лет, почему руководство колхоза вынуждено заманивать людей на комплексы и фермы просторными особняками? В том числе и приезжих из самых отдаленных уголков страны. Чету Барановых вы знаете, он скотник, она доярка, оба приехали из Ялты, из черноморского города-курорта. Деушев приехал из Татарии, работал машинистом электровоза, в колхозе выращивает телят. Иван Титра — из Молдавии. С Ольгой Русецкой, дояркой, вы почти одновременно пришли на комплекс, а она тоже не местная. Юлиан Петрович Цвирко, бессменный председатель, буквально ошарашил, когда сказал, что более половины квалифицированных работников в колхозе приезжие. Получается, состав колхоза за последние десять лет сменился более чем наполовину? И не раз, уточнил Юлиан Петрович, потому что не все идут в колхоз с искренним желанием трудиться, попадаются и летуны, перекати-поле, которым никакая земля не мила, отсюда предпочтение людям семейным, внушающим доверие. Но ведь это уже не колхоз, вскричал я, пораженный услышанным, это какая-то временная контора, стройка, где людей нанимают и увольняют. Ничего не поделаешь, такова жизнь, спокойно ответил председатель. Мы тщательно отбираем людей при приеме на работу, предпочитаем тех, кто с детьми, они надежнее. «При приеме на работу или вступлении в колхоз?» — переспросил я. Собеседник поперхнулся. Видите, как сместились понятия: колхоз рассматривается как некий вариант государственного предприятия. Да, далеко зашли деформации.

На мою взволнованную филиппику Дорох ответила спокойно:

— Какая разница: рабочий или колхозник? Людей, исколесивших полстраны, в какую угодно клеточку записывайте, им от этого ни холодно ни жарко. Главное — квартира с удобствами. А у нас ее предоставляют. От хорошей жизни, что ли, прибились к нам Барановы из Ялты? Жилья не было и не предвиделось, вот и бросили якорь у неманского берега. Паспорта сейчас и у сельчан есть, не понравился начальнику, ноги в руки — и в другой колхоз.

Я вспомнил Короткина, механизатора из Могилевской области. Пообещали в другом районе большой дом — и переехал. Раньше так только специалистов с высшим образованием переманивали. А теперь и рядовых работников. Но ведь специалистов из города направляли по распределению, а простому колхознику с какой стати с родными местами расставаться? Расстаются.

И что уж совсем страшно: из села уезжают девушки и молодые женщины. Насовсем. И это при усиливающемся старении сельского населения. Во многих деревнях, не только в Дроздах, возникает проблема невест. А ведь женщина всегда крепче мужчины была привязана к домашнему очагу. Почему же уезжают женщины?

— Не знали, что шмели опыляют клевер, но их гнезда разоряют мыши, а старые девы любят кошек, которые вылавливают мышей... Вы же сами говорили: если из цепи выпадает хоть одно звено, все немедленно нарушается, и неминуемо встанет проблема. Вот она и встала.

Какое же звено выпало? Упразднение престижных рабочих мест на селе для женщин. В деревне Старый Свержень ликвидировали сепараторный пункт, на котором работали две незамужние девушки, и обе упорхнули в легкую городскую жизнь. Не исключено, что они сейчас постоянные члены клуба «Тем, кому за сорок» при каком-нибудь стройтрестовском Дворце культуры, в городе невест любых возрастов в избытке, но у себя в деревне у них-то были реальные шансы создать семью. По всей стране прошел невиданный разгул централизации, укрупнения всего и вся, на что падал строгий начальственный взор. Закрывали пекарни, пункты по выработке картофельного крахмала и другие мелкие производства. Переводили в города и райцентры. Ломался сложившийся лад сельской жизни. С провозглашением неперспективными десятков тысяч сел и деревень заколотили окна не только сельских изб, но и десятков тысяч медпунктов, почтовых отделений, начальных и восьмилетних школ, детсадов, яслей, столовых, клубов, библиотек. Выиграли от централизации, конечно же, ведомства. Они облегчили себе переработку молока, поскольку колхозы должны возить его на завод сами — это при нашем-то бездорожье! — за много километров. Хлеб доставляют из районных пекарен в виде какой-то странной субстанции, которая выпадает из корки, никакого сравнения с выпеченным в своей крохотной пекаренке. Да и привозят только в крупные села. Там и школы-интернаты, родители видят своих чад разве что по праздникам, не очень-то наездишься за десятки верст.

Левая рука не ведает, что творит правая. Нарушено извечное, предопределенное природой соотношение полов. Деревня с неженским лицом — что может быть драматичнее? Не каждая женщина способна работать на ферме по состоянию здоровья, это глубочайшее заблуждение, что все деревенские с румянцем во всю щеку, что каждая коня на скаку остановит и в горящую избу войдет. И на ферме, и в полеводческой бригаде все еще велика доля ручного труда. А сколько домашних забот: встать пораньше, приготовить еду, дать корм птице, скоту, спешить на утреннюю дойку, урвать время, чтобы огородом заняться. Сельской труженице и поесть-то по-человечески некогда.

Сведя выбор сельской женщины к пяти-шести не самым чистым профессиям, верховная власть привела село к плачевному результату. Иная семнадцатилетняя модница на ферму никогда не пойдет, в этом ничего страшного, а вот стать парикмахером, швеей согласилась бы с радостью. Увы, такой работы на селе нет. Напрочь забыто, что когда деревня многолюдна, сами собой находятся доярки и телятницы. Сколько примеров: с чистой конторской работы просятся на ферму. Это уже когда семья появляется, дети пошли, денег больше требуется, да и представления о жизни другие. В семнадцать мозги еще телячьи, как Дорох говорит.

Беда, что немноголюдна деревня, нет выбора у невест, кроме проклятущей фермы. Остается одно — город, общага, через некоторое время клуб «Тем, кому за сорок». И из деревни ушла, и в городе себя не нашла. Промежуточный человек.

В конце беседы мы опять вернулись к теме мотивации труда. Елена Иосифовна рассказала, что ферма вот уже два года работает на принципах хозяйственного расчета. Достигнута самая низкая в колхозе себестоимость производства центнера молока. Лидирует на комплексе Ольга Русецкая. В среднем за год она надаивает от каждой коровы своей группы по 4758 килограммов молока. За ней идет Дорох — 4705 килограммов.

Заработки? Нет, Дорох не жалуется. В 1976 году было 200 рублей, в 1979—250, в 1989—540, в 1991—2100. Да, личное подворье тоже имеется — огород, корова, птица, свиньи. У мужа тоже неплохо выходит — в среднем три тысячи рублей. Живут хорошо, вот только обидно, что деньги обесценены, на детей бессмысленно откладывать, а магазинные полки пусты.

Ну, а мотив труда какой все же? Труда вообще или хорошего труда? В старой публикации был подзаголовок: «Почему хорошо работает Елена Дорох?» Так слово «хорошо» уже при редактировании появилось, в рукописи его не было. В те времена подобная постановка вопроса представлялась нелепой. Все должны быть охвачены занятостью, и баста. Елена Иосифовна поняла меня. Сегодня она говорит: напишите — Елена Дорох работает хорошо потому, что у нее трое детей и она их любит. Слово «хорошо» можно опустить. Или при редактировании снова впишут? Да нет, отвечаю, сейчас не должны. Ну, вот и хорошо, ей сейчас на дойку, а вечером ждет на семейный чай.

КТО В ДОМЕ ХОЗЯИН?

История о том, как союз имуществ превратился в союз сердец

Чай пили в просторной и светлой горнице. Давно я не пробовал такого замечательного чая — с мятой, чебрецом, зверобоем, еще какими-то уже порядком забытыми белорусскими травами. Таяли во рту сладкие, домашней выпечки, кренделя. Это уже Светлана с Танюшей постарались, маме некогда, а девочки, первой из них семнадцать, второй тринадцать, показали свое кулинарное искусство. Дочери Елены Иосифовны выросли, Светлана настоящая невеста, вытянулась и шестиклассница Таня, во время моего первого приезда в «Неман» ей было три годика. У Елены Иосифовны трое детей, старший, Вова, он тогда в пятый класс ходил, уже и в армии успел отслужить, вернулся домой, двадцать три года парню, а вот жениться не надумал, не найдет себе пару, теряет жениховскую сортность. Видно, подастся в город, то ли с огорчением, то ли, наоборот, с облегчением сказала мать. Свете после школы дорога в Минск, в институт поступать будет. О Танечке еще рано думать, пять лет учебы впереди, но тоже очень хотелось бы, чтобы не шла на ферму.

Алексей Владимирович, муж Елены Иосифовны, переодетый в чистую свежую сорочку, с непросохшими после ванны волосами, отхлебывая душистый чай, молча слушал, что говорила жена. Десять прожитых лет коснулись и его облика: заметно посеребрились виски, резче стали складки на лбу, сеткой морщин покрылась загоревшая на солнцепеке шея. После третьей чашки он отошел от своих механизаторских за-

403

бот, поначалу чувствовалось, что думы его витают где-то очень далеко от домашнего стола, но постепенно Алексей Владимирович разговорился, и вот уже мы все, Света и Таня тоже, участвуем в общей дискуссии о житье-бытье крестьянской семьи.

Елена Иосифовна, в нарядном праздничном платье, похорошевшая, оттаявшая от каждодневных хлопот, рассказывала:

— Света, а она, кажется, в седьмой класс ходила, вдруг спрашивает: мама, а папа у нас красивый? Конечно, отвечаю, разве я за некрасивого вышла бы замуж. Мам, продолжает далее дочка, а замуж только за красивых выходят? Да нет, не обязательно. Выходят за тех, кто нравится, кого любят. А ты любила папу? А как же, он у нас такой красивый, умный, не пьет, о нас заботится.

По всему видно: Алексею Владимировичу такие слова приятны. Но в доме гость, надо держаться соответственно. Чтобы сгладить впечатление, хозяин применяет испытанный прием: делает вид, что поперхнулся чаем, Таня подбегает к нему и колотит кулачками по спине, Света застенчиво опускает длинные ресницы, Елена Иосифовна влюбленными глазами на семью смотрит. Чувствуется, что в этом доме царят согласие и любовь. Я смотрю на эту простую крестьянскую женщину, которая всю жизнь провела в деревне, в институтах и университетах не училась, даже сельскую десятилетку не закончила, и думаю: ладно, умение успеть все сделать по хозяйству объяснить можно, но откуда у нее тончайшее искусство помнить о женском предназначении — поддерживать домашний очаг. Сегодня это означает уже не огонь в печи, а огонек объединяющего духовного общения семьи — и мужа, и детей. В каких благородных пансионах учат умению ладить с мужем, не доводить до ссор и размолвок? Скорее, это подсказывает женская интуиция, женское начало, которое у горожанок притуплено впитанной с молоком матери догмой о равноправии женщины с мужчиной.

Равноправие нередко воспринимается упрощенно, как возможность противодействовать лидерству мужчины, а то и самой претендовать на главенство в семье. Вдоволь начитавшись и наслушавшись умных рассуждений на эту тему, эмансипированные наши современ-

404

ницы с первых дней пребывания в браке стремятся ни в чем не уступать мужу, хотят быть сильными, властными, даже жесткими. Дети моментально ориентируются, кто в доме хозяин. И вот к маме идут не только дочери, прибегают и мальчишки — за советом и помощью. Даже отношения с подружками мальчики чаще всего обсуждают с мамами, а не с папами. Инфантильные мужчины — они отсюда, миленькие, отсюда. Это властные мамы, оттерев пап на задний план, воспитали таких сограждан — капризных, несамостоятельных, нерешительных, привыкших к опеке.

Пыталась ли Елена Иосифовна, ссылаясь на завоеванное равноправие женщины и мужчины, претендовать на единоличную власть в семье? Тогда, одиннадцать лет назад, подумав, она решительно произнесла «нет». Выходит, главой семьи был муж? Тоже подумав, Алексей Владимирович отрицательно мотнул головой. Это дало мне повод написать: тринадцать лет живут одной семьей Елена и Алексей Дорохи и не помнят случая, чтобы кто-либо из них начал претендовать на особенную роль в семье, чтобы, не посоветовавшись, принял самостоятельное решение, затрагивающее интересы какого-либо из членов семьи. Все вопросы, касаются они семейной кассы или воспитания детей, дорогостоящей покупки или материальной помощи кому-либо из родственников, решались обоими на демократических началах. В ответах Дорохов я увидел иллюстрацию к следующему тезису исследователей новых внутрисемейных отношений на селе: децентрализация власти мужа объясняется укреплением социального положения женщины, повышением ее образованности и культуры, возрастанием активной деятельности в общественной и семейно-бытовой сфере. Ведь традиционная сельская семья всегда строилась на отношениях власти и подчинения. Для нее институт главенства был органической необходимостью. Он проявлялся в том, что один из членов семьи имел больше прав и обязанностей, чем остальные, в обеспечении функционирования семьи. Полноправным хозяином был обычно мужчина — муж, отец.

Но ответа только одной семьи было недостаточно. И тогда я запустил анкету среди взрослых членов семей дроздовских животноводов с вопросами о лидерстве. Семьдесят процентов опрошенных отметили, что все важные вопросы в семье решаются на демократических началах, пятнадцать процентов главой семьи назвали мать и пятнадцать процентов — отца. Помнится, вокруг этих ответов в доме Дорохов разгорелись прения. Тогда мы тоже собрались вот в этой горнице и пили чай. Те, кто помоложе, острили насчет матриархата, более пожилые рассуждали приблизительно так: лидерство в духовной жизни семьи и лидерство в распоряжении семейной кассой — не одно и то же, семейные отношения — дело весьма и весьма деликатное.

— Разве спрашивали раньше родители, согласна ли дочь выходить замуж? — вздохнула мать Елены Иосифовны, гостившая вместе с мужем у дочери. — Все решалось без нее.

— Родительский совет тоже неплохое дело, — произнес Иосиф Михайлович Третьякевич, отец Лены. — Кто плохое своему дитю пожелает? Смолоду можно чего хошь нагородить. Вон Лилька, подружка Ленки нашей. Выскочила за короля дискотеки. Правильно отец возражал, видел, что у танцора ветер в голове. Через полгода развод. Сейчас замужем за шестидесятилетним таксистом в Минске. А ей двадцать пять.

— Ни за что не вышла бы замуж за нелюбимого! — вспыхнула Елена. — Ни за какие коврижки!

Я невольно позавидовал ее мужу: везет же людям. Социологические исследования, проведенные в 1978 году среди замужних женщин в колхозе «Неман», показали, что у 85 процентов опрошенных основным мотивом вступления в брак было личное чувство, 15 процентов ответили, что над мотивами вступления в брак не задумывались и вышли замуж потому, что все выходят. На вопрос, ощущали ли они при выборе будущего мужа и вступлении в брак влияние родителей, все опрошенные замужние женщины ответили отрицательно.

Тогда в колхозе еще были невесты. Им был задан вопрос: «Каким представляется вам будущий муж?» Супруг представлялся внимательным, благородным, заботливым, чутким. Итак, подводил я итог, большинство опрошенных женщин-колхозниц в качестве главного мотива вступления в брак называли личное чувство, при выборе спутника жизни в первую очередь ценили его нравственные качества. Характерно, что ни в одном ответе экономические мотивы не приводились даже в качестве второстепенных.

Изменилось ли что-нибудь во взглядах Елены Иосифовны и ее подруг на вечные темы любви и брака, отношений в семье? За это время произошло столько потрясений в обществе, открылось столько ранее неизвестного, что немудрено, если окажется: и на эту сферу мы смотрели сквозь розовые очки иллюзий.

— Помните, папа рассказывал о подружке моей, Лильке? Где она сейчас, не знаю. Сына определила в интернат. Сейчас он, наверное, в армии. А может, как и мой Вова, уже отслужил. Так вот, пятилетним привезла она его к бабушке в деревню. Встречаю как-то на улице, смотрю: вылитая Лилька. И глазищи ее, и нос. Где же мама, спрашиваю. А он, знаете, что в ответ? Слезы душат, как вспомню. С первым папой, говорит, мама разошлась. Потом пришел другой. Бабушка увезла меня в деревню. Потом я поехал домой к маме, а у нас третий папа. Взглянул он на меня своими глазенками, и не по себе стало. Хочу, говорит, чтобы у меня был настоящий папа. Прячу глаза, я здесь вроде ни при чем, а все равно чувствую себя виноватой. Легко только приговаривается, что «чужую беду руками разведу», а вот как ее развести?

Елена Иосифовна пригорюнилась:

— Жаль Лильку. Одноклассница. Подружками были. А послушай она отца, кто знает, может, жизнь по-иному сложилась бы.

— Выходит, вы сейчас за то, чтобы следовать советам родителей?

— Нелишне было бы. Понимаете, с детских лет нам вбивали в головы, что раньше жениха для дочери выбирали родители и что бедные девушки не могли пойти против их воли. И вот только сейчас, с отменой частной собственности, представительницы прекрасного пола получили возможность создавать семью по своему выбору, не спрашивая родителей. Сколько я книжек перечитала, в которых как раз в качестве примера преподносились браки вопреки родительской воле. Они, мол, старомодные, что в сегодняшних делах смыслят?

— Лена, да что с тобой? Какая муха тебя ужалила? Человек из самой Москвы приехал, а ты ему какую-то домостроевщину толкуешь...

Елена Иосифовна взглянула на мужа:

— Алешенька, ты же знаешь, я всегда была очень даже прогрессивной. А сейчас у меня две дочери, и одна из них уже невеста. Ты, Света, слушай, тебе это полезно. В кои-то времена маму прорвало. Все некогда, то дойка, то стряпня, то стир-пар-жар, то партсобрание. Конечно, выходили и не по любви, нужда заставляла. А сейчас? Все по любви? Откуда же тогда на каждые три брака развод?

— Ну, мать, ты даешь, — вытер пот со лба чистым полотенцем Алексей Владимирович. — Хотя, подожди, в чем-то ты права. Возьми вон Вовку нашего. До армии очень нравились девушки, которые курили. Спрашиваю: а жену курящую хочешь? Нет, отвечает, не хочу. Так и у тебя. Когда сама невестой была, замуж только по любви хотела выйти, а дочь невестой стала, у мамы с папой разрешения спрашивай.

— Мудрость приходит с годами, Алешенька. Это только в молодости море по колено. Ты свободна, красива, ни за что не отвечаешь, одно знай — веселиться да плясать. А после сорока другим человеком становишься.

— Пожалуй, ты права, мать.

— Не буду при дочерях говорить, сколько в нашем районе обращаются в райисполком с просьбой снизить брачный возраст. Мама в шестнадцать лет не редкость. Такого раньше на селе не было. Виноваты взращенные родителями эгоизм, бездумность, безответственность. Что меня больше всего беспокоит? Ранние браки, о которых у нас в семидесятые годы и слыхом не слыхали. Так что неизвестно, благо или вред то, о чем говорили и писали с восторгом, выдавая за величайшее достижение раскрепощение, свободу женщины. Я имею в виду гордые, с сознанием превосходства, заявления: в брак мы вступали самостоятельно, никакого влияния родителей не было.

Вот чего мы добились в результате прекраснодушных разглагольствований и внушаемых через средства массовой информации стереотипов поведения — несостоятельность многих браков, ломка судеб, безотцовщина. Пресса, общественное мнение не осуждают фактов превратно понятой молодежью свободы, независимости от родительской воли в выборе жениха или невесты. Порой года семейной жизни хватает, чтобы разлюбить друг друга, рассориться и оказаться в положении людей, судьбу несчастного плода скороспелой любви которых должен решать суд.

Дальше разговор уже шел без Светы и Тани — мама выпроводила их, вспомнив о каких-то неотложных делах. Тема деликатная, ни к чему девчонкам знать все подробности. Я опять подивился умению Елены Иосифовны определить черту, до которой дочерям не возбраняется присутствовать при взрослых разговорах и даже участвовать в них, и после которой начинается объем информации, превышающий сферу детских интересов. Самое обидное, делилась своими мыслями Елена Иосифовна, что близость и недолгое супружество рождаются в большинстве случаев не от влюбленности или неопытности, не от смятения чувств. Такое ощущение, что пятнадцати- и шестнадцатилетние девчонки сами себя обкрадывают, вступая в весьма обязывающие отношения из любопытства, по случаю. Поверьте, я человек не старомодный и прекрасно понимаю, что соблазнов много: сейчас стало больше свободы в отношениях, больше откровений в кино. Переменились сами представления о некоторых вещах. Кто сегодня осудит мать-одиночку? Я понимаю, запретами да укорами ничего не сделаешь, многие духовные, нравственные язвы, которые терзают село, нам не залечить. Но основу нравственного оздоровления деревни заложить можно и нужно. Ничего, что это даст результат в следующих поколениях. Тогда будут жить наши дети, внуки. Когда-то ведь долги селу отдавать надо?

Милая Елена Иосифовна! Ваши мысли прекрасны, они проникнуты болью за почти изведенный полностью крестьянский род, за горькую женскую долю на селе. Я сам сельчанин, разве мог я в пятидесятые годы, когда жил в глухой деревушке в Могилевской области, представить, что в начале девяностых сплошь и рядом, будь то в моей Белоруссии или в российском Нечерноземье, появятся ранние браки, наспех справляемые свадьбы в связи с неожиданной беременностью пятнадцатилетних дочерей. Чему научат малышей духовно и физически незрелые мамаши, считающие себя свободными от всяких обязательств, в том числе и родительского долга. И мне, как бывшему сельскому жителю, глубоко понятна ваша тревога, вызванная отнюдь не единичным, к сожалению, случаем, о котором я услышал в вашем доме.

Назавтра я собрал тех самых животноводов на ферме в Дроздах, с которыми беседовал одиннадцать лет назад. Они высказали мысль о том, что зря, видно, обольщались в семидесятых годах тем, что невесты самостоятельно выбирали спутника жизни. Сколько судеб не было бы покалечено, сколько ребятишек не попало бы в детдома, если бы рядом оказался умудренный опытом человек и удержал от опрометчивого шага. Увы, родителей вспоминают только в трудную минуту, все остальное время мы кажемся себе самыми красивыми, самыми счастливыми, самыми умными. Что они, старые родители, понимают в современной любви?

На обсуждение коллектива выносится и зафиксированное десять лет назад мнение о лидерстве в семье. Куда оно ведет: к патриархату или к матриархату? Куда клонится векторная стрелка? Елена Иосифовна и Алексей Владимирович Дорохи, например, считают, что у них здесь как раз без изменений. А если они и есть, то в сторону еще большей семейной демократии. Поползновений на главенство в семье никто не предпринимал. А как у других? Подсчет ответов членов семей на анкету показал: 60 процентов опрошенных считают, что в их семьях все важные вопросы решаются на демократических началах, 25 процентов главой семьи назвали мать и 15 процентов отца. Эге, тенденция к лидерству женщин в семьях колхозников «Немана» возросла на 10 процентов. Объяснение простое и страшное: склонность к спиртному у мужчин. Возросло количество семей, в которых мужчине даже не доверяют получать зарплату, за него в ведомости расписывается жена, которая правит домом. Неспроста на вопрос анкеты, каким вы представляете будущего супруга, заданный десять лет спустя, в ответах на первом месте стояло слово «непьющий». Термины «благородный», «внимательный», «чуткий», «заботливый», которые пестрели в анонимных ответах анкеты десятилетней давности, теперь отсутствовали. Кроме слова «непьющий», были такие: «Чтобы любил детей», «Чтобы не устраивал скандалов ни дома, ни в гостях». Ответы давали девочки-старшеклассницы, других невест в колхозе нет.

Само собой разумеется, что их представления формируются теми условиями, которые девушки видят вокруг себя, в своем доме, в семьях одноклассниц. Мечта о непьющем спутнике жизни — это крик чистой еще души среди разливанного моря разной гадости, которую пили сельские мужики в периоды борьбы с пьянством и создания зон трезвости, лимитирования спиртных напитков по талонам. «Чтобы не устраивал скандалов...» Пожелание, напрямую связанное с первым.

На третьем есть смысл остановиться подробнее. Одиннадцать лет назад я спросил маленьких тогда детей Елены Иосифовны: кто с ними чаще играет? Мама, ответила шестилетняя Света. Мама, пролепетала трехлетняя Танечка. А кто вам читает перед сном, не отставал я. Мама, ответила Света. Мама, эхом повторила вслед за сестрой Таня. Настала очередь сына. Вовке тогда было 12 лет. Кто тебе стирает, спросил я. Как кто, удивился пятиклассник, конечно, мама. А готовит? Тоже мама. Ну, а помогает делать уроки, покупает тетради, ручки? Снова мама.

Вот таким был тогда ответ на вопрос, как распределяются обязанности в семье Дорохов по воспитанию детей. О чем ни спроси — всюду мама, мама, мама... Это хорошо, отметил я в давнишней публикации, и сослался на мнение психологов и педагогов, считающих исключительно важным, ничем не заменимым влияние матери на формирование личности ребенка. В традиционной крестьянской семье как было? Отец занимался с сыном, дочери — забота матери... Хотя, минутку, исследователи утверждают: до революции в крестьянских семьях времени на занятия с детьми вообще не отводилось. Не хватало, мол, этого времени.

В прессе как-то промелькнуло любопытное сообщение. Решили выяснить, как развиваются дети, если основным воспитателем в раннем возрасте оказывается отец. Участники эксперимента, супружеские пары, поменялись «ролями». Мамы через несколько месяцев после родов вышли на работу, а папы взяли отпуск, положенный для ухода за грудными детьми. Те находились под тщательным наблюдением врачей. Выявилось, что под отцовской опекой малыши развивались

411

с опережением. Оказывается, мужчины меньше времени уделяли кипячению бутылочек, стирке и глажению пеленочек, а больше — игре с малышами, проявляли незаурядную выдумку и творческие способности. У этих «отцовских» детей подростковый возраст проходил менее болезненно.

Вот вам и многолетняя ориентация на исключительную прерогативу матери в воспитании малыша. Открытие следует за открытием, оказывается, неверно утверждение, будто в традиционной крестьянской семье родители не отводили времени для занятий с детьми. Конечно, в современном понятии таких занятий не было, ведь отец и мать общались со своим ребенком в течение всего дня, не то что сейчас, когда, бывает, отец не видит своего чада неделями. Тот же Дорох с весны до поздней осени каждый день вставал ни свет ни заря, приходил, когда дети уже давно спали. В прежней, «патриархальной», семье сын крестьянина с самого раннего детства не только видел труд своего отца, общался с ним с утра до вечера, он сам очень рано включался в работу, помогал в поле, на лугу, в лесу. Предстоит еще многое переосмыслить, чтобы понять нравственные устои, которые накапливались столетиями и передавались от одного крестьянского поколения в другое. А мы, ничтоже сумняшеся, разрушили все, на чем держалась крестьянская семья, объявили старомодным, архаичным, вредным.

Дорогой ценой заплачено за заблуждение, будто система общественного воспитания эффективнее и правильнее, чем семейная. Эта догма настолько сильно привилась в сознании, что и поныне многие учителя твердят: семья помогает школе. Елена Иосифовна Дорох, простая труженица-крестьянка, дошла, как говорится, своим умом до понимания, что полноценная личность не может сформироваться помимо семьи, что в семье, и нигде больше, закладывается фундамент физического и психического здоровья. А вот в министерствах и ведомствах не понимают. А их непонимание — это сокращение семьи, из которой с ранним отлучением от нее ребенка уходят не только бытовые трудности, но и счастье родительства, понимание смысла совместной жизни. Отсюда несчетное количество трудных детей, разобщение поколений, ослабление

412

родственных связей, прежде всего супружеских, эмоциональная неудовлетворенность.

Слова-то какие непривычные! Мы их не слышали десятилетиями, заученно декларируя совсем иные слова об огромных преимуществах наших женщин в области семейно-брачных отношений, об объявленной государством добровольности вступления в брак, равенстве и взаимном уважении супругов, о предоставлении ряда льгот по беременности и родам, об установлении равной с мужчинами оплате за равный труд, о заботах по воспитанию детей. И в это же самое время росло число разводов, падала рождаемость. В Белоруссии каждая третья семья имеет только одного ребенка, резко снизился удельный вес семей, в которых трое детей, сейчас их только 10 процентов.

— Знаете, у нас в колхозе есть деревни, где не услышишь крика младенца, на улице не увидишь детской коляски, — звучит в ушах голос Елены Иосифовны. — Это же неестественно, так никогда не было. В лучшем случае обзаведутся одним ребенком, и все. Мол, с одним не знаем как справиться. Нужно более мудрое отношение к материнству со стороны государства. Совмещать труд на производстве с материнством — какой женщине подобное под силу, кроме советской? Почему у нас, женщин, нет выбора между общественным и семейным воспитанием? Если это так накладно для государства, то почему бы не подумать о более гибких формах воспитания?

Вопросы, вопросы... Кто-то метко подметил, что реформы — это время вопросов, но не ответов. В самом деле, как ответить дроздовским животноводам, почему не всем матерям с детьми до двенадцати лет удается использовать двухнедельный неоплачиваемый отпуск — такое право им предоставлено. Или почему женщинам редко удается перейти на полставки, работать по гибкому графику? Теоретически возможно, а на практике не получается. Авралами, сверхсрочными заданиями, угрозой срыва плана уже не отделаешься. Это все лежит на поверхности, так сказать, надводная часть айсберга. А то, что не видно глазу, что скрыто под толщей воды, — это прежнее отношение к материнству. И коренного перелома пока не видно.

ВСЕ МЫ РАБЫНИ. К СОЖАЛЕНИЮ, НЕ ИЗАУРЫ

История, в которой рассказывается,
почему покупка стиральной машины не стала
событием в доме Дорохов

В горбачевскую перестройку она стала бы событием по той причине, что стиральные машины из продажи исчезли. Не стало пылесосов, ну а кухонные комбайны и в застойные годы были редкостью, иногда колхоз с невероятными трудностями доставал их для продажи особо отличившимся животноводам или иным необходимым хозяйству работникам. Но это к слову, первая реакция умудренной годами усталой женщины на сцену из семейной жизни почти тридцатилетней давности.

Елена Иосифовна тогда была молода, хороша и счастлива. Только что родился первенец, сынуля, и ошалевший от переполнявших его чувств папаша притащил в дом стиральную машину. Леночка и бровью не повела, восприняла покупку как нечто само собой разумеющееся. За утренним чаем мать укоризненно заметила: что же ты, доченька, так холодно к подарку отнеслась, ведь заботу о тебе проявил. Сам удумал аль ты надоумила? Сам, ответила Лена. Ну вот, видишь, я в молодости о таком и мечтать не могла. Эх, дети, дети, ко всему привыкли, ничем вас не удивишь. А что тут такого, снова не повела бровью Лена, обычная вещь, у многих такие. Если есть на что покупать бытовую технику, почему бы ее не приобрести?

Объяснить это лишь повышением материального достатка колхозников было бы неправильно, резюмировал я десять лет назад. Мать Елены Иосифовны интуитивно подметила новую социально-нравственную ценность — уважение к женщине, стремление мужчин облегчить ее домашний труд. Ничто так не душит, не отупляет и не унижает женщину, как он. Домашнее хозяйство в большинстве случаев самый непроизводительный, самый дикий и самый тяжкий труд. Он не заключает в себе ничего, что хоть сколько-нибудь способствовало бы развитию личности женщины.

— Уважение к женщине? — иронически улыбается Елена Иосифовна, нынешняя, а не та, из развитого социализма, видевшая мир в розовых красках. — Где вы его видели? Разве что в дверях первой пропустят, да и то если не начальник. Начальник вездеходом прет. Это только в кино мужчины встают, когда женщина входит. В жизни не так. В жизни нас уважают только один день в году — 8 марта.

Я ушам своим не верил: и это та самая Елена Иосифовна, которая десять лет назад с гордостью рассказывала мне, что у них в семье не возникает вопроса, кому мыть полы или посуду. Когда есть время, муж с сыном наводят на кухне лоск. И ущемления своего мужского достоинства в этом не видели. Мы подсчитали, что в их семье обязанности по распределению домашнего труда в зимнее время примерно равны, в период напряженных полевых работ основная тяжесть падает, разумеется, на Елену Иосифовну. Неужели и здесь все изменилось?

— Не все, конечно, но перемены есть. Знаете, что я заметила? Молодые мужья охотнее помогают женам. После сорока их как будто подменяют.

Вот этого я не ожидал. А как же быть с опросом женщин, которые называли свой брак благополучным? Одиннадцать лет назад 86 процентов жительниц колхоза «Неман» отметили, что в их семьях полнейшая кооперация домашнего труда, то есть супруги имеют примерно одинаковую нагрузку. Одновременно опросы показали, что у 40 процентов браков, которые считались неблагополучными, домашнее хозяйство полностью вели женщины. Выходит, неманские женщины отвечали неискренне?

— Что вы! — испуганно всплеснула руками Елена Иосифовна. — Не обижайте нас. Ответы были откровенными. Дело в том, что благополучными назвала браки молодежь, которой еще медовый месяц помнился. У большинства первые годы супружества — счастливейшие годы, живут душа в душу, воркуют не наворкуются. А 40 процентов — это, извините, от любви поостывшие, супруги со стажем.

Я повторил опрос: получилось в точности как говорила Елена Иосифовна. Соотношение изменилось. Полную кооперацию домашнего труда признали только 12 процентов женщин, действительно, это были молодые жены, состоявшие в браке до пяти лет. В 86 процентах ответов указывалось, что ведение домашних дел лежит на плечах женщин. Их семейный стаж составлял пятнадцать и более лет.

— Послушайте, Елена Иосифовна, а чем бы вы объяснили тот факт, что с годами основная тяжесть домашней работы все больше падает на плечи женщин? Куда пропадает трогательная забота молодых мужей? Неужели улетучивается с юношеской влюбленностью?

— Я много думала об этом. Знаете, семья ведь слепок общества, точная его копия. Какие отношения господствуют в обществе, такие и в семье. Других попросту не может быть. Перестройка подтолкнула наше общество к осознанию того, что черствость и бездушие проникли во все его поры, возник острейший дефицит добра, совести, милосердия. Ну а годы перестройки — это полнейший беспредел. Общество становится криминальным.

Я слушал Елену Иосифовну, записывал ее мысли. Вот зашла она к соседке, а там по телевизору показывают «Рабыню Изауру». Глава семьи плотно контактирует с происходящим на экране, сын в своей комнате возится с магнитофоном, а подруга, выпрыгивая из кухни, не теряя из виду ход действия фильма, сочетает переживания Изауры с жаром духовки. Ожесточившись, выпаливает: «За то время, что она плачет в фильме, можно гору белья перестирать! Ее бы на мое место... Ну чего ты на меня смотришь? Мне на работе счетчик километров подарили к восьмому марта. Шутки ради в воскресенье как-то нацепила. И что ты думаешь? Десять километров намотало. А еще часа полтора по очередям стояла — этого он не считает».

Фильм кончился. Хозяин заглянул на кухню: «Скоро есть будем?» — «Надо же, проголодался! А я тут что, спала? Все воскресенье на кухне, в зеркало некогда посмотреться!»

«Надо же, проголодался!» Не каждая осмелится сказать такое в глаза своему благоверному. Разве что в присутствии чужого человека. А то ведь и по зубам схлопотать можно. В деревне это сплошь и рядом. Ведение домашнего хозяйства — работа женская, и сотни тысяч сельских тружениц покорно несут свой тяжкий крест. Более того, многие из них искренне убеждены, что домашние заботы — не мужское занятие. Мужчина должен совершать подвиги, считалось в старину. А какие подвиги совершает большинство из нас, представителей сильного пола? Но стереотип живуч.

Десять километров набегает женщина за выходной, когда занимается домашними делами и стряпней на кухне. Кто считал, сколько верст накручивают сельские труженицы в будние дни? «Я назову тебя зоренькой, только ты раньше вставай! Я назову тебя солнышком, только везде успевай!» Нет, это не пародия, в том-то и дело, что песня лирическая, призванная восславить женщину в том ракурсе, в котором она представала каждодневно. Песня объективно воплотила представления общества о месте и роли женщины, хотелось это авторам или нет, стала отражением ее горькой доли, незащищенности, повсеместного ограничения в правах по сравнению с мужчиной.

«Я внимательно прочла ваш социологический цикл, состоящий из портретов представителей разных слоев общества. Не знаю, как с другими портретами, мне трудно о них судить, я родилась в деревне и сейчас учусь в сельхозинституте, поэтому хочу высказать свое мнение о колхознице, жизнь деревни мне ближе. Прочитав этот портрет, я вынесла такое представление о современной сельской женщине: она неутомимая труженица, образованный специалист, веселая и бодрая физкультурница, певунья, плясунья, народная заседательница, партийная или профсоюзная активистка. У вас много цифр, они как бы работают на определенный образ. Однако он, хоть и на статистике построен, далеко не точен. Поверьте мне, я хорошо знаю деревенских женщин, их каторжную, да, именно каторжную, другого слова не найдешь, жизнь. Мужья возвращаются домой пьяными, устраивают «концерты», хулиганят, бьют посуду, бросаются с криками на жен. Жены запуганы, бессловесны, слезно умоляют в милиции уничтожить акт. А через неделю все повторяется снова.

Условия труда ужасны. Работают они в основном на свинокомплексах. Ежедневное поднятие тяжестей, сквозняки, резиновая обувь. Беременные таскают тяженные мешки с комбикормом. Перевод женщин, ждущих ребенка, на легкую работу чаще всего сводится к сокращению числа обслуживаемых животных. И если в лучшем случае ее переводят техником по учету, то от влияния вредного воздуха в этом же цехе ее не избавляют, что соответственно отражается на беременности.

А домашняя работа? Только в заграничных фильмах мы видим, где в действительности женщина освобождена от изматывающих хлопот. Ваши рассуждения о свободном времени сельской женщины, которое возрастает из года в год, не что иное, как очередная попытка превратить проблему в тот самый ноющий зуб, который лечат заговариванием. Ну как можно сваливать всю, я подчеркиваю, абсолютно всю вину за бытовые перегрузки жен на мужей? Сколько можно объяснять свое собственное варварство пресловутыми родимыми пятнами, доставшимися в наследство от несознательного капитализма? Прошу вас, не ссорьте жен с мужьями, публицистика и так в этом деле превзошла допустимые границы, взгляните на проблему глубже».

Это письмо из папки с надписью «Сердитые письма». Подписано инициалами «Л. С-ва», на конверте значился почтовый штемпель города Гродно, откуда оно было отправлено. В Гродно действительно есть сельхозинститут. И все же разыскивать автора я не стал. Публикации вышли, что оставалось делать? Завести отдельную папку и складывать сердитые отклики. Письмо из Гродно было первым, в котором содержалась критика благосклонно воспринятого тогда социологического цикла. Потом поступило еще несколько. Итак, решено: по мере перечитывания старых очерков буду по возможности использовать то ровные и спокойные, то гневные и саркастические строки из писем, на некоторое время выводившие из равновесия, мешавшие наслаждаться творческой, как мне тогда казалось, удачей.

Были, оказывается, в застойные времена люди, не поддавшиеся всеобщей эйфории от всемирно-исторических побед на всех участках хозяйственного строительства и воспитания нового человека. Вот и таинственная Л. С-ва смотрела на вещи трезво, реалистично и, наблюдая за жизнью, которую знала не понаслышке, очень тонко уловила психологию зараженного бациллами черствости и эгоизма общества, не желающего, чтобы женщина освобождалась от колоссальных перегрузок на работе и дома. Отсюда стимулирующие женскую активность рассуждения о полезности массового вовлечения прекрасного пола в общественное производство, о величайшем благе — совмещении труда на заводах и фабриках с материнством.

Какой же из зубов ноет? Вот этот? Шестьдесят процентов всех работающих, занятых ручным трудом, — женщины. Знаете, какая норма перетаскивания груза у женщин за смену? Семь тонн! Сравните с француженками, у них всего 400 килограммов. Кто больше всех работает у нас в ночную смену? Тоже женщины. А сейчас посмотрим, как обстоят дела в сельском хозяйстве. Каждый третий сельский труженик, работающий сегодня в условиях, не отвечающих нормам, — женщина. Почти двести тысяч их заняты кто тяжелым физическим трудом, кто работой в ночную смену или в помещениях, не соответствующих элементарным санитарным требованиям. Семьдесят коров из ста доятся в селах по старинке — в ведро.

Или вот этот зуб? В 1991 году среднемесячную зарплату до 150 рублей получали около 16 процентов мужчин и 43 процента женщин. От 200 до 300 рублей в карман клали 35 процентов представителей сильного пола и только 14,5 процента — слабого.

А может, этот? После столь «щедро» оплаченного тяжелого ручного труда на производстве начинается не менее изнуряющая вторая смена. Смена? А как назовешь иначе те не менее шести часов в сутки, которые женщина проводила у плиты, за стиркой, уходом за домашним скотом и прочими малопривлекательными для ее духовного развития занятиями. На детей оставалось 16 минут в будний и 25 минут в выходной день. Были обнародованы и такие данные: из каждых ста семей восемь не имели холодильника, 30—стиральной или швейной машины, 56—электропылесоса.

— Хватит, — безнадежно машет рукой Елена Иосифовна, — а то как бы всю челюсть не пришлось лечить.

Когда я дошел до этой фразы, мой земляк и бывший сосед Алексей Карулька (помните, в Краснодарском крае?) громко хлопнул себя по коленке:

— Молодец, баба! А может, челюсть и лечить вовсе не надо, а? Может, лучше новую вставить?

К этому образу мы еще вернемся. А сейчас у меня

перед глазами Елена Дорох. Былого оптимизма у нее давно уж нет. Сколько было обещаний, заверений, хороших планов, которыми предусматривалось опережающее развитие сети бытовых учреждений в сельской местности, а воз и ныне там. Много проблем перешло в разряд вечных, начальники клянутся их безотлагательно решить, крестьяне без всякого воодушевления встречают руководящие заверения жидкими хлопками, и все остается по-прежнему. А нередко положение даже ухудшается.

Но что значит положение каких-то отдельных конкретных жен по сравнению с общими разительными переменами в решении женского вопроса? Бесконечной чередой ехали в «Неман» лекторы и докладчики, представители общества «Знание» и трезвости, еще какие-то деловитые личности, взбирались на трибуну, доставали из портфелей либо «кейсов» пожелтевшие от времени листки и старческими голосами убеждали собравшихся сельских тружениц о проявлявшейся по отношению к ним заботе, о постепенной передаче всех механических видов домашнего труда общественной службе быта, о возросшей механизации работ в домашнем хозяйстве.

На одну из таких лекций попал и я. Седенький человечек, по всему видно, долгожитель в своем институте, приводил такие замечательные аргументы: в современной деревне уже никто не печет хлеб в домашних условиях. А, дескать, согласно его, старичка, подсчетам, переход сельских жителей на покупной хлеб сэкономил каждой женщине-хозяйке 42—46 рабочих дней в году. Господи, неужели с тринадцатым годом сравнивать будет? Сравнил.

Операторы, телятницы, подвозчики кормов смиренно сидели в красном уголке фермы и блаженствовали. Седенький старичок-одуванчик был мил и кроток, он честно делал то, чем занимался с послевоенных лет. И аргументы у него были послевоенные, и цифры, и подходы, и взгляд на проблему. Но слушателей это нисколько не волновало, они наслаждались чистотой, уютом помещения, отдыхали, а некоторые умудрялись тихо посапывать в кулак. Я поймал на себе насмешливый взгляд Елены Иосифовны и встрепенулся. Уж больно знакомым показался мотив о покупном хлебе. Ба, да я слышал о нем одиннадцать лет назад здесь, в Дроздах, на комплексе. И читал лекцию этот же дедуля. Видно, запамятовал, что однажды уже выступал в «Немане». А я, кажется, использовал в своих публикациях сюжетец про покупной хлеб, тогда он незатасканным показался. И работал на раскрытие темы: социологические исследования проводились в канун какого-то очередного юбилея, материалы предполагалось опубликовать, как же без юбилейных ноток, без взгляда в дореволюционный быт.

Ага, вот дедуня и до личного подворья добрался. Ну, ну, родимый... Правильно, социалистическое общество берет на себя все больше забот по оказанию помощи семье в высвобождении времени женщины, в сокращении затрат ее труда на домашние дела. Так вы и в прошлый раз вещали, во всех книжках об этом сказано. Да, и в моих тоже. Что поделать, по вашим учебникам экзамены да зачеты сдавали. Других учебников не было. Значит, сначала общество в массовом порядке вовлекло женщин в производство, а сейчас решило долги возвратить? Очень хорошо. Валяйте, профессор, дальше. Правильно, в ряде хозяйств ввели новшество, цель которого, с одной стороны, повысить заинтересованность сельских жителей в дальнейшем развитии личных подсобных хозяйств, с другой, уменьшить затраты труда на их ведение, предоставить людям больше свободного времени. Речь шла о вынесении приусадебных участков в общий севооборот, о строительстве помещений для содержания личного скота.

Уважаемый профессор, вы снова повторились. Эта мысль здесь уже звучала, и не кто иной, как Елена Иосифовна Дорох — да, та самая Дорох, только она тогда была помоложе да побойчее, вон она снова насмешливо улыбнулась, — вас поправила. Она сказала, и об этом у меня написано в давнишней публикации: в колхозе «Неман» в общий севооборот вынесена не вся площадь приусадебного участка, как в других хозяйствах, а большая ее часть. Возле новых коттеджей остались небольшие участки, на них колхозники выращивают преимущественно овощи. В первом случае, когда вся площадь приусадебных участков выносится за село, мы имеем дело со сплошной коллективизацией, во втором — коллективизацией с умом.

А вот эту новинку я приветствую, она выдержала

испытание временем, потому что родилась внизу, отражая насущные потребности крестьян. Тут с профессором можно согласиться: сельский коммунхоз действительно облегчает быт сельчанам, только, кажется, прежде всего мужчинам. Хотя, минутку, я не прав, не только мужчинам, не надо забывать, что в колхозе немало матерей-одиночек. Безотцовщина, увы, становится большой бедой в деревне. Коммунхоз — это своеобразная централизация всех коммунальных и бытовых услуг для населения. Неманцам уже не нужно тратить массу времени, чтобы самим искать по столбцовским или даже минским магазинам краску, стекло или, скажем, бочку для солений на зиму. Достаточно сделать заявку директору коммунхоза — и необходимые товары будут доставлены. Коммунхоз принимает заказы на обеспечение кормами личного скота колхозников, на доставку строительных материалов, может изготовить современную красивую ограду, ворота, отремонтировать дверь, заменить выбитое стекло. Коммунхоз — это хозрасчетная бригада, она в основном состоит из пенсионеров-колхозников, которые по состоянию здоровья уже не могут трудиться в общественном производстве. Помогают им подростки, которым старики передают свое умение плотничать, столярничать, управляться со слесарным инструментом. Польза обоюдная: и старики без дела не сидят, и сельчанам прямая выгода. Какой женщине по силам застеклить окно? Да еще в деревне. А сейчас нет проблем.

Ну все, профессор, кажется, закругляется. Как положено, его благодарят за интересное выступление, приглашают приезжать еще. Старичок-одуванчик, театрально прижимая руки к сердцу, благодарит всех за внимание. В коридоре слышен топот ног, дверь открывается, и двое подвозчиков кормов вносят большой бидон с парным молоком. Из шкафчика достают чашки. Первая — старичку-одуванчику...

— Елена Иосифовна, во время выступления профессора вы улыбались. Я видел, не отнекивайтесь...

— Господи, какие же мы, бабы, терпеливые, — непроизвольно вырвалось у нее. — Вот и в партию веру отменили. Во что сейчас верю, сама не знаю. Посмотрю вокруг, что делается, пусто на душе становится. Ну сколько еще можно на нашей бабьей терпеливости

422

ехать? Год, десять лет, двадцать? Сколько этих профессоров, и все об одном и том же — как нам хорошо жить и как о нас много заботятся. Вот вы лучше скажите, когда материнский труд приравняют к производственному и станут включать в трудовой стаж? Мне не надо, я свой стаж заработала, и не один, о детях думаю. Света, можно сказать, невеста, вы ее видели, она-то хоть дождется?

Я стал что-то объяснять. Довольно путанно и туманно.

— Ясно. На мой вопрос вы так и не ответили.

Знали ли бы вы, сколько горечи и безысходности было в ее голосе.

БЕСЕДЫ ПРИ ЯСНОЙ ЛУНЕ
С АЛЕШЕЙ КАРУЛЬКОЙ (2)

Мой земляк и бывший сосед терпеливо внимал научным сентенциям. Чувствовалось, что живые картинки привлекают его больше. Однако и к социологическим замерам он относился с должным уважением.

Как бы продолжая разговор о доле сельской женщины, произнес с сомнением в голосе:

— И что, Елена Дорох согласится стать женой фермера? Чтобы полоскать белье в мороз на речке, стоя над прорубью с колотушкой? Чтобы вернуться к печке, золе, кочерге? Жилье-то на хуторе, чай, будет неблагоустроенным. А она, небось, привыкла уже к нормальной, более-менее цивилизованной жизни. Кто согласится таскать воду на коромысле из колодца, стоять с ухватом перед печкой? Женщины, слава Богу, и на селе знают, что такое кран с горячей водой в доме и газовая плита на кухне.

— Но ведь и колхозы-совхозы не накормили страну. Знаешь, как в нашей деревне поют? «У калгасе добра жыць: адзин робиць — сем ляжыць». Надеюсь, переводить не надо? Язык еще не забыл?

Мы уже давно были на «ты». Понравились друг другу, кажется, даже ощущали взаимную симпатию.

— И все-таки я не склонен считать, что колхозы и совхозы — это мертворожденная форма труда и собственности.

Вот те на! Сколько времени ушло на споры о будущем агроиндустрии, а Алеша, с чем-то соглашаясь, упрямо стоит на своем. Никак не хочет признать, что фермерское сельское хозяйство доказало свое преимущество перед колхозно-совхозным. Да пойми ты, голова садовая, горячился я, сколько авторитетов твердят об этом. Академики с мировым именем, членкоры, не нам с тобой чета.

Смотри, мой несговорчивый землячок, практика показывает неперспективность крупного сельскохозяйственного производства. У нас средний размер колхоза — 6, совхоза — 16 тысяч гектаров. Средний размер фермы в США — 200, в Западной Европе — 40—60 гектаров. Еще А. В. Чаянов выступал против гигантомании в сельском хозяйстве, ратуя за меньшие размеры первичной хозяйственной ячейки. Не послушали. Не потому ли агрогигантизм нанес колоссальнейший ущерб земельным ресурсам? Ты ведь механизатор, и прекрасно знаешь, что с твоей могучей техникой невыгодно крутиться на клочке поля, зажатом лесами. Значит, их надо вырубать. В результате — эрозия, иссушение, забрасывание землицы, которая вновь зарастает кустарником и мелколесьем.

Знаешь, сколько приходилось пашни на одного жителя России в 1913 году? 0,725 гектара. А сейчас — 0,746. Подожди восторгаться, давай посмотрим, хорошо это или нет, что наша страна единственная в мире, которая увеличила за последние 70 лет подушевую земельную площадь. Все познается в сравнении — согласен? Подсчитаем, каковы наши потери пахотной земли. Увы, и здесь мы впереди планеты всей. Эрозия охватила 72 процента всех пахотных площадей, 30 процентов полностью деградировали и должны быть выведены из севооборота. То же самое касается 175 миллионов гектаров пастбищ. Площадь смытых земель ежегодно увеличивается на 1 миллион гектаров, а подвижных песков — на 50 тысяч гектаров. А что происходит с Нечерноземьем! За два с половиной десятка лет, начиная с 1975 года, сельхозугодья сократились с 50,9 до 46,2 миллиона гектаров. А на остальных землях резко снизилось содержание гумуса, ухудшилась структура почв, возросла кислотность. Столь же серьезны потери гумуса и в старых черноземных зонах, у вас, на Северном Кавказе, в частности.

За бугром? Там, старина, все о'кей. В странах Западной Европы отчуждения сельскохозяйственных земель из-за их деградации практически не бывает. В США? Там особый случай. Эрозия у них есть, но ее размеры ежегодно снижаются, а не возрастают, как у нас. Пик роста эрозии почвы в США приходился на 30-е годы, а вызван он был бездумным освоением прерий в XIX веке. Последствия дали о себе знать через сто лет! Земля — не лист металла, это живой организм, и кто знает, как еще скажутся в будущем результаты нашего нынешнего крупного сельскохозяйственного производства, неспособного, как считают сторонники фермерского пути, обезопасить земельные ресурсы от деградации.

Странная получается закономерность: чем крупнее хозяйство, чем выше уровень машинизации и индустриализации, тем больше заброшенных полей и пастбищ. В Нечерноземье я собственными глазами видел громадные территории, вновь заросшие кустарником и мелколесьем. Казалось бы, чем колхоз крупнее, тем больше возможностей для его индустриализации и, соответственно, роста производительности труда. А на практике? На производство одной и той же единицы продукции мы тратим энергии в растениеводстве почти в четыре раза больше, чем США, и почти в пять раз больше, чем во Франции. В 1937 году работающих в нашем сельском хозяйстве было в три раза больше, чем в США, а в 1986 году — уже в 5,5 раза. Так что мы в 20—30 раз, как выразился один членкор, «гигантнее», в 4—6 раз менее производительны и в 10—15 раз более расточительны. Где же, в таком случае, преимущества крупного хозяйства перед мелким?

Молчишь? То-то. Но ведь Чаянов предупреждал: размер интенсивного парового хозяйства не должен превышать 450 гектаров. А некий доцент «научно» доказывал, разоблачая вредность «чаяновщины»: чем крупнее, тем лучше. Самым рентабельным хозяйством, убеждал этот доцент, будет хозяйство размером с земной шар.

Если уж русский человек во что-нибудь поверит, держись! Десятилетиями он наивно полагал в соответствии со спущенными сверху директивами: подъем сельского хозяйства без техники невозможен. И закрутилось колесо: машинам — большой размах, выше их скорость и мощность! Что хмуришься, Алеша? Не согласен? Да, механизатор — ключевая фигура на селе, кто спорит. Тогда ответь, почему средняя урожайность зерновых в не знавшей трактора дореволюционной России составляла 7,2 центнера с гектара, в 1949—1953 годах — 7,7 центнера, в 1960-м — 10, а сейчас —18 центнеров? Тракторов, что ли, не хватает? Увы, только недавно стало известно, что за счет техники урожайность повышается в среднем лишь на 10—20 процентов, а все остальное — от удобрений да сортов.

А мы еще так недавно гордились нашей поистине завораживающей машинно-тракторной мощью. Вот уж где процветал «соцмистицизм»! За бугром между тем продолжали идти по пути универсализации сельхозтехники, сменности рабочих органов, гибкости конструкций. Для нашего крупного хозяйства требовалась другая техника. Блестящий ее образец — трактор К-700. Он годится только для вспашки. Ни для посева, ни для обработки пестицидами его не используешь.

Машинизация сельского хозяйства полна курьезов. В одной из областей мне показывали проект многоэтажного коровника, в котором, чтобы обмануть корову и заставить ее равномерно телиться и давать молоко независимо от времени года и суток, предполагалось даже искусственно имитировать рассветы и закаты. Однако все эти ошеломляющие новинки повысить надой не смогли. У нас он около 2700 килограммов в год, привесы — 400 граммов, средний сдаточный вес — 386 килограммов. В США и Западной Европе соответственно 6000, 1600, 630.

Удивил, снова удивил меня мой землячок. Выслушал все аргументы-доводы, вздохнул тяжело и брякнул: да, колхозы накладно содержать, но и расстаться с ними — не по карману. Вот так по-крестьянски точно охарактеризовал рядовой механизатор своеобразие момента. Он категорически против поспешности реформистских намерений правительства:

— В Кремле, чай, одни городские собрались. Мы, деревенские, знаем: сбился с дороги — отпусти вожжи, кобыла сама вывезет. Погонять бесполезно: хуже будет. Нас, вернее, отцов наших да дедов уже один раз погоняли, в двадцать девятом. До сих пор не расхлебаемся.

Разговор перекинулся на коллективизацию. Уж сколько о ней говорено-переговорено, кажется, что здесь можно найти нового? Алеша нашел.

— Понимаешь, долго я ломал голову над тем, как удавалось в огромной сельской стране буквально в считанные дни выполнять указания Москвы. Как будто кто-то в Кремле нажимал кнопку, и сразу же в самой глухой деревеньке все срабатывало четко и быстро. Сколько указов и распоряжений издавал Горбачев, и почти все они не выполнялись. А тогда — как по мановению волшебной палочки. Кто был приводными ремнями могучего и страшного механизма насилия над деревней? Кто натравливал одну часть села на другую? Сейчас мне ясно, кто. Так называемые сельские активисты. Знаешь, кем они были? Пьяницами, презиравшими сельский труд, развращенными властью, водкой, бездельем и безответственностью. В деревне было немало людей, стремившихся получить какую-либо должность — объездчика, кладовщика, избача. Любой портфель годен, лишь бы светила легкая, разгульная жизнь да власть над односельчанами. Верхи сделали ставку на этот слой, и не ошиблись...

Прав мой земляк. В свое время мне пришлось читать собрание документов Смоленского архива. До сих пор помню, какое впечатление произвели три тома, изданные в США на основе вывезенных немцами во время войны архивных материалов. Они дают четкое представление об облике того слоя, с помощью которого Сталин и его окружение реформировали российскую деревню.

Вот один из них — Ульян Сухалев. Секретарь райгрупкома совторгслужащих. Ворвавшись в пьяном виде в канцелярию Усмынского РИКа, учинил дебош. За что получает выговор. Обещает исправиться. Но уже через месяц отправляется в свою родную деревню Титово на новогоднюю гулянку, пристает там к местной девушке Насте Войтовой и пытается ее изнасиловать. «Я после стала говорить, — пишет Настя в райком партии, — что не стерплю этого нахальства и передам в суд, то он сказал Ефросинии Осиновой, пускай подает, только я загоню ей в лоб пулю. И кроме того, как я партеец, я судов не боюсь, сколько хотишь подавай».

Письмо пострадавшей рассмотрено, суд приговорил Сухалева к шести месяцам принудительных работ по месту службы. Райком исключает его из партии. В архиве есть апелляция Сухалева. Ему всего двадцать четыре года, но он понимает, что это крах карьеры. В апелляции Сухалев подчеркивает, что «классовая линия с моей стороны была вполне выдержана. Вся лишь моя вина, откровенно признавшись, это когда выпьешь водки... Но я не алкоголик, и если когда выпиваю, то лишь только по своей некультурности и несознательности». Двадцатичетырехлетний крестьянин рассказывает о себе: он никогда не работал на земле, не занимался выращиванием хлеба, вся его жизнь проходила на сельских общественных должностях. Сначала секретарь комсомольской ячейки в одной, потом в другой волости, уполномоченный по батрачеству, секретарь райгрупкома союза совторгслужащих. У него слава дебошира и пьяницы.

Другой усмынский активист, исключенный из партии, — Тимофей Антоненко. Ему двадцать восемь лет. Тоже крестьянин, и тоже ни одного дня не трудился на земле. Работал в лесничестве объездчиком, где ухитрился продать один сенокос сразу троим крестьянам и со всех троих взял деньги. Потом перешел в милицию, там тоже отличился — был уличен в вымогательстве взятки у самогонщика. Устроился судебным исполнителем. Снова проблемы — не возвращал в кассу деньги, взысканные по приговорам. За ним водится и более страшное дельце: «Придя на вечер в дер. Гладыши... в то время девушки пряли пряжу. Тогда тов. Антоненко начал заводить разговор с одной девушкой, но последняя послала его к черту. Тогда тов. Антоненко стал ей угрожать, а она говорит, что ты мне сделаешь, а тов. Антоненко говорит: застрелю. Наставил винтовку и тут же застрелил» (из показаний комсомольца Тимофея Рыжакова).

Господи, да разве без Смоленского архива не ясно, кем были эти малограмотные парни, прекрасно понимавшие, что к кулаку один подход, а к ним, даже если они не отрицают своих проступков, — другой. Они — опора новой власти, и она, эта власть, сквозь пальцы смотрела на их прегрешения. Мы с Алешей и по своей деревне знали: активистам многое прощалось, если они исполняли директивы из центра с полным рвением и расторопностью.

Куда тем наивным крестьянским парням с их художествами тягаться с нынешним слоем предпринимателей! Неужели Алеша считает, что возникла прослойка, с помощью которой начнется очередное реформирование села? Да, мой земляк убежден: такая прослойка есть. И если власти сделают на нее ставку, как в свое время большевики на бедноту, быть очередному разору села и мору в стране. Все, что идет сверху, без согласования с низами, добром никогда не кончалось. По мнению Алеши, ныне ситуация напоминает ту, которая предшествовала коллективизации. Крестьяне не сдавали зерно государству, и Сталин вынужден был принимать жесткие меры. Сейчас многие хозяйства тоже припрятывают хлебушек, рассчитывая на бартер.

Вот если бы на настоящие документы хоть одним глазком взглянуть, размечтался Алеша, Сталиным написанные, Политбюро принятые. В них, по убеждению моего земляка, ответ на многие вопросы. Настоящая правда. А так что, комментарии, домыслы писателей да киношников.

— Напечатай их живьем, — попросил он меня. — Если, конечно, есть возможность.

Ну конечно же, есть. Особенно сейчас, когда многие секретные документы утратили свой устрашающий гриф.

Итак, слово архивам ЦК КПСС — прежде запретным не только для историков, но и работников центрального партийного аппарата.

«НАЖАТЬ ЗВЕРСКИ!»

*История, в которой рассказывается,
как мужиков карали за то, что они много сеяли*

Что предшествовало коллективизации? Почему Сталин решился на этот шаг? Вопросы, на мой взгляд, почти не исследованные. У нас больше пишут о самой коллективизации. Опять путают причины и следствия?

Хлеба стало не хватать уже в 1927 году. Под угрозой оказался план заготовок 1928 года. Крестьяне упрямо не хотели сдавать зерно государству. Почему? На Политбюро решили: надо ехать на места, изучить обстановку, где требуется, нажать.

В Сибирь и на Алтай должен был выехать Орджоникидзе. Но он внезапно заболел. И тогда вместо него вызвался ехать сам Сталин. О поездке, а она продолжалась с 14 января по 2 февраля 1928 года, в печати не сообщалось. Все материалы о пребывании генсека в этих хлебородных районах хранились под грифом «Совершенно секретно».

Отъезду Сталина из Москвы предшествовала директива ЦК ВКП(б) местным парторганизациям, переданная по телеграфу. Директива шла за подписью Сталина. В ней говорилось: «Несмотря на двоекратные, твердые директивы ЦК об усилении хлебозаготовок, все еще нет никакого перелома в ходе хлебозаготовок. Темп работы местных организаций недопустимо медленный, спячка еще продолжается. Низовой аппарат еще не раскачался. Кооперация не выполняет своих элементарных обязанностей. Рычаги власти и партии не приведены в движение, промтоварная масса не поставлена на службу хлебозаготовкам. Крестьяне-коммунисты, советский и кооперативный актив не продали всех своих излишков, совхозы и колхозы также не весь товарный хлеб вывезли, причем есть случаи продажи ими хлеба частникам. Несмотря на наступление сроков платежей крестьянства государству, не взысканы еще сельхозналог, страховые сборы, семссуды и срочные платежи по сельскохозяйственному кредитованию, что свидетельствует о расхлябанности партийных, советских и кооперативных органов и слабости их влияния в деревне...»

После преамбулы, в которой излагалось бедственное положение с хлебом в стране, шел ряд конкретных мер, которые предлагалось осуществить незамедлительно. В частности, ЦК ставил следующие задачи: «...При изыскании недоимок по всякого рода платежам применять немедленно жесткие меры, в первую очередь в отношении кулачества, особые репрессивные меры в отношении кулаков и спекулянтов, срывающих сельскохозяйственные цены... Мобилизовать немедля все лучшие силы партии, включая членов бюро губкомов, окркомов и райкомов, а также президиумов исполкомов на предмет всемерного усиления хлебозаготовок и оставить их на месте заготовок до решительного перелома...»

ЦК предупреждал, что промедление в исполнении

этой директивы и недостижение в недельный срок реальных успехов в смысле решительного перелома в хлебозаготовках может поставить ЦК перед необходимостью замены руководителей парторганизаций. О принятых мерах предписывалось сообщить ЦК незамедлительно.

Четырнадцатого января, в день выезда Сталина, из ЦК была направлена еще одна строжайшая телеграмма: «...Доказано, что две трети наших ошибок по хлебозаготовкам надо отнести за счет недочетов руководства. Именно поэтому решили мы нажать зверски на наши парторганизации и послать им жесткие директивы о мерах поднятия хлебозаготовок...

...Многие из коммунистов думают, что нельзя трогать скупщика и кулака, так как это может отпугнуть от нас середняка. Это самая гнилая мысль из всех гнилых мыслей, имеющихся в головах некоторых коммунистов. Дело обстоит как раз наоборот. Чтобы восстановить нашу политику цен и добиться серьезного перелома, надо сейчас же ударить по скупщику и кулаку, надо арестовывать спекулянтов, кулаков и прочих дезорганизаторов рынка и политики цен...

Нажим нужен здесь отчаянный, так как это последний резерв. На Урал уже выехал Молотов. В Сибирь выезжает сегодня Сталин. Если не нажмем вовсю на все рычаги власти и партии, дело с нашим хозяйством в целом может затормозиться на весь год. Или даже на весь ближайший период.

Дело упирается, как видите, в хлебозаготовки. Хлебозаготовки представляют, таким образом, крепость, которую должны мы взять во что бы то ни стало. И мы ее возьмем наверняка, если поведем работу по-большевистски, с большевистским нажимом».

Телеграмма, как и предыдущая директива по этому вопросу, была подписана лично Сталиным.

Через четыре дня он уже в Новосибирске. Заседание бюро Сибкрайкома проводит жестко, по-военному быстро. В строках постановления ощущается сильная воля вождя, его стиль: «Предложить окружным и районным комитетам обеспечить энергичное взыскание недоимок по сельхозналогу с тем, чтобы ряд кулаков был обязательно подвергнут репрессивным мерам взыскания за несвоевременную сдачу сельхозналога (арест, судебные процессы и прочее)... Поручить т.т. Эйхе, Кожевникову

431

(крайсуд), Заковскому 19 января выяснить возможность проведения части этих дел через нарсуды в особо срочном, и не связанном с формальностями, порядке...»

Заседание бюро проходило 18 января, значит, на выяснение возможности проведения судов в порядке, «не связанном с формальностями», отводилось менее суток. Потрясающая оперативность!

В папке с грифом «совершенно секретно» хранился и вовсе уж неожиданный для нас документ. Это было письмо С. Загуменного, председателя правления Сибкрайбанка, присутствовавшего на заседании бюро крайкома с участием Сталина. Финансист был единственным из 63 участвовавших в заседании, кто усомнился в целесообразности предлагаемых генсеком мер. На другой день после заседания Загуменный передал в руки Иосифа Виссарионовича плод своих ночных раздумий. Как видим, финансист усомнился, а председатель крайсуда подал Сталину требуемые им предложения — по ускоренному рассмотрению фабрикуемых дел против крестьян. Впрочем, еще одно подтверждение мудрости древних: каждому свое.

Дальнейшая судьба строптивого новосибирского финансиста неизвестна, о ней можно только догадываться. Но документ остался. Первый, осуждающий политику репрессий в отношении кормильцев страны. Трудно сказать, что заставило Сталина привезти письмо Загуменного в Москву и сдать в цековский архив. Поступки вождей бывают абсолютно непредсказуемы! И необъяснимы.

Не могу не процитировать хотя бы отдельные фрагменты из этого документа. До чего же он перекликается с днем нынешним! «Что даст нам этот нажим на эксплуататорскую верхушку деревни? — спрашивает новосибирский финансист. — На чем строим мы свои расчеты?

По соображениям, высказывавшимся вчера на заседании, такой нажим на кулака заставит середняка повезти хлеб на рынок. Середняк скажет: «Вот это власть. С ней шутить нельзя. Она требует исполнения своих законов» и проч. На создание морального эффекта в массах середняка, таким образом, рассчитаны эти мероприятия.

Я считаю этот расчет ошибочным. Я глубочайше

432

убежден, что эффект от таких мероприятий мы получим совершенно противоположный тому, который ожидаем. И вот почему.

Как я и говорил уже вчера на заседании, мы еще ни разу за все время НЭПа — насколько я могу судить об этом — не применяли по отношению к деревенскому кулаку таких мер, чтобы судить его только за невыпуск хлеба на рынок. Если мы и ссылали кого-то в Нарым, так, видимо, только городских хлебных спекулянтов, за которыми непосредственно не стоит многомиллионная масса крестьянина-середняка. К кулакам, эксплуататорская сущность которых состоит не в торговле, а в производстве продуктов сельского хозяйства, мы не только не принимали таких мер, какие намечены сейчас, а пропагандировали преимущественно необходимость экономического воздействия с целью ограничения их роста. Поэтому, хоть закон у нас и есть, все же он будет непонятен основной массе крестьянства, как закон, не соответствующий духу экономической политики. Может быть, я ошибаюсь, но я твердо убежден в том, что основная масса середняка и бедноты расценит привлечение кулака к суду только за непродажу хлеба не иначе как возврат в той или иной форме к временам военного коммунизма, периоду продразверстки. Ссылка на закон, любая агитация иного мнения у мужика не создадут. Я не говорю уже о том, что кулак на почве этих фактов разовьет усиленную агитацию против нас: это — дело относительно второстепенное. Основное заключается в том, что осуждение кулака только за «невыпуск» хлеба приведет середняка к убеждению, что рано или поздно очередь дойдет и до него, как держателя известной части хлебных излишков. Первое, с чем мы столкнемся в результате проведения намеченных мероприятий, будет заключаться в повышении ценности хлеба в глазах самой деревни, а отсюда в дальнейшем сокращении предложения его на рынке.

Я не хотел бы быть пророком, но хорошо знаю деревню как потому, что вырос в ней, так и по письмам, какие в последнее время получаю от отца — крестьянина (бедняка), живущего в г. Саратов.

Мне кажется, что мы слишком круто поворачиваем.

С коммунистическим приветом — член ВКП(б) С. Загуменный».

Был, был пророком строптивый новосибирский финансист! Увы, его глас оказался гласом вопиющего в пустыне.

Двадцатого января 1928 года, готовясь к выступлению на закрытом заседании бюро Сибкрайкома партии, где он собирался изложить главные принципы новой аграрной политики, Сталин вспомнил сочиненную им вчера шифрограмму Молотову и Косиору. Надо безусловно привлекать кулаков к уголовной ответственности, как недоимщиков и нарушителей законов, по статье 60-й. Спекулянтам и кулакам — скупщикам годится 107-я статья. Как нарушителям революционной законности. К попустителям и пособникам спекуляции из низового аппарата применить 105-ю — пусть не нарушают советских законов. И вообще, при советском режиме других путей нет.

Ручка быстрее забегала по листу бумаги. «При советском режиме других путей нет...» Кажется, главная ниточка выступления найдена.

«Других путей нет...» Пройдет более полувека, в Кремле появится новый хозяин, а песня будет старой: «Перестройке альтернативы нет». А потом и Ельцин, вытеснив соперника, тоже заладит, что альтернативы рынку нет. Верховные головы на Руси всегда знали, как надо... Может, в этом их трагедия? В излишней самонадеянности?

Вечером 20 января, перед отъездом из Новосибирска на Алтай, Сталин провел закрытое заседание бюро крайкома.

Вот слова, произнесенные Сталиным, записанные добросовестной стенографисткой.

«...Я хотел бы, товарищи, — сказал генсек в узком кругу особо доверенных людей, — несколько слов сказать о руководящих взглядах при решении вопроса о том, куда должно пойти сельское хозяйство Советской страны. Материалов я не могу дать; с вопросом конкретно я мало знаком, но об общем направлении сельского хозяйства и его перспективах я могу кое-что сказать, а это необходимо будет отметить.

Первый факт, который нужно отметить, — это то, что наша страна после революции стала одной из самых мелкокрестьянских стран. До революции у нас считалось миллионов пятнадцать единоличных крестьянских хозяйств. Правильно это или не правильно, — сказать трудно, но, видимо, цифра эта вертится вокруг некоторой правды. Что стало теперь, после революции? Теперь число единоличных, индивидуальных хозяйств выросло до 25 000 000. Здесь имело значение то, что помещика разорили, крупные хозяйства разрушили, площадь землепользования для крестьянских хозяйств увеличилась, а затем здесь имело значение то, что пошла дележка.

Я думаю, что каждые десять лет, при таких путях развития сельского хозяйства, которые у нас имеются, — будут новые вспышки дележки. Хотя имеется закон у Наркомзема о том, чтобы дележку затормозить, но это ни к чему не поведет, — делиться будут. И выходит, что не только с точки зрения существующих фактов наша страна является самой мелкокрестьянской, но и с точки зрения перспектив она должна и дальше, если не сделает поворот в развитии сельского хозяйства, и дальше развиваться как страна мелкокрестьянская...

В чем сила кулака? Сила кулака не в том, что он рожден таким, — ничего подобного, а в том, что у него крупное хозяйство. Благодаря размерам всего хозяйства, он может использовать все данные науки, может применять машины, удобрения и все что угодно. Он силен, как и вообще всякое крупное хозяйство во всех отраслях хозяйства. Вот в чем сила кулака.

Можем ли мы развивать сельское хозяйство по линии кулацких хозяйств, как единоличных хозяйств, по линии нарождения крупных сельхоз. фермерских единиц и по линии нарождения больших латифундий, как в Венгрии, в Восточной Пруссии, Америке и пр.? Нет, не можем, — мы страна Советская, мы хотим нарождать обобществленное хозяйство не только в промышленности, но и в сельском хозяйстве.

Когда говорят о середняке, — нельзя представлять, что середняк у нас такой же, как в Германии. Ничего подобного, — он мелкий крестьянин, — он очень мало применяет машин в своем хозяйстве. А наш бедняк является еще более мелким крестьянином. И я повторяю, что сила кулака в том и состоит, что у него крупное хозяйство и, имея крупное хозяйство со всеми вытекающими отсюда выводами, — он может применять все нужные сельскохозяйств. машины, применять удобрения и все данные науки. Бедняк, а также середняк не может этого делать и не может выбраться из нынешнего положения. Таков факт экономического положения крестьян.

Ежели принято, что мы должны развивать сельское хозяйство по линии укрупнения его, по линии постепенного объединения мелких и мельчайших крестьянских хозяйств в крупные коллективные хозяйства, то надо по этому пути сделать серьезные шаги, нужно начать это дело. Кулак не ждет и будет двигаться дальше. Здесь возникает первый вопрос, — снабжать ли машинами кулака или ограничить это снабжение.

Таким образом, можно развивать дальше сельское хозяйство двумя путями: либо по линии развития единоличных крупных хозяйств, либо по линии развития коллективных крупных хозяйств. Третьего пути нет. Если бы даже кое-кто из нас захотел втихомолку повести дальше сельское хозяйство по линии усиления единоличных крупных хозяйств, кулацких хозяйств, то все равно ничего бы не вышло, потому что весь режим советского строя, все наше законодательство, все финансовые мероприятия по снабжению деревни сельскохозяйственными машинами, — все они идут по линии ограничения единоличного крупного сельского хозяйства. Факт это или нет? Даже середняк, который хочет развертывать хозяйство, при таком режиме и условии лишен всяких перспектив двигаться дальше.

Тут есть два пути: с одной стороны, можно идти по линии кулака, по линии его развития, по линии поднятия крупных кулацких хозяйств, но поскольку исключительное развитие крупных единоличных хозяйств у нас не допускается, поскольку Советская власть идет на ограничение крупных хозяйств, постольку остается другой путь, единственный путь — это путь развития крупных хозяйств коллективного типа, но не единоличников. Вот единственный путь, на основе которого мы можем развить дальнейшее усовершенствование нашего хозяйства... На это мужик пойдет, если умело к этому подойти, ибо это единственный подход, чтобы двигать хозяйства. Другого пути нет. Если ему идти по пути кулачества, то он видит — сколько неприятностей приходится пережить.

Такая политика у нас была, она есть и будет, и она обескуражит всякого кулака, — середняк отделится от кулака. Других путей, кроме объединения мелких и мельчайших крестьянских хозяйств в крупные коллективные хозяйства, — нет. При советском режиме не существует других путей...

Те предполагаемые меры, о которых я говорил позавчера, ударят по кулаку, скупщику, чтобы не было взвинчивания цен. И тогда крестьянин поймет, что, значит, цены повышаться не будут, значит, нужно вывозить хлеб, а то еще попадешь в тюрьму...

Как это отразится на состоянии середняка? Я еще позавчера вам говорил, что часть будет ворчать; будет часть середняков, которые будут указывать, что вот человек трудится, а ему не дают продавать как следует... Мы не можем так вести дело с кулаком, чтобы ни одного середняка не обидеть. Такой политики нет, одна часть середняков будет обижена, и не скоро они поймут нашу линию... Будет недовольство и в среде коммунистов. Могут быть недовольные в одной части середняков, и этого недовольства надо ожидать. Останавливаться перед этим нельзя... Нужно разъяснить новую экономическую политику и середняку, и тем коммунистам, которые этого не поняли. Если он не понял, то нужно поставить его в другие условия работы, и он поймет. А по отношению к тем, которые организуют активное сопротивление нашей экономической политике, — нужно будет применять административные меры. Иначе поступать нельзя. У нас есть классы, есть классовая борьба... Классы есть. Аргументация силовая имеет такое же значение, как аргументация экономическая, а иногда она имеет даже большее значение, когда портят рынок, всю нашу экономическую политику стараются повернуть на рельсы капитализма, на что мы не пойдем...»

Итак, новая политика по отношению к крестьянству объявлена. Это — «силовая аргументация» по отношению к несогласным. Это, дорогой мой Алешенька, уже война. Ну, ладно, ладно, еще не совсем война. Она начнется чуток попозже. А сейчас, согласен: артподготовка.

Сталин продолжал поездку по Сибири. Поезд генсека встречали с опаской. Кремлевский горец был

437

строг и крут. Со станции Тайга он телеграфировал в ЦК: «Меры репрессии по линии отгрузок, принятые на днях, возымели действие. 26 января отгружено на запад 367 вагонов, 27-го — 423, 28-го — 433... Был в Барнауле, Рубцовске, Омске, беседовал с бийскими, славгородскими, новосибирскими товарищами, имел переписку с каменскими товарищами, накрутил всех как следует. Дела здесь должны пойти...» Со станции Зеледеево: «Перелом в заготовках начался. За шестую пятидневку января заготовлено вместо обычной нормы 1 миллион 200 тысяч пудов 2 миллиона 900 тысяч пудов... Думаю, что достигнутая норма заготовок будет не только сохранена, но и повышена в известной мере за период до наступления распутицы, если нажим будет продолжаться с неослабевающей силой...»

Как же относилось население Сибири к сталинским методам хлебозаготовок? Ответ на этот вопрос дает информационная сводка управления ОГПУ по Сибирскому краю от 10 февраля 1928 года. В сводке отмечается, что отношение членов партии и комсомольцев почти такое же, что и у остальной массы крестьянства. То есть отрицательное.

Ты прав, Алеша, такие документы надо давать «живьем». О них должны знать нынешние политики, ибо, кажется, их ожидает во многом схожая ситуация. Как и в 1928 году, село сегодня тоже не хочет сдавать зерно государству. Правда, по иной причине: конец июля, а колхозники не знают, по какой цене у них будут хлеб закупать. Оптовики прикидывают: а может, выгоднее закупить за границей?

Продолжим историческую параллель. «Со стороны рядовых партийцев, — информирует врид зам. полномочного представителя ОГПУ СССР по Сибирскому краю Г. О. Валейко, — наблюдается растерянность, а иногда отрицательное отношение к власти за жесткие мероприятия по выкачке хлеба: «Хлеб весь отправлять нельзя, т. к. мы можем очутиться в плохом положении, когда весной хлеба не будет или будет слишком дорог. Нам надо часть хлеба задержать и составить известный фонд запаса».

Члены партии деревенских ячеек совместно с крестьянством также занимаются нытьем: «налог нынче не по силам», «своим нажимом власть задушит крестьянство», «почему это власть не считается с положением

438

крестьянства» и т. д. (А ведь «нытье» как будто на сегодняшних улицах подслушано! — *Н. З.*)

В некоторых округах они вместо содействия проводимой работе выступают с явно контрреволюционной агитацией. (А вот эту фразу адресую всем, кто требовал суда над КПСС, кто считает ее антинародной, преступной организацией. — *Н. З.*)

Славгородский округ. Отдельные члены партии Славгородского округа даже не знают о причинах такого резкого перелома в сторону нажима на хлебозаготовки, давая превратные объяснения на собраниях. (Готовьте объяснения, власть предержащие, у вас тоже спросят, почему люди с оружием пришли в деревню за хлебом. — *Н. З.*)

На ячейковом собрании в с. Андреевке секретарь ячейки ВКП(б) по вопросу нажима на хлебозаготовки заявил: «Нажим на выкачку хлеба проводится в таком боевом порядке, потому что государство имеет валютный кризис и червонец в своей стоимости пошатнулся, нет средств для загрузки фабрик и заводов сырьем и наблюдается товарный голод, да кроме того, война на носу!» Также ячейка считает, что зажиточный элемент должен наравне со всеми получать скидку, объясняя это так: давая ему скидку, мы соблюдаем законность. (И эту агентурную информацию автор адресует любителям посудачить об антинародной политике КПСС. — *Н. З.*)

На закрытом собрании ячейки в селе Новые Ключи, где многие члены ячейки должны были пойти под суд за неуплату налога, на предложение внести налог от некоторых партийцев поступили ответы: «А как быть, если денег нету?»

В селе Мироновка член ВКП(б) Котляров ведет агитацию: «Налог сейчас платить не надо, т. к. власть сама говорила о взносе налога по срокам, этого надо и придерживаться».

В селе Корниловка член ВКП(б) Голик, симулируя (ой ли?) тяжесть налога, отвел на базар для продажи весь свой скот. На следующий день захватил подушку и самовар и потащил в сельсовет для уплаты налога в размере 25 рублей. Такой поступок Голика вызвал среди местного населения разговоры и недовольство на власть...

Новосибирский округ. 4 января председатель политотдела, село Бердск, Степанов, член ВКП(б), по получении директивы о хлебозаготовках говорил: «Это головотяпство, разве можно все это провести в жизнь? Зачем так здорово нажимают на всех и на все сразу? Наверное, что-то есть, партия от нас скрывает. Оппозиция была права, ибо такая политика ЦК привела к кризису». К проводимым мероприятиям Степанов относится иронически, — с работы снят.

Уполномоченный Бугринского райисполкома Коробейченков, чл. ВКП(б), в с. Койново при проведении хлебозаготовительной кампании говорил: «Зачем так нажимать на крестьян? Им хорошо там (в округе) давать распоряжения, а вот как их проводить, когда столкнешься с крестьянством...»

Томский округ. 12 января начальник милиции Троицкого района Сиклинов, чл. ВКП(б), получив распоряжение райисполкома произвести опись имущества наиболее злостных неплательщиков единого сельскохозяйственного налога на предмет продажи его с торгов, отказался его выполнять, считая это «работой, не входящей в круг его обязанностей»...

Канский округ. Председатель Камалинского общества потребителей Рыбинского сельсовета Тарапенко, чл. ВКП(б), отобранный у кулаков хлеб принимать отказался, мотивируя тем, что «зачем разорять людей, все равно мы не можем идти по тем стопам, которые диктует Советская власть» (предан суду).

«Мы надоедаем крестьянству, везде требуем сельхозналог, страховку, самообложение, кооперативные паевые взносы и т. д. Благодаря чему на нас крестьянство смотрит враждебно» (Саватеев, чл. ВКП(б), Тайтерского района).

Иркутский район. Председатель Кочуровского сельсовета Серебрянников, член ВКП(б), вынужденный по настоянию уполномоченного округа выступить на собрании с призывом об уплате налога, заявил: «Граждане, налог надо платить, иначе я пойду под суд. Вы видите, как нажимают на меня вышестоящие организации, а тут я ни при чем и не виноват...»

«Советская власть делает неправильно. Это не самостоятельное правительство, у него на дню семь пятниц, то один срок установят, то другой — не знаешь, кому и верить. Разве порядочное правительство так сделает? Мы от Советской власти ожидаем освобождения, а она ведет нас к разорению» (секретарь Бархотовского сельсовета Черемховского района бедняк Популовский, чл. ВКП(б).

Член райисполкома Голованов (Рубцовский округ), будучи на закрытом Шипуновском районном партсобрании, сказал: «Сейчас партия слишком круто ставит вопрос в области хлебозаготовок, и это может привести к плохим последствиям, т. к. крестьянство возмущается нажимом. Если мы сейчас разъедемся по селам и начнем жать на крестьянина в отношении всяких платежей, как сельхозналог, страховка, .ссуды, паевые и т. д., чем изменим изданные ранее законы и постановления. По-моему, это похоже на военный коммунизм и даже хуже, т. к. крестьянство не поддается такому крутому повороту, находясь в мирных условиях. Сейчас не 20-й год, поэтому партия и Соввласть подорвет свой авторитет перед населением и дело может дойти до открытого возмущения».

Барнаульский округ. Председатель Дубровского сельсовета Алейского района член ВКП(б) Корниенко говорит: «Неправильно делает Соввласть, что начинает заниматься выгрузкой хлеба у крестьян, нужно к крестьянам подходить демократичнее, путем агитации нужно убеждать крестьян, чтобы они везли хлеба».

Бийский округ. Бедняк Пинегин (председатель сельсовета с. Учпристани, член ВЛКСМ) в присутствии ряда граждан села по поводу сбора налогов и прочих платежей говорил: «На 10-ю годовщину коммунисты с ума сошли или сходят. Не может быть, чтобы налог собирали на строительство. Прошлый год тоже налог был, но его не собирали из-под палки, как сейчас. Куда это годится, когда продают последнюю корову или лошадь за бесценок? Разве этим поднимется хозяйство? Крестьянам, видимо, придется ковать пики, как в 1919-20 гг., и стоять за себя. Полная обдираловка, требуют и пай, и налог, и страховку, и все сразу, а товары не дают. У меня 5 рублей внесено, а больше вносить не намерен; подам заявление о выходе из кооперации. Так же и все крестьяне поговаривают. Вот соберутся человек 50 и возьмут свои паи обратно, тогда и пусть кооператоры поют «Лазаря».

Бедняк того же села Асманов, член ВЛКСМ, сказал: «Проводимая в настоящее время политика партии в деревне по сбору всевозможных недоимок только обостряет отношение к партии, вызывает недовольство крестьян, не только зажиточных, но и бедноты, которые считают, что проводимая партией политика рассчитана исключительно на обнищание и разорение бедноты. Богатому мужику этот нажим ничего не стоит, он летом рублей на 100 молока сдал, а осенью рублей на 500 продал мяса и еще кое-что, он заплатил все сборы без ущерба или хозяйства. Бедняк же будет вынужден продать последнюю корову или лошадь». (Все верно: и нынешние рыночные реформы, проводимые сверху, без совета с народом, ударили прежде всего по малоимущим слоям, отбросив их за черту нищеты. — *Н. 3.*)

Бедняк того же села Хазов на заседании сельсовета после информации члена райисполкома о необходимости нажима по уплате задолженности населения заявил: «Этот нажим пахнет 20-м годом, почему, видимо, и придется ковать пики...»

Перекинем мостик из года двадцать восьмого в девяносто второй. До пик, слава Богу, дело еще не дошло, но... В тридцати регионах России к середине июля были созданы стачечные комитеты крестьян. Стачкомы предъявили правительству и местным органам требования, направленные на изменение налоговой, ценовой, финансовой, кредитной и инвестиционной политики правительства. В случае невыполения требований, возможно, будут прекращены поставки продовольствия в города. Такой трехдневный мораторий на сельхозпродукцию для горожан уже опробовали крестьяне Новгородской области.

История не любит, когда ее игнорируют. Настоящие политики должны уметь извлекать уроки из прошлого. А оно предостерегает: будьте осторожны с реформами. Ни одна из перемен не обходилась без трагических последствий.

Передо мною подлинник письма В. Г. Яковенко, адресованного непосредственно Сталину. В 1922—1923 годах автор конфиденциальной записки возглавлял Наркомат земледелия РСФСР, в момент доверительного послания генсеку занимал пост председателя земельной и избирательной комиссии приемной М. И. Калинина. На подлиннике стоит дата — 3 октября 1928 года. Документ редчайший, никогда прежде в научный оборот не запускавшийся. Из сталинской особой папки.

«После 5-летнего перерыва, — пишет Яковенко Сталину, — я пробыл в своих родных деревнях Тасеевского и Рождественского районов Канского округа Сибирского края, бывш. Енисейской губернии с 24 июня по 23 августа 1928 года.

Все свое время я посвятил наблюдению за тремя вопросами:

1) имеются ли у мужиков резервы хлеба;
2) как идет процесс расширения посевной площади;
3) как реагируют крестьяне на все экстраординарные меры правительства, а также и на новый сельхозналог.

По первому вопросу можно со всей категоричностью утверждать, что у крестьянина не осталось даже того минимального переходного запаса, без которого нельзя себе представить существование сколько-нибудь устойчивого крестьянского хозяйства. Это подтвердилось тем, что когда были сняты чрезвычайные меры и наступил уже посев озимых, то на хлебном рынке оживления сколько-нибудь удовлетворительного не наступило. И посев озимых до начала нового обмолота не начался. Да это и подтвердилось еще и тем, что на рынке больше преобладал хлеб нового обмолота. Изменение погоды к ненастью давало от 30 до 50 коп. повышения на пуд хлеба. Мужик, конечно, не мог старых запасов не выбросить на рынок, если бы они у него были. Максимум через месяц уже начнутся платежи по налогам и хлеб на рынке должен будет дойти до нормальных цен. А нормальные цены ниже существующих процентов на 150—200.

По второму вопросу в отношении посевной площади: проехавши сотни верст по крестьянским полям и побеседовав с большим числом крестьян, я убедился, что расширение посевной площади приостанавливается. Характерно то, что ни одной борозды новой целины не было распахано, за исключением подтаежных мест, где распашка производилась переселенцами, прибывшими в 1926—27 гг., а также в деревнях, которые после передела земли (передел происходил по классовому признаку, маломощным хозяйствам земля отводилась вблизи и распаханная, а крепким хозяйствам отводилась дальше нераспаханная, у маломощных ос-

443

талась необработанной распаханная земля, а крепкие хозяйства в этих деревнях ограничились небольшим количеством распашки).

Что касается брошенных полей, заросших дудуками, хотя их и не так много, но все же их можно встретить. Нужно еще добавить к этому, что в мужицком хозяйстве произошло некоторое уплотнение посева: если раньше хозяйство имело 15 дес. распаханной земли, то у него из них было засеяно минимум 9,5 или 10 десятин. Теперь это изменилось несколько: из 15 десятин будет засеяно 8 десятин, но ни в коем случае не больше 9 десятин. Это произошло потому, что сильно сократился посев овса и в корм скоту идет пшеница. На вопрос: почему вы сократили овес? — некоторые отвечают, что семян недостаток, а некоторые говорят прямо: конечно, не следовало бы пшеницей скот кормить. Правда, обработать, пожалуй, легче 2 дес. овса, чем десятину пшеницы, но ведь это расширит посевную площадь, а потом попадешь в другую группу (речь идет о распределении крестьянских хозяйств по группам налогообложения в соответствии с их доходностью. — *Н. З.*), да еще какие-нибудь неприятности. — Ну, а почему у вас так рожь сократилась? — Да что рожь, да она что-то плохо родится. Да и тоже ржаная десятина налог плохо окупает.

Я им говорил: ведь вы можете при одной пшенице остаться в тяжелом положении, — засуха пшеницу побивает, да и мороз не очень редкий гость. — Ну что же, все равно.

И это характерно — за два месяца ни в одной крестьянской семье я не видел ржаного хлеба, да, пожалуй, мука скоту в значительном количестве идет пшеничная.

Личный опрос крестьян дер. Колон, 100 дворов (во время партизанщины была выжжена Колчаком) — официально посевная площадь повысилась, но, переговорив с десятком-двумя мужиков, то все они сознаются, что в этом году некоторые хозяйства сократили на две-три десятины. — Прошлый год мы все записывали хозяйственные десятины (3200 кв. саж.), а в этом году мы выполняли директивы посева на двор и записывали казенные десятины (2400 кв. саж.). Все сходились на одном, что в этом году у них в деревне недосева десятин 150.

О настроении крестьянства. Крестьяне в тех местах, где я побывал, ходят точно с перебитой спиной. У них пропал тот интерес к новшествам и к стремлению двигаться вперед.

Сибирь все еще сохранила заимочные хозяйства. И, как правило, раньше крестьяне в субботние дни поздно вечером приезжали домой с заимки, а в воскресенье вечером, или, в крайнем случае, в понедельник утром уезжали обратно. В данное время, обычно в субботу рано, мужик приезжает домой и в понедельник к ночи, и то не каждый, уезжает на заимку. В понедельник большинство из них слоняется по базару, собираются группами, выпивают и жалуются друг другу на судьбу. И когда задаешь вопрос: почему вы дома в рабочие дни? — то они отвечают: «Мы соблюдаем установочный для нас соввластью режим. 67 статья нас карает за недосев, а 107—карает за то, что посеешь много, и вот мы в рамках этих сорока статей и приспосабливаемся к жизни».

Я не буду останавливаться на хлебозаготовительной кампании, которая проходила в этих районах, как и везде. Я только отмечу один момент, который сильно утомлял мужиков. По какой-нибудь кооперативной системе дают задание какой-либо деревне заготовить 50—60 пудов хлеба. Собирают сход и сидят на нем целый рабочий день. То вызывают Ивана, то Петра: ты пуд подпиши, ты полтора и т. д. И мужики уже всякого приехавшего таким манером заготовлять хлеб называют «молотильщиком». Вот опять приехал пудов 20—30 вымолачивать.

У мужиков преобладает мнение, что советская власть не хочет, чтобы мужик сносно жил. Мужики рассматривают п. «а» ст. 27 как некоторый окрик: «Не лезь вперед», ибо, начиная с доходности в 400 рублей в год на двор, налоговые комиссии могут от 5 до 25% прибавлять к доходу крестьянина и соответственно увеличивать налог, а 28 статью уже рассматривают, как прямое наказание для ушедшего вперед. (Ст. 28 позволяла «в отношении единоличных хозяйств, особо выделяющихся из общей крестьянской массы... своей доходностью и при том нетрудовым характером своих доходов» исчислять сумму налога «не по нормам, а на основании общих сведений», имеющихся у местных налоговых органов. — *Н. З.*)

Когда вы мужикам начинаете говорить о каких-нибудь новшествах и улучшении в хозяйстве, они вам сейчас же приводят в пример Юдиных и прочих крестьян, пострадавших от новшеств. Вот, мол, Юдин занимался культурой — получал премии на выставках подряд три года, а теперь остался в чужом доме и без коня. (Юдины — это крестьянская семья около 20 душ, которая перестраивала свое хозяйство по последнему слову науки. В 1925—26 гг. он освобождался от сельхозналога и получал на с. х. выставках премии за хороший скот и за полевые культуры).

Мне хотелось бы еще остановиться на этих «преступниках», которые попали под кнут 28-й статьи. Я бы мог привести очень длинный список их, но для примера возьму лишь три района: Канский, Рождественский и Тасеевский.

Деревня Ивановка Канского района, крестьянин Шкуренко Иван:

1) посева 16 десятин,
2) лошадей 4,
3) овец — 13 штук,
4) свиней — 2,
5) коров — 4,
6) жнейка-самосброска,
7) шерсточесалка,
8) кустарная молотилка.

Причитается с него налога 380 рублей.

Семья — 12 человек.

Наемной рабочей силой никогда не пользовался. И когда он подсчитывает страховку, местные налоги и пр., то ему нужно уплатить 550 рублей. Максимум, что он может выбросить на рынок из зерновых культур, — это 800 пудов хлеба. За хлеб он получит на круг по 70 копеек за пшеницу, рожь и овес, что составит в сумме 560 рублей (пшеница в городе стоит 1 руб., но надо принять во внимание, что провезти до города надо 60 верст).

2) Бурмакин Лавр (дер. Колон) — партизан, семья — он, жена и при них старик дядя. Хозяйство во время партизанщины было все уничтожено белыми. Он сейчас имеет две лошади, две коровы, три свиньи, посеву 9 десятин, и он тоже попал в группу этих «преступников». В прошлом году он платил налогу 70

рублей, а в этом — 174 рубля (в Колоне кулаков 10 или 12—100 дворов).

3) Тараканов Дмитрий (с. Тасеево). В 1919 году хозяйство его было все уничтожено Колчаком. С самого первого и до последнего дня он находился в качестве рядового бойца партизанских отрядов. За это время исключительно своим трудом восстановил хозяйство. Дом (но крыша еще не закрыта), надворные постройки, имеет 4 лошади, коровы 4 шт., жнейка-самосброска, молотилка артельная, сенокосилка, посеву 14 десятин, овец 10 шт., свиней 2 шт., наемным рабочим трудом не пользуется. И, как называют мужики, тоже попал под «обдувальное» (вместо «индивидуальное») обложение.

Мне пришлось говорить по этому поводу с председателем комитета взаимопомощи Тасеевского района — Малышевым Николаем (бывш. командир 1-й роты партизанского отряда, краснознаменец). И когда мы с ним перебрали тасеевских «преступников», — кулаков в Тасеево оказалось 10 человек. Окружная власть на меньшее не пошла. Когда я ему сказал, что это самые настоящие труженики и что они одинаковые, он мне ответил: — Так что же мы будем делать, когда у нас лучших нет, а нам приказано свыше, что в Тасеево должно быть обязательно 10 кулаков. А ведь на участках их еще труднее найти, там совсем таких нет. Тов. Емельянов ездил и там ничего не нашел, ему за это дали нагоняй в райкоме, и поехал член райкома — сколько он их найдет, я не знаю.

Село Тасеево около 500 домов. Три четверти домов было сожжено Колчаком.

Теперь интересно проследить за самими «преступниками», как они реагируют на обложение. Каждый по-разному.

Дмитрий Тараканов озабочен — как бы сбыть пару лошадей и коров.

Бурмакин Лавр — ликвидирует все хозяйство и оставляет только одну лошадь и хочет заниматься извозом или поденной работой.

Шкуренко Иван — 64 лет. Он плачет самыми настоящими слезами и говорит: «Я прожил 47 лет по городам, а вот семнадцатый год живу в Сибири. Только что вылез из грязи, а меня опять толкают в нее. Я от роду своей жизни такой обиды не встречал ни от кого».

Еще один пример из 27-й статьи, из пункта «а». Рождественский РИК, дер. Денисовка, Петр Быстров: семья состоит из 14 душ, брат, зять и уйма ребят. Петр Быстров, бывший командир 3-го эскадрона партизанского отряда, чуть ли не до 24-го года находился в регулярной армии, последнее время был председателем машинного товарищества, с начала сентября 1928 года работает председателем кредитного товарищества. Хозяйство свое начал строить из ничего. В этом году доходность хозяйства достигла 508 руб. без вычета на едоков. Местная налоговая комиссия, прежде чем вычесть на едоков, применила пункт «а» ст. 27-й, потом вычла на едоков, и тогда уже применила исчисление с.х. налога. Сколько ни пытался Быстров им доказать, что это неправильно, а ему в РИКе ответили, что мы работаем на основании инструкции округа.

Я говорю это о более или менее благополучном районе. По моему наблюдению, по 3 районам процент кулаков, видно, не превышает 2% . Тасеевский район, как видно, обложен одним процентом, а, может быть, несколько больше, Рождественский — чуть выше, а Канский, видно, еще повыше.

Южная часть Канского округа, из рассказа товарищей, по-видимому, обложена большим процентом кулаков. Инструкция по применению 28-й статьи устанавливает средним — 3% и колебание допускает не ниже 1—5%.

Я также пытался выявить отношение населения к этому обложению. Из целой сотни бесед с мужиками (тут были бедняки, середняки и так называемые «кулаки») все со вздохом заявляли: «Вот это обложили так обложили».

О коллективах я скажу очень немного. Мне нигде не пришлось установить в коллективе, чтобы, работая, единица капитала и труда давала больше продуктов, чем в середняцком, хорошо налаженном, единоличном хозяйстве. Бытовой вопрос продолжает быть очень тяжелым, а также везде замечается небрежное отношение к живому и мертвому инвентарю. Вследствие этого руководители коммун и артелей находятся в весьма тяжелом положении. По-видимому, вопрос о форме коллектива должен привлечь самое серьезное внимание.

Два слова о контрактации. Контрактация и скупка

на корню своим шумом насторожила деревню, что хлеба мало и у мужиков создали настроение — придерживать хлеб до весны. Нередко можно слышать от мужиков, что раз с осени так забегали, то весной, несомненно, хлеб будет дороже.

Подготовка земли на будущий год проводилась очень вяло. И, несомненно, в товарных районах, а также и многопосевных отдельных хозяйствах она сокращена.

В.Яковенко

3.X.1928 г.

Москва, ул. Грановского, дом № 3, кв. 59, тел. 97—08».

На этой смелой и честной записке сталинских пометок нет. Отсутствует и какая-либо резолюция. Но то, что генсек с документом был знаком, не вызывает сомнений. Судьба автора письма трагична — его жизнь оборвалась в 1938 году.

В этой связи вспоминается одна историческая аналогия. В 1841 году российский сановник Н. Кутузов обратился к Николаю II с запиской о состоянии государства, в которой предупреждал о грозящем разрушении всех начал государственного благоустройства. Изложив свой смелый взгляд на зло, которое губило империю, Кутузов особо остановился на необходимости самодержцу знать истинное положение дел, как бы оно неприятно ни звучало для царственного слуха. «Петр часто возвращался из Сената в сильном гневе от противоречий Долгорукова, Бутурлина и Румянцева, — писал Кутузов. — Однако супруга Петра сказала ему: «Зачем же не удалишь их, коли они досаждают?» — «Э, Катенька, — возразил Великий, — когда их удалю, кто же мне будет говорить правду?» Петр Великий знал, что правда горька, но полезна в делах царственных: на ней зиждется слава царей и могущество царств».

Но сие давненько имело место быть...

БЕСЕДЫ ПРИ ЯСНОЙ ЛУНЕ С АЛЕШЕЙ КАРУЛЬКОЙ (3)

О насильственной коллективизации можно говорить бесконечно. Это действительно неисчерпаемая тема. Хотя, как выяснилось, ни мои, ни Алешины родственники, а тем более родители, в годы великого перелома от репрессий не пострадали. Никого не раскулачили, не сослали, прав не лишили. Беда обошла наши дома и семьи стороной. Отчего же тогда не безразличны мы к этой боли других? Генетическая память? Может быть. Мы ведь тоже крестьянского роду-племени.

О перегибах в те недоброй памяти годы писано-переписано. Работая в архивах, я обнаруживал такой потрясающей силы документы, что перед ними блекли многие, еще недавно казавшиеся верхом исторической правды, изыскания наших писателей и публицистов. Сколько сюжетов, не уступающих по силе воздействия шолоховским, ждут еще своих летописцев в стальных сейфах спецхранов!

Хотя бы вот этот. Ответственный работник ОГПУ Балицкий сообщает Орджоникидзе в донесении от 25 февраля 1930 года, что на Украине (Одесский, Николаевский, Херсонский округа) раскулачивают середняков, высылают семьи, в том числе «и глубоких стариков, старух, беременных женщин, инвалидов на костылях и т. д.». Репрессии настолько жестоки, что в Николаевском округе некоторые коммунисты и комсомольцы «отказались от проведения раскулачивания, а один комсомолец сошел с ума при проведении этой операции».

Сошел с ума... Наверное не выдержал, когда приказали идти с винтовкой в хату, где жила его девушка... На этом донесении Орджоникидзе собственноручно сделал пометку «Интересное письмо» и направил его Сталину. Ознакомившись, генсек, столь увлеченно писавший в юности романтические стихи, публиковавшиеся даже в школьных хрестоматиях — до революции, конечно, — учинил следующую резолюцию: «В архив. И. Ст.»

Беззаконие не пресекалось даже на такой верхотуре! Чем не сюжет для романа? Сельский парень, ссылаемая в Сибирь любимая девушка, жуткие переживания, с делом знакомятся Сталин, Орджоникидзе... Не менее трагично, чем история таинственного узника замка Иф знаменитого французского сочинителя Александра Дюма.

С той только разницей, что благородный узник замка Иф отомстил своим обидчикам? И в конце концов справедливость восторжествовала? А крестьяне покорно сносили незаслуженные репрессии, позволяли обращаться с собой как с бессловесным скотом, который грузили в товарняки и увозили на край света?

Э нет, Алешенька, тут я с тобой не согласен. Дай-ка прочту тебе хотя бы вот эту телеграмму: «25 марта 1930 года. Сталину, Микоян — Шахар объявлен на осадном положении. Весь Карачай охвачен восстанием. Повстанцы имеют свои комитеты. Военные действия продолжаются. Требуется организация Ревкома. Повстанцы упорно сопротивляются, предъявляют политические требования. Облисполком, обком бездействуют, санкционируйте создание трибунала или политической тройки. Прокуратура и суд закрыты. Ждем срочных указаний». А вот и другая телеграмма. Тоже срочная. На этот раз из Алма-Аты. Руководство республики просит Сталина применить против восставших регулярные части РККА. Когда читаю эти и другие документы, мне иногда кажется, что страна была поставлена на грань новой гражданской войны.

Упоминать об этих фактах в исторической литературе было строжайше запрещено. Допуска к архивным материалам не имел никто. Секретные сейфы раскрылись только при создании комиссии по написанию новой редакции истории КПСС, ее возглавил лично Михаил Сергеевич. Жаль, не успели создать сей труд. Вот там-то и предполагалось открыть прежде не публиковавшиеся у нас данные о реакции крестьянства на коллективизацию и раскулачивание. Впервые хотели сказать о массовом недовольстве населения, о многочисленных, не упоминавшихся ранее даже в закрытых источниках, антиколхозных выступлениях. Нередко они перерастали в самое настоящее повстанческое движение. Только зимой 1930 года произошло 2200 выступлений. Их подавляли с помощью регулярных армейских частей — войск ОГПУ уже не хватало.

Взять учебники по истории СССР до начала девяностых годов — тишь да благодать, трудовое крестьянство с одобрением восприняло коренную ломку жизненного уклада на селе. О восстаниях — ни словечка. За исключением, пожалуй, выступления Антонова на Тамбовщине. Уж его не могли не назвать: слишком велики были масштабы крестьянского неповиновения властям, да и запомнилось это событие многим усмирителям бунта. А их нагнали видимо-невидимо. Скрыть бунт было невозможно. Но как его преподносили! Какими черными красками рисовали мятежников!

Спору нет, антоновцы были не паиньками. Я видел папку с десятками фотографий — все злобное, мерзкое, что дремало в людях до поры до времени, всколыхнулось, вырвалось наружу, закружилось в кровавой свистопляске. Но ведь что-то способствовало затмению рассудка у тысяч людей, еще недавно бывших мирными хлебопашцами, примерными отцами, добрыми соседями. Что вовлекло их в жуткие злодеяния, бессмысленно-жестокие расправы над активистами, уполномоченными, учителями? Советская историография объясняла это бандитской натурой вожака крестьянского восстания Антонова, его партийной принадлежностью к левым эсерам, которые были врагами большевиков и советской власти, доверчивостью и политической неграмотностью масс, которые пошли на поводу у выродка. Сейчас наши представления о тех трагических событиях не такие одномерные, как прежде, они шире и глубже.

Сегодня мы получили доступ к таким документам, из которых выясняется, что многое в нашем сознании было перевернуто вверх ногами. Теперь уже открыто пишут, что Кронштадтский мятеж был вызван массовыми обидами мужика, против которого начали творить настоящее разорение. Свободному землепашцу не стало житья от продотрядовцев. Крупным звеном в цепи вспыхнувших антисоветских выступлений было и восстание Антонова. Перегибы продразверстки — вот что заставило тамбовских мужиков взяться за оружие, вынесло скромную фигуру начальника районной милиции Антонова на гребень огромной массы озлобленных людей и поставило его во главе лапотной армии, насчитывающей до 50 тысяч штыков и сабель.

Да-да, дорогой Алешенька, это войско имело контуры регулярной армии. Основу ее подразделений составили союзы трудового крестьянства — тайные ячейки, сколоченные эсерами в сотнях деревень, благодаря чему Антонову удавалось подолгу держать в своих руках огромнейшие территории Воронежской, Тамбовской и Саратовской губерний. В этих регионах левые эсеры имели большой авторитет, чему невольно способствовали ошибки большевиков в проведении продовольственной политики.

Что это за ошибки? Долгое время их не расшифровывали, хотя в целом признавали. Теперь можно говорить вслух. Губпродкомиссар Гольдин, например, выбивал хлеб в деревнях порками, избиениями, применял издевательства, граничившие с преступлениями. Продотрядов Гольдина крестьяне боялись как огня. В архивах хранятся документы о том, как в Борисоглебском районе беременную жену красноармейца избили нагайками и кулаками. У нее начались преждевременные роды, в результате которых она умерла. Известно и имя изверга-продотрядчика — Марголин.

Не удивительно, что озлобленные мужики взялись за оружие. Ну, эсеры, конечно, тоже поработали. К большевикам, кроме старых счетов, у них были и новые. Эсеры обвиняли большевиков, что они «украли их программу», благодаря чему и получили поддержку крестьянства. Речь идет об одном из трех знаменитых октябрьских декретов — Декрете о земле. В декабре 1919 года Ленин признавался, что «большевики ни слова своего не вставили в «Декрет о земле», а списали его, слово в слово, с тех крестьянских наказов... которые были опубликованы эсерами в эсеровской газете». Имеются в виду 242 крестьянских наказа, напечатанные в эсеровских «Известиях Всероссийского Совета Крестьянских Депутатов» за 65 дней до Октябрьской революции.

На мельницу эсеров работал мало известный сегодня закон «О социализации земли», принятый в январе 1918 года. Крестьянам говорили: разуйте глаза, посмотрите. Наш лозунг был какой? Землю — крестьянам! То есть, землица обращается во всенародное достояние. Большевики ничего своего не придумали в крестьянском вопросе — воспользовались нашей программой. Чтобы получить вашу поддержку. А теперь они вводят социализацию земли. Всенародность заменена пользованием, а распределение уже за органами землеустройства. За землю снова приходится платить. Вас попросту обманули! Мужик развесил уши, слушает. Среди эсеров тоже были отменные ораторы и знатоки крестьянской психологии. А тут еще новый закон соввласти — с 1919 года земля, в чьем бы пользовании она ни состояла, объявлялась единым государственным фондом. Ею стали распоряжаться наркоматы. Лучшими средствами достижения социализма указано было считать крупные советские хозяйства, коммуны и другие виды товарищеского землепользования. Вас, доселе свободных землепашцев, объявили «преходящими и отживающими», — злорадствовали эсеры.

Отчуждение крестьян от земли между тем продолжалось. В отношении села все чаще использовалась военная терминология. Из Москвы один за другим следовали грозные циркуляры: не останавливаться перед применением силы, беспощадно подавлять, брать заложников. Хлеб уже не покупается, как прежде. Хлеб изымается — силой, оружием. Крестьянину запрещают продавать плоды своего труда на рынке.

«Опомнитесь! Что вы творите!..» — взывали к верховным головам умные люди из провинции. Недавно я изучал письма одного земского деятеля, Константина Дробинина, известного тем, что до революции он собирал среди земцев деньги на стипендии в университет беднейшим крестьянским детям, обращался к стражникам и урядникам, чтобы они пошли жать на полосы солдаток. Дробинин хорошо знал В. Д. Бонч-Бруевича, был его давнишним корреспондентом. На двух письмах земского либерала есть пометки Бонч-Бруевича: «Переписать в пяти экземплярах и дать мне. В. Б.» Значит, письма читал в Кремле не только он один.

Самые слезные места — вот они: «В 10 верстах от меня в Оханском уезде, Пермской губ. есть деревня Заболотово, хорошая русская хлебородная деревня. Туда нагрянул первый вор, пропойца красногвардеец Лещев (я его давно знаю) и стал обирать народ. Лещева мужики побили, но нетяжко. Тогда нагрянули из Оханска 45 красногвардейцев и стали обстреливать Заболотово, мужики и бабы побежали, 3-х неподвижных убили, шестерых связали, проволокой привязали к оглоблям и гнали до Оханска 60 верст, стегая нагайками. Один дорогой умер от истязаний, остальных расстреляли в Оханске, добивали в могиле.

Оханские красногвардейцы, штаб в ст. Верещагине, делают налеты на деревни с пулеметом, истязают мужиков и баб, отбирают не только деньги, а и масло, говядину, холсты. И никакой в этом необходимости нет. Садят в арестантские, морят голодом, поят соленой водой (пишу факты), вымогая деньги, не выдают квитанции, угрожая смертью, если кто проболтается, сколько заплатил. Сажали во время посева хлеба — в самое драгоценное время, и пахари откупались за 800 руб., чтобы только успеть посеять хлеб. И это факты не единичные, а сплошные над всем населением».

Опустим ужасающие подробности насилия над крестьянами, их в письмах очень много, включая и арест самого Дробинина. На последнем изорванном клочке бумаги он молит Бонч-Бруевича спасти ему жизнь. Неизвестно, имел ли последствия этот крик души порядочного человека, посаженного в тюрьму только за то, что он заступался за обиженных. Вряд ли, ибо уж больно смело ставил вопросы крестьянский заступник.

«Глубокоуважаемый Владимир Дмитриевич! Знаете ли вы, что сейчас творится в деревне? Именем Советской власти грабят и убивают, грабят не для того, чтобы наделить или накормить голодающих (которых так много!), а грабят отъявленные мошенники и тунеядцы, а ограбляют трудолюбивых, трезвых и вполне хороших людей... Что вы хотите сделать из несчастной России? Какой ваш социалистический опыт над истерзанной страной? Видно ли вам там в Москве, во что претворяются на деле ваши лозунги? Нужно ли вам убить в корне трудолюбие? Сейчас грабят средних хозяев — крестьян. В каждом селении самосуды...

...Опомнитесь! Что вы творите! Вы хотите сделать для чего-то всех бедными. Но разве это идеал счастья? Разве бережливость, экономия, трезвость — есть преступление?..

...Что делает по деревням красная гвардия — страшно писать! Я отчасти знаю намерения Ленина разорить богатых мужиков, хотя не понимаю, для чего. Ведь стремление всякого человека жить не по-скотски, а как можно лучше будет всегда при каком угодно строе... Знает ли Ленин, как на самом деле в деревне, по его указанию, зорят деревенских «буржуев»? Ведь это только хорошие, честные и трезвые хлеборобы...»

Словом, эсеры мастерски использовали ошибки

своих политических противников, подзуживая крестьян, разжигая их недовольство. Сейчас в вину КПСС ставят то, что она не терпела с самого начала никакого плюрализма — придя к власти, большевики спустя некоторое время запретили деятельность эсеровской партии. Но ведь это неисторический подход. Эсеры не только претендовали на власть — они добивались ее вооруженной борьбой. И сорокатысячная армия Антонова, эсеровского боевика с дореволюционным подпольным стажем, умелого конспиратора, смелого и удачливого организатора, — разве не подтверждение этому? Целый год справляла хмельной, кровавый пир антоновская армия в самом центре России, вынашивая дерзкий план похода на Москву. Для этого ждали только подходящего случая, ждали, когда Кремль окончательно обессилеет.

А теперь скажи, Алешенька, разве нормальная власть может мириться с тем, что на ее территории действует хорошо обученное враждебное войско? Три крупнейшие губернии выведены из подчинения центру, восстание подбирается все ближе к столице. Другое дело, какими средствами оно подавлялось. Ленин отозвал с фронта Тухаческого, дал ему месяц сроку — и чтобы в Тамбове воцарилась тишина. Против бунтовщиков были брошены крупные силы Красной Армии, самолеты, бронеотряды, артиллерия. Рука об руку с Тухачевским действовал прибывший с фронта вместе со своей армией Уборевич. С Украины привезли знаменитую бригаду Котовского. Уже через несколько часов после выгрузки в Моршанске котовцы вступили в бой и сразу же изрубили около 500 антоновцев. Через несколько дней — новая рубка. Это было страшное зрелище. Потери антоновцев исчислялись тысячами.

Была ли необходимость в уничтожении такого количества людей, в основном отчаявшихся крестьян, у которых продразверстка отняла все, даже посевной материал? Знал ли благородный защитник бессарабских и украинских бедняков Котовский, чьи головы рубили его отчаянные конники? А будущий красный маршал Тухачевский, командарм Уборевич? Вопросы непростые, и ответ, видимо, следует искать в исторических аналогах. Мучился ли подобными угрызениями совести фельдмаршал Суворов, двинув по приказу просвещенной государыни Екатерины II регулярную армию против крестьянских полков бунтовщика Пугачева?

И все же, Алешенька, я не понимаю, как можно было сшибать с седел впервые севших на коней деревенских мужиков, не обученных ни верховой езде, ни искусству сабельного боя. Кстати, Котовский за победу над Антоновым получил третий орден Красного Знамени и революционное почетное оружие. Да-да, это установленный факт.

Сложными, труднообъяснимыми были и поступки Тухачевского. Ему не удалось выполнить указание Ленина — в месячный срок разбить Антонова. Повстанческие полки ловко отрывались от преследователей и, используя партизанскую тактику, растворялись в деревнях. И тогда Тухачевский издал страшный приказ. Семьи мужиков подлежали высылке в отдаленные края, имущество несчастных предписывалось конфисковывать и распределять между советски настроенными крестьянами — это, мол, внесет расслоение в крестьянство и на это может опереться советская власть. Вводился институт заложников из числа мирного населения, которых можно было расстреливать без суда и следствия...

Сегодня, когда историки все более склоняются к мысли, что восстание тамбовских крестьян явилось ответной реакцией на насильственные действия местных властей и, по сути, было спровоцировано ими, рождается и новое отношение к его усмирителям. Раздаются призывы смелее преодолевать упрощенные идеологические схемы, называть вещи своими именами. Не знаю, не знаю... Понять тогдашних Тухачевского, Уборевича, Котовского — это прежде всего понять то время, социальную данность той эпохи. Я всегда был противником прямолинейного, одномерного изображения исторических личностей: если герой, то безупречный, если мерзавец, то полный. Эти занятия, на мой взгляд, малопродуктивны.

Никто из них не умер своей смертью: ни Тухачевский, ни Уборевич, ни Котовский. В 1937 году по приказу Ежова был расстрелян чекист Покалюхин — тот самый, который выследил и уничтожил Антонова в 1922 году, через год после разгрома его армии. А потом настал черед и Ежова... Увы, таковы законы братоубийственных войн. И никому еще не удалось избежать возмездия за них.

Разве не расплачиваемся мы с тобой, все наше поколение за давнишние ошибки, совершенные вовсе не нами? Посуди сам, Алеша: первые попытки ликвидации кулацких хозяйств относятся еще к периоду 1919—1920 годов, когда был введен «военный коммунизм». Знаешь, во сколько раз сократился удельный вес зажиточных хозяйств по сравнению с дореволюционным? В три раза! Самое парадоксальное, пожалуй, в том, что вплоть до мая 1929 года не существовало документа, которым хотя бы приблизительно определялись признаки кулацких хозяйств. Действовали, как Бог на душу положит. В одном случае «компроматом» могла служить новая крыша, в другом предметом соседской зависти становился новый самовар, приобретенный на деньги, собранные непьющим хозяином.

Кого считать кулаком? На этот вопрос не было ответа десять лет. И все это время в селе царили произвол и волюнтаризм. Напрасно старалась газета «Беднота» привлечь внимание верховных голов к дискуссии, развернувшейся на ее страницах в 1924 году. Можно ли считать кулаком крестьянина, имеющего от двух до четырех коров, двух-трех лошадей и приличный дом? Можно ли считать кулаком арендатора мельницы, если он ведет дело честно и по советским законам? Можно ли считать кулаком бедного человека, который на гроши торгует исключительно для того, чтобы не умереть с голоду?

Листая старые подшивки газет, убеждаешься, что понятие о кулаке представлялось крестьянам, авторам писем в газету, довольно растяжимым. По мнению многих, всякий бедняк, бедность которого происходит от лености, разгильдяйства, пьянки и тому подобного, должен считаться врагом советской страны и позором своей деревни, а вовсе не рачительный хозяин, который трудится и улучшает дела в своем подворье и на поле. Мудрые сельские жители делятся своими наблюдениями: в общей массе крестьян надо видеть не только кулаков, середняков и бедняков, но и составную, довольно многочисленную часть бедноты — деревенских лодырей. В городах думают, что бедняцкие хозяйства имеют три слоя: близкие к середнякам, собственно бедняцкие и приближающиеся к батрацким. Однако есть и четвертый слой, состоящий из лодырей, пьяниц и прочих люмпенов. Вот они-то, прикрываясь лозунгами советской власти, ведут паразитический образ жизни, наносят экономический ущерб. Увы, отцы коллективизации и раскулачивания не обратили внимания на это предостережение.

Люмпены на селе оказались самыми живучими. Они прекрасно перенесли голод. Как пишет украинский писатель Сергей Дяченко, голод 30-х годов произвел свой несправедливый отбор: выживали те, кто был злее, эгоистичнее. Уцелели лишенные человеческих качеств активисты и другие представители пиршествующей элиты. Гибель лучших привела к потере традиций, к деградации нравственности и изменениям в генотипе народа. Обесценилась роль труженика на земле, кормящего нас всех. Эти утраты ощущаются и сегодня.

О голоде у нас с Алешей тоже были долгие беседы. Иногда в них участвовал младший его сын Виктор, студент сельхозинститута, приехавший домой на каникулы. Витек, как ласково называл его отец, видно по всему, зря времени в Краснодаре не терял. Книжек интересных прочел за годы ученья — несть числа. И тем самым внес немало коррективов в тему разговора, положив на лопатки некоторых наших видных публицистов — спецов по аграрным делам.

ГОЛОД В РОССИИ: СТЕЧЕНИЕ ОБСТОЯТЕЛЬСТВ ИЛИ ИСТОРИЧЕСКАЯ ЗАКОНОМЕРНОСТЬ?

В пучине взаимоистребления, когда жертвы, включая и невинные, становились привычными, люди, поднимавшие оружие друг на друга, не знали сомнений. Каждый из них выглядел в глазах другого врагом, а значит, и смерть с обеих сторон считалась делом простым. Мудро ли мы поступаем, когда с высоты сегодняшнего дня, своих понятий о гуманизме судим прошлое, предъявляем ему довольно строгий счет? Я понял твою мысль, Алеша. Вот что обязан сказать тебе: не хотелось бы. Однако согласись: нельзя представлять небывшим то, что было. Хотя бы наши дети должны знать правду. Иначе какой учитель из истории? Никаких уроков.

Более-менее «повезло» великому голоду 1921 года — о нем есть упоминания даже в школьных учебниках по истории. Несчастье, обрушившееся на российский люд, не скрывали. Уж больно велики были его масштабы. Пик бедствия, начавшегося в 1921 году, пришелся на зиму 1922 — лето 1923 года. По данным историка Максима Мейера, в то время число голодавших составляло соответственно 15 и 23 миллиона человек. Цифры эти прежде у нас не публиковались. Как и вот такие: в 1923 году среди голодавших было 12 895 тысяч взрослых и 11 миллионов детей. Авторы глав, посвященных страшному бедствию, ограничивались, как правило, только перечислением территорий, пострадавших от голода. Кстати, список областей в последнее время значительно расширился — благодаря новым архивным данным. Уже упоминаемый мною историк Мейер называет в числе особо пострадавших Калмыкию, Татарстан, Чувашию, Марийскую республику, Челябинскую область — там, согласно подсчетам исследователя, голодало до 90 процентов населения. В Астраханской, Самарской, Царицынской, Вятской и Вотской областях, Республике немцев Поволжья, Башкирии, Киргизии и Запорожской области — от 70 до 90 процентов. В Саратовской, Уфимской и Крымской областях — от 50 до 70 процентов.

Голоду сопутствовали эпидемии, коснувшиеся 1,5 миллиона человек, не считая беженцев. В момент наивысшей вспышки тифа и холеры в марте 1922 года одновременно болело более 160 тысяч человек. Смертность от голода и болезней достигла 10,4 процента. Убыль населения в голодных районах, умершего или бежавшего, за три года (1920—1923) составила 4,3 миллиона человек.

Вот какие новые итоги первой «жатвы скорби», которые пришлось пожинать народу через три года после установления большевистской власти. О причинах голода 1921 года до сих пор не утихают споры. Иные историки склонны считать определяющими причины политического характера. Почему голод разразился именно в районах Поволжья, задаются они вопросом. И отвечают: да потому, что именно здесь основные слои населения поддерживали эсеров. При выборах в Учредительное собрание, например, за большевиков было подано в четыре раза меньше голосов, чем за их политических противников. Вот власть предержащие и решили наказать мужиков.

Лично я в эти байки не верю. Об этом сразу и прямо сказал Алеше Карульке. Он подумал к согласился: действительно, голод поставил власть на грань краха, вынудил отказаться от доктрины «военного коммунизма» и других видов социального опытничества. Не будет же власть бороться против самой себя? Уж больно велик риск — идти на экономический террор.

Стали перечислять причины, которые могли повлиять на невиданный голод. Алеша назвал семилетнюю войну. «Почему семилетнюю?» — переспросил я. Семилетние войны Россия вела с Пруссией, и то когда это было — в XVIII веке! Да нет, объяснил собеседник, я имею в виду мировую, затем гражданскую. А, тогда иное дело, тогда семь лет наберется. Ну, и изъятие хлеба, добавил Алеша.

Отчасти верно, встрял в разговор Витек, младший сын Алеши. Но только отчасти. «Почему?» — спросили мы в один голос. Потому что хлеб изымали по всей стране, а мор вспыхнул в отдельных регионах. Мы пропустили это замечание младшего Карульки мимо ушей, оно не показалось нам убедительным, и начали вспоминать, чем бы еще объяснить голод. Алеша назвал продотряды, выгребавшие зерно подчистую. Я — слабое осознание правительством масштабов бедствия, веру в то, что удастся справиться собственными силами. Алеша — отсутствие каких-либо запасов хлеба. Я — запоздалое обращение за иностранной помощью.

Витек взял сторону отца и с цифрами в руках доказал: хлеб, оказывается, изымали и до прихода большевиков к власти. Изъятие его началось с вступлением России в мировую войну. Стратегические запасы продовольствия растаяли еще до октябрьского переворота! Мне ничего не оставалось, кроме как с уважением взглянуть на самого молодого члена нашей компании. А он привел еще один весомый аргумент: доктриной «военного коммунизма» запрещался межрегиональный обмен хлебом, что значительно усугубило положение голодавших. Но самая главная причина, по его мнению, в том, что на селе резко сократилась рабочая сила — миллионы мужчин не вернулись с фронтов семилетней, по терминологии его отца, войны. Именно нехватка рабочих рук вызвала резкое падение площадей посевов и урожайности. Пятимиллионная Красная Армия — это ведь тоже в основном крестьяне, одетые в шинели. А тысячи партизанских отрядов? А рядовые бойцы, мобилизованные в белую гвардию? Плюс двухлетняя небывалая засуха и полный развал транспорта.

Итак, с первым голодом, кажись, разобрались довольно быстро. Труднее со вторым, который замалчивался до последних лет советской власти. Минуло уже около семидесяти лет с той поры, как новый мор вспыхнул на громадных территориях, захвативших Украину, Северный Кавказ, Нижнее и Среднее Поволжье, Южный Урал, часть Казахстана и Сибири. Говорить вслух, а тем более писать об этом народном бедствии было строжайше запрещено.

Но вакуума, как известно, не бывает. Отсутствие правдивой информации вызвало много домыслов, нелепиц, слухов. На Украине, например, многие считают, что голод 1932—1933 годов имел место не из-за стихийного бедствия, а был рукотворным, искусственно вызванным заранее обдуманной политикой. Толпам беженцев, снявшихся с насиженных мест, где свирепствовал голод, запретили работать на заводах, фабриках, шахтах. А чтобы обезумевшие от горя люди не смогли убежать в нетронутые мором места, границу с Россией перекрыли войска и части ОГПУ, имевшие приказ в случае надобности стрелять по прорывавшимся.

То, что люди пережили, действительно страшно. Приведу запись рассказа очевидца В. Пахаренко из Черкасской области. На Украину для выколачивания хлебозаготовок прибыл посланец Сталина — Постышев. Руководители республики просили его спасти людей — выдать колхозам хлеб, гнивший во временных каморах в ожидании вывоза. Но посланец Кремля ответил, что об этом не может быть и речи. Более того, с его приездом начались новые проверки, обыски с целью изъятия последних крох.

«У людей забирали не только зерно или мясо, — вспоминает В. Пахаренко, — но все, что могло служить едой... Не оставляли даже огородных семян... Бабушка рассказывала, как нагрянули к нам неожиданно уполномоченные и сразу же стали протыкать землю

462

во дворе и на огороде железными прутьями — искали закопанные ямы с зерном. Но — какие там ямы — зернышка в хозяйстве не осталось. В хату ввалились двое — председатель сельсовета и приезжий уполномоченный. Семья как раз села за обед — из еды еще осталось немного картошки. Матюкаясь, непрошеные гости забрали даже со стола сваренную картошку. А потом старательный председатель залез под печь и там обнаружил горшочек с семенами свеклы, которые бабушка, спасая для весеннего сева, спрятала и замуровала глиной в подпечек.

Выходя, уполномоченный, забрав горшок с семенами, еще раз окинул взглядом разгромленную хату — не забыли ли чего. Его свинцовый взгляд остановился на трехлетней девочке, которая испуганно спряталась за бабушкину спину, сжимая в ручонке картофелину, взятую еще за обедом. Уполномоченный подошел, вырвал последнюю еду и раздавил сапогом на полу. Так и уехали, по дороге высыпав из горшочка семена свеклы...»

Не вычеркнуть из нашей горестной истории и страшный рассказ Е. Бондарь из Винницкой области: «У меня была соседка — Мороз Евгеня, жила рядом, она на костылях ходила. Соседка как соседка, нормальная, и мальчик у нее был маленький, и сестра была, жила в другой хате.

Вхожу я к соседке однажды, а мальчонок ее, ему уже два года было, ест кусок мяса, белое такое. Она это мясо быстренько завернула, кинула на печь и говорит — это я в Верховенке горяченького купила. Мне и в голову не пришло — разве догадаешься о таком? Она резала детей, сама ела и на базаре продавала.

Однажды заманила к себе Марусю. Иди сюда, говорит, доченька, я тебе косочки вымою, я тебя угощу. Иди, иди... Отрезала ей голову, начала уже есть эту девочку Марусю, а дед копался в огороде, все это слышал и видит, не выходит Маруся. Нет и нет. Позвал людей, председателя, пошли к Евгене, а там одни косточки, да мясо, да ленточки цветные на волосах. Убрали все в коробочку, Евгеню и ее сестру, которая помогала ей, тоже людоедкой была, отвели в сельсовет. Там Катерина, мать этой девочки загубленной, опухшая. Еле пришла. Так давай эту Евгеню палкой, только сил нет, чтобы ударить. Да, а у сестры —

463

людоедки тоже недавно ребеночка не стало. Так потащили ее на кладбище, могилку разрыли, чтобы удостовериться, не съела ли она и своего. О господи, Боже ты мой... Отвезли их в район, и там закопали, говорят, живыми закопали, еще земля ворочалась, кричали они, звали, а мальчика ихнего, двухлетнего, с ними закопали. Говорят, если мясо пробовал... Ох, старая я, лежу, вспоминаю, как будто вчера было. С 1910 года рождения я. А кажется, лет триста прожила, такая мука была. Весь белый свет — мука тяжкая...»

В канадском фильме «Урожай отчаяния» о голоде на Украине в 1932—1933 годах приведен следующий документ: «Совершенно секретно. Всем начальникам облотделов ОГПУ УССР и облпрокуратуры. Все случаи каннибализма должны быть изъяты из судов и немедленно переданы ОГПУ». Опасались огласки?

Что ж, обратимся к отечественным документам, рассекреченным недавно. Их язык сух и лаконичен, но чувств вызывает не меньше, чем эмоциональные, берущие за сердце, свидетельства живых очевидцев.

Двадцать шестого апреля 1932 года секретарь ЦК КП(б)У С. В. Косиор так представлял Сталину приближавшуюся катастрофу: «У нас есть отдельные случаи и даже отдельные села голодающих, однако это только результат местного головотяпства, перегибов, особенно в отношении колхозов. Всякие разговоры о «голоде» на Украине нужно категорически отбросить. Та серьезная помощь, которая Украине была оказана (из центра), дает нам возможность все такие очаги ликвидировать. В степных районах острые настроения в общем уже ликвидированы».

Каков бодряческий тон, а? Не знал подлинного положения? Не скажите. Вот письмо комсомольца Г. Ткаченко из Киевской области, прочитанное лично Косиором, коему и адресовано: «Люди страшно голодают. Я просто не понимаю... что при Советской власти могут умирать на работе с голода, я не поверил бы, высмеял бы или совсем бы прогнал того, кто утверждает такое, посчитал бы его идиотом, контрреволюционером... Куда к черту годится такой социализм, когда люди изо дня в день пауперизуются — в Киеве сколько угодно под углами сидят целыми семьями крестьяне и просят-плачут кусок хлеба, уже опухли с голода. И кто это? Колхозники, которые имеют сотни трудодней... И я не знаю, почему народ гибнет с голода... ЦК, наверное, не видит этого или не представляет... Я сам за социализм несомненно, но целиком против самого идиотского пути...»

Руководство республики применяет к своему народу зверский нажим. Совнарком и ЦК партии Украины принимают совместное постановление о занесении на черную доску сел, не выполнявших план хлебосдачи. Не приведи Бог попасть на такую доску. Это полнейшая экономическая блокада, село отрезается от внешнего мира. Прекращается подвоз каких бы то ни было товаров и торговля ими, закрываются магазины и лавки, колхозникам не разрешается торговать продуктами с огорода, замораживаются всяческие кредиты, начинается досрочное взыскание задолженностей. Населенные пункты окружаются цепью войск НКВД.

Теперь мало кто из молодежи знает, что такое «закон о пяти колосках». Принят этот страшный документ был в августе 1932 года. Ровно пять колосков требовалось суду, чтобы приговорить мать или отца, принесших их домой голодным ребятишкам, к высшей мере. В течение неполных пяти месяцев «за колоски» осудили почти 55 тысяч человек. Из них расстреляли две тысячи сто.

Украинские историки считают, что в республике в 1932—1933 годах погибло от голода не менее 3,5—4 миллионов человек. Что касается всех жертв, то их число, как полагают, приближалось в те годы к отметке 15 миллионов человек. Однако большинство ученых склоняется к оценке до 7 миллионов. Столь различные цифры, которые называют исследователи этой проблемы, объясняются слабой изученностью трагедии, о которой до сих пор еще не все известно.

Ну, не совсем так, появились весьма серьезные исследования, проливающие свет на давнишние события. Это снова Витек. Да, силен парень. Успевает следить и за дискуссиями в науке. Несмотря на занятость зачетами-экзаменами. Молодец! Сразу видна основательность, свойственная крестьянскому роду. Это вам не городские шалопаи, у которых одни развлечения на уме. Крестьянин знает: пробивать дорогу в жизни он должен сам, и рассчитывать прежде всего только на себя.

Давай-давай, Витек! Излагай.

Итак, чем был вызван голод в СССР 1932—1933 годов? Среднегодовой урожай в предшествовавшие времена держался на уровне не менее 700 миллионов центнеров. А в 1930-м и того больше — 835 миллионов. В «закрома Родины» в соответствии с государственным планом хлебозаготовок засыпали 220 миллионов центнеров — вдвое больше, чем в предыдущем году. За границу продали, как и предполагалось торговыми соглашениями, 48 миллионов центнеров — страна, создающая индустрию, крайне нуждалась в валюте.

В 1931 году урожай оказался куда ниже, чем ожидалось: 695 миллионов центнеров. В государственные закрома же должно быть засыпано 228 миллионов центнеров — на 8 миллионов больше, чем в прошлом году. Обязательства по поставкам за границу — на четыре миллиона центнеров выше прошлогодних. Тотальные хлебозаготовки 1930—1931 годов привели к тому, что значительная часть колхозов зерновых районов осталась без зерна. Зато план был выполнен — в угоду политическим амбициям крестных отцов коллективизации, затеявших на селе вторую революцию. Надо же было провозгласить миру успех аграрной реформы в СССР! Ничего, что зерно забирали прямо из-под молотилок. Важен конечный результат.

И он не заставил себя ждать. Уже в конце 1931 года отмечались опухания и смертные случаи. Сеять в 1932 году было нечем — все было выметено подчистую. И тогда Москва выделила из «закромов Родины» 17 миллионов центнеров для посева. Верховные головы, похоже, поняли, что переборщили, и пытались таким образом исправить положение. Но было уже поздно. Голодные люди, чтобы спасти детей, едва дождавшись колошения, вышли с ножницами на поля. И тогда государство вступило с ними в схватку, не останавливаясь перед варварскими методами.

Могло ли оно (государство) устранить быстро распространявшийся смертный голод? Конечно. Способов было немало. Один из них — использование громадных зернохранилищ, заполненных стратегическими запасами хлеба на случай войны. Ведь гибли свои люди! Однако гигантские подземные резервуары оставались нетронутыми. Большинство из них в сорок первом году были подожжены отступавшими войсками НКВД, так и не пригодившись Красной Армии.

Витек, ты прав: признав официально голод в стране, Сталин и его окружение подтвердили бы этим неэффективность своих реформ на селе. Из дилеммы — собственная политическая смерть или физическая смерть миллионов сограждан — они выбрали второе. И предпочли помалкивать о небывалом голодоморе.

И уж совсем боялись говорить о голоде, разразившемся в более близкие времена — в 1946—1947 годах. Упоминаний о нем нет ни в одной исторической монографии, посвященной проблемам послевоенного возрождения. Только иногда в журнальных очерках писателей-деревенщиков содержались туманные намеки на засуху 1946 года, которая обострила и без того трудное положение с продовольствием, возникшее в результате недавно закончившейся войны.

В архивах Совета по делам колхозов при правительстве СССР, созданном в 1946 году, я обнаружил любопытную докладную записку на имя Маленкова о результатах проверки колхозов Великолукской области. Так вот, инспектор Совета сообщал, что около 40 процентов колхозов выдали на трудодень менее 300 граммов хлеба, причем 26 процентов колхозов вообще не распределяли хлеб на трудодни. Около 20 тысяч хозяйств колхозников не получили урожая картофеля на приусадебных участках. В некоторых колхозах области имели место случаи опухания людей на почве недостаточного питания. В качестве примера приводился Локнянский район — там было зарегистрировано 145 таких случаев.

Из других документов следовало, что зерно не выдавали по трудодням в 14 процентах колхозов Московской, Калужской, Рязанской и других областей. В то же время усиливался налоговый гнет государства, ужесточались репрессии к невыполнявшим обязательный минимум трудодней. Предусматривалась судебная ответственность: исправительно-трудовые работы в колхозах на срок до шести месяцев с удержанием из оплаты трудоднями до 25 процентов в пользу колхоза. Эта мера была крайне непопулярна среди всех слоев деревни еще и потому, что большую часть осужденных составляли многодетные женщины. В одной из докладных записок на имя Маленкова приводился пример осужденной колхозницы Любови Гладковой из колхоза имени Алферова Павлово-Посадского района Московской области. За пять месяцев 1946 года она выработала 54 трудодня, из которых по приговору суда удержали 7,7 трудодня. Поскольку на каждый трудодень выдавали по 600 граммов картофеля, то с нее было удержано около четырех с половиной килограммов. Не намного разбогатело государство, отобрав эти жалкие крохи у голодных ребятишек. А другой осужденной, Т. И. Трубочкиной из соседнего Ипатьевского колхоза, при распределении доходов вообще ничего не выдали. По той причине, что колхозу нечем платить на трудодни.

Или вот этот факт. На моей родине, в Белоруссии, в Клецком районе тогдашней Барановичской области работник Министерства заготовок Г. М. Гошин и инструктор райкома партии И. С. Корниенко потребовали выполнить план заготовок любой ценой. Дело происходило в сентябре 1946 года. В сельсовет вызвали группу крестьян-недоимщиков. Тех, кто просил отсрочку на один-два дня ввиду отсутствия намолоченного зерна, помещали в подвал, находившийся под зданием сельсовета. Затем для острастки стали выводить граждан из подвала и опускать их вниз головой в колодец. При этом они подвергались избиению.

Поразительно! С одной стороны — величественные сталинские планы построения коммунистического общества уже в недалеком будущем. С другой — тяжелейшие условия жизни людей. О чем это говорит, Алеша? Правильно, о полнейшей утопичности таких планов. Более того, глухое, подспудное сопротивление этим планам свидетельствовало о медленном, но верном нарастании кризиса всей сталинской системы тоталитарно-командного социализма. Я уже не говорю об униженном, зависимом от прихотей властей состоянии народа, выстоявшего незадолго до этого в жестокой войне с Германией.

Предпоследний тезис, кажется, заинтересовал самого младшего участника нашей беседы. Витек, оказывается, тоже занимался исследованием причин третьего в истории нашей страны голода. По мнению Карульки-младшего, он тоже рукотворный. На конец 1947 года была намечена историческая акция — отмена карточной системы. Отсюда сверхзадача: любыми средствами сберечь госресурсы. Снова политические амбиции оказались дороже жизней соотечественников. Как и в годы войны — к датам, юбилеям, праздникам брали города, совершали крупнейшие войсковые операции. Несмотря ни на какие жертвы. Победителей не судят.

Засуха 1946 года прозвенела тревожным набатом — быть недороду. Что делает Кремль? Остается верным намеченной цели: не позже конца 1947 года объявить об отмене карточек, продемонстрировать тем самым мудрость и экономическую гениальность верховного руководства. Из-за засухи может быть недобор зерна? Ни в коем случае не снижать объемов хлебозаготовок! Чтобы сделать надежный запас на сорок седьмой год, в засуху сорок шестого снимают с карточного довольствия 28 миллионов сельских жителей. Прокормятся сами, а госресурсы сохраним. К концу сорок шестого года карточным хлебом не были обеспечены около 100 миллионов человек.

Четырнадцатого декабря 1947 года мир ахнул, узнав об экономическом чуде в России, которая отменила хлебные карточки — через полтора года после окончания войны, раньше своих союзников по антигитлеровской коалиции! Вот что значат преимущества социализма. И только недавно мы узнали, какой ценой это было достигнуто. Голод и болезни, им вызванные, унесли жизни около миллиона человек. Это — по самым осторожным подсчетам. Молдавские историки, например, обнародовали потери своей республики — двести тысяч человек.

В глазах Алеши я прочел недоуменный вопрос: не слишком ли это много для одного народа? Три голода — за каких-то три десятка лет?

Действительно, уж больно неприглядная статистика. Неужели это бич системы? И тут Витек показал, что он не зря проедает отцовские деньги в аспирантуре. Ученые и публицисты, сказал он, почему-то зациклились на голоде, трижды вспыхивавшем в советское время. За семнадцатый год они почему-то не заглядывают. А ведь недавно исполнилось сто лет со времени ужасного мора, случившегося в хлебородной России и затронувшего более двадцати губерний. В 1891—1892 годах тоже был голод, и унес он около миллиона жизней. Его тоже можно назвать рукотворным.

Причины практически те же, что и в советское

время. Только при Сталине виновником было государство, а при царе — зернопроизводители. Каждый соблюдал свой интерес. Лето 1891 года выдалось засушливое, и сразу же зациркулировали слухи о грядущем голоде. Владельцы хлеба, а это были в основном начинающие предприниматели, поскольку сельское хозяйство России после отмены крепостного права входило в рынок, крепко блюли свой интерес. Голод напугал их больше, чем рядовых людей. Реальной стала угроза разорения или, во всяком случае, падения прибылей. Они прекрасно понимали, что правительство обяжет их продать хлеб по минимальной цене, или, обращаясь к патриотическим и религиозным чувствам, вынудит отдать бесплатно в благотворительных целях. А зернопроизводители уже вкусили азарт рынка. Вот они и начали поспешно сбывать зерно за границу, благо основные запасы были возле черноморских портов. Результат все тот же — деревня осталась без хлеба.

На помощь голодающим тогда пришли США — в знак благодарности за поддержку в период гражданской войны в 1861—1865 годах. Столетие этого голода совпало со столетием оказания американской гуманитарной помощи. А у нас на всех перекрестках трубят, будто впервые американцы начали помогать нам в 1921 году, несмотря на идеологические разногласия. И вообще, голод в России случался и раньше. Почитайте дореволюционных историков — Ключевского, Соловьева, Костомарова. Два-три раза в столетие — это как правило. Не считая привычных недородов и постоянных недоеданий.

Так что, выходит, голод у нас не стечение роковых случайностей, а закономерность? И дело здесь вовсе не в порочности колхозно-совхозной системы, как пытаются объяснить некоторые политики и публицисты?

Витек выслушал нас и утвердительно произнес: дело не в этом. «А в чем?» — воскликнули мы с Алешей в один голос. В бестолковых реформах. В уничтожении устоявшихся связей. В амбициях очередных временщиков. Вы посмотрите, говорил Карулька-младший, на закономерности голода. Отменили крепостное право — мор, Столыпин учинил свою реформу — мор, большевики начали продразверстку — опять мор, Сталин согнал крестьян в колхозы — снова мор, взял курс на сверхфеодализацию после войны, ввел в колхозах армейскую дисциплину — еще раз мор. Боюсь, что разгон колхозов и сплошная фермеризация тоже приведут к такому же плачевному результату. Не надо трогать людей. Не надо мешать им жить и трудиться так, как им нравится. Пусть все развивается естественным путем. Никакого насилия! Ошибки политиков заключаются в том, что они хотят невозможного — отменить природу.

ИЗ МОНОЛОГА КАРУЛЬКИ-МЛАДШЕГО ВО ВРЕМЯ БЕСЕДЫ С ОТЦОМ ПРИ ЯСНОЙ ЛУНЕ

Бич Божий для нас, россиян, не голод, а наше стремление к униформе, к однообразию, сказал Витек. Кому-то хочется сохранить колхозы, они представляются привычными и надежными. Пожалуйста, сохраняйте, особенно там, где они доказали свою эффективность. Кому-то нравится аренда? Да ради Бога, никаких препятствий! Кто-то полюбил фермерское хозяйство? Было бы умение и желание!

Нет, опять, как в тридцатом, всех под одну гребенку. Горько, но, кажется, история так ничему и не научила очередных спасителей отечества. Опять спорят: что лучше, крестьянское хозяйство или колхоз? Никто почему-то не задумывается: а почему Гитлер не распускал колхозы на оккупированных территориях? Потому что у него были умные советчики, учитывающие традиции тысячелетней общинности на Руси, психологию российского землепашца, а также природные условия, в коих проистекает российское земледелие.

Кстати, Ленин и Сталин превосходно знали эти особенности. Оба, читая порознь труды выдающегося русского агронома XVIII века И. М. Комова, одновременно подчеркнули строки, которые мне представляются ключом к разгадке тайны русского землепашца. «У нас лето бывает короткое и вся работа в поле отправляется... В южных странах Европы, например в Англии, под ярь и зимою пахать могут, а озимь осенью в октябре, в ноябре сеять. Поэтому у нас еще больше, нежели в других местах, работою спешить должно».

Природа определила нашему крестьянину всего 130 календарных дней в году, в течение которых он может

471

обрабатывать землю. На Западе сезон работ поболе — с февраля по декабрь. У нас — с апреля до сентября, иногда до середины октября. Западный фермер уже в XVIII веке пахал поле до шести раз, а мы и сегодня максимум два-три раза.

Вот эти отпущенные природой 130 дней почему-то никто не берет во внимание, когда восторгается западными фермерами. Им-то и в средневековье не приходилось испытывать такого колоссального напряжения сил, как нашим крестьянам. У них, как я говорил, сезон работ в несколько раз больше. Даже в странах бывшей советской Прибалтики этот сезон на месяц выше, чем, скажем, в российском Нечерноземье. Вот где одна из разгадок потрясающих успехов западных аграриев.

Ленин со Сталиным тонко подметили общинную психологию российского землепашца. 130 дней, отведенных им на работу в поле, требовали колоссальнейшего напряжения и максимальной собранности. Жестокая необходимость быстро собрать урожай воспитала у них черты, свойственные единственно русскому национальному характеру. Это, в первую очередь, способность к крайнему напряжению сил, что особенно проявлялось в годы войны и других тяжких испытаний, коллективизму, соборности. Минимум времени, отведенный на важнейшие сельскохозяйственные работы, сказался — будем самокритичными — на степени аккуратности, тщательности в работе. Важно было успеть главное, на мелочи не хватало усилий.

Так вот, Ленин со Сталиным ничего нового не изобрели в смысле организации труда крестьян. Они просто учли многовековой опыт российского крестьянства, которое тысячу лет жило в колхозах — общинах, как их называли до революции. Общинное сожительство, повторяю, существовало на Руси тысячу лет, оно выработало множество защитных механизмов, действующих в интересах беднейших крестьян. Это была вполне демократичная форма жизнедеятельности сельчан, во главе угла которой стояли столь любимые нашим народом до сих пор уравнительные тенденции. Я бы сравнил общинные традиции российского крестьянства с православными, христианскими традициями. У них много общего: и история, и корни, и благотворительная направленность, ставящая целью прежде всего защиту бедных и немощных. Другое дело, что колхозы при Сталине приобрели очертания некоей жесткой, военизированной организации, в них мало что осталось от прежней демократической общины. В этом смысле они нуждаются в реформировании, приобретении более привлекательных качеств. Но рушить, распускать сообщества, созданные творчеством народных масс в течение многих веков, бессмысленное дело. Это приведет к колоссальным народным бедствиям.

Карулька-младший был в ударе. Скажите, вопрошал он, на кого рассчитаны байки о том, что в дореволюционные времена Россия кормила не только себя, но и Европу? Когда я слышу, что российский крестьянин по изобилию превосходил и немцев, и французов, и англичан, всегда вспоминаю о 130 днях, отведенных природой на земледельческие работы. Когда парламентарии в бывшем Верховном Совете кричали, что в среднем за 1909—1913 годы из России вывозилось 10,5 миллиона тонн зерновых культур, а это, мол, составляло 30 процентов торговли этими культурами в мире, мы, молодые экономисты, скорбим душой — это ведь не от хорошей жизни. Смотрите, сколько вывозили другие страны. Аргентина — 6 миллионов тонн, США — 2,9, Канада — 2,3 миллиона тонн. В среднем за эти годы вывоз хлеба составлял 45 процентов всего экспорта России, а иногда достигал и 53 процентов.

Вот и давайте решим, хорошо это или плохо. Свидетельствует это об изобилии или нет. Будем исходить из того, что даже в годы, когда были отличные урожаи (45 пудов с десятины), на душу населения в России приходилось всего по 26 пудов зерна. Вот так-то. Значит, экспорт хлеба, о котором с таким восторгом говорят сейчас многие, шел в основном за счет сокращения нормы питания. Витек полез в архивы земств, о которых не подозревают наши крикуны, и нашел многократные подтверждения того, что и помещичьи имения, и мелкие крестьянские хозяйства были поставлены в такие условия, что вынуждены были продавать хлеб за границу в «искусственно больших размерах». Вывоз хлеба на экспорт — вовсе не показатель сытости населения. Сталин тоже вывозил, а народ голодал.

НЕОБХОДИМОЕ ПОСЛЕСЛОВИЕ, ИЛИ ЗАПОЗДАЛОЕ РАСКАЯНИЕ «ВЕТЕРАНА» ПЕРЕСТРОЙКИ

Немало жизненных сил отняла и человеческих чувств притупила во мне эта книга. Обращение к тому недавнему периоду жизни страны каждый раз надолго выводит из равновесия, выбивает из привычного ритма. Все, хватит, больше никогда не прикоснусь к грудам исписанных тогда листов бумаги.

Это последний сюжет — повесть-путешествие по рассекреченным страницам нашего трагического прошлого. Пять городов — пять остановок по маршруту, непонятно названному «перестройкой». Всего пять — и столько ошеломляющих открытий, сенсационных для того времени сведений.

Книга перед вами, уважаемые читатели. О ее достоинствах и недостатках судить прежде всего вам. Сегодня, спустя много лет после ее написания, разделяю ваши горечь и обиду по поводу всего, что случилось с нами и со страной.

Но — такими мы тогда были. Наивно верили в перемены, в то, что всем станет лучше. По-иному смотрели на прошлое.

Почему не суждено было свершиться надеждам, вселившимся в нас в 1985 году? Чем обернулась «перестройка» — уникальное общественно-политическое и экономическое явление конца XX века? Что это было — сознательное разрушение страны? Или хотелось как лучше, но потом ситуация вышла из-под контроля?

У каждого из вас, полагаю, есть свои ответы на эти мучающие всех непростые вопросы. Каждый из вас, наверное, время от времени начинает разговор с самим собой вчерашним.

Мой диалог на эту тему перед вами. Кому-то он покажется покаянием, кому-то раскаянием «ветерана» перестройки, кому-то свидетельствами очевидца, допущенного к перестроечной кухне.

И, пожалуй, никто не ошибется.

ИМЕННОЙ КОММЕНТАРИЙ

АНТОНОВ-ОВСЕЕНКО **Владимир** **Антонович** (1883—1939). Сын офицера, активный участник Октябрьского вооруженного восстания 1917 г. в Петрограде, затем член первого Советского правительства, руководитель боевых операций на Украине и против «антоновщины». С 1922 г. — начальник Политуправления Реввоенсовета СССР, в 1924—1934 гг. — на дипломатической работе, с 1934 г. — прокурор СССР, с 1936 г. — генеральный консул СССР в республиканской Испании. Репрессирован, реабилитирован посмертно.

АПАНАСЕНКО **Иосиф** **Родионович** (1890—1943). Советский военачальник, генерал армии (1941). В Гражданскую войну командовал кавалерийской дивизией в Первой Конной армии. В 1938—1943 гг. командовал войсками Дальневосточного военного округа, Дальневосточного фронта. С июня 1943 г. — заместитель командующего войсками Воронежского фронта.

БЕЛЫШЕВ **Александр** **Викторович** (1893—1974). Матрос, комиссар Петроградского военно-революционного комитета на крейсере «Аврора» во время Октябрьской революции.

БЛАВАТСКАЯ **Елена** **Петровна** (1831—1891). Русская писательница. Путешествовала по Тибету и Индии. Под влиянием индийской философии основала в 1875 г. в Нью-Йорке Теософическое общество. Автор историко-этнографических очерков «Из пещер и дебрей Индостана» (1883 г. под псевдонимом Радда-Бай).

БЛАКИТ Валентин (Болтач Валентин Владимирович) (1939). Белорусский советский писатель. Работал в газетах, в конце 70-х — начале 80-х гг. заведовал сектором телевидения и радиовещания ЦК Компартии Белоруссии. С 1986 г. — главный редактор сатирического журнала «Еж» («Вожык»). Автор книг «Свадьба в Бережках», «Чти имя свое», «Улыбка фортуны» и др.

БЛЮХЕР Василий Константинович (1890—1938). Маршал Советского Союза (1935). Награжден орденом Красного Знамени № 1. В 1921—1922 гг. — военный министр, главком Народно-революционной армии Дальневосточной республики. В 1929—1938 гг. — командующий Особой Дальневосточной армией. Репрессирован.

БРЕЖНЕВ Леонид Ильич (1906—1982). Родился в поселке Каменском (ныне г. Днепродзержинск), в семье рабочего. В 1927 г. окончил Курский землеустроительно-мелиоративный техникум. Работал в землеустроительных органах Курской губернии, в Белоруссии и на Урале. С 1931 г. — слесарь металлургического завода в г. Днепродзержинске. После окончания в 1935 г. Днепродзержинского металлургического института работал инженером. В 1935—1936 гг. служил в армии. В 1936 г. — директор техникума. С 1937 г. — на советской и партийной работе. В годы Великой Отечественной войны — на политработе: заместитель начальника политуправления фронта, начальник политотдела армии, начальник политуправления фронта. После войны — начальник политуправления военного округа. В 1946—1950 гг. — первый секретарь ряда обкомов партии на Украине, в аппарате ЦК ВКП(б). В 1950—1952 гг. — первый секретарь ЦК Компартии Молдавии. С октября 1952 по март 1953 г. — секретарь ЦК КПСС, затем заместитель начальника Главного политуправления Советской Армии и Военно-Морского Флота. В 1954—1956 гг. — второй, первый секретарь ЦК Компартии Казахстана. С 1956 по 1960 г. и в 1963—1964 гг. — секретарь ЦК КПСС. В 1960—1964 гг. — Председатель Президиума Верховного Совета СССР. С октября 1964 г. по ноябрь 1982 г. — Первый, Генеральный секретарь ЦК КПСС, в 1972—1982 гг. — Председатель Президиума Верховного Совета СССР. Четырежды Герой Советского Союза (1966, 1976, 1978, 1981), Герой Социалистического Труда (1961). Маршал Советского Союза (1976). Лауреат Ленинской премии (1979), лауреат международной Ленинской премии «За укрепление мира между народами» (1973).

БРИАН (Briand) Аристид (1862—1932). Неоднократно в 1909—1931 гг. премьер-министр Франции и министр иностранных дел. Один из инициаторов проектов создания системы союзов европейских держав (пакт Келлога — Бриана 1928 г. и др.). В 20-е гг. проводил антисоветскую политику, в 1931 г. предпринял шаги к сближению с СССР.

БУБНОВ Андрей Сергеевич (1884—1938). Советский государственный и партийный деятель. Член КПСС с 1903 г. Участник революционных событий 1905—1907 гг. в г. Иваново-Вознесенске. В Октябрьскую революцию член Политбюро ЦК партии, Петроградского ВРК. Участник Гражданской войны на Юге, в 1922—1923 гг. — заведующий Агитпропом ЦК РКП(б), с 1924 г. — начальник Политуправления РККА и одновременно главный редактор газеты «Красная звезда», в 1925 г. — секретарь ЦК РКП(б). С 1929 г. — народный комиссар просвещения РСФСР. Репрессирован. Реабилитирован посмертно в 1956 г.

БУГАЕВ Борис Павлович (1923). Советский государственный деятель. Человек из команды *Л. И. Брежнева*, его шеф-пилот. Главный маршал авиации (1977), дважды Герой Социалистического Труда (1966, 1983), лауреат Ленинской премии (1980). В 1941 г. — курсант Актюбинской школы пилотов. В Великую Отечественную войну в авиагруппе Центрального и Украинского штабов партизанского движения. С 1957 г. — командир Отдельного авиационного отряда № 235 Московского транспортного управления гражданской авиации, обслуживавшего высшее руководство страны. В 1970 —1987 гг. — министр гражданской авиации СССР.

ВАРЕЙКИС Иосиф Михайлович (1894—1939). После 1917 г. на ответственных советских и партийных постах. С 1923 г. секретарь Киевского губкома КП(б)У и Среднеазиатского бюро ЦК ВКП(б), заведующий отделом печати ЦК партии, первый секретарь Саратовского губкома, Центрально-Черноземного и Воронежского обкомов, Сталинградского и Дальневосточного крайкомов ВКП(б). Репрессирован, реабилитирован посмертно.

ВОРОНСКИЙ Александр Константинович (1884 — 1943). Советский критик, писатель. Редактор журнала «Красная новь» в 1921—1927 гг. Автор автобиографической повести «За живой и мертвой водой» (1927), «Бурса» (1933).

ВОРОШИЛОВ Климент Ефремович (1881—1969). Родился в Екатеринославской губернии. С 1896 г. трудился на заводах Донбасса. В 1917 г. — председатель Луганского Совета и горкома партии, комиссар Петроградского ВРК. После Октябрьской революции — на военной и политической работе: командир армейских соединений, нарком внутренних дел Украины, член РВС Первой Конной армии, командующий войсками военных округов. С января 1925 г. — заместитель наркома, с ноября 1925 г. — нарком по военным и морским делам, Председатель Реввоенсовета СССР, в 1934—1940 гг. — нарком обороны СССР. Маршал Советского Союза (1935). С 1940 г. — заместитель Председателя СНК СССР и председатель Комитета Обороны при Совнаркоме. В годы Великой Отечественной войны — член ГКО, главнокомандующий Северо-Западного направления, командующий войсками Ленинградского фронта, главнокомандующий партизанским движением. В 1945—1947 гг. — председатель Союзной контрольной комиссии в Венгрии. В 1946—1953 гг. — заместитель Председателя Совета Министров СССР. С 1953 по 1960 г. — Председатель Президиума Верховного Совета СССР. Дважды Герой Советского Союза (1956, 1968), Герой Социалистического Труда (1960).

ВРАНГЕЛЬ Петр Николаевич (1878—1928). Один из главных организаторов сопротивления Советской власти в Гражданскую войну, барон, генерал-лейтенант. В 1918—1919 гг. в Добровольческой армии и Вооруженных силах Юга России, в 1920 г. — главком Русской армии в Крыму. После поражения в Северной Таврии и в Крыму в 1920 г. — эмигрант. В 1924—1928 гг. организатор и председатель антисоветского «Русского общевоинского союза» (РОВС). Скончался при невыясненных обстоятельствах в Брюсселе.

ГРИГОРЬЕВ Николай Александрович (1894—1919). Из крестьян. Один из руководителей антисоветских выступлений на Украине, бывший штабс-капитан. В 1919 г. начальник Украинской советской дивизии, поднял мятеж против Советской власти на территории Херсонской и Екатеринославской губерний. После разгрома бежал к Н. Махно и был убит по его приказу.

ГРУШЕВОЙ Константин Степанович (1906—1982). Советский партийный и военный деятель, генерал-полковник (1967). Человек из команды *Л. И. Брежнева*. В 1941—1945 гг. — член Военных советов ряда фронтов. С 1947 г. на государственной и партийной работе. С 1953 г. — на политработе в Советской Армии. В 1965 г. — начальник политуправления Московского военного округа.

ДЕМИДОВЫ, русские заводчики и землевладельцы. Из тульских кузнецов, с 1720 г. — дворяне, в конце XVIII века вошли в высший круг бюрократии и знати, основали свыше 50 заводов (40 процентов чугуна в стране). Никита Демидович Антуфьев, родоначальник, организатор строительства металлургических заводов на Урале. Павел Григорьевич (1738—1821), основатель Демидовского лицея в Ярославле. Павел Николаевич (1798—1840), учредитель Демидовских премий при Петербургской Академии наук.

ДОВАТОР Лев Михайлович (1903—1941). Генерал-майор (1941). Герой Советского Союза (1941). В начале Великой Отечественной войны командовал кавалерийской группой и гвардейским кавалерийским корпусом во время Московской битвы. Погиб в бою.

ДЫБЕНКО Павел Ефимович (1889—1938). С 1911 г. — матрос Балтфлота. С октября 1917 г. по апрель 1918 г. — нарком по морским делам, в гражданскую войну командовал группами войск на Украине и в Крыму. В 1922 г. экстерном закончил Академию РККА и назначен командиром 5-го стрелкового корпуса. В 1938 г. арестован и расстрелян. В 1918—1923 гг. состоял в браке с А. М. Коллонтай.

ДУРОВА Надежда Андреевна (1783—1866). Первая в России женщина-офицер, писательница. В 1806 г., выдав себя за мужчину, вступила в кавалерийский полк, участвовала в войнах с Францией в 1807 и 1812—1814 гг., ординарец М. И. Кутузова. Автор мемуарных произведений («Записки кавалерист-девицы», 1836—1839 гг.), приключенческих романов и повестей.

ЕЖОВ Николай Иванович (1895—1940). В годы Гражданской войны военный комиссар, с 1922 г. секретарь Семипалатинского губкома и Казахского крайкома партии. С 1927 г. в аппарате ЦК ВКП(б). В 1929—1930 гг. — заместитель наркома земледелия СССР. В 1930—1934 гг. — заведующий распределительным отделом и отделом кадров ЦК ВКП(б) и с 1934 г. заведующий промышленным отделом. С 1936 г. секретарь ЦК ВКП(б), председатель КПК при ЦК партии, заместитель председателя Комитета резервов Совета труда и обороны СССР. В 1936—1938 гг. нарком внутренних дел СССР. С 1938 г. нарком водного транспорта. Генеральный комиссар государственной безопасности первого ранга. Арестован в 1939 г., расстрелян за преступную деятельность.

ЕРМОЛОВ Александр Петрович (1777—1861). Генерал от инфантерии. Участник войны с Францией (1805—1807). В Отечественную войну 1812 г. — начальник штаба 1-й армии, в 1813—1814 гг. — командир дивизии и корпуса. В 1816—1827 гг. — командир Кавказского корпуса и главнокомандующий в Грузии, начал Кавказскую войну. Оставил «Записки».

ЖДАНОВ Андрей Александрович (1896—1948). Сын служащего. После 1917 г. — политработник, с 1922 г. — председатель Тверского губисполкома, с 1924 г. — секретарь Нижегородского губкома и Горьковского крайкома ВКП(б), в 1934—1944 гг. — секретарь ЦК ВКП(б) и Ленинградского обкома и горкома партии, с 1944 г. — секретарь ЦК ВКП(б). Генерал-полковник (1944). Скончался при невыясненных обстоятельствах.

ИВАН IV ВАСИЛЬЕВИЧ (Грозный) (1530—1584). Великий князь «всея Руси», первый русский царь (с 1547 г.), сын Василия III. Его внутренняя политика сопровождалась массовыми репрессиями. Для укрепления самодержавия и усиления централизации государства в 1556 г. ввел опричнину.

КАЛИНИН Михаил Иванович (1875—1946). Родился в Тверской губернии. Работал на заводах в Петербурге. Участник революции 1905—1907 гг. Неоднократно арестовывался, ссылался. В 1917 г. входил в первый легальный комитет РСДРП(б) Петрограда, избирался в городскую думу и председателем городской управы. Участник Октябрьского вооруженного восстания. В 1918 г. — комиссар городских хозяйств Союза коммун Северной области и Петроградской трудовой коммуны. С 1919 г. — Председатель ВЦИК, одновременно с 1922 г. — Председатель ЦИК СССР. В 1938—1946 гг. — Председатель Президиума Верховного Совета СССР. Герой Социалистического Труда (1944).

КАМЕНЕВ (Розенфельд) Лев Борисович (1883—1936). Советский партийный и государственный деятель. В 1918—1926 гг. — председатель Моссовета. Член ЦК партии в 1917—1927 гг., член Политбюро ЦК в 1919—1926 гг. Репрессирован, реабилитирован при М. Горбачеве.

КВИРИНГ Эммануил Ионович (1888—1937). Родился в Саратовской области в семье немцев. В 1913 г. был секретарем большевистской фракции IV Государственной думы. В 1917—1918 гг. — председатель Екатеринославского комитета партии и Совета. В 1918—1919 гг. — секретарь ЦК КП(б) Украины, председатель СНХ Украины, затем на военно-политической работе. С 1920 г. — секретарь Екатеринославского и Донецкого губкомов партии. В 1923—1925 гг. — первый секретарь ЦК КП(б) Украины. С 1925 г. — инструктор ЦК РКП(б), заместитель Председателя ВСНХ СССР. С 1927 г. — заместитель председателя Госплана СССР, с 1931 г. — заместитель наркома путей сообщения СССР. В 1932—1934 гг. — заместитель председателя Комитета товарных фондов СТО СССР. Одновременно с 1930 г. — директор Экономического института красной профессуры, с 1932 по 1936 г. — директор Экономического института Коммунистической академии. Доктор экономических наук (1934). Репрессирован. В 1956 г. реабилитирован.

КЕРЗОН (Цурсон) Джордж Натанелл (1859—1925). Маркиз, министр иностранных дел Великобритании в 1919—1924 гг., консерватор. В 1899—1905 гг. — король Индии. Один из организаторов антисоветской интервенции. Во время польско-советской войны 1920 г. требовал прекратить наступление Красной Армии на линии, известной как «линия Керзона».

В 1923 г. направил Советскому правительству меморандум, содержавший ряд провокационных требований («ультиматум Керзона»).

КОЛАС Якуб (Мицкевич Константин Михайлович) (1882—1956). Белорусский советский писатель. Академик Академии наук Белоруссии.

КОЛЛОНТАЙ (Домонтович) Александра Михайловна (1872—1952). В первом составе Советского правительства — нарком государственного призрения (социального обеспечения). Участвовала в так называемых антипартийных группах «левых коммунистов» (1918) и «рабочей оппозиции» (1920—1921). С 1921 г. секретарь Международного женского секретариата при Коминтерне. С 1922 г. — на дипломатической работе: в 1922—1923 гг. — советник представительства СССР, в 1923—1924 гг. — временный поверенный в делах СССР, в 1924—1926 гг. — полпред и торгпред СССР в Норвегии, в 1926—1927 гг. — полпред СССР в Мексике, в 1927—1930 гг. — полпред СССР в Норвегии, в 1930—1945 гг. — посланник, затем посол в Швеции, на ответственной работе в аппарате в НКИД (МИД) СССР. Жена *П. Е. Дыбенко* в 1918—1923 гг.

КОСИОР Станислав Викентьевич (1889—1939). Родился в Польше. В 1917 г. в Петрограде: член исполнительной комиссии городского комитета РСДРП(б), комиссар ВРК, участник Октябрьского вооруженного восстания. С 1918 г. — на Украине, работал в подполье. С 1919 г. — секретарь ЦК КП(б) Украины. В 1922—1925 гг. — секретарь Сиббюро ЦК РКП(б), в 1926—1928 гг. — секретарь ЦК ВКП(б). С июля 1928 г. — генеральный (первый) секретарь ЦК КП(б) Украины. В январе 1938 г. был назначен заместителем Председателя Совнаркома СССР и председателем Комиссии советского контроля при СНК СССР. В том же году был репрессирован, в феврале 1939 г. расстрелян. В 1956 г. реабилитирован.

КУПАЛА Янка (Луцевич Иван Доминикович) (1882—1942). Белорусский советский поэт. Академик Академии наук Белоруссии.

КУУСИНЕН Отто Вильгельмович (1881—1964). В 1911—1917 гг. — председатель Исполкома социал-демократической партии Финляндии, один из руководителей Финляндской революции в 1918 г. В 1921—1939 гг. — член Президиума Исполкома Коминтерна и его секретарь, в 1940—1956 гг. — председатель Президиума Верховного Совета Карело-Финской ССР, с 1957 г. секретарь ЦК КПСС. Академик АН СССР (1958). Автор трудов по истории международного коммунистического движения.

ЛОПАТИН Герман Александрович (1845—1918). Революционный народник, друг К. Маркса, первый переводчик «Капитала» на русский язык. С 1870 г. член Генерального совета 1-го Интернационала. Организатор побега П. Л. Лаврова (1870) и попытки освобождения Н. Г. Чернышевского (1871) из ссылки. С 1873 г. в эмиграции. В 1884 г. в России, глава Распорядительной комиссии «Народной воли». На «процессе 21-го» (1887) приговорен к вечной каторге. До 1905 г. находился в Шлиссельбургской крепости. Писал революционные стихи.

МАННЕРГЕЙМ (Mannerheim) Карл Густав (1867—1951). Барон, генерал-лейтенант армии России в 1917 г., в 1918 г. — главнокомандующий финляндской армией, подавившей вместе с германскими войсками революцию в Финляндии. В 1918—1919 гг. — регент Финляндии. Маршал Финляндии с 1933 г., создатель в 1927—1939 гг. сильной системы военных укреплений на Карельском перешейке («линия Маннергейма») у границы с СССР, главнокомандующий армией Финляндии в 1939—1944 гг., в 1944—1946 гг. — президент Финляндии, затем в отставке. Дважды воевал с СССР.

МАХНО Нестор Иванович (1889—1934). Из крестьян. Анархист, руководитель отрядов «революционного повстанчества» в Гуляйпольском районе Екатеринославской губернии. В 1919—1920 гг. воевал против белогвардейцев, петлюровцев и Красной Армии. Трижды вступал в соглашение с советской властью. В августе 1921 г., преследуемый частями Красной Армии, бежал в Румынию.

МЕРЕЦКОВ Кирилл Афанасьевич (1897—1968). Маршал Советского Союза (1944), Герой Советского Союза (1940). Участник Гражданской войны в Испании (1936—1937). Во время советско-финской войны командовал на Карельском перешейке 7-й армией, которая прорывала «линию Маннергейма», затем возглавлял войска Ленинградского фронта, Генштаб, был заместителем наркома обороны СССР. В 1941—1945 гг. командовал армиями, войсками Волховского, Карельского и 1-го Дальневосточного фронтов. До 1955 г. был командующим войсками ряда военных округов, затем помощником министра обороны СССР по высшим военно-учебным заведениям. С 1964 г. — генеральный инспектор Группы генеральных инспекторов Министерства обороны СССР.

МИРОНЕНКО Виктор Михайлович (1929). В 1952—1958 гг. — первый секретарь Ставропольского крайкома ВЛКСМ, бюро которого под его руководством утверждало М. С. Горбачева в должности первого секретаря Ставропольского горкома ВЛКСМ. В 1958—1961 гг. — секретарь ЦК ВЛКСМ. В 1961—1965 гг. — второй секретарь Калужского обкома КПСС. В 1965—1980 гг. — в Комитете партийно-государственного контроля ЦК КПСС и Совета Министров СССР, в Комитете народного контроля СССР. В 1981—1991 гг. — в аппарате Совета Министров СССР. С 1991 г. — на пенсии.

МОЛОТОВ (Скрябин) Вячеслав Михайлович (1890—1986). Член Политбюро (Президиума) ЦК ВКП(б) — КПСС в 1926—1957 гг. В 1942—1946, 1953—1957 гг. — первый заместитель Председателя СНК (Совета Министров) СССР, одновременно в 1953—1956 гг. министр иностранных дел СССР.

НОВИКОВ Игнатий Трофимович (1907). Родился в г. Каменское Екатеринославской губернии (г. Днепродзержинск Днепропетровской области). Человек из команды *Л. И. Брежнева*. В 1931—1932 гг. — студент-дипломник Днепродзержинского металлургического института. В 1958—1962 гг. — министр строительства электростанций СССР. В 1962—1983 гг. — заместитель Председателя Совета Министров СССР, председатель Госкомитета СССР по делам строительства (Госстроя СССР). Одновременно в 1975—1980 гг. возглавлял Организационный комитет Олимпийских игр 1980 г. С июля 1983 г. на пенсии.

ПАУСТОВСКИЙ Константин Георгиевич (1892—1968). Русский советский писатель. Мастер лирической прозы.

ПЕТЛЮРА Симон Васильевич (1879—1926). Сын

извозчика, участник национального украинского движения, публицист. В 1917 г. председатель Всеукраинского войскового комитета и министр Центральной Рады по военным делам, в 1918 г. возглавил Всеукраинский союз земств, стал главным атаманом войск Украинской народной республики, в 1919 г. председатель Директории. В 1920 г. заключил Варшавское соглашение с Польшей о совместной борьбе против Советской власти, затем эмигрировал. Убит в Париже в 1926 г. Ш. Шварцбардом, мстившем за еврейские погромы на Украине.

ПЕТРОВСКИЙ Григорий Иванович (1878—1958). Родился в г. Харькове. В 1897 г. вступил в екатеринославский «Союз борьбы за освобождение рабочего класса». Подпольную работу вел на Украине. Неоднократно арестовывался. В 1912 г. был избран депутатом IV Государственной думы от рабочих Екатеринославской губернии, стал председателем большевистской фракции в Думе. Работал в редакции газеты «Правда». С 1917 г. — член Екатеринославского комитета партии, нарком по внутренним делам РСФСР. В 1919—1938 гг. — Председатель Всеукраинского ЦИК, ЦИК УССР. В 1938—1939 гг. — заместитель Председателя Президиума Верховного Совета СССР. С 1940 г. — заместитель директора Музея Революции СССР.

ПИЛЬНЯК (Вогау) Борис Андреевич (1894—1941). Русский советский писатель. В романах «Голый год» (1921), в сборниках рассказов (в том числе «Расплеснутое время» , 1927) подчас натуралистически изображен быт революционной эпохи. Автор «Повести непогашенной луны» («Новый мир», 1926, № 5), в фабуле которой современники усмотрели намек на убийство наркомвоенмора *М. В. Фрунзе*, и повести «Красное дерево», вышедшей в 1929 г. в берлинском издательстве «Петрополис». Обе повести инкриминировались ему в обвинительном заключении в 1937 г.

ПОСТЫШЕВ Павел Петрович (1887—1939). Советский партийный и государственный деятель. Участник революций 1905—1907 и 1917 гг. Один из руководителей борьбы за Советскую власть в Восточной Сибири. С 1917 г. — член Иркутского ВРК, организатор Красной гвардии, один из руководителей разгрома белогвардейцев на Дальнем Востоке. С 1926 г. секретарь ЦК КП(б) Украины. В 1930—1933 гг. — секретарь

ЦК ВКП(б), с 1933 г. — секретарь ЦК КП(б) Украины. С 1937 г. — секретарь Куйбышевского обкома ВКП(б).

ПОТЕМКИН Григорий Александрович (1739—1791). Русский государственный и военный деятель, генерал-фельдмаршал, организатор дворцового переворота 1762 г., фаворит и ближайший помощник императрицы Екатерины II. Способствовал освоению Северного Причерноморья, руководил строительством Черноморского флота. После присоединения Крыма получил титул светлейшего князя Таврического. Главнокомандующий русской армией в русско-турецкой войне 1787—1791 гг.

ПУАНКАРЕ (Poincare) Раймон (1860—1934). Президент Франции в 1913—1920 гг., премьер-министр в 1912—1913, 1922—1924, 1926—1929 гг., неоднократно министр. В 20-е гг. стремился к установлению французской гегемонии в Европе. Один из организаторов антисоветской интервенции в период Гражданской войны в Советской России.

РИББЕНТРОП (Ribbentrop) Иоахим Ульрих Фридрих Вилли фон (1893—1946). Партийный и государственный деятель гитлеровской Германии, дипломат, обергруппенфюрер СС (1938). Сын майора-артиллериста. Участник Первой мировой войны. Министр иностранных дел Германии в 1938—1945 гг. Крупнейшим его достижением стало заключение с СССР Договора о ненападении 23.08.1939 г. и Договора о дружбе и границах 28.09.1939 г. с секретными протоколами. Казнен по приговору Международного военного трибунала в Нюрнберге.

СТАЛИН (Джугашвили) Иосиф Виссарионович (1878—1953). В 1919—1953 гг. — член Политбюро (Президиума) ЦК РКП(б) — ВКП(б) — КПСС, с 1922 г. — Генеральный секретарь ЦК партии. С мая 1941 г. — одновременно Председатель Совета Народных Комиссаров (Совета Министров) СССР. С началом Великой Отечественной войны — член Ставки Главного командования (23 июня 1941 г.), с 10 июля возглавил Ставку (затем Ставка ВГК), с 30 июня — председатель Государственного Комитета Обороны (до сентября 1945), с 19 июля — нарком обороны (до марта 1947), с 8 августа — Верховный Главнокомандующий Вооруженными Силами СССР (до сентября 1945). Маршал Советского Союза (1943), Генералиссимус и Герой Советского Союза (1945).

ТАННЕР (Таннер) Вяйне Альфред (1881—1966). Политический и государственный деятель Финляндии. С 1899 г. — член Социал-демократической партии Финляндии. В 1919—1926 гг. — председатель этой партии. С 1919 по 1927 г. — депутат сейма. В 1926—1927 гг. — премьер-министр. В 1937—1944 гг. занимал ряд министерских постов в правительствах. После выхода в сентябре 1944 г. Финляндии из Второй мировой войны был отстранен от государственной деятельности, в 1945 г. арестован, в 1946 г. осужден финляндским трибуналом на пять с половиной лет как главный военный преступник. В 1948 г. освобожден.

ТИМОШЕНКО Семен Константинович (1895—1970). Участник Гражданской войны (командир кавбригады, начальник кавдивизий), далее на различных командных должностях. С 1933 г. заместитель командующего войсками Белорусского, затем Киевского военных округов, в 1937 г. командующий войсками Северо-Кавказского и Харьковского военных округов, с 1938 г. — Киевского особого военного округа. С 1939 г. — командующий войсками Украинского фронта, освободившего Западную Украину, и Северо-Западного фронта в Финляндской кампании, с 1940 г. нарком обороны СССР, в 1941—1945 гг. представитель и член Ставки Верховного Главнокомандования, главнокомандующий направлениями, войсками ряда фронтов, с 1945 г. командующий войсками Барановичского, Южно-Уральского и Белорусского военных округов. С 1960 г. генеральный инспектор Группы генеральных инспекторов Министерства обороны СССР, с 1961 г. председатель Советского комитета ветеранов войны. Маршал Советского Союза (1940).

ТИХОНОВ Николай Александрович (1905). Человек из команды *Л. И. Брежнева*. Родился в семье инженера в г. Харькове. В 1930 г. окончил Днепродзержинский металлургический институт. Доктор технических наук (1961). С 1930 г. — на Днепропетровском металлургическом и трубопрокатном заводе им. В. И. Ленина: инженер, заместитель начальника цеха, главный инженер завода. С 1941 г. главный инженер Новотрубного, с 1947 г. директор Южнотрубного завода. С 1955 г. — заместитель министра черной металлургии СССР. С октября 1965 г. — заместитель, с сентября 1976 г. — первый заместитель Председателя Совета Министров СССР. С октября 1980 г. — Председатель Совета Министров СССР. С сентября 1985 г. — государственный советник при Президиуме Верховного Совета СССР, затем на пенсии. Награжден девятью орденами Ленина. Дважды Герой Социалистического Труда (1975, 1982). Дважды лауреат Государственной премии СССР (1943, 1951).

ТОЛУБЕЕВ Никита Павлович (1922). Советский партийный и государственный деятель. Человек из команды *Л. И. Брежнева*. В 1959—1965 гг. — второй, первый, снова второй секретарь Днепропетровского обкома КП Украины. С 1968 г. — посол в Республике Кипр, в 1970—1979 гг. — в Республике Куба, затем до выхода на пенсию — в Болгарии.

ТРОЦКИЙ (Бронштейн) Лев Давидович (1879—1940). Член Политбюро ЦК в 1919—1926 гг., в 1918—1925 гг. — нарком по военным и морским делам, председатель Реввоенсовета Республики, в 1925—1926 гг. — член Президиума ВСНХ. 14 ноября 1927 г. исключен из партии и выслан в Алма-Ату, в 1929 г. — за границу, в 1932 г. лишен советского гражданства, в 1940 г. убит в Мексике в результате покушения.

ФРУНЗЕ Михаил Васильевич (1885 —1925). Родился в г. Пишпеке, в семье военного фельдшера. Окончил гимназию, учился в Петербургском политехническом институте. Профессиональный революционер. Участник революции 1905—1907 гг. Неоднократно арестовывался, дважды приговаривался к смертной казни, ссылался. В 1910—1915 гг. отбывал каторгу, бежал, работал в Чите, в армейских частях. С 1917 г. — член Минского Совета, начальник народной милиции, председатель Шуйского Совета и уездного комитета партии. В 1918 г. — председатель Иваново-Вознесенского губкома партии и губисполкома, военный комиссар Ярославского военного округа. С 1919 г. — командующий войсками ряда армий и фронтов. В 1920—1924 гг. — командующий войсками Украины и Крыма, Украинского военного округа. Одновременно с 1922 г. — заместитель Председателя СНК Украинской ССР. С марта 1924 г. — заместитель Председателя РВС СССР и заместитель наркома по военным и морским делам СССР, одновременно начальник Штаба РККА и начальник военной академии. С января 1925 г. — Председатель РВС СССР и нарком по военным и морским делам СССР.

ФУРМАНОВ Дмитрий Андреевич (1891—1926). Русский советский писатель. В молодости — левый эсер, с 1918 г. — член РКП(б). В 1919 г. — комиссар 25-й стрелковой дивизии (командир В. И. Чапаев). Автор романов о Гражданской войне («Чапаев», «Мятеж», «Красный десант»), очерков, дневников.

ХАТАЕВИЧ Мендель Маркович (1893 —1937). Сын торговца. После 1917 г. — на партийной работе. С 1921 г. — секретарь Гомельского и Одесского губкомов, Татарского обкома и Средне-Волжского крайкома партии, секретарь ЦК КП(б)У, с 1933 г. — первый секретарь Днепропетровского обкома, с 1937 г. — второй секретарь ЦК КП(б)У. Репрессирован, реабилитирован посмертно.

ХРУЩЕВ Никита Сергеевич (1894—1971). Член Политбюро (Президиума) ЦК ВКП(б) — КПСС в 1939— 1964 гг. С 1949 г. — секретарь ЦК, одновременно в 1949—1953 гг. — первый секретарь МК партии. В 1953—1964 гг. — Первый секретарь ЦК КПСС.

ЦВИГУН Семен Кузьмич (1917—1982). Советский государственный деятель, генерал армии (1978), Герой Социалистического Труда (1977). Человек из команды *Л. И. Брежнева*. С 1951 г. — заместитель министра государственной безопасности, внутренних дел, заместитель председателя КГБ при Совете Министров Молдавской ССР. С 1955 г. — заместитель председателя, председатель КГБ при Совете Министров Таджикской ССР. С 1963 г. — председатель КГБ при Совете Министров Азербайджанской ССР. С 1967 г. — первый заместитель председателя КГБ при Совете Министров СССР, с 1978 г. — КГБ СССР. Застрелился на служебной даче из пистолета водителя персональной машины.

ЦИНЕВ Георгий Карпович (1907). Советский государственный деятель, генерал армии (1978). Человек из команды *Л. И. Брежнева*. В 1935—1941 гг. на ответственной партийной работе. В 1941—1945 гг. на руководящей политработе в действующей армии. В 1945—1951 гг. в Союзнической комиссии по Австрии. В 1970—1983 гг. — заместитель председателя КГБ СССР.

ШЕБОЛДАЕВ Борис Петрович (1895—1937). Сын врача, после 1917 г. на военной работе, с 1920 г. на партийной работе. С 1923 г. — заведующий отделом ЦК КП(б) Туркменистана, секретарь Царицынского губкома РКП(б), сотрудник аппарата ЦК ВКП(б). В 1928—1937 гг. — секретарь Нижневолжского, Северо-Кавказского и Азово-Черноморского краевых комитетов и Курского обкома ВКП(б). Репрессирован, реабилитирован посмертно.

ШКУРО (Шкура) Андрей Григорьевич (1887—1947). Один из организаторов вооруженного сопротивления Советской власти в годы Гражданской войны. В 1919 г. — командир кавалерийского корпуса в «Вооруженных силах Юга России». С 1920 г. — эмигрант. Во время Великой Отечественной войны сотрудничал с гитлеровцами. Казнен по приговору советского суда.

ШУЙСКИЙ Иван Васильевич (?—1542). Князь, боярин, участник русско-литовской войны. Фактический правитель России в 1538—1540 и в 1542 гг.

ЯГОДА (Иегуда) Генрих Григорьевич (Енон Гершонович) (1891—1938). С 1917 г. работал военным инспектором и в коллегии Наркомвнешторга. С 1920 г. — в ВЧК. С 1924 г. — заместитель председателя ОГПУ, в 1934—1936 гг. — нарком внутренних дел, одновременно в 1934—1937 гг. — нарком связи СССР. Генеральный комиссар государственной безопасности 1-го ранга. Расстрелян после открытого судебного процесса.

ЯКОВЛЕВ (Эпштейн) Яков Аркадьевич (1896—1938). В 1929—1934 гг. — нарком земледелия СССР, в 1934—1936 гг. — заведующий сельскохозяйственным отделом ЦК ВКП(б), в 1936—1937 гг. — первый заместитель председателя Комитета партийного контроля при ЦК ВКП(б). В конце 1937 г. был арестован и в июле 1938 г. расстрелян по приговору Военной коллегии Верховного суда СССР.

ИСТОЧНИКИ

АРХИВЫ

АРХИВ ПРЕЗИДЕНТА РОССИЙСКОЙ ФЕДЕРАЦИИ

Письмо писателя В. В. Иванова И. В. Сталину 24 июля 1930 г. Ф. 45. Оп. 1. Д. 718. Л. 43—45.

Письмо А. М. Коллонтай И. В. Сталину 27 октября 1922 г. Там же. Д. 749. Л. 1—3. Автограф.

Справка Комиссии Президиума ЦК КПСС (председатель Н. М. Шверник) от 18. 02. 1963 г. (объем — 200 машинописных страниц) о нарушениях законности в период культа личности Сталина. Ф. 3. Оп. 24. Д. 449. Л. 12—207.

ЦЕНТР ХРАНЕНИЯ СОВРЕМЕННОЙ ДОКУМЕНТАЦИИ

Записка председателя КГБ СССР Ю. В. Андропова в ЦК КПСС от 27 октября 1980 г. «О выявлении в СССР последователей религиозно-мистических течений Запада». Ф. 5. Оп. 77. Д. 999. Л. 15 —17. Подлинник.

РОССИЙСКИЙ ЦЕНТР ХРАНЕНИЯ И ИЗУЧЕНИЯ ДОКУМЕНТОВ НОВЕЙШЕЙ ИСТОРИИ

Стенограмма «Совещания при ЦК ВКП(б) начальствующего состава по сбору опыта боевых действий против Финляндии (14—17 апреля 1940 года)».

РОССИЙСКИЙ ГОСУДАРСТВЕННЫЙ АРХИВ ДРЕВНИХ АКТОВ

Родословная Потемкиных, выданная Геральдмейстерской конторой 15-летнему Григорию Потемкину при записи его в рейтары лейб-гвардии конного полка (1754 г.). Ф. 286. Д. 413. Л. 638—648.

ЛИЧНЫЙ АРХИВ АВТОРА

Дневники и записи периода работы в ЦК КПСС (1985—1991 гг.).

Диктофонные записи бесед:

— с бывшим заместителем Генерального секретаря ЦК КПСС, в 1987—1988 гг. первым секретарем Днепропетровского обкома Компартии Украины В. А. Ивашко;

— с бывшим первым секретарем Ставропольского крайкома ВЛКСМ (1952—1958 гг.) В. М. Мироненко.

ЛИТЕРАТУРА
ЗАКРЫТОГО ПОЛЬЗОВАНИЯ

Беломорско-Балтийский канал имени Сталина. История строительства. Под редакцией М. Горького, Л. Авербаха, С. Фирина. ОГИЗ, Государственное издательство «История фабрик и заводов», М., 1934.

Города Союза ССР. М.: Изд-во НКВД, 1927.

«Дело народа». Газета ЦК партии социалистов-революционеров. Комплект с 15 марта по 31 декабря 1917 г.

Дневники писателя Леонида Андреева (весна и лето 1918 г.) // Русский сборник, Париж, 1922.

Золотницкий В. Наставление сыну. Екатеринослав, 1796.

Короленко В. Письма к Луначарскому. Париж: Задруга, 1922.

Никольский С. Памяти героини долга Риммы Михайловны Ивановой. Ставрополь, 1916.

Пильняк Б. Повесть непогашенной Луны // Новый мир. 1926. № 5.

Путь к свободе. Ежедневная газета революционных повстанцев Украины. Комплект за 1919 г.

Соловки. Документальный фильм, снятый по заказу ОГПУ в 1926—1927 гг.

ЛИТЕРАТУРА ОТКРЫТОГО ПОЛЬЗОВАНИЯ

Барышников Н. Советско-финляндская война 1939—1940 гг. // Новая и новейшая история. 1989. № 4.

Батовски Х. Утечки информации о тайном (секретном) протоколе 23 августа 1939 года // Радуга. 1989. № 8.

Бои в Финляндии: В 2 т. М. : Воениздат, 1941.

Бои на Карельском перешейке. М., 1941.

Была ли «зимняя война» неизбежной? По страницам финской печати // За рубежом. 1989. № 48.

Вадимов Д. Гнилой либерализм Днепропетровского горкома // Правда. 1934. 14 декабря.

Гамбург И. Так это было. М., 1965.

Горошко С. Перелом 1929 года: отступление от Ленина // Вопросы истории КПСС. 1989. № 8.

Гражданская война в СССР: В 2 т. М., 1986.

Данилов В., Ивницкий Н. Новые документы о коллективизации // Агитатор. 1989. № 13.

Дьяченко С. Страшный месяц пухкутень // Огонек. 1989. № 27.

Директивы командования фронтов Красной Армии (1917—1922): Сб. документов. М., 1976.

Ефремов Л. Ренегат Горбачев. Альянс двурушников. Ядовитая чаша Яковлева. Издательство Государственного архива Ставропольского края «Крестоград». 1996.

Зимняя война. Документы о советско-финляндских отношениях 1939—1940 гг. // Международная жизнь. 1989. № 8, 12.

Коллонтай А. М. «Семь выстрелов» зимой 1939 года. Международная жизнь. 1989. № 12.

Куликова И. Заветные тетради А. М. Коллонтай // Вопросы истории КПСС. 1989. № 8.

Молотов В. М. Внешняя политика правительства. М., 1940.

Олонецкий сборник. СПб., 1886.

По обе стороны Перекопа: Из воспоминаний М. В. Фрунзе и П. Н. Врангеля // История СССР. 1989. № 5.

50/50. Опыт словаря нового мышления / Под ред. Ю. Афанасьева и М. Ферро. М.: Прогресс, 1989.

Сяков Ю. Смерть Махно // Волховские огни. 1989, 22 нояб.

Табачник Д. Запятая в биографии генсека // Комсомольское знамя. Киев. 1989. 26 ноября.

Тешкин Ю. Андропов и другие: Документ.-худож. роман: В 2 ч. — Ярославль: Верхняя Волга, 1998.

Труды VIII советско-финляндского симпозиума историков. Петрозаводск, 21—23 октября 1981 г. Л., 1985.

Чухин И. Каналоармейцы // Север. 1989. № 8, 9.

Шипунов Ф. Великая замятня. Разорение крестьянства в 20-х гг // Наш современник. 1989. № 12.

Якобсон М. «Зимняя война»: взгляд из Финляндии // Родина. 1989. № 8.